国际金融

主 编 李 贺   郑斯文
副主编 崔钰莹   张凤英
        杨子剑   杨 雪

北京理工大学出版社
BEIJING INSTITUTE OF TECHNOLOGY PRESS

内 容 简 介

本书在对国内具有代表性的国际金融专著和教材进行分析研究的基础上，遵循专业课教材内在的逻辑结构，体现以学生为中心的专业教材编写理念，综合考虑了国际金融涉及的主要内容，结合国际金融理论和实践等方面的发展，编写了国际金融基础、国际金融实务和国际金融理论三部分内容，共分十三章。本书具有注重知识系统的逻辑性、注重学科的历史性、基本概念准确、基本原理清楚、便于重点掌握和自学与复习等特点。

本书适用于高等院校金融学、国际经济与贸易、经济学等专业"国际金融"课程，同时可以作为经济类、管理类各专业学生报考金融学专业研究生的复习参考书。

图书在版编目（CIP）数据

国际金融 / 李贺，郑斯文主编. -- 北京：北京理工大学出版社，2024.7.

ISBN 978-7-5763-4342-7

Ⅰ. F831

中国国家版本馆 CIP 数据核字第 2024MC5549 号

责任编辑：徐艳君　　**文案编辑**：徐艳君
责任校对：刘亚男　　**责任印制**：李志强

出版发行 / 北京理工大学出版社有限责任公司
社　　址 / 北京市丰台区四合庄路 6 号
邮　　编 / 100070
电　　话 / （010）68914026（教材售后服务热线）
　　　　　　（010）63726648（课件资源服务热线）
网　　址 / http://www.bitpress.com.cn

版 印 次 / 2024 年 7 月第 1 版第 1 次印刷
印　　刷 / 北京广达印刷有限公司
开　　本 / 787 mm×1092 mm　1/16
印　　张 / 19.75
字　　数 / 463 千字
定　　价 / 99.00 元

在每一个相对独立的经济体（国家或地区）内，都有自己的货币、货币供应、信用制度等。伴随着各个经济体之间商品生产、贸易的扩大和发展，货币信用活动也开始超越国界，形成国际间的一些金融问题，即国际金融。

从全球视角来看，国际金融研究国际货币金融关系和运行；从一国视角来看，国际金融研究经济开放中对外货币金融关系和活动。国际金融学则是以外汇汇率为核心，研究国际货币体系和相应的金融机构、市场、国际收支、清偿结算的活动方式、机制、规律及对策的学科。

国际金融学研究的对象是国际货币金融关系，是研究国际货币收支和资本运动的机制及规律，包括国际货币流通与国际资本融通两个方面。国际金融学研究国际货币流通与资本融通规律及影响其变化的因素等基本理论问题；研究政府、金融机构、企业等部门或经济主体管理国际货币流通和资本融通（运动）的具体方法和手段。

国际金融学的萌芽可追溯到 200 多年前。它是在国际贸易学的基础上产生的。但作为一门独立的学科，它形成于 20 世纪 60 年代。第二次世界大战以后，生产和资本国际化迅速发展，与之相适应，国家之间的货币金融关系也日益发展。20 世纪 80 年代以来，经济金融化和一体化趋势加速，国际金融的新现象、新问题层出不穷，国际金融的领域不断拓宽，几乎渗透到国际经济和各国经济的每个角落。国际金融在国际经济关系和国民经济运行中的地位日益重要。

总之，国际金融学是一门非常重要的学科，它不仅与人们的日常生活密切相关，影响人们的财富规模、投资和消费行为，而且会影响企业的市场价值、生产和销售行为，同时也会影响一个国家（或地区）的财富总量、政局稳定和政策效应。20 世纪 60 年代国际金融学才被公认为是一门独立的学科。与国际贸易学、货币银行学等相关学科比，国际金融学还是比较年轻的学科。

在国外的许多大学中，很少有单独开设国际金融学课程的，而是在一些相关学科课程中分散阐述其内容。例如：有关国际金融制度与国际金融市场等内容在国际货币与金融、货币经济学等课程中介绍；有关国际金融基础知识在货币银行学中介绍；有关国际金融理论问题在国际经济学、开放经济下的宏观经济学、汇率经济学等课程中介绍；有关国际金融的实务问题则往往在商学院和管理学院开设的证券投资、跨国公司金融、国际银行业、项目评估等课程中介绍。

国内大学中开设国际金融这门课程，实际上是对国外许多经济类课程的一个综合。作为一门学科，国际金融具有很强的专业性和综合性：既有理论，又有实务；既有微观问题，又有宏观问题；既有自己独特的专门领域，又有与其他经济学科相关的交叉领域。国际金融学是一门理论性与实务性都比较强的学科。

过去的几年，中国高等教育改革以更加坚定的步伐加快迈进，党的二十大描绘了中国式现代化的宏伟愿景，为金融报国和金融服务经济高质量发展提供了根本遵循。国际金融领域也发生了一系列影响深远的变化和令人瞩目的事件，如国际资本流动的加速、欧元的诞生和东南亚金融危机的爆发以及由美国的次贷危机引起的金融海啸乃至全球的金融动荡等，这在客观上为国际金融学科体系提供了丰富的素材和广阔的探索空间。

近些年来，国内大学金融专业大都开设了国际金融这门课程，相关著作和教科书也有很多。由于国际金融涉及的内容繁多、复杂，其理论体系在不断地完善和发展，对国际金融的专著和教材不断地更新和完善也是非常必要的。我们对国内具有代表性的国际金融专著和教材进行分析研究，结合近年来的教学实践，认为国际金融内容总体包含四大部分：国际金融基础，国际金融管理，国际金融实务，国际金融理论。随着国际金融业的发展，国际金融实务的内容越来越多，国内关于国际金融实务的专著也越来越多，如《外汇交易实务》《期货交易实务》等，很多院校单独开设了国际金融实务的相关课程。因此，为减小篇幅和避免重复，本书主要阐述国际金融基础、国际金融管理和国际金融理论三部分内容。

本书从 2018 年首次公开出版以来，历经 6 年时间，获得了省级优秀教材奖、省级线上线下混合式一流课程等荣誉，得到了越来越多的师生与社会读者的喜爱。本书修订后共有三篇，分十三章。第一篇为国际金融基础，首先了解国际收支状况、国际货币的体系、汇率制度等情况；内容包括第一章国际收支、第二章外汇与汇率基础、第三章汇率制度与外汇管制、第四章国际货币体系。第二篇为国际金融实务，从一个国家的角度出发，研究其从事国际经济活动、国际金融活动和国际投资活动所引发的金融实务问题，属于一个国家行为；内容包括第五章国际金融机构、第六章国际储备及其管理、第七章国际金融市场、第八章外汇风险管理、第九章国际资本流动与国际金融危机。第三篇为国际金融理论，从古典到近代，从近代到现代，介绍国际金融理论的产生与发展及其基本原理，为国际金融理论的进一步研究奠定基础；内容包括第十章国际收支理论、第十一章汇率决定理论、第十二章国际资本流动理论、第十三章开放经济条件下内外均衡理论。

本书适用于高等院校国际金融课程的教学，也适合从事国际金融管理和研究的人员作为参考书，以及要了解国际金融知识的读者自学。本书具有以下特色：

（1）注重知识系统的逻辑性。从国际金融基础到一国的国际金融管理，再进行国际金融理论的阐述，层次清晰，结构合理。

（2）基本概念准确，基本原理清楚。对于国际金融学中的一些概念定义和原理的阐述，是通过对现有大量专业文献和著作的比较分析后确定下来的，尽可能地做到精准而清晰。

（3）注重学科的历史性。按从起源到不同阶段的发展，再到最新发展和最新研究成果的顺序阐述，丰富背景知识，了解学科前沿。

（4）案例分析与图表结合。以图表和案例分析形式加深对理论原理和重点概念的理解，深入浅出，通俗易懂。

（5）便于重点掌握和自学与复习。每一章后面都附有"本章内容提要""重点概念"和"思考题"。

本次修订由沈阳科技学院经济系国际金融教学团队具有丰富教学经验的教师共同完成。全书由李贺和郑斯文任主编，李贺负责全书统稿并最终审定。各章分工如下：

第一章　国际收支　李贺

第二章　外汇与汇率基础　张凤英

第三章　汇率制度与外汇管制　崔钰莹

第四章　国际货币体系　李贺

第五章　国际金融机构　李贺

第六章　国际储备及其管理　杨雪

第七章　国际金融市场　李贺

第八章　外汇风险管理　杨子剑

第九章　国际资本流动与国际金融危机　郑斯文

第十章　国际收支理论　李贺

第十一章　汇率决定理论　李贺

第十二章　国际资本流动理论　李贺

第十三章　开放经济条件下内外均衡理论　李贺

在本书编写过程中，得到了杨丽教授、李志安教授的支持和指导，他们对本书提出了许多宝贵的意见，在此表示诚挚的谢意！本书的编写参阅了大量国内外出版的相关专著和研究论文，主要参考文献列于书后，在此对有关作者一并表示感谢！

在本书编写过程中，北京理工大学出版社的相关编辑提供了许多帮助，在此一并表示衷心感谢！我们将继续努力，通过进一步完善与本书配套的"国际金融"慕课课程（MOOCs），为广大师生和社会读者提供具有中国特色、国际化水准的线上线下混合式国际金融学综合教学资源平台。

编　者

2024 年 4 月

目录

CONTENTS

第一篇　国际金融基础

　　金融是货币流通和银行信用活动以及与之相联系的经济活动的总称。国际金融是国际货币金融关系，是研究国际货币流通和银行信用活动及与之相联系的经济活动。首先，我们要了解国际收支状况、汇率制度、国际货币体系的情况。

第一章　国际收支

学习目标

1. 全面理解国际收支的概念、内涵与构成。
2. 熟悉国际收支平衡表的编制方法与主要项目。
3. 了解国际收支不平衡的原因及其对经济的影响。
4. 学习国际收支调节的政策与措施。
5. 熟悉国际收支管理的目标与原则。
6. 了解国际收支与汇率、货币政策等的关系。

能力目标

1. 深入理解国际收支的概念、原理和相关理论。
2. 能够分析国际收支平衡表，解读各项数据的含义。
3. 具备全球化的视野，了解国际经济环境对国际收支的影响。
4. 能够应对国际收支状况的变化，及时调整策略。

情景导读

全球失衡：对储蓄和投资因素的分析

自 20 世纪 90 年代后期以来，全球储蓄和投资都经历了大幅度的下降，目前已接近历史最低点。这些趋势很大程度上反映了工业化国家的变化；在新兴市场，尽管投资自亚洲金融危机后下跌至今尚未复苏，但储蓄持续增加。造成全球储蓄和投资下降的，既有影响遍及许多国家的因素（例如信贷增加和资产价格上涨），也有国别性/地区性的变化。在这些因素中，最重要的是美国公共储蓄下降、日本和欧洲人口构成变化，以及亚洲经济体（中国除外）在地区性金融危机后投资持续低迷。

储蓄和投资近年来的变化对全世界经常账户失衡的分布产生了重要的影响。具体而言，美国的经常账户逆差已达到前所未有的水平，同时其他地区出现巨额顺差。与 20 世纪 80 年代中期的情况正好相反（那个时期是上一个存在巨额全球失衡的时期，当时的失衡集中于相对较少的国家），目前的情况涉及的国家和地区更多，其中包括许多新兴市场国家。因此，需要更多国家采取针对性的政策措施，而且需要国际政策制定者付出巨大努力来协调各国的针对性措施。

目前对外失衡的现状反映了一系列各不相同、互不相关的地区性冲击，要化解目前的对外失衡，在经济和政策方面需要做出各种改变。具体而言，提高美国的储蓄、加快日本和欧洲的增长、增加亚洲和石油输出国的投资，均有利于缓解全球经常账户的失衡状态。

国与国之间贸易往来和非贸易往来的结果，导致货币在国际范围内的流通和资金在国际范围内的流动，最终形成一个国家对另一个国家的货币收支关系。这种货币收支关系，从一个国家的角度来说，就是国际收支的内容。国际收支是一国对外经济、金融关系的综合反映，国际收支平衡是一国经济政策的主要目标之一。

第一节　国际收支与国际收支平衡表

一、国际收支的基本概念

什么是国际收支？国际收支概念的内涵是伴随着国际经济交往的发展而变化的。国际收支的定义，有狭义和广义之分。

1. 狭义的国际收支定义

此定义指一个国家在一定时期（常为 1 年）内对外经济交往引起的收入和支出的总和。

2. 广义的国际收支定义

此定义不仅包括外汇收支，还包括一定时期的经济交易。即按照国际货币基金组织（International Monetary Fund，IMF）在《国际收支手册》中对国际收支的定义：国际收支是一种统计报表，是一国在一定时期内全部对外经济往来的系统的货币记录。它系统地记载了在一定时期内经济主体与世界其他地方的交易。大部分交易在本国居民与非居民之间进行。

世界各国均采用了广义的国际收支概念。为进一步掌握国际收支概念的内涵，我们可以从以下几个方面来理解国际收支的定义。

（1）国际收支所记载的是对外的交往，是本国居民与非居民之间的经济往来，包括发生的货物、服务、资产的交易。判断一项经济交易是否为国际经济交易，所依据的不是交易双方的国籍，而是交易双方是否属于不同国家的居民，即交易双方是否有一方是该国居民，另一方为该国非居民。同一国家的居民之间的交易不是国际经济交易，不同国家居民之间的交易才属于国际经济交易。按此区分原则，企业、政府和非营利机构、家庭和组成家庭的个人为所在国居民。

（2）国际收支是经济交易的系统的货币记录。这些记录包括：商品和劳务的买卖，实物交换，金融资产之间的交换，无偿的单向商品和劳务，无偿的单向金融资产，所有权从一方到另一方的转移行为。国际收支涉及的国际经济交易的类型有以下四类：

第一，交换。即一个交易者（经济体）向另一交易者（经济体）提供实际资源（如货物、服务、收入）和金融资产，并从对方获取价值相等的回报。

第二，转移。即一个交易者向另一交易者无偿提供经济价值。

第三，移居。即一个人把住所从一个经济体搬迁到另一个经济体的行为。由此而引起个人原有资产负债关系的转移，使两个经济体的对外资产、对外关系发生变化，这种变化应记录在国际收支中。

第四，其他交易。即实际交易流动并未发生，但根据推论确定交易存在，如国外直接投资收益的再投资。

（3）国际收支是一个统计流量概念。国际收支反映的是国际货物、服务、收益、经常性转移等资金、资本的流动，它按期统计国际经济交易量，并对已发生的交易进行统计、记录，统计期可以是一个季度、一年或半年。

（4）国际收支是个事后的概念。定义中的"一定时期"一般是指过去的一个会计年度，所以它是对已发生事实进行的记录。

二、国际收支平衡表

（一）国际收支平衡表的概念

国际收支平衡表，是一个国家根据对外经济交易的内容和范围设置项目或账户，并按照一定的原则和复式记账原理，对一定时期内一国各项经济交易进行系统的记录，对每一项进行分类、汇总而编制出的分析统计报表。国际收支平衡表的内容综合反映了一国的国际收支平衡状况、收支结构及储备资产的增减变动情况。国际收支平衡表是反映一国对外经济发展、偿债能力等关键信息的重要文件，也是各国制定开放经济条件下宏观经济政策的基本依据。

（二）国际收支平衡表的主要内容

国际货币基金组织 2008 年修订并出版的《国际收支和国际投资头寸手册》（第 6 版），对国际收支平衡表的编制、分类方法、准则、构成做了详细的统一规定。按照国际货币基金组织的规定，国际收支平衡表的账户是根据经济资源的来源来划分的，有经常账户、资本账户和金融账户。

1. 经常账户

经常账户主要反映一国与他国之间实际资源的流动状况，是国际收支中最基本、最重要的来往项目。经常性项目顺差表示该国为净贷款人，逆差则表示该国为净借款人。经常性账户包括货物和服务、初次收入、二次收入三个项目账户。

（1）货物和服务。货物和服务账户记录的是属于生产活动成果的交易项目。

①货物。货物项目通常称为贸易收支或有形收支项目，是经常账户的第一个大项目，记载由商品（货物）进出口而引起的外汇资金收入与支出。通常是指商品所有权发生转移的贸易，主要依据一国海关统计的进出口贸易数据。根据国际货币基金组织的规定，进出口贸易收支通常按照离岸价格（FOB 价）计价。

②服务。服务项目通常称为劳务收支或无形贸易收支项目，是经常账户的第二个大项目，反映各国之间相互提供劳务或服务而发生的收入和支出，通常是不涉及所有权转移的贸易，主要包括运输、旅游、通信、保险、建设、金融服务、投资收益、知识产权、计算机服务和信息服务、专利使用费和特许费、咨询、广告、电影和音像及其他商业服务、个

人文化娱乐服务以及政府服务等获得或支付的费用。

（2）初次收入。初次收入反映的是机构单位因其对生产过程所作的贡献或向其他机构单位提供金融资产和出租自然资源而获得的回报。初次收入账户显示的是居民与非居民机构单位之间的初次收入流量。初次收入分为两类：

第一类是与生产过程相关的收入。雇员报酬是向生产过程投入劳务的收入；对产品和生产的税收和补贴也是有关生产的收入。雇员报酬是指以现金或实物形式支付给非居民工人（如临时工人、边境工人，在外国使领馆、国际组织驻本国机构工作的人员等）的工资、薪金和其他福利。

第二类是与金融资产和其他非生产资产所有权相关的收入，属于投资收入。其中，财产收入是提供金融资产和出租自然资源所得的回报；投资收益是提供金融资产所得的回报，包括股息和准公司收益提取、再投资收益和利息。

（3）二次收入。二次收入账户表示居民与非居民之间的经常转移收入。各种不同类型的经常转移记入本账户，表明其在经济体间收入分配过程中的作用。经常转移是指居民和非居民之间发生的实际资源或金融资产所有权的无偿转移，又称为单方面转移。其内容包括个人转移和其他经常转移两部分。

一是个人转移。个人转移包括居民向非居民提供的或从其获取的所有现金或实物的经常转移收入，如年金、捐赠、侨汇、继承、赡养费、资助性汇款、退休金等。

二是其他经常转移（政府单方面转移）。其他经常转移是指各国政府或中央银行之间无偿的转移收入，包括对所得、财富等征收的经常性税收，社保缴款，社会福利，非寿险和标准化担保净保费，非寿险索赔和标准化担保下的偿付要求，经常性国际合作（如政府之间的经济援助、战争赔款、军事援助、捐赠、债务豁免、政府向国际组织定期缴纳的费用以及国际组织向各国政府定期提供的转移等），其他经常转移（罚款、罚金、赔偿支付等）。

二次收入中从本国流向外国的无偿转移记入借方，从国外流入本国的无偿转移记入贷方。

2. 资本账户

资本账户反映居民和非居民之间的资产转移，包括非生产、非金融资产的收买或放弃和资本转移两个子项目。

（1）非生产、非金融资产的收买或放弃，是非生产、非金融资产在一国和他国之间交易的记录。这种非生产、非金融资产是指与商品和劳务的生产相关，但本身却不是生产出来的有形资产（如土地和地下资源）和无形资产（如专利、版权、商标、契约、租约及许可）的所有权。收买这种所有权记为借方，放弃这种所有权记为贷方。

（2）资本转移，是指涉及固定资产所有权的变更及债权的减免等导致交易一方或双方资产存量发生变化的转移。这种转移有三种形式：一是固定资产所有权的转移；二是同固定资产收买或放弃（如投资捐赠、以增加受援国购置固定资产的能力）相联系的或以其为债务条件的资本转移；三是债权人不索取任何回报而取消的债务。

3. 金融账户

金融账户是指一国（一个经济体）对外资产和负债所有权变更的所有权交易记录，反映的是居民与非居民之间投资与借贷的增减变化。金融账户由直接投资、证券投资、金融衍生产品（储备除外）和雇员认股权、其他投资、储备资产五个子项目构成。金融账户的总差额称为净贷款/净借款。

（1）直接投资，是指一国的经济组织（直接投资者）直接在国外采用各种形式，对工矿、商业、金融等企业进行的投资和收益再投资。直接投资是记录一个经济体的居民单位（直接投资者）在本国以外运行的企业（直接投资企业）以获取有效发言权为目的的投资。如在国外新建企业、并购企业，通过这种方式投资者对直接投资企业拥有经营权和管理权。

直接投资又可细分为股东权益和投资基金股份、债权工具两个细目。股东权益和投资基金股份包括除投资基金外的股本投资和收益再投资；债权工具是指直接投资者和直接投资企业之间的所有交易以及直接投资企业在其他国外附属企业之间的所有交易。

（2）证券投资，又称间接投资，是指在证券市场购买他国政府发行的债券、企业发行的债券和股票所进行的投资。证券投资以取得利息或股息为目的，投资者对投资企业没有管理权和经营权。证券投资包括股本证券和债务证券两个细目。

股本证券是指对所有上市或未上市企业的股权进行投资以及在投资基金中的股权投资等；债务证券涉及包括中央银行发行的债券，除中央银行外的吸收存款机构、各级政府、其他部门（包括其他金融机构、非金融机构等）发行的短期或者长期债券的投资。

（3）金融衍生产品（储备除外）和雇员认股权。金融衍生产品项目是指对诸如期权、远期合约、互换等金融衍生产品的投资；雇员认股权作为一种报酬形式，是向公司雇员提供的一种购买公司股权的期权。

（4）其他投资，是指所有直接投资、证券投资、储备资产未包括的金融交易。其他投资包括长期和短期贸易信贷、贷款、货币和存款、非人寿保险技术准备金、人寿保险和年金权益、标准担保计划、其他股权、其他应收应付款和特别提款权（SDR）分配等。其他投资也称为"剩余项目"。

（5）储备资产，通常称为官方储备或国际储备，是指一国货币当局控制并随时可调控的对外资产。储备资产包括一国的黄金储备、在国际货币基金组织的储备头寸、特别提款权以及外汇储备。其中，黄金储备是一国货币当局作为储备而持有的黄金；在国际货币基金组织的储备头寸又称一般提款权，包括储备国头寸和对国际货币基金组织形成的债权头寸；特别提款权是国际货币基金组织中按份额分配到的记账单位，只能用于特定用途（如弥补国际收支逆差、清偿国际债务）；外汇储备是一国政府拥有的、可用于维持本国汇率稳定的、弥补国际收支逆差的外汇资产，包括外币、以外币形式持有的证券、股权以及其他金融衍生产品。

4. 错误与遗漏账户

为了平衡经常账户、资本账户、金融账户"缺口"，国际收支平衡表中另设置了一个平衡项目，即错误与遗漏账户。这是一个人为的平衡项目，用于弥补在编制国际收支平衡表的过程中，由于统计时间和计价时间的不一致、资料的不完整、各种货币相互换算所产生的差额以及统计资料来源不同等因素所形成的误差和遗漏。正因为设置了错误与遗漏账户，各国的国际收支平衡表永远都是平衡的。但要注意，国际收支平衡表的账面平衡，并不能说明该国的国际收支就是平衡的。

根据国际货币基金组织《国际收支和国际投资头寸手册》（第6版）的规定，国际收支平衡表的标准构成大体如表1-1所示。

表 1-1　国际收支平衡表的标准构成

国际收支	贷方	借方	差额
1. 经常账户			
经常账户差额（+顺差；−逆差）			
1.1 货物和服务			
1.1.1 货物			
1.1.2 服务			
1.2 初次收入			
1.2.1 雇员报酬			
1.2.2 投资收益			
1.2.3 其他初次收入			
1.3 二次收入			
1.3.1 广义政府			
1.3.1.1 对所得、财富等征收的经常性税收			
1.3.1.2 社会保障缴款			
1.3.2 金融公司、非金融公司、住户和为住户服务的非营利机构			
1.3.2.1 个人转移（居民和非居民住户间的经常转移）			
1.3.2.2 其他经常转移			
1.3.3 养老金权益变化调整			
2. 资本账户			
资本账户差额（+顺差；−逆差）			
2.1 非生产非金融资产的取得（借记）/处置（贷记）总额			
2.2 资本转移			
3. 金融账户			
净贷出（+）/净借入（−）（金融账户）			
3.1 直接投资			
3.2 证券投资			
3.3 金融衍生工具（储备除外）和雇员认股权			
3.4 其他投资			
3.5 储备资产			
4. 误差与遗漏净额			

（三）国际收支平衡表的编制

1. 国际收支平衡表编制原则（复式记账原理）

按照国际会计的通行准则，编制国际收支平衡表一般采用复式记账法，即每笔交易都由两笔数值相等、方向相反的账目表示。根据国际货币基金组织的规定，国际收支平衡表的编制应遵循下列原则：

（1）按照"有借必有贷、借贷必相等"的复式记账原理编制。每一笔经济交易都要分别记入借方和贷方的相应项目中，且金额相等。按照复式记账原理编制国际收支平衡表时，必须遵守以下要点：

①每一项经济交易的发生，都形成借方和贷方两个方面，从理论上讲，所有账户的借方总额和贷方总额应相等，余额为零。

②记为借方的项目包括：反映进口实际资源的经常项目和反映资产增加或负债减少的金融项目。借方记录的是资金的使用（例如用于进口外国商品，或购买外国金融资产）。

记为贷方的项目包括：反映出口实际资源的经常项目和反映资产减少或负债增加的金融项目。贷方记录的是资金的来源（例如通过出口本国商品而获得资金，或从外国获得收入，或出售外国金融资产）。

对于实际资源和金融资产而言，借方还表示某一经济体资源（资产）持有量的增加，贷方表示某一经济体资源（资产）持有量的减少。

③资金来源增加或资金占用减少，形成国际收支顺差增加或逆差减少的记为贷方。反之，资金来源减少或资金占用增加，形成国际收支顺差减少或逆差增加的则记为借方。

（2）经济交易的记录日期，以所有权变更日期为准。在国际经济交易中，如签订买卖合同、货物装运、清算、交易和付款等，一般都是在不同时期进行的。为了统一各国的记录口径，国际货币基金组织建议采用所有权变更原则。也就是说，一笔经济交易如在编制平衡表时期内完全结清，则可如实记录。若在交易中发生了贸易信用，如预付货款、延期付款等，则以交易标的物的所有权变更日期为记录日期。

（3）进出口商品作价。在国际惯例中，一笔商品进出口交易，出口国以离岸价来计算，而进口国则以到岸价来计算，为了统一估价进口和出口，国际货币基金组织建议商品进出口均采用离岸价格来计算，保险费和运输费列入劳务收支。

为准确掌握和运用复式记账原理，我们将其采用的记账方法归纳如下：

凡引起本国外汇流入的项目，记入贷方，用"+"表示。

凡引起本国外汇流出的项目，记入借方，用"-"表示。

贸易往来，即各种有形商品的输出输入，出口记入贷方，进口记入借方。

（4）非贸易往来，主要包括劳务收支、投资所得等，收入记入贷方，支出记入借方。

（5）无偿转让，从外国转入本国记入贷方，从本国转向外国记入借方。

（6）资本往来，分为长期和短期，从外国流入本国的资本记入贷方，从本国流向外国的资本记入借方。

（7）储备，包括本国作为国际货币基金组织的成员国分配得到的特别提款权以及作为国际储备的黄金和外汇等。储备本身是一个存量，其增减额是流量。本年度储备增加额记入借方，其减少额记入贷方，两者相抵，得出储备净增额或净减额。

从原则上来讲，国际收支平衡表全部账户的借方总额与贷方总额总是相等的，其净差额为零。但实际上，国际收支平衡表的每一具体项目的借方和贷方（即支出和收入）却经常不平衡，收支相抵后总是出现一定的差额。我们用正号来表示收入多于支出，称为顺差（或盈余），用负号来表示支出多于收入，称为逆差（或赤字）。各项收支差额的总和，便是国际收支总差额。

2. 国际收支平衡表编制举例

对具体交易记账方法的分析不仅有助于正确掌握国际收支账户中的记账原理，同时也有助于理解各账户之间的关系。下面我们假设以 A 国为例，列举 8 笔交易来说明国际收支平衡表的记账方法。

（1）A 国企业出口价值 200 万美元的设备。

分析：这一出口行为导致该企业在海外银行存款的相应增加。出口伴随着资本流出所形成的海外资产的增加。对于出口行为来说，它意味着本国拥有的资源减少，因此应记入贷方。对于资源流出这一行为而言，它意味着本国在海外的资产增加，因此应记入借方。进一步来看，这一资产流出实际上反映在该企业在海外的存款增加中，这属于金融账户中的其他投资项目，因此这一交易可记录为：

借：其他投资 200 万美元；贷：货物出口 200 万美元。

（2）A 国居民到外国旅游花销 30 万美元，这笔费用从该居民的海外存款账户中扣除。

分析：旅游支出记入服务项目的借方；在国外银行的存款属于金融账户中的其他投资，减少记为贷方。这笔交易记为：

借：服务进口 30 万美元；贷：其他投资 30 万美元。

（3）外商以价值 1 000 万美元的设备投入 A 国，兴办合资企业。

分析：外商以价值 1 000 万美元的设备投入 A 国，使 A 国的实际资源增加，反映进口的实际资源增加的项目应记入货物进口借方。兴办合资企业属于金融账户中的直接投资项目下的贷方。因此这笔交易可记为：

借：货物进口 1 000 万美元；贷：直接投资 1 000 万美元。

（4）A 国政府动用外汇储备 50 万美元向外国提供无偿援助，另提供相当于 100 万美元的粮食药品援助。

分析：当一国的居民实体向另一非居民实体无偿提供了实际资源或金融产品并未得到补偿与回报时，属于单方向转移，应记入二次收入账户的借方；官方储备资产减少、实际资源减少（货物出口）都属于贷方项目。因此这笔交易可记为：

借：二次收入 150 万美元；贷：储备资产 50 万美元，货物出口 100 万美元。

（5）A 国某企业在海外投资所得利润 200 万美元，其中 100 万美元用于当地的再投资，50 万美元购买当地商品运回国内，50 万美元调回国内结售给政府以换回本国货币。

分析：投资所得应记入经常账户下初次投资的贷方。再投资应记入金融账户的直接投资借方；购买商品记入经常账户的货物进口借方；从国外调回属于外汇储备减少，应记入储备资产借方。这样，本笔交易可记为：

借：货物进口 50 万美元，储备资产 50 万美元，直接投资 100 万美元；贷：初次收入 200 万美元。

（6）A 国居民动用其在海外存款 40 万美元，用于购买外国某公司的股票。

分析：用海外存款购买外国股票应记入金融账户中的证券投资借方；海外资产减少应记入其他投资贷方。这笔交易可记为：

借：证券投资 40 万美元；贷：其他投资 40 万美元。

（7）A 国向外国提供了 200 万美元的 10 年期贷款。

分析：向外国贷款意味着 A 国长期资本外流，应记在金融账户下其他投资的借方。由此产生了外国在 A 国银行的 200 万美元存款，新的存款可以作为短期资本内流，应记在金融账户下其他投资的贷方。因此，这笔交易可记为：

借：其他投资 200 万美元；贷：其他投资 200 万美元。

（8）外国银行向 A 国财政部购买了 300 万美元的黄金。

分析：货币黄金是作为官方储备看待的，A 国输出黄金实际上是放弃一部分官方储备资产，应记入储备资产的贷方。另外，外国银行是提取美元存款购买黄金的，这意味着 A 国官方的外汇资产增加，应记入储备资产的借方。因此这笔交易可记为：

借：储备资产 300 万美元；贷：储备资产 300 万美元。

上述 8 笔交易可以编制一张完整的国际收支平衡表，如表 1-2 所示。

表 1-2　A 国（8 笔交易）国际收支平衡表　　　　　　　　　单位：万美元

项目	贷方	借方	差额
经常账户合计	500	1 230	-730
货物	200+100	1 000+50	-750
服务		30	-30
初次收入	200		200
二次收入		150	-150
资本和金融账户合计	1 620	890	730
直接投资	1 000	100	900
证券投资		40	-40
其他投资	30+40+200	200+200	-130
储备资产	50+300	50+300	0
总计	2 120	2 120	0

（四）国际收支平衡表的差额

根据复式记账法原则，国际收支平衡表的最终差额必定为零。所谓国际收支差额，是指自主性交易的差额。

国际收支的平衡与否反映了金融状况的好坏，各国政府、国际组织金融政策的重要调整对象，就是国际收支的不平衡。国际收支不平衡，主要表现为国际收支平衡表中各项收支项目的不平衡，通常称为收支差额（也称账户差额）。为了便于对国际收支不平衡的调节，往往把形成国际收支不平衡的收支项目以及差额分为以下几部分。

1. 贸易账户差额

贸易账户差额是指一国在一定时期内商品（货物）进出口的收支差额，由于货物的进出口是实在可见的，因此有时它特指有形贸易差额。出口货物得到的收入被记入国际收支平衡表的借方，而进口货物的支付被记入贷方。贷方金额大于借方金额（即出口大于进口）则表现为贸易顺差；反之（出口小于进口），则表现为贸易逆差。

商品的进出口情况，即贸易差额，反映了一国的产业结构、劳动生产率状况和产品在国际上的竞争能力及在国际分工中的地位，是一国对外经济交往的基础，影响和制约着其他账户的变化。因此，人们通常把贸易差额作为判断国际收支平衡状况的主要依据。

2. 经常账户差额

经常项目包括有形货物（商品）收支、无形货物（服务）收支、初次收入和二次收入收支。经常项目的收支差额为正时，说明贷方大于借方，称为经常账户顺差；经常项目的收支差额为负时，说明贷方小于借方，称为经常账户逆差。

经常账户差额反映了一国的有形货物和无形货物进出口及转移收支的状况，反映了实际资源在一国与他国之间的转让净额，也就是一国国外财富净额的净变化。经常项目在宏观经济中占有举足轻重的地位，经常账户差额是衡量一国国际收支状况的重要指标。

3. 资本和金融账户差额

资本和金融账户差额，是资本账户和金融账户差额的总和。根据国际收支平衡表复式记账原理，在国际收支中，一笔贸易流量通常对应一笔金融流量，因此经常账户中实际资源的流动与资本和金融账户中资产所有权的流动是同一问题的两个方面。不考虑错误和遗漏因素时，经常账户中的差额必然对应着资本和金融账户在相反方向上的数量相等的差额，也就是说，经常账户差额与资本和金融账户差额之和为零。

对于资本市场开放的国家而言，资本和金融账户的流量往往较大，资本和金融账户通常会出现较大波动，很难维持上述差额之和为零。当经常账户出现逆差时，资本和金融账户会出现相应的盈余，这表明一国利用金融资产的净流入，获得经常账户赤字融资。相反的情况是，经常账户盈余，而金融资产净流出或储备资产增加。综上所述，我们可以说经常账户与资本和金融账户之间是互为融资的关系，资本和金融账户的差额可以反映出一国经常账户的状况和融资能力。通过资本和金融账户为经常账户提供融资有两种主要方式：

一是利用一国政府持有的金融资产（资本和金融账户中的官方储备）进行融资。这种融资方式在数额上受国家储备数量的限制。

二是利用国外资本（资本和金融账户中的直接投资、证券投资和其他投资）进行融资。这种融资受到稳定性和偿还性两方面的限制。从稳定性方面来讲，流入的资本是不稳定的。这是因为，当一国经济环境发生较大变化，或国际资本市场出现较大供求变动以及发生突发性事件时，流入资本会大规模撤出。另外，从偿还性方面来讲，利用外国资本进行融资，往往面临定期偿还的问题，特别是高利率资本融资隐藏着极大的债务危机的风险。

当前，国际资本流动取得了突破性发展，资本和金融账户已摆脱被动地由经常账户决定的局面，资本流动形成独立运动并为经常账户提供融资。这种流动也摆脱了对贸易的依附，其流量大大超过国际贸易流量，对世界经济产生了巨大影响。

对资本和金融账户的分析，不仅关系到一国的融资、债务和收入，同时还反映出资本和金融账户与经常账户之间的这种融资关系，随国际金融一体化的发展而逐步变化。无论如何，资本和金融账户差额的分析，有助于一国政府综合使用有关措施来调整国际收支状况。

4. 综合账户差额

综合账户差额也称储备结算差额或国际收支总差额，是指经常账户与资本和金融账户中的资产转移、直接投资、证券投资和其他投资账户所构成的余额，也就是在国际收支账户中，剔除了官方储备账户和错误与遗漏账户后的余额。综合账户差额是全面衡量一国国际收支状况的综合指标，通常所说的国际收支差额就是指国际收支的综合账户差额。

综合账户差额的意义在于可以衡量国际收支对一国储备持有所形成的压力，一国可以通过动用或获取储备来弥补国际收支的不平衡。如果综合账户差额为正，则储备资产增加，称该国国际收支存在顺差；如果综合账户差额为负，则储备资产减少，称该国国际收支存在逆差；如果综合账户差额为零，则称该国国际收支平衡。

5. 错误与遗漏账户差额

错误与遗漏账户差额是人为地轧出来的，但这一数字的存在却有客观原因（前面已经叙述）。在国际收支平衡表中，如果错误与遗漏账户差额所占比重较大，则影响统计的准确性。如果其数额超过贸易额的 5%，就会影响国际收支统计的可靠性，对有关政策的决定也会产生不利影响。

知识拓展

中国跨境资金流动监测

为深入分析我国跨境资金流动状况，全面准确介绍我国"热钱"等套利资金规模、特点、原因及影响，从 2011 年开始，中国国家外汇管理局（SAFE）发布《中国跨境资金流动监测报告》。"热钱"作为跨境资金流动一个非常重要的组成部分得到了管理当局的高度关注。"热钱"在理论上一般定义为国际短期投机套利资金，但实践中难以准确掌握国际资本流动的真实动机和存续期限，因此在"热钱"规模测算上没有严格的定义和标准。目前国际上较流行的分析思路主要有二：一是直接测算法，将直接投资以外的金融项目，以及误差与遗漏项目加总（也称非直接投资形式的资本流动净额）。二是间接测算法或称残差法，使用外汇储备增量减去贸易顺差和直接投资净流入。但前者涵盖口径偏窄，而后者打击面过大，可能高估"热钱"规模，并且外汇储备中还存在估值因素。因此，外汇管理局在估算我国"热钱"规模时，借鉴了间接测算法，同时结合了我国实际，在储备增量和剔除项目上进行了调整。首先，确定一些较稳定、合法合规的贸易投资项目，并假定其交易都是真实、合法的，主要是进出口顺差、直接投资净流入、境外投资收益、境内企业境外上市筹资调回等。然后，在交易形成的外汇储备增量中扣除上述四项，所得差额基本上反映了波动性可能较大的跨境资金流动，称为波动较大的跨境资金流动或"热钱"流动净额。从 2014 年开始，考虑到我国国际收支呈现自主平衡，外汇资产的持有和运用主体逐步由央行转向银行、企业、个人等市场主体的新情况，外汇管理局对跨境资金流动的估算方法进行了调整。为大致区分我国跨境资金整体流动中的稳定性因素和波动性因素，较佳选择仍是依托国际收支平衡表，按照国际通行的做法，将经常项目和直接投资的合计差额视为稳定性较高、与实体经济关系较大的跨境资金流动（基础国际收支交易），将非直接投资资本流动（Non-FDI Capital Flows，主要包括证券投资和其他投资，为增强与外汇储备资产变动的匹配程度，再加入净误差与遗漏）视为波动性较大的跨境资金流动。

第二节　国际收支分析

一、国际收支平衡分析的意义

国际收支平衡表是经济分析的主要工具，一国的国际收支记录了它与世界各国的经济、金融往来的全部情况，反映了该国的对外经济特点及变动对国际金融的影响。因此，分析国际收支平衡表，对编表国或非编表国都具有重要的意义。

对于编表国来说，首先，通过对国际收支平衡表的分析，能够全面、及时地掌握本国对外经济交易的综合情况，找出国际收支顺差、逆差产生的原因，以便采取正确的经济调节措施，保持本国的国际收支平衡。其次，对国际收支平衡表的分析，还能使本国政府充分掌握其外汇资金来源，特别是官方的储备变动情况，以便编制切实可行的外汇预算计划。最后，对国际收支平衡表的分析，能使一国全面地了解本国的国际经济地位，制定出与本国国力相适应的贸易、投资、经济援助、借贷等方面的对外经济政策。

对于非编表国来说，分析别国国际收支平衡表，同样具有重要的意义和作用。随着世界经济一体化的不断发展，世界各国在经济、政治等各方面的联系日益密切，任何国家不仅要了解自己，还要了解世界各国的政治经济实力、对外经济政策的动向以及世界经济发展的趋势。对别国国际收支平衡表的分析，有助于预测编表国的国际收支、货币汇率及其对外经济政策动向，也有助于了解各国的经济实力和预测世界经济与世界贸易的发展趋势，为本国制定经济政策提供依据。

二、国际收支平衡的判断

国际收支平衡表上借贷双方总额是相等的，即国际收支平衡表总是平衡的，这种账面的平衡并不是经济意义上平衡的反映。从经济意义上判断国际收支的平衡，还必须注意到账面平衡与真实平衡、数额平衡与内容平衡、自主平衡与被动平衡是否一致。

1. 账面平衡与真实平衡

国际收支中的贷借双方与资产负债不是对应的。在国际收支的记录中，引起外汇流入的交易记入贷方，引起外汇流出的交易记入借方。但在实际中，外汇的流入不一定是资产的增加，而外汇的流出也不一定是负债的增加。比如记入贷方的收入，是由于出售有价证券向国外借款得到的，那么这种贷方的收入实际是资产的减少、负债的增加；又如借方项目中，如果是因为购买了外国有价证券或偿还了国外债务，那么这种借方项目实际是资产的增加、负债的减少。对一个国家而言，由于资产减少或负债增加而带来的收入，并不是真实的收入。所以国际收支平衡表的账面是平衡的，实质上是不平衡的。

2. 数额平衡与内容平衡

一国国际收支在数额上达到平衡只能说是实现了表面上的平衡，这种平衡是否是真正的平衡，还要分析一国经济交易的内容。如果输出的货物有利于本国的进一步发展，以及改善本国的出口在世界经济交往中的地位，而输入的货物也有利于本国国内经济的发展，这种平衡才是内容上的平衡。如果进出口虽然达到平衡，却不利于本国经济的发展，那么这种平衡只是数额上的平衡，内容上却是不平衡的。

3. 自主平衡与被动平衡

一般而言，按照交易的动机或目的，国际收支平衡表中记录的经济交易可分为自主性交易和补偿性交易两种类型，则自主性交易平衡即为自主平衡，而补偿性交易平衡为被动平衡。

（1）自主平衡。自主性交易也称为事前交易，是指经济实体（企业）或个人为追求利润或其他利益，而主动、自发地进行的经济交易（如商品、劳务的进出口，旅游，汇款赡养亲友等）。

自主性交易平衡即为自主平衡。一国在一个长时期里自主性交易平衡，无须再依靠补偿性交易来调节与维持，就可以说该国国际收支达到了实质性平衡。自主性交易是否平衡，是衡量国际收支长期性平衡的一个重要标志。如果一国在国际经济交易中，其自主性交易收支基本相等，那么，其国际收支就是均衡的；否则，其国际收支就是失衡的。只有自主性交易收支总额相等或基本相等，才是国际收支经济意义上的平衡。

（2）被动平衡。补偿性交易（调节性交易）是指为了弥补自主性交易差额而进行的相关交易。当国际收支出现不平衡时，各国政府都希望使这种不平衡得到一定的弥补。通过货币金融交易如增减外汇储备，向外国政府或国际金融机构借款，动用外汇储备等来弥补自主性交易不平衡，为此而进行的交易往往是事后的，即称为补偿性交易。而经补偿性交易调节后的平衡只是被动的平衡，实质上是一种不平衡。

上述三种判断含义基本一致，只是强调的重点有所不同，它们都指出了国际收支平衡表中可能隐藏着不平衡，实质的平衡与失衡还需深入分析。

三、国际收支失衡的原因

在叙述国际收支平衡表时，我们说国际收支最后总是平衡的，这种平衡是会计意义上的平衡。国际收支平衡，被普遍认为是金融状态良好的表现。在实际过程中，国际收支经常存在不平衡，即出现不同程度的顺差或逆差，这就是国际收支失衡（不平衡或不均衡）的含义。国际收支失衡是绝对的，而造成一国国际收支不平衡的原因是多方面的，归纳起来主要有以下五种。

1. 偶然性失衡

偶然性失衡，是指短期的、由偶然因素引起的国际收支不平衡。如自然灾害、战争、政局变动、国际商品价格的突然变动等因素，都会引发国际收支的偶然性失衡。偶然性失衡持续时间不长，失衡程度较轻，具有可逆性。这类失衡是暂时的，等到引起冲击的因素消失后，国际收支便会自动恢复到正常状态。

2. 结构性失衡

结构性失衡是指一国国内经济、产业结构不能完全适应世界市场的变化而引起的国际收支不平衡。世界各国的地理环境、资源配置、劳动生产率、经济基础都各不相同，各自都形成了相应的经济布局和产业结构，彼此间形成国际分工结构的平衡。若在某一时期世界市场发生的变化，引起某国出口供给或进口需求发生变化，该国就需要改变其经济结构，以适应这种国际市场的变化。若该国经济不能灵活调整，以适应国际市场所要求的国际分工结构的变化，那么该国将会出现国际收支的结构性失衡。

贸易收支在一国国际收支中起着重要作用，进出口商品结构及一国的经济结构，决定了该国贸易收支的主要来源。因此，结构性失衡通常反映在贸易账户或经常账户上。结构性失衡，在发达国家和发展中国家都有发生，造成失衡的因素有以下两个方面：

第一，经济和产业结构变动滞后和调整的困难引起国际收支失衡。这主要反映在当国际市场发生变化时，一国出口新的产品将引起该国生产结构的调整。如果该国的生产结构不能及时加以调整，由此而造成原有的贸易平衡失衡。

第二，如果一国的产业结构比较单一，其商品出口需求的收入弹性较低，则很难适应国际市场上商品、劳务的需求与供给的变化，由此而引起国际收支失衡。这一因素引起的结构性失衡，往往出现在发展中国家。

3. 货币性失衡

货币性失衡是指由于一个国家的价格、利率或汇率等货币性因素相对变化所引起的国际收支不平衡。在保持一定汇率水平下，一国的货币供应量增长过快，将会引起通货膨胀，致使商品成本和物价水平高于其他国家。较高的出口商品价格，使商品的出口数量受到抑制，而进口商品数量将大幅度增加，出现贸易逆差，使国际收支不平衡。这种国际收支失衡的原因是货币性的，因此需要通过调整货币、进出口政策来保持国际收支的平衡。

4. 周期性失衡

周期性失衡是指一国或世界经济所处的不同阶段引起的国际收支不平衡。市场经济条件下，存在着社会化大生产与生产资料私有制之间的根本矛盾，其经济发展遵循从危机、萧条到复苏、高涨的循环规律。一国的经济，无论是否为市场经济，都不会总是在一种均衡的状态下进行，相反会周而复始地经历繁荣、衰退、萧条、复苏四个阶段。经济循环的不同阶段，对国际收支有不同的影响。当一国处在经济衰退阶段时，国民收入减少，社会总需求下降，物价下跌，引起出口增加、进口减少，形成国际收支顺差。相反，当一国经济处于扩张和繁荣阶段时，国内投资与消费需求上升，引起进口需求的增加，形成国际收支逆差。由于这种周期影响使得国际收支失衡的两种状态交替出现，所以这种周期性失衡也称为循环性失衡。

5. 收入性失衡

收入性失衡是指国民收入水平的变化而导致的国际收支不平衡。一国的国民收入增加，全社会消费水平就会提高，社会的总需求也会扩大，从而促使进口增加并导致国际收支出现逆差。相反，当国民收入减少引起出口增加时，国际收支就会出现顺差。国民收入的变化，除经济周期影响外，大部分是由于经济增长的原因产生的，所以具有恒久的性质，因此，这种收入性失衡被称为恒久性失衡。

四、国际收支失衡的影响

以上，我们分析了国际收支失衡的几种原因。实际上各国的经济基础、发展水平各不相同，出现国际收支不平衡的原因也是有差别的。国际收支不平衡将严重影响各国之间经济的协调发展，特别是相关国家发生的结构性国际收支不平衡，往往会引起全球经济失衡，促使全球经济危机的风险增大。

国际收支逆差的影响具体表现在：本国向外大举借债，加重本国对外债务负担；黄金外汇储备大量外流，削弱本国对外金融实力；本币对外贬值，引起进口商品价格和国内物价上涨；资本外逃，影响国内投资建设和金融市场的稳定；压缩必须的进口，影响国内经济建设和消费利益。

国际收支顺差的影响表现在：外汇储备大量增加，使该国面临通货膨胀的压力和资产泡沫隐患；本国货币汇率上升，会使出口处于不利的竞争地位，打击本国的就业；本国汇率上升，会使外汇储备资产的实际价值受到外币贬值的损失而减少；本国汇率上升，本币成为硬货币，易受外汇市场抢购的冲击，破坏外汇市场的稳定；加剧国家间摩擦。

连续的巨额国际收支差额会影响本国经济的稳定和发展，此时的国际收支管理（调节）就具有必要性。因此，认清国际收支不平衡的影响，对于调节国际收支，保持国际收支的均衡，有着十分重要的意义。

第三节　国际收支管理

国际收支管理是宏观经济管理的重要组成部分，国际收支管理的主要目标就是实现国际收支平衡。从上一节对国际收支失衡的影响分析可知，一国国际收支失衡，无论是顺差还是逆差，若不及时调整，都会对国民经济产生不良影响。因此，世界各国都十分重视国际收支的调节或管理工作。国际收支失衡的调节有两大类手段，一类是自动调节机制，另一类是政策调节方法。

一、国际收支的自动调节机制

国际收支自动调节是指通过市场机制的自发作用所实现的对国际收支失衡的调节。自动调节机制是指利用市场经济运行的内在规律，通过物价、货币、利率和汇率等经济变量的变动对国际收支所形成的反作用的调节机制。

1. 物价调节机制

物价调节机制又称为货币—价格机制，或价格—现金流动机制，是由英国哲学家和经济学家休谟在 18 世纪提出的，主要说明在金本位制度下黄金的流出入和物价水平的变动对贸易收支不平衡的调节作用。该机制的自动调节过程是：物价水平下降，可以刺激出口，抑制进口，有利于减少国际收支逆差；物价水平上涨，会妨碍出口，刺激进口，会减少国际收支顺差。自动调节，动态平衡。

2. 汇率调节机制

如果允许汇率自由波动，国际收支不平衡必然会引起一国货币汇率的变动。而汇率变动反过来会调节该国贸易收支，最终调节国际收支，从而形成了汇率变动的自动调节机制。

汇率变动主要通过相对价格水平的变动调节国际收支。即当一国出现国际收支逆差时，本币汇率下跌，从而使出口商品的国际价格下降，进口商品的国内价格上升。出口商品价格的下降会引起出口商品数量的增加。当出口商品数量增加大于出口商品价格下降时，则出口总值就会增加；另外，进口商品价格上升，会引起进口商品数量减少，当进口商品数量的减少超过了进口商品价格的上升时，进口总值就会下降，从而使贸易收支趋于顺差。

整个调整过程如下：国际收支逆差—本币汇率下跌—出口品国际价格下降，进口品国内价格上升—出口增加，进口减少—国际收支顺差。

3. 利率调节机制

利用利率调节就是货币当局通过提高或降低银行存款利率和贴现利率，来调整国际收支失衡。提高利率，可以引起国外短期资本流入，抑制国内投资，减少对外支出，从而使国际收支逆差缩小；降低利率，会促使资本外流，扩大国内投资规模，增加货币供应量，从而使国际收支顺差减少。

4. 收入调节机制

如果一国的国际收支失衡主要表现为经常项目失衡，并且经常项目失衡是由进出口变化所引起的，那么国际收支失衡还可以通过收入调节机制来自动恢复均衡。收入水平的减少，一方面会造成进口减少，另一方面也会因为造成国内消费的减少而迫使国内生产商努力地去开拓国际市场，以增加出口。两者都有利于减轻经常项目逆差。

在现实世界中，这些自动调节机制是同时运转并相互作用的。如果一国政府为了追求一定的政策目标而不断地干预这些机制的运行，这些自动调节机制在实现国际收支平衡的同时，又会对国内经济产生消极影响。自动调节机制发挥作用的大小以及期限的长短，一方面取决于该国的经济条件，另一方面还取决于该国的经济政策。只有在纯粹的自由经济中，自动调节机制才能产生理论上所描述的作用。

二、国际收支的政策调节

国际收支的政策调节是指政府通过经济政策的调整以恢复本国国际收支平衡。目前，世界各国普遍采用的调节国际收支失衡的政策主要有外汇缓冲政策、汇率政策、直接管制政策和支出变更政策，根据具体情况，可采用其中一种或几种政策。

1. 外汇缓冲政策

外汇缓冲政策，是指一国官方利用外汇储备的变动或临时筹措资金，来抵消外汇市场上的超额供给或需求，弥补因国际收支失衡产生的外汇缺口，从而缓解外部失衡对国内经济带来的震荡。由于这种政策措施是以外汇作为缓冲体，所以称此政策为外汇缓冲政策。

在这种政策下，当一国发生国际收支失衡时，由中央银行在外汇市场上买卖外汇，调节外汇的供求。在国际收支逆差、本币汇率下跌时，中央银行在外汇市场上抛售外汇，吸进本币，消除国际收支逆差所形成的外汇供求缺口，缓解外汇供求矛盾，缓冲逆差对国内金融经济的不利影响。在国际收支顺差、本币汇率上升时，货币当局或中央银行在外汇市场上做相反的操作。外汇缓冲政策属于一种弥补性政策，它只能应付临时性或季节性的国际收支失衡，不能解决长期的、巨额的失衡问题。

2. 汇率政策

汇率政策是一国通过调整汇率来实现国际收支平衡的政策措施。汇率水平的高低直接影响到该国贸易收支状况。汇率政策通过汇率变动，改变本国进出口商品和劳务的相对价格，从而改变国内居民的支出或消费方向，改变进出口的对比关系，最终达到国际收支平衡。在固定汇率制度下，政府可以通过本币兑外币贬值或升值的方法，来降低或提高本国货币的对外价值，达到调节国际收支失衡的目的。在浮动汇率制度下，汇率调整一般是指国家通过外汇平准基金进行公开市场业务，人为地促使本国货币汇率上浮或下浮来平衡国际收支。

3. 直接管制政策

直接管制是指一国政府用行政命令的办法，直接干预外汇买卖和对外贸易，恢复国际收支平衡。直接管制政策包括贸易管制和外汇管制两种。其中，贸易管制是一国政府对该国进出口商品的数量、价格、来源地、销售对象等进行直接的行政管理，使得贸易的进行符合本国经济发展的利益和要求。目前，各国普遍实施贸易管制的基本形式主要有许可制度和配额制度。

外汇管制是通过对外汇交易和国际结算进行限制来维持国际收支均衡，主要包括对外汇收入的管制、对外汇支出的管制及对资本输出入的管制等形式。

　　直接管制较其他政策来说更具有时效性，因为它是根据本国国际收支的具体情况，对贸易收支和资本项目区别对待，针对国际收支出现的局部不平衡，选择相应的政策措施进行调整。这种政策的特点是选择性强，对局部性失衡有针对性调节作用，见效快。

　　但是，直接管制和其他行政措施一样，容易遭到其他国家的抵制和报复，加剧国与国之间的贸易摩擦。

4. 支出变更政策

　　支出变更政策（或称支出变动政策）是指通过改变社会总需求或国民经济中支出的总体水平，进而改变对外国商品、劳务和金融资产的需求，以此来调节国际收支失衡的一种政策，主要包括货币政策和财政政策。

　　（1）货币政策。它是中央银行通过调整再贴现率、法定存款准备金率或者在公开市场上买卖政府债券等措施来达到政策目标的。当某经济体逆差增大时，政府实行紧缩的货币政策，使市场利率上升，抑制社会总需求，迫使物价下跌，通过物价来影响进出口；同时市场利率上升会促使外资流入国内，从经常项目和资本项目两方面逐渐消除逆差，以使国际收支恢复平衡。

　　货币政策包括贴现政策、改变存款准备金率和公开市场业务等政策手段，它是目前西方国家普遍使用的一种间接调节国际收支的政策措施。

　　（2）财政政策。财政政策是指一个国家通过扩大或缩小政府财政开支，提高或降低税率的办法来平衡国际收支。财政政策又可以分为宏观财政政策和微观财政政策。宏观财政政策的作用机制是：在国际收支出现大量顺差、外汇储备较多时，政府通过扩大财政预算，增加财政支出，降低税率，刺激投资和消费，促进国内物价上涨，增加进口，减少顺差；当国际收支出现大量逆差时，政府可实行紧缩的财政政策，即增加税收和削减财政开支以抑制社会总需求，降低物价，从而增加出口减少进口，消除逆差，使国际收支恢复平衡。微观财政政策主要包括出口补贴、出口奖励、进出口关税、减免税等。

　　宏观财政政策通过总量调节来达到间接影响国际收支状况的目的，而微观财政政策则是通过直接影响贸易收支来实现国际收支平衡。财政政策有效实施的前提条件是该国的汇率水平必须保持稳定。因此，在实行固定汇率制度的国家，财政政策是调节国际收支失衡的最重要手段。财政政策的局限性在于改善国际收支是以牺牲国内经济为代价的，其效果往往与国内经济目标冲突。

三、国际收支的国际调节

　　各国政府调节国际收支一般都以本国利益为出发点，所采取的措施有可能对其他国家的经济产生不利影响，并招致其他国家采取报复性措施。为从根本上解决国际收支不平衡问题，维护世界经济与金融的正常秩序与运转，缓解各国之间的矛盾，必须加强各国国际收支政策的国际协调。国际合作的协调方式主要有以下几方面：

　　（1）通过国际经济组织制定一系列规则和制度，为世界贸易往来和金融运行确定相对统一的准则，为世界经济有序、有效发展创造良好条件。

　　（2）通过国际金融组织，或者通过国际协定向国际收支逆差国提供资金融通，缓解其国际清偿力不足的问题；或者借助国际货币基金组织的信贷安排，帮助逆差国克服对外债支付的困难；或者借助政府之间的信用安排，向逆差国提供必要的资金支持，从而形成一个国际收支调节的资金融通机制。

（3）通过建立区域性经济一体化集团，促进区域内经济、金融的一体化和国际收支调节。

（4）通过国际经济对话机制，探讨或解决全球经济失衡、国际收支失衡的新问题。

第四节　中国的国际收支状况与管理

国际收支状况全面反映了一国外部经济的均衡状况，不仅直接影响货币汇率的波动，还是制定货币政策的重要依据。国际收支的变化是一国经济发展、变化的结果，它对经济运行产生重要影响。因此，研究我国的国际收支对我国经济政策的制定具有重要意义。

一、我国国际收支状况及其统计的发展

我国国际收支状况及其统计是随着我国对外经济交往的不断扩大和国内经济、金融体制，特别是外汇管理体制的改革而发展变化的。中华人民共和国成立以来，我国的国际收支经历了一个发展演变过程，大致可分为以下四个阶段：

1. 第一阶段（1949—1978 年）

从 20 世纪 50 年代初开始，我国对外贸、外汇实行严格管制。在这一阶段我国尚未编制国际收支平衡表，反映国际收支状况的只能是当时的外汇收支平衡表。从这一阶段的国际收支状况看，收支量虽然逐年增加，但收支规模很小，直到 1978 年，全国外汇收入仅有 114.36 亿美元，支出 118.42 亿美元。由于实行的是"统收统支、以收定支"的分配体制，每年的外汇收支基本平衡，国家外汇储备规模很小。

2. 第二阶段（1979—1993 年）

1979 年，我国对外汇体制进行了改革，开始实行外汇留成制度。1980 年我国恢复了在国际货币基金组织和世界银行的合法席位，同年国家外汇管理局开始试编国际收支平衡表。1981 年国家外汇管理局制定了国际收支统计制度，1982 年开始正式编制，1985 年 9 月正式对外公布了我国 1982—1984 年的国际收支平衡表。

这一阶段我国国际收支状况总体特征是：收入总量以较快的速度增加，1993 年国际收支平衡表借贷方发生额合计是 1982 年的 5.4 倍，反映出我国对外开放程度不断加深。到 1993 年年底，国家外汇储备达到 223.87 亿美元。

3. 第三阶段（1994—2000 年）

1994 年我国实行外汇管理体制改革，国家外汇管理局依据国际标准概念框架设计制定了《国际收支统计申报办法》，确定了国际收支统计申报的范围、内容和方法，明确了国际收支统计的执行部门和各申报主体的职责和义务，为我国国际收支统计申报工作奠定了坚实的法律依据和制度保障。1996 年 1 月，《国际收支统计申报办法》正式实施。

这一阶段我国国际收支状况的总体特征是：经常账户和金融与资本账户持续双顺差；资本与金融账户总规模扩大，资本项目大量顺差成为国际收支总体顺差的最主要因素；服务和收益逆差逐年扩大；错误与遗漏账户数额过大，且出现不断扩大趋势；外汇储备持续大幅度增加；人民币汇率呈现稳中趋升的态势。

4. 第四阶段（2001 年至今）

从 2001 年起，国家外汇管理局开始按半年度公布国际收支平衡表。2002 年 4 月我国加入了国际货币基金组织数据公布通用系统。2005 年国家外汇管理局首次公布中国国际收支报告。为便于分析，将 2001—2015 年我国国际收支状况汇总于表 1-3。

表 1-3　2001—2015 年我国国际收支状况　　　　　单位：亿美元

年份	经常项目差额	资本和金融项目差额	储备资产增减额	误差与遗漏净额
2001	174.05	347.75	−473.25	−48.55
2002	354.22	322.91	−755.07	77.94
2003	458.75	527.26	−1 170.23	184.22
2004	686.59	1 106.60	−2 063.64	270.45
2005	1 341.00	1 010.00	−2 506.00	−155.00
2006	2 327.00	526.00	−2 848.00	−5.00
2007	3 540.00	951.00	−4 607.00	116.00
2008	4 124.00	463.00	−4 795.00	208.00
2009	2 611.00	1 808.00	−3 984.00	−435.00
2010	3 054.00	2 260.00	−4 717.00	−597.00
2011	2 017.00	2 211.00	−3 878.00	−350.00
2012	1 931.00	−168.00	−965.00	−797.00
2013	1 828.00	3 262.00	−4 324.00	−766.00
2014	2 197.00	382.00	−1 178.00	−1 401.00
2015	3 306.00	−1 424.00	−335.00	−1 547.00

数据来源：根据国家外汇管理局官网提供的数据整理。

从表 1-3 可以看出，这一阶段我国国际收支状况的总体特征有以下几点：

第一，经常项目和资本与金融项目连年双顺差，其规模不断加大且增长快速。尤其是经常项目，2001 年顺差额为 174.05 亿美元，2008 年顺差额达到 4 124 亿美元，为近 15 年内经常项目顺差最高值。资本和金融项目顺差额，从 2001 年的 347.75 亿美元，到 2013 年的最高值 3 262 亿美元。

第二，外汇储备资产大幅度快速增长。在经常项目和资本与金融项目双顺差的推动下，我国的外汇储备资产快速增长，储备资产增减额在 2010 年达最高值 4 717 亿美元。

第三，误差与遗漏净额出现在借方。从表 1-3 中可以看出，在该项前面多年出现"−"号，即该项出现在借方，这意味着外汇资产的流失或"有顺差无顺收"。

二、我国必须加强国际收支的管理

现阶段我国国际收支状况总体特征是：国际收支持续呈现双顺差；外汇储备资产快速增长。这种国际收支顺差的失衡结构，虽然增强了我国的国力，提高了抵御外汇冲击的能力，提高了我国的国际影响力；但是，随着时间的推移，其负面影响日益凸显。

（1）经常账户持续大量盈余，导致国际贸易摩擦，不利于国际经济关系的发展。我国经常项目十几年连续顺差，则意味着其他国家持续逆差，导致国际贸易摩擦，甚至报复，如征收报复性关税或贸易壁垒增加等，不利于国际关系的发展。在近 20 年间，中国成为全球遭受反倾销调查最多的国家就是一个明显的例证。

（2）巨额的外汇储备加大了人民币持续升值的压力，导致大量国际热钱纷纷涌入中国。国家外汇管理局公布的数据显示，截至 2024 年 7 月末，我国外汇储备额为 32 564 亿美元。大量国际热钱涌入中国，不仅快速推高了我国资产价格，尤其是大中城市的房地产市场价格，也使中国人民银行的货币政策效应严重弱化，即外汇占款大量增加。为了不使人民币升值过快，以免给我国的宏观经济运行带来较大的震荡与负向冲击，中国人民银行势必要采取对冲手段的货币政策。外汇储备是中央银行在外汇市场通过投放基础货币购买的，成为通胀压力最大的一个重要因素，导致国内流动性过剩，缩窄了国内货币政策调控空间，这会影响货币政策实施的有效性和独立性。

（3）国际收支巨额顺差增加了央行资产负债风险，也使得外汇储备经营难度不断增加。外汇储备占中央银行总资产的比值超过 80%，中央银行的资产负债货币结构不匹配，将带来较大的汇率风险和成本对冲压力，增加央行资产负债风险。美国财政部公布的数据显示，2024 年 6 月，美债前三大海外债主日本、中国、英国的持有量有所分化：日本减持，中国、英国增持。日本 6 月减持 106 亿美元美国国债，持仓规模为 11 177 亿美元，是美国第一大债主。中国 6 月增持 119 亿美元美国国债至 7 802 亿美元，是美国国债海外第二大债主。但是我国购买的国债和金融债收益率一直较低。特别是近几年，发达经济体纷纷实行量化宽松政策，拉低了国债和金融债利率水平，如果外汇储备管理依然采取传统运行方式，保值增值将更加困难。

由于国际经济的各种风险和不确定性增加，国内经济也面临一定的挑战，我国国际收支形式的复杂性增加。为此，我国必须加强国际收支的管理，要密切关注国内外经济金融形式变化，及时分析各种因素对国际收支的影响，积极完善和落实宏观调控政策，逐步改善国际收支状况，高度重视风险防范。

📖 案例展示

消除全球失衡

严重的全球失衡仍然是摆在我们面前一件令人担心的事。要对目前全球失衡格局的可持续性作出判断，重要的是理解这种失衡的原因和所需资金是如何解决的。出现目前这种局面的原因，众说纷纭，包括：美国强劲的生产率增长对资产价格、住户财富以及消费的影响；21 世纪初以来美国出现的庞大财政赤字；亚洲危机以后，除中国之外的新兴亚洲投资的下滑；自信息技术泡沫破灭之后，世界金融市场的高度流动性；新兴市场国家，尤其是亚洲国家，纷纷扩大国际储备。

近来，越来越引起人们关注的一个解释是，美国金融体系在日益一体化的全球资本市场上吸收外国储蓄的作用。美国金融市场的深度和流动性，都使美国成为对全球投资者资金富有吸引力的目的地。另外，其快速创新和新产品开发节奏快，也为有效管理风险提供了越来越多的机会。与此同时，金融创新和新产品也扩大了"消费平滑"的机会，尤其是住户可以提高由于美国股价和住房价格的上涨而形成的财富的消费。资产支持证券（尤其是抵押贷款支持的证券）的迅速增加也起到了十分突出的作用，这些证券目前占全球债券市场的比重超过10%。同时，借款工具也起到了重要作用，这些工具促进了股权变现和现金流管理。这些市场发展对于美国自20世纪90年代中期以来储蓄率的持续下跌起到了重要作用，同时也为资本流向美国提供了一个重要渠道。

各种不同的解释在很大程度上是互补的，而不是相互矛盾的。这些解释有助于人们理解这种失衡发生的原因，同时，没有人认为这种严重的失衡会无限期地维持下去。

最有可能的结果还是渐进和有序地在几年内消除这种失衡。随着美国住房市场降温，私人储蓄会随着资产价格飙升对财富积累效应消失而出现上升。相反，新兴亚洲（尤其是中国）的消费增长，会随着防范性储蓄动机减弱而出现加速，而且预计石油输出国的吸收也会上升，尤其是在那些当局正在推行大胆投资计划的中东国家。国内需求相对于增长的转变，加上美国实际汇率贬值和顺差国家实际汇率升值，将有助于在若干年内形成更为正常的经常账户格局。这种调整可以是一个市场导向的过程，而无须对政策框架作出重大调整。

然而，很有可能只有在投资者准备在许多年中继续在其资产中增持美国资产，这种平滑的市场导向过程才能取得成功。如不然，就有可能出现无序消除失衡的风险，造成美元出现更为迅速的下跌，金融市场形势出现波动，保护主义压力不断加大，以及对全球产出造成重创。这种无序消除所造成的潜在巨大成本凸显了共同努力及时减少失衡的重要意义。

本章内容提要

1. 国际收支是一种统计报表，是一国在一定时期内全部对外经济往来的系统的货币记录。它系统地记载了在一定时期内经济主体与世界其他地方的交易。大部分交易在本国居民与非居民之间进行。

2. 国际收支平衡表，是一个国家根据对外经济交易的内容和范围设置项目或账户，并按照一定的原则和复式记账原理，对一定时期内一国各项经济交易进行系统的记录，对每一项进行分类、汇总而编制出的分析统计报表。国际收支平衡表的内容综合反映了一国的国际收支平衡状况、收支结构及储备资产的增减变动情况。国际收支平衡表是反映一国对外经济发展、偿债能力等关键信息的重要文件，也是各国制定开放经济条件下宏观经济政策的基本依据。

3. 国际收支不平衡，主要表现为国际收支平衡表中各项收支项目的不平衡，通常称为收支差额。各国政府、国际组织金融政策的重要调整对象，就是国际收支的不平衡。

4. 国际收支平衡表上借贷双方总额是相等的，即国际收支平衡表总是平衡的，这种账面的平衡并不是经济意义上平衡的反映。从经济意义上判断国际收支的平衡，还必须注意到账面平衡与真实平衡、数额平衡与内容平衡、自主平衡与被动平衡是否一致。

5. 国际收支管理是宏观经济管理的重要组成部分，国际收支管理的主要目标就是实现国际收支平衡。

6. 调节国际收支失衡的政策主要有外汇缓冲政策、汇率政策、直接管制政策和支出变更政策。

7. 我国国际收支状况及其统计是随着我国对外经济交往的不断扩大和国内经济、金融体制，特别是外汇管理体制的改革而发展变化的。

8. 我国必须加强国际收支的管理，要密切关注国内外经济金融形式变化，及时分析各种因素对国际收支的影响，积极完善和落实宏观调控政策，逐步改善国际收支状况，高度重视风险防范。

课后练习

一、重要概念

国际收支　　　　国际收支平衡表　　经常账户　　　　资本账户　　　　金融账户

错误与遗漏账户　自主性交易　　　　补偿性交易　　　物价调节机制　　汇率调节机制

利率调节机制　　外汇政策　　　　　支出变动政策

二、思考题

1. 何为广义的国际收支？

2. 国际收支平衡表主要有哪些内容？

3. 如何判断国际收支在经济意义上的平衡？

4. 何为经常账户差额？

5. 何为综合账户差额？

6. 国际收支管理的目的是什么？国际收支失衡用什么手段调节？

7. 调节国际收支失衡的政策有哪些？

8. 谈谈我国应如何加强国际收支管理。

实训模块

一、实训内容

国际收支数据分析、平衡状况研究、外汇管理模拟，以提升对国际收支及管理的理解与应用能力。

二、实训目标

通过课程实训，熟悉国际收支的原理与管理方法，提升实践操作能力，深入理解国际经济交易，培养分析和解决国际收支问题的能力。

三、实训组织

以学习小组为单位，各组收集所选择国家的相关资料，对所选择国家在各阶段的收支进行分析；分组讨论，加深对国际收支的原理与管理方法等的认识。

四、实训成果

考核和评价采用报告资料展示和学生讨论相结合的方式，评分采用学生和教师共同评价的方式。

第二章　外汇与汇率基础

1. 理解外汇的概念、特征、分类、作用。
2. 掌握汇率的定义、标价方法、种类。
3. 掌握汇率的决定基础及汇率变动的影响因素。

1. 能够掌握不同汇率标价法下各国汇率的价格。
2. 能够运用汇率的基础知识分析汇率变动对国际收支与国内外宏观经济变动的影响。

一日连破五关　人民币汇率创近四个月新高

7.21，7.20，7.19，7.18，7.17……11 月 20 日，在岸人民币（7.139 0，-0.040 3，-0.56%）兑美元汇率在开盘后急速攀升，最高触及 7.163 3，日内连破五道关口，创 8 月以来新高（如图 2-1 所示）。

与此同时，离岸人民币兑美元汇率日内上涨近 600 点，同样升破 7.17 关口。临近年末，人民币汇率由弱转强，迎来反转行情。上周，在岸、离岸人民币兑美元汇率开启强劲回升，周内反弹幅度均达千点。而且，8 月下半月以来，人民币对一篮子货币也保持相对强势，升值幅度在 2% 以上。此前近两个月，人民币整体维持横盘波动走势。

"价"涨的同时，"量"也在同步升高。"伴随着汇率的企稳升值，美元兑人民币的成交量也在恢复。"据国金证券首席经济学家赵伟介绍，10 月底，近 20 个交易日的即期询价平均成交量一度走低至 132 亿美元，创 2018 年以来新低；截至 11 月 17 日，即期询价交易量已回升至 178 亿美元。

此番人民币汇率上涨的契机主要是内外部因素的共振变化。从外部因素看，随着全球经济下行和通胀回落，全球央行的紧缩周期已迎来尾声，未来中美利差将逐步收敛至正常区间。

图 2-1　2023 年 8—11 月人民币兑美元汇率

嘉盛集团资深分析师 Fawad Razaqzada 对记者说，此前，市场情绪已经过于看涨美元。而美国和英国的最新消费者价格指数（CPI）下降比预期更快，巩固了市场对于美联储和其他央行将不再加息的预期。后续，中美利率差距有望逐步收窄。

从内部因素看，基本面因素的逐步稳固，以及稳汇率政策频频出台，对稳定汇市信心起到关键作用。业内认为，出口恢复等收支方面的利好因素或将对人民币的回升起到一定的正面作用。

事实上，有关部门自 7 月中下旬开始出台稳汇率政策，并在此后频频加码。中央金融工作会议提出，"加强外汇市场管理，保持人民币汇率在合理均衡水平上的基本稳定。"业内认为，这释放了明确的稳汇率信号。

国内经济企稳向好的信号已愈发明确。光大银行金融市场部宏观研究员周茂华表示，国内数据反映经济活动修复动能明显增强，经济向潜在增长水平回归。当前，外汇市场情绪呈现回暖态势。

（资料来源：新浪财经）

思考与讨论：人民币兑美元汇率大幅上升对中美两国会产生哪些影响？

世界上绝大多数国家都有自己的货币，这些货币在本国可以自由流通，但是一旦跨越国界，它们便失去这种特性。由于各国所用货币不同，国际上又没有统一的世界货币，从事国际经济交往以及其他业务，都要涉及本国货币与外国货币之间的兑换，由此产生了"汇率"这一概念。从上一章国际货币体系得知，汇率是两国货币的相对价格，汇率的变动不仅会影响国际收支，还会影响物价、收入、就业等一系列的变量。外汇与汇率是国际金融研究的一个核心问题。掌握有关外汇和汇率的基本知识和基本原理是研究整个国际金融问题的基础。

第一节　外　汇

一、外汇的概念

外汇（Foreign Exchange）是实现国际经济活动的基本手段，是国际金融最基本的概念之一。

外汇的概念需要从两个方面来理解：一是动态的外汇概念，是指一国货币兑换成另一国货币的实践过程，通过这种活动来清偿国家间的债权债务关系；二是静态的外汇概念，是指国家间为清偿债权债务关系进行的汇兑活动所凭借的手段和工具，或者说是用于国际汇兑活动的支付手段和工具。实际上，静态的外汇概念是从动态的国际汇兑行为中衍生出来并广为运用的，它是外汇的物质存在形态，我们在日常生活中所用到的外汇概念和本书涉及的外汇概念均指静态的外汇概念。

静态外汇概念又有广义和狭义之分。

1. 广义的静态外汇概念

广义的静态外汇，是指一切以外国货币表示的国外资产，一般用于各国外汇管理政策中对外汇的界定。

国际货币基金组织对外汇的定义是："外汇是货币行政当局（中央银行、货币管理机构、外汇平准基金组织及财政部）以银行存款、国库券、长短期政府债券等形式所持有的在国际收支逆差时可以使用的债权。其中包括基于中央银行之间及政府间协议而发行的在市场上不流通的债券，而不论它是以债务国货币还是以债权国货币表示。"根据国际货币基金组织对外汇的定义，外汇具体包括：①可以自由兑换的外国货币，包括纸币、铸币等；②长期、短期外币有价证券，包括政府公债、国库券、公司债券、金融债券、股票、息票等；③外币支付凭证等。

我国于 1996 年 1 月 29 日颁布，当年 4 月 1 日实施，并于 2008 年 8 月 1 日修订并实施的《中华人民共和国外汇管理条例》亦明确规定了外汇的具体形态：①外币现钞，包括纸币、铸币；②外币支付凭证或支付工具，包括票据、银行存款凭证、银行卡等；③外币有价证券，包括债券、股票等；④特别提款权；⑤其他外汇资产。

2. 狭义的静态外汇概念

狭义的静态外汇，是指以外币表示的可用于国际结算的支付手段。从这个意义上讲，外国货币（现钞）、外币有价证券和黄金不能视为外汇，因为它们不能直接用于国际清算。外币在其发行国是法定货币，然而，它们一旦流入他国，便立即失去法定货币的身份和作用，外币持有者须将这些外币向本国银行兑换成本国货币才能使用。即使是银行，也要将这些外币运回货币发行国或境外的外币市场变为在国外的银行存款，才能用于国际结算。也就是说，只有在国外银行的存款，以及索取这些存款的外币票据和外币凭证（如汇票、支票、本票和电汇凭证）等才构成外汇。这也就是我们通常所说的外汇，即通常意义上的外汇是狭义的外汇概念，是指国外银行存款。

二、外汇的特征

一般而言，外汇具备以下三个基本特征：

1. 外币性

外汇是以外币表示的各种金融资产，任何以本国货币表示的信用工具、支付手段、有价证券等对本国人来说都不是外汇。例如：美元资产是国际支付中最为常用的一种外汇资产，对于美国以外的其他国家都是外汇，但在美国则不是外汇。

2. 可偿性

外汇必须是在国外能够得到偿付的货币债权，具有可靠的物质偿还保证。空头支票和遭到拒绝的汇票不能称作外汇。

3. 普遍接受性和可兑换性

作为外汇必须具备普遍接受性和可兑换性。由于各国的货币制度不同，外汇管理制度不同，一个国家的货币不能直接在另一个国家自由流通。作为外汇的货币必须能够不需经过货币管理当局批准，在国际金融市场上可以按一定比例自由地兑换成其他国家的货币及其他形式的支付手段，以清偿由于对外经济贸易而产生的国际债务、债权关系或者进行某种形式的单方面转移；作为外汇必须是能为各国所普遍承认和接受的金融资产。

由此可见，外汇必须是外币，但外币并不一定就是外汇。只有能自由兑换并且被国际社会所普遍接受的外国货币才是外汇。在经济全球化的趋势下，许多国家在努力使本国货币能够成为外汇，但真正具备上述特征的主要还是发达国家或地区的货币，如美元、欧元、英镑、瑞士法郎、加拿大元、澳大利亚元、日元等。

三、外汇的分类

外汇有多种分类方法，根据不同的标准与不同的角度，外汇可以分为不同的种类。

1. 根据外汇可兑换程度不同，可分为自由兑换外汇、有限自由兑换外汇和记账外汇

（1）自由兑换外汇，是指不需经过货币发行国管理当局的批准，可以自由兑换成其他国家货币，或用于第三国支付的外国货币及其支付手段。它的特点是具有可自由兑换性，并在国际结算与国际债权与债务的清偿中被广泛使用，如美元、欧元、日元等。根据《国际货币基金组织协定》第8条"会员国的一般义务"的规定，一国货币成为自由兑换的外汇，必须符合三个基本条件：第一，为了避免对经常性支付的限制，各会员国未经国际货币基金组织同意，不得对国际经常性往来的支付和资金转移实行限制。第二，不得实施歧视性的货币安排或多重货币做法。第三，在另一会员国要求下，随时有义务购回对方经常项目往来中所结存的本国货币。可自由兑换外汇在国际汇兑结算中使用较为广泛，在国际金融市场可以自由买卖，并可以不受限制地兑换成其他国家的货币。

（2）有限自由兑换外汇，是指未经发行国批准，不能自由兑换成其他货币或对第三国进行支付的外汇。根据《国际货币基金组织协定》第14条规定，对国际性经常往来的付款和资金转移有一定限制的货币均属于有限制性的自由兑换货币。目前，世界上多数国家的货币属于有限自由兑换货币。

（3）记账外汇，又称协定外汇或结算外汇，是指两国根据国际支付协定进行国际结算

时，指定用作计价单位的外汇。一般是根据两国政府协定，在双方银行开立专门账户，所有进出口货款，只需在双方银行开立的专门账户记账，计价货币由双方协定，可使用本国货币也可使用对方国货币或第三国货币。记账外汇只能用于贸易协定国之间的贸易收支与清算，当一笔进出口业务完成时，有关国家银行根据协议分别记账，到了一定时期，双方对债权债务进行集中冲抵，发生的差额由双方协商解决，一般是将本年差额转到下一年度的贸易项目下平衡。这种记载在双方银行账户上的外汇就是记账外汇，它的主要作用是为签署了清算协定的国家提供清算上的便利。

2. 根据外汇的来源与用途不同，可分为贸易外汇和非贸易外汇

（1）贸易外汇，是指在国际贸易中用于商品进出口及其附属活动所需要支付与收入的外汇。属于这一范畴的外汇收支还有对外贸易中的运输费、保险费、推销费、宣传费以及商品进出口的其他费用。

（2）非贸易外汇，是指除国际贸易以外的各种业务收入与支付的外汇。非贸易外汇的范围非常广，如侨汇、国际旅游、航空、铁路、海运、旅游商品、宾馆饭店、港口、海关、银行、保险、对外承包工程等方面收支的外汇，均为非贸易外汇。

3. 根据外汇交易的交割期限，可分为即期外汇和远期外汇

（1）即期外汇，又称现汇，是指外汇买卖双方成交后 2 个营业日内交割的外汇。

（2）远期外汇，又称期汇或远期汇兑，是指外汇买卖双方成交后，双方约定到一定期限后（1~6 个月，最长不超过 1 年）按照事先约定的汇率进行交割的外汇。

四、外汇的作用

从外汇的定义（概念）可知，外汇是外币和以外币表示的可以用于对国际债权债务进行结算与清算的手段与资产。外汇首先是货币，是跨越国界使用的货币。因此，它的职能同货币的职能紧密联系在一起。外汇源于国际经济交往的需要，是经济活动国际化的产物。同时，外汇的出现与广泛使用也为全球化的经济发展，为更加合理地配置资源、提高世界各国的劳动生产率、增进世界各国的福利水平起到积极的作用。

由于各种外汇国际化的程度不尽相同，所以外汇在国际经济交往中所具有的功能也不尽相同。一般来讲，外汇具有以下几个主要功能：

1. 具有国际流通手段与支付功能，可以促进国际经济、贸易发展

从经济活动发展的历史来看，在世界经济发展的进程中，首先出现了国际贸易活动，商品是没有国界的，但是货币却是有国界的，这就是所谓的"商品的国际主义与货币的国家主义的矛盾"。如果没有外汇，国际商品与服务贸易只能通过以物易物的方式进行，成交成本巨大，效率极端低下。外汇的出现，不仅减少了交易成本，降低了交易风险，同时也使上述矛盾得以解决。所以外汇与外汇市场的出现对世界经济与贸易的发展起到了促进作用。

2. 具有国际信用手段功能，可以提高资源配置效率

世界经济发展不平衡导致了各个国家经济发展的不平衡和资金供给与需求的不平衡。在不同的发展阶段和不同的时期，各国所需要的投资与储蓄资金的供给量与需求量是不同的。在某些阶段，一些国家的资金相对过剩，另一些国家资金则相对短缺；在其他阶段情况可能相反。在没有外汇兑换与国际借贷的情况下，一国的投资等于该国的储蓄，资源配置受到一定的限制。而外汇充当国家间的支付手段，通过国际信贷和投资途径，可以调剂资金余缺，促进各国经济的均衡发展。外汇兑换的制度化使一个国家可以兑换到其所需的货币，并用其购买该国所需要的商品、服务、资源、技术，实现购买力国家间的转移，提高资源配置的效率。

3. 具有国际储备手段的功能，是实现宏观经济目标的重要手段

在开放经济条件下任何国家都需要一定的国际储备，以应付各种国际支付的需要。在黄金充当国际支付手段时期，各国的国际储备主要是黄金。而在当代外汇已经成为主要的国际支付手段和储备手段的情况下，外汇成为世界各国一项十分重要的储备资产，成为各国政府弥补国际收支逆差、维护汇率稳定的重要手段。外汇可以充当国际储备手段，是货币储藏手段职能的扩展。

4. 外汇是资产存在的一种形式，是一项非常重要的经济资源

外汇是主要的资产与资源，它不仅可以作为储备资产用来弥补国际收支逆差，同时也可以帮助外汇拥有国获取它所需要的设备、技术、能源等各种经济资源。为该国经济增长提供支持。在开放经济条件下，一个国家的经济增长不仅依赖于国内市场，同时也依赖于国际市场，在这种情况下，外汇与外汇储备的作用也在发生变化。一国所拥有的外汇，从形式上看虽然是外汇储备资产，但它却不仅仅承担外汇储备资产的功能，它已经变成资产存在的一种形式，具有了资本所拥有的全部性质。

第二节　汇率的基本概念

一、汇率及其标价方法

1. 汇率的定义

汇率是外汇汇率的简称，也可以称为外汇汇价或外汇交换比率，是指一个国家的货币折算成另一国家货币的比率，即两种不同货币兑换的比率，或者用一国货币所表示的另一国货币的相对价格。

国际经济活动引起各国之间的支付问题与不同种类货币的兑换关系。在国际经济交往中，对外负有债务关系的企业、个人和政府，需要购买外汇进行支付，而在国际经济交往中取得外汇收入的企业、个人和政府往往也需要出售外币，换取本币，这样就产生了各种货币之间兑换的需求。这种货币之间的交换同其他商品一样，会形成一定的价格，即汇率。

2. 汇率的作用

汇率是两种货币交换的比价，因此汇率在国际经济活动中具有重要的作用。汇率的第一个作用是充当价格尺度，即衡量不同种类货币的价格，并使不同种类货币之间的兑换可以进行，从而成为国际债权与债务的支付。汇率的第二个作用是可以用来进行国际比较。由于汇率的存在，一国货币表示的各种商品及服务的价格可以转换成其他外币的价格，这

样消费者可以通过汇率来判断如何购买不同国家生产的商品与服务，企业可以通过汇率来计算同国外竞争者相比较的成本与收益，以及考虑如何在国际进行资源配置等策略。汇率的第三个也是十分重要的作用，就是充当各国政府宏观经济政策调控的工具，为各国政府实现内外均衡服务。

📖 案例展示

2023 年 11 月 22 日中国外汇交易中心受权公布人民币汇率中间价公告

中国人民银行授权中国外汇交易中心公布，2023 年 11 月 22 日银行间外汇市场人民币汇率中间价为 1 美元兑人民币 7.125 4 元，1 欧元兑人民币 7.794 6 元，100 日元兑人民币 4.820 3 元，1 港元兑人民币 0.914 11 元，1 英镑兑人民币 8.954 5 元，1 澳大利亚元兑人民币 4.683 4 元，1 新西兰元兑人民币 4.323 8 元，1 新加坡元兑人民币 5.336 7 元，1 瑞士法郎兑人民币 8.083 8 元，1 加拿大元兑人民币 5.212 4 元，人民币 1 元兑 0.652 47 林吉特，人民币 1 元兑 12.358 8 俄罗斯卢布，人民币 1 元兑 2.607 1 南非兰特，人民币 1 元兑 181.23 韩元，人民币 1 元兑 0.514 60 阿联酋迪拉姆，人民币 1 元兑 0.525 49 沙特里亚尔，人民币 1 元兑 48.856 6 匈牙利福林，人民币 1 元兑 0.561 10 波兰兹罗提，人民币 1 元兑 0.956 7 丹麦克朗，人民币 1 元兑 1.464 9 瑞典克朗，人民币 1 元兑 1.494 8 挪威克朗，人民币 1 元兑 4.035 84 土耳其里拉，人民币 1 元兑 2.410 5 墨西哥比索，人民币 1 元兑 4.924 5 泰铢。

（资料来源：中国外汇交易中心）

3. 汇率的标价方法

汇率是用一种货币购买另外一种货币的价格，在外汇交易中买卖的对象都是货币。由于货币本身就有价值尺度的作用，因此汇率的标价方法同一般商品交易的标价方法有所不同。在一般的商品交易中，商品的价值是由货币来度量的，而在外汇交易中任何一种货币都可以充当价值尺度，来衡量另外一种作为商品货币的价值。

在确定两种不同货币之间的比价（汇率）时，应先确定用哪个国家的货币作为标准，由于确定的标准不同，便产生了不同的汇率标价方法。目前，汇率的标价方法有直接标价法、间接标价法和美元标价法三种。

（1）直接标价法，又称价格标价法或应付标价法，是以一定数额的外国货币作为标准，折算为一定数额的本国货币来表示其汇率的方法。在直接标价法中，外币是基准货币，被作为商品看待；而本币则被当作计价货币，充当价值尺度来反映外币的价值。直接标价法的特点是外币的数额是固定的（一般是以 1 或者 100 为单位，个别的用 1 000 或 10 000 为单位），而本国货币兑换外币的数额随着本国货币或者外国货币币值的变化而变化。例如，2018 年 1 月 26 日我国外汇牌价美元兑人民币的中间价为 1 美元兑换 6.316 1 元人民币，这种标价方法就是直接标价法。目前世界上大多数国家都实行直接标价法。

（2）间接标价法，又称数量标价法或应收标价法，是以一定数额的本国货币作为标准，折算为一定数额的外国货币来表示其汇率的方法。同直接标价法相反，在间接标价法下，本币是基准货币，被视作商品看待，而外币则被当作计价货币，充当价值尺度。外国货币的价格是间接地表示出来的，所以称为外汇的间接标价法。如上例，用间接标价法表示美元的汇率就是100元人民币等于15.83美元。目前，世界上只有美国、英国和欧元区等少数国家和地区使用汇率间接标价法。

（3）美元标价法，又称纽约标价法，是以一定单位的美元为标准来计算应兑换多少其他货币的汇率标价方法。

直接标价法和间接标价法都是针对本国货币和外国货币之间的关系而言的。相对于某个国家或某个外汇市场而言，本币以外其他各种货币之间的比价则无法用直接或间接标价法来表示。事实上，第二次世界大战以后，特别是欧洲货币市场兴起以来，国际金融市场之间外汇交易量迅速增长，为便于国际外汇业务交易，银行间的报价都以美元为标准来表示各国货币的价格，至今已成习惯。世界各金融中心的国际银行所公布的外汇牌价，都是美元对其他主要货币的汇率。非美元货币之间的汇率则通过各自兑美元的汇率套算，作为报价的基础。

无论哪种标价法，数额固定不变的货币称"标准货币"或"基础货币"，数额不断变化的货币称"标价货币"或"从价货币"。三种标价法的共同点都是以标价货币的数量表示标准货币的价格。

二、汇率的种类

按照不同的标准，汇率可以分为不同的类型，可以根据外汇交易对象、交割期限、交割时间、汇兑方式、外汇管制宽严、计算方法和外汇资金性质等进行划分。外汇汇率的种类极其繁多，本书选择几类进行介绍。

1. 基本汇率和套算汇率

（1）基本汇率，是指本国货币与某种关键货币之间交换的比率。由于外国货币种类繁多，而且各国货币制度不尽相同，因而在制定汇率时，本国货币不可能对所有外国货币都单独制定汇率，而只能选择某一货币为关键货币，并制定出本币对关键货币的汇率。这一汇率就称为基本汇率，它是确定本币与其他外币之间的汇率的基础。

各国选择关键货币主要依据三条原则：第一，必须是在本国国际收支中，尤其是国际贸易中使用最多的货币；第二，必须是在本国外汇储备中所占比重最大的货币；第三，必须是可以自由兑换的、且为国际上普遍接受的货币。在不同时期，世界不同国家使用的关键货币是不同的。目前，大多数国家都把美元当作关键货币，把本币兑美元的汇率称为基本汇率。我国的人民币与美元的汇率即为基本汇率。

（2）套算汇率，也称交叉汇率，是指两种货币以第三种货币为中介计算出来的汇率。在国际外汇市场上，几乎所有的货币都与美元有一个兑换率。正因为如此，其他任何两种无直接兑换关系的货币都可以通过美元计算出它们之间的兑换比率，这种计算出来的汇率，被称作套算汇率。

2. 固定汇率和浮动汇率

这是根据国际货币体系或者各国政府对汇率管制的程度划分的，它可以指不同的国际货币体系，也可以指一个国家所采取的汇率制度。

（1）固定汇率，是指一国货币同另一国货币的兑换比率（汇率）保持基本固定，汇率的波动限制在一定幅度以内。如果泛指国际货币体系，它表现为：在这种制度下，世界各国之间货币的汇率均保持固定不变，或者仅仅允许在很小的范围内上下波动。例如，在

第一章介绍的布雷顿森林体系时期，国际货币体系就是固定汇率制度。如果是指一个国家所采取的汇率制度，则表现为：采取这种制度的国家公开宣布该国货币与某一外国参照货币或一篮子货币保持一个固定的比率，并由该国货币当局运用经济、行政或者法律手段来进行维持。

（2）浮动汇率，是指一国货币同其他国家货币的兑换比率没有上下波动幅度的限制，政府货币当局也不对其运行进行干预，而由外汇市场的供求关系自行决定的汇率。目前，国际货币体系处于浮动汇率制度。在这种大背景下，世界大多数国家都实行浮动汇率制度。

3. 单一汇率和复汇率

这是根据一国政府允许使用汇率的种类来划分的。

（1）单一汇率，是指一国货币兑某一外国货币只规定一种汇率，这种汇率通用于该国所有的国际经济交往，各种不同来源与用途的收付均按此汇率计算。

（2）复汇率，又称多重汇率，是指一国货币兑某一外国货币有两种或两种以上汇率，不同的汇率用于不同的国际经济交往。

在实行复汇率的国家中，因外汇用途不同又可分为贸易汇率和金融汇率。贸易汇率，是指专门用于进出口贸易货价及其从属费用的计价、交易、结算和结汇的汇率。实行贸易汇率，主要是为了推动本国出口贸易的发展，改善国际收支状况。金融汇率，是指专门用于资本国际转移、国际旅游业及其他国际非贸易性收支的计算和结汇时所用的汇率。实行金融汇率，主要是为了增加非贸易外汇收入或限制资本流出入。

4. 官方汇率和市场汇率

这是根据各国对外汇管理的程度来划分的。

（1）官方汇率，又称法定汇率，是指一国货币当局（如中央银行、财政部或国家外汇管理部门）所规定和公布的汇率。在外汇管制比较严格的国家，禁止外汇自由交易，一般没有外汇市场，因此不存在市场汇率。一切外汇交易都必须以官方汇率为准，官方汇率就是该国的现实汇率。

（2）市场汇率，是指在外汇市场上买卖外汇而自发形成的汇率。在外汇管制比较宽松的国家，市场汇率往往就是该国的现实汇率。

5. 即期汇率和远期汇率

这是根据外汇交易的交割期限标准来划分。

（1）即期汇率，是指在外汇市场上外汇买卖双方成交后，于当时或两个工作日之内进行外汇交割时所采用的汇率。在外汇市场上挂牌的汇率，除特别标明远期汇率外，一般均指即期汇率。

（2）远期汇率，是指买卖双方成交后，在约定的将来某一日期（如3个月后或6个月后）办理交割时采用的汇率。

远期汇率与即期汇率在数值上是不一样的。当某种外币的远期汇率高于即期汇率时，称该外币的远期汇率为升水；当某种外币的远期汇率低于即期汇率时，称该外币的远期汇率为贴水；当两者相等时，称为平价。升水或贴水的幅度为远期汇率与即期汇率之差。

6. 电汇汇率、信汇汇率和票汇汇率

这是按照外汇交易中的支付方式不同而划分的。

（1）电汇汇率，也称电汇价，是指银行卖出外汇时用电讯方式通知境外联行或代理行支付外汇给收款人时使用的外汇价格。在电汇方式下，银行一般用电传、传真等方式通知国外分行支付款项，外汇支付迅速，银行很少占用客户的资金，因此电汇汇率较高。在国际金融市场上，汇率很不稳定，进出口商为避免外汇风险，往往在贸易合同中约定使用电汇方式；银行同业买卖外汇或资金划拨也都使用电汇。因而电汇汇率已成为一种具有代表性的汇率，其他汇率都是以电汇汇率为基础计算出来的。各国公布的外汇汇率，一般都是指电汇汇率。

（2）信汇汇率，也称信汇价，即用信函通知国外分支行或代理行收付外汇时所使用的汇率。由于邮程所需时间比电讯所需时间要长得多，银行在用信汇方式进行国际清算、买卖外汇时，银行在一定时间内可以占用客户的资金，对电汇汇率再做些利息费或收入的调整，以得到信汇汇率，因此信汇汇率比电汇汇率低一些。

（3）票汇汇率，是指经营外汇业务的本国银行在卖出外汇后，开立一张由其国外的分支行或代理行付款的汇票交给收款人，由其自带或寄往国外取款时所采用的汇率。由于卖出汇票同支付外汇间隔一段时间，银行可以利用客户资金，因此票汇汇率也低于电汇汇率。

第三节　汇率的决定基础及其影响因素

汇率的大小是由什么因素决定？汇率的上下波动有哪些因素影响？这是汇率理论研究的核心内容。汇率理论也是随着国际经济交易的不断发展而不断深化与扩展的，详细的汇率理论与分析将在第三篇国际金融理论中进行阐述。这里我们先了解汇率决定的基础是什么，影响汇率波动的主要因素有哪些。

一、汇率决定的基础

在不同的国际货币制度下，汇率由不同的平价关系来决定，也就是说，汇率决定的基础是国际货币制度，不同国际货币制度下汇率决定的基础亦不同。

1. 金本位制度下汇率决定的基础

金本位制度是指以黄金为货币制度的基础，黄金直接参与流通的货币制度。金本位制度具体包括金币本位制（Gold Specie Standard）、金块本位制（Gold Bullion Standard）和金汇兑本位制（Gold Exchange Standard）三种形式。其中，金币本位制是典型的金本位制度，后两种是削弱的、变形的金本位制度。在典型的金本位制度下，各国货币均以黄金铸成，金币有一定的重量和成色，有法定的含金量；金币可以自由流通，自由铸造，自由输出入。在金本位制度下，汇率的决定基础就是铸币平价（即法定平价），即两国单位铸币的含金量之比。如20世纪30年代，1英镑的含金量为7.322 38 克，1美元的含金量为1.504 63 克，则英镑和美元的铸币平价为7.322 38/1.504 63＝4.866 6。其含义就是1英镑等于4.866 6美元，这就是英镑与美元之间的汇率，可见英镑和美元的汇率决定是以各自的铸币平价为基础的。

2. 布雷顿森林制度下汇率决定的基础

布雷顿森林体系是纸币具有法定含金量的国际货币体系。布雷顿森林制度是以美元为中心建立的固定汇率制度，其核心是"双挂钩"：一是美元与黄金挂钩，确定 1 美元的法定含金量为 0.888 67 克黄金；二是其他国家的货币与美元挂钩，或者不规定含金量而规定与美元的比价，直接与美元挂钩。由于这一货币制度是在国际货币基金组织的监督下协调运转的，因此国际上各国单位货币的美元价值或黄金价值称为国际货币基金平价，简称基金平价，汇率的决定由各自货币的基金平价的比值来决定。例如，1934 年，美国政府规定 1 美元的法定含金量为 0.888 68 克黄金，英国政府规定 1 英镑的法定含金量为 3.881 34 克黄金，则英镑和美元的基金平价为 3.881 34/0.888 68＝4.367 5。这一数值是决定英镑兑美元的基础，即汇率决定的基础是基金平价。

3. 现行国际货币制度下汇率决定的基础

20 世纪 70 年代后，随着布雷顿森林货币制度的瓦解，许多国家放弃了与美元的固定比价，普遍实行浮动汇率制度，即牙买加货币制度。现行的国际货币制度仍然是牙买加货币制度的浮动汇率制度。在这种汇率制度下，各国货币基本与黄金脱钩，不再由法律规定货币的法定含金量，汇率已经不再由各国货币的基金平价或含金量来决定，而由各国纸币所代表的实际价值来决定汇率。

什么是纸币的实际价值？在金本位或布雷顿森林货币制度下，纸币代表了一定的含金量，从而代表了一定的价值量。黄金同其他商品一样，它的价值只有通过别的商品（商品交换）表现出来。显然，黄金的价值表现为一个无限的商品系列，这样，由于纸币代表一定的黄金量，而一定金量的价值又表现在一系列商品上，因此，纸币所代表的价值实际上也是表现在一系列商品上。显然，在实际经济生活中，单位纸币所代表的价值总是表现为一定量的商品。我们把单位纸币所代表的一定量商品称为该纸币的购买力平价，它实际是商品价格的倒数。在这种情况下，以直接比较两国纸币的购买力得出两国纸币相互间兑换的比例，即汇率，也就是说，在浮动汇率制度下两国货币汇率决定的基础是购买力平价。

货币购买力平价是指单位货币能购买到国际商品的价值量，这是现行国际货币体系下汇率决定的基础。

二、影响汇率变动的主要因素

现行的国际货币体系为牙买加体系，其核心是浮动汇率制度，浮动就是不固定，就是有变动。那么是什么使汇率发生变动呢？汇率作为一国货币对外价格的表现形式，会受到国内因素和国际因素等诸多因素的影响；同时，由于货币是国家主权的一种象征，因此除经济因素外它还会受到政治、社会等因素的影响。作为国际金融理论研究的基础，本节仅就影响汇率变动的主要因素进行分析论述，深入的汇率决定理论将在本书第十一章阐述。

（一）影响汇率变动的长期因素

1. 国际收支平衡状况

国际收支是指一国对外经济活动中所发生的收入与支出。国际收支是一国对外经济活动的综合反映，国际收支平衡表（详见第五章）中所列的各种经济交易最终表现为一国的外汇供给和外汇需求。当一国的国际收入大于支出时，即一国国际收支出现顺差时，在外汇市场上则表现为外汇（币）的供应大于需求，因而本国货币汇率上升，外国货币（外汇）汇率下降。相反，当一国国际收入小于支出时，该国即出现国际收支逆差，在外汇市场上则表示为外汇（币）的供应小于需求，因而本国货币汇率下降，外国货币汇率上升。

必须指出，国际收支状况并非一定会影响到汇率变动，这主要取决于国际收支差额的性质。短期的、临时的、小规模的国际收支差额，可以轻易地被国际资本的流动、相对利率和通货膨胀率的变动、政府在外汇市场上的干预和其他因素所抵消；但是，长期的、巨额的国际收支失衡，必然导致本国货币汇率的变化。即国际收支平衡状况，特别是国际收支中的经常项目是影响汇率变动的长期因素。

2. 相对通货膨胀率

货币的对内价值是决定其对外价值（即汇率）的基础，货币对内价值的变化必然引起其对外价值的变化。对内价值具体体现于货币在国内的购买力高低，而通货膨胀正是纸币发行量超过商品流通所需货币量所引致的货币贬值、物价上涨现象。一国出现通货膨胀意味着该国货币代表的价值量下降。因此，国内外通货膨胀率差异就是决定汇率长期趋势的一个主导因素。

当一国出现通货膨胀时，其商品成本加大，出口商品以外币表示的价格必然上涨，该商品在国际市场上的竞争力就会削弱，引起出口减少；同时提高外国商品在本国市场上的竞争力，造成进口增加，从而改变经常账户收支。此外，通货膨胀率差异还会通过影响人们对汇率的预期，作用于资本与金融账户收支。当一国通货膨胀率较高时，人们就会预期该国货币的汇率将趋于疲软，由此将手中的该国货币转化为其他货币，造成该国货币的汇率下跌。一般而言，相对通货膨胀率持续较高的国家，其货币在外汇市场上将会趋于贬值；反之，相对通货膨胀率较低的国家其货币汇率则会趋于升值。

通货膨胀率对汇率变动的影响只有在较长时期内才能体现出来，因为通货膨胀率对汇率的影响要通过投资、消费、贸易往来、资本流动甚至是人们的心理预期才能实现。可见，通货膨胀率是影响汇率变动的长期因素。

3. 经济增长差异

经济增长对汇率的影响较为复杂。理论上讲，经济增长率的变化反映一国经济实力的变化，经济增长快、经济实力强的国家可以增强外汇市场对其货币的信心，因而货币汇率有上升的可能。但实际上，由于全球经济一体化，国与国之间的联系与交往越来越密切，各国的经济周期越来越一致，经济增长率的变化在各国是同时发生的，对汇率不会产生太大的影响，只有各国的经济增长速度明显不同时，才会影响到汇率的变动。

具体来说，国内外经济增长率差异对一国汇率的影响主要表现为以下几方面：第一，一国经济增长率较高意味着该国收入较高，高收入促使进口增加，引起本国货币贬值；第二，一国经济增长率较高往往又伴随劳动生产率的提高，产品成本较低，使本国产品出口竞争力增强，会引起本币升值；第三，一国经济增长率较高又意味着在该国的投资利润较高，能够吸引外国资金流入，从而引起本币升值；第四，若较高的经济增长率伴随着较高的通货膨胀率，则资金外流又会导致本币贬值。

总的来说，较高的经济增长率会对本国货币对外升值起到有力的支持作用，并且这种影响持续的时间也较长，即经济增长率差异也是影响汇率变动的长期因素。

（二）影响汇率变动的短期因素

1. 资本流动

资本流动是在短期内对汇率影响最大的因素。国际资本的大量流入，会使外汇供给相对增加，外币币值相对本币下降，从而使本币升值，外币贬值；反之，则会使本币汇率下降，外币汇率上升。由于国际游资流量巨大，流动迅速，对短期汇率产生的影响不可低估。

2. 利率差异（相对利率）

利率是金融资产的价格。利率作为货币资产的一种"特殊价格"，是借贷资本的成本或收益，它与各种金融资产的价格、成本和利润紧密相关。一国利率水平高低反映了借贷资本的供求状况。

利率也会对汇率水平发生影响。利率水平变化对汇率的影响主要是通过资本，尤其是短期资本在国际流动而起作用的。当一国的利率水平高于其他国家时，表示使用本国货币资金的成本上升，本币持有者不愿意将本币兑换为外币，由此外汇市场上本国货币的供应相对减少；同时，外币持有者则愿意将外币兑换为本币以获取较高收益，外汇市场上外汇供应相对增加，而本国货币的需求相对增加。这种本、外币资金供求的变化导致本国货币汇率的上升。反之，当一国利率水平低于其他国家时，外汇市场上本、外币资金供求的变化则会降低本国货币的汇率。

在考察利率变动的影响时，有两点值得注意：第一，这里所说的利率对汇率的影响指的是相对利率水平。如果本国利率上升，但上升的幅度不如外国利率上升的幅度，或不如本国通货膨胀率的上升幅度，则不会导致本国货币汇率的上升。第二，与国际收支、通货膨胀、总需求等因素不同，利率变动对汇率的影响更多的是对短期汇率的影响，利率对长期汇率的影响是十分有限的，因为利率在很大程度上属于政策工具范畴。

3. 经济政策

经济政策包括多个方面，如货币政策、财政政策、汇率政策等，它们都将对汇率的变动产生重要影响。如一国放松其货币政策，加大货币供应量，就可能导致本币供过于求，引起本币对内贬值，进而演化为本币对外贬值；又如财政政策中的税收政策，可能会引起国际投资成本的变化，最终导致国际资本的内外流动；如果调整汇率政策，则更将直接影响本币的涨跌。外汇市场对这些政策变化十分敏感，因此其影响都将在短期内表现出来。

4. 心理预期

心理预期是人们对将来事物发展变化的预计，影响人们心理预期的主要因素有信息、新闻和传闻。当外汇市场的参与者预期某种货币将要走强时，便会大量买进以获得收益，这种行为便会促使该种货币的汇率上升；若他们预期某种货币会贬值，市场上便会出现抛售该种货币的情况，加大了这种货币贬值的压力。心理预期有时能对汇率的变动产生重大影响。

5. 政府干预

各国政府当局为稳定外汇市场，往往会对外汇市场进行干预。其主要形式包括：直接在外汇市场上买进或卖出外汇；调整国内货币政策和财政政策；在国际范围内发表各种言论以影响市场心理预期；与其他国家联合进行直接干预，或通过政策协调进行间接干预等。尽管第二次世界大战后，西方各国政府纷纷放松了对本国的外汇管制，但政府的市场干预仍是影响市场供求关系和汇率变动的重要因素。

6. 突发事件

资本具有追求安全的特性，重大政治、突发因素对外汇市场的影响是直接和迅速的。国际性的政治、经济、军事等突发事件的冲击，包括政局的稳定性、政策的连续性、政府的外交政策，以及战争、经济制裁和自然灾害等，会在很大程度上影响投资者的信心，进而引发大规模的资本流动，对汇率的变动产生巨大影响。

三、汇率变动对经济的影响

汇率作为一国宏观经济中的一个重要变量，它与多种经济因素有着密切的关系。这种关系既表现为汇率的变动受到诸多经济因素的影响，也相反地表现为汇率的变化对其他经济因素产生了不同程度、不同形式的作用或影响，甚至影响整个经济的运行。

汇率的变化表现为货币的升值与贬值。作为两种货币的比价，汇率的上升或下降必然是一种货币的升值，同时也是另一种货币的贬值。由于贬值与升值的方向相反，作用也正好相反。这里以本币贬值（即直接标价法下的汇率上升）为例，分析汇率变动对一国对外经济、国内经济和国际经济关系几方面产生的影响。

📖 **案例展示**

日元兑美元汇率持续走低　已逼近33年来最低点

11月13日，日元兑美元汇率在纽约交易时段逼近33年来最低点（如图2-2所示），兑欧元和英镑汇率14日在亚洲早盘交易时段分别跌至15年和3个月新低。分析人士认为，日元疲软可能还会持续一段时间。

图2-2　2023年11月13日美元兑日元汇率

13日纽约交易时段，日元兑美元汇率一度跌至151.92日元兑1美元。若跌破151.94日元兑1美元，日元汇率将创下33年来新低。今年年初以来，日元兑美元汇率跌幅将近14%。另外，在14日亚洲早盘交易时段，日元兑欧元汇率跌至15年低点，为162.38日元兑1欧元；兑英镑跌至大约3个月低点，为186.25日元兑1英镑。

过去30多年来，日本工资和投资增长乏力。去年以来，由于进口商品价格大幅上涨并持续向下游传导，日本通货膨胀水平不断攀升。截至今年9月，日本消费价格指数（CPI）涨幅已连续18个月超过日本中央银行2%的调控目标。在此背景下，居民收入持续下降。截至8月，扣除物价上涨因素后，日本实际工资收入连续17个月同比减少，实际家庭消费连续6个月同比下滑。

多重困境下，日本个人消费疲软，而美国联邦储备委员会此前激进加息，也让日元承受持续贬值的巨大压力。澳大利亚国民银行高级外汇策略师卡特里尔说："日元疲软可能还会持续一段时间。市场一直在试探日本央行的意愿，是否允许日元处于疲软水平。"

（资料来源：新浪财经）

思考与讨论：日元兑美元汇率下跌会对日本经济发展产生哪些影响？

（一）汇率变动对一国国际收支的影响

1. 汇率变动对贸易收支的影响

国际贸易交换条件是指出口商品单位价格指数与进口商品单位价格指数之间的比率，即：

$$T = P_x/P_m$$

式中：T 为贸易条件；P_x 为出口商品单位价格指数；P_m 为进口商品单位价格指数。当比率上升，称为贸易条件改善，表示由于进出口相对价格的有利变动而使相同数量的出口能换回较多数量的进口；反之，当这一比率下降，称为贸易条件恶化，表示由于进出口相对价格的不利变动而使相同数量的出口只能换回较少数量的进口，这意味着实际资源的损失。汇率的变化会引起进出口商品价格的变化，从而对贸易条件产生影响。

汇率变化一个最为直接也是最为重要的影响就是对贸易的影响。一国货币汇率变动，会使该国进出口商品价格相应涨落，抑制或刺激国内外居民对进出口商品的需求，从而影响进出口规模和贸易收支。当一国货币汇率下降、外汇汇率上升时（本币贬值），其出口商品在国际市场上以外币表示的价格降低，从而刺激国外对该国商品的需求，有利于扩大出口；同时，一国货币汇率下跌，以本币表示的进口商品价格上涨，从而抑制本国居民对进口商品的需求，减少进口。如果一国货币汇率上涨，其结果则与上述情况相反。

汇率变化对进出口贸易的影响在理论和实践中都可得到证实。但是，在实践中，本币贬值改善贸易收支需要一定的时间。一国货币贬值后，该国商品的外币价格虽然会下降，但外国对其出口商品的需求并不会马上增加，从而该国出口商品的数量也不会迅速增加；又由于以前的进口合同还未完全履行或由于产业结构尚未作出及时调整，进口数量及进口支出仍会继续增加。因此，本币贬值对于扩大出口、抑制进口的作用，要在一段时间之后才能显现出来。也就是说，本币贬值后贸易收支会经历先恶化后改善的一个过程，这就是本币贬值的"时滞"效应，或者称为"J曲线效应"（详见第九章）。时滞效应的期限一般为9～12个月，即汇率变化之后要半年以上时间才能对贸易差额产生正效应。

2. 汇率变动对服务贸易收支的影响

在其他条件不变的情况下，一国货币对外贬值有利于改善该国的服务贸易收支。因为，本币贬值后，外国货币的购买力相对提高了，本国的商品、劳务、交通、住宿等费用变得便宜了，这有利于旅游和其他服务收入的增加。同时，外国的商品、劳务、交通、住宿等费用变得更贵了，这抑制了本国的旅游和其他服务支出。

3. 汇率变动对资本流动的影响

资本从一国流向他国，主要是追求利润和规避风险，因而汇率变动会影响资本流动。

汇率变动对资本流动的影响表现为两个方面。

（1）汇率变动对资本流动的影响程度与一国的外汇管制程度和资金投放的安全性有关。对资本流动管制较严格的国家，汇率变动对资本流动的影响较小，而资本流动管制较松的国家，汇率变动对资本流动的影响较大。有些时候，虽然一国货币对外贬值有利于资本流入，但如果该国的投资安全性差，则资本流入也不会成为现实。

（2）汇率变动的市场预期影响资本流动。当一国外汇市场上出现本国货币贬值的预期时，会出现大量抛售本币、抢购外汇的现象，资本就会加速外流（或外逃）。当然，货币贬值对资本流动的影响程度还取决于货币贬值如何影响人们对该国货币今后变动趋势的预期。如果货币贬值后人们认为贬值的幅度还不够，汇率的进一步贬值将不可避免，即贬值引起汇率进一步贬值的预期，那么人们就会将资金从该国转移到其他国家，以避免再遭受损失。但如果人们认为贬值已使得本国汇率处于均衡水平，那些原先因本币定值过高而抽逃的资金就会抽回到国内。如果人们认为贬值已经过头，已使本币价格低于正常的均衡水平，其后必然出现向上反弹，就会将资金从其他国家调拨到本国，以获取收益。

4. 汇率变动对外汇储备的影响

外汇储备是一国国际储备的主要形式，由本国对外贸易及结算中的主要货币组成。汇率变动对外汇储备的影响主要体现在三个方面。

（1）货币贬值对一国外汇储备规模的影响。本国货币汇率变动，通过资本流动和对外贸易收支影响本国外汇储备的增减。本币贬值，引起国内短期资本外流，从而导致本国国际储备减少；但贬值的同时有利于出口，抑制进口，可使经常项目收入增加，增加本国外汇储备。

（2）储备货币的汇率变动会影响一国外汇储备的实际价值。储备货币实际上也是一种价值符号，其所代表的实际价值会随该种货币汇率的下降或贬值而减少，从而使持有该种储备货币的国家遭受损失，而该种储备货币发行国则因该种货币贬值而减少了债务负担。

（3）汇率的频繁波动将影响储备货币的地位。20世纪70年代以后，各国外汇储备逐渐走向多元化。尽管储备货币的选择受多种因素的影响，但储备货币汇率的稳定性是各国选择储备货币时首先要考虑的因素，因为汇率的频繁波动，可能使储备资产遭受损失。

由于储备货币的多元化，汇率变动对外汇储备的影响也日益多样化。有时外汇市场汇率波动较大，但因储备货币中使货币升值和贬值的力量均等，外汇储备就不会受到影响；有时虽然多种货币汇率下跌，但所占比重较大的储备货币汇率上升，外汇储备总价值也能保持稳定或略有上升。

（二）汇率变动对一国国内宏观经济的影响

1. 汇率变动对国内价格的影响

货币贬值的一个直接后果就是对物价水平的影响。传统理论认为汇率变化对物价水平的影响可以体现在两个方面：

（1）汇率变动直接影响贸易品的价格。当本国货币汇率下降时，以本国货币表示的进口商品价格提高，进而带动国内同类商品价格上升。如果进口商品作为生产资料投入生产，引起生产成本提高，还会促使其他商品价格普遍上涨。此外，在国内商品供应既定的条件下，由于本国货币汇率下降将降低出口商品的国外价格，由此刺激商品的出口，必然会加剧国内商品市场的供求矛盾，从而致使物价上涨。

（2）汇率变动对非贸易品价格的影响。汇率变化对非贸易品价格的影响是间接的，是从对贸易品价格的影响传递过来的。我们将非贸易品分为三类：第一类，随价格变化随时可以转化为出口的国内商品；第二类，随价格变化随时可以替代进口的国内商品；第三类，完全不能进入国际市场或替代进口的国内商品。若一国货币贬值，贸易品的价格上涨，促使第一类商品转化为出口商品，从而使其国内供给减少，价格上升；第二类即国内可以替代进口商品的价格会自动上升。由于本币贬值造成出口扩大，使出口的利润增加，在平均利润率规律的作用下，第三类商品的生产厂商或提高价格，或转向生产出口品，其结果是价格水平上升。

一国货币汇率变化对贸易品价格的影响与对非贸易品价格的影响正好相反。

需要注意的是，传统的理论是以商品需求弹性较高为分析前提的。实际上，贬值不一定能真正产生如此理想的效果。因为，贬值还可能通过货币工资机制、生产成本机制、货币供应机制和收入机制导致国内工资和物价水平循环上升，到最后则可能抵消它所能带来的全部好处。因此，汇率与价格水平之间的关系就成为汇率理论和汇率政策研究的一项重要内容。

2. 汇率变动对国民收入、劳动生产率和就业的影响

如前所述，一国本币汇率下降，外汇汇率上升，有利于该国出口增加而抑制进口。这就使得其出口工业和进口替代工业得以大力发展，在现代社会大生产条件下，就会带动国内其他行业的发展。即本币贬值带来总需求扩张时，企业就会通过增加生产要素投入和增加雇员来扩大生产规模，从而使整个国民经济的发展速度加快，国内就业机会因此增加，国民收入也随之增加。

（三）汇率变动对微观经济活动的影响

这一影响是指浮动汇率制度下，汇率的频繁波动给从事涉外经济活动的经济主体带来的外汇风险。

在对外贸易中，以某一外国货币计价和结算，若该种外币的汇率上涨，则出口商的应收货款价值增加了，出口收入增加；而进口商的应付货款价值增加了，进口成本上升。相反，该种外币的汇率下跌，则出口商的应收货款价值减少了，出口收入减少；而进口商的应付货款价值降低了，进口成本下降。可见，对出口商和外债的债权人来说，外汇汇率上涨的影响是有利的，而外汇汇率下跌将对其产生不利影响；对进口商和外债的债务人来说，影响正相反。因此，外汇风险的预测和防范是微观经济管理的重要内容。

（四）汇率变动对国际经济的影响

由于主要工业国的货币起储备和计价支付手段的作用，因此，在当今浮动汇率制度下，外汇市场上各主要货币频繁的、不规则的波动，不仅对其发行国的对外贸易、国内经济等造成了深刻影响，而且也影响着各国之间的经济关系。

1. 对国际贸易的影响

如果一国实行以促进出口、改善贸易逆差为主要目的的货币贬值，则会使对方国家货

币相对升值，出口竞争力下降。尤其是以倾销为目的的本币贬值必然会引起对方国家和其他利益相关国家的反抗甚至报复，这些国家会采取针锋相对的措施，直接地或隐蔽地抵制贬值国商品的侵入，"汇率战""贸易战"就会由此而生。"汇率战""贸易战"所造成的不同利益国家之间的分歧和矛盾将加深国际经济关系的复杂化，引发国际金融领域的动荡，甚至影响世界经济的景气。

2. 对国际金融市场的影响

汇率频繁波动会引起外汇投机的盛行，造成国际金融市场的动荡与混乱，加剧国际贸易与国际金融运作的风险，为外汇交易中的投机者提供可乘之机，增加国际金融市场的不稳定因素。但从另一角度看，汇率的不稳定又进一步促进期货、期权、货币互换等金融衍生产品交易的出现，使国际金融业务形式与市场机制不断创新。

3. 对国际储备货币的影响

某些储备货币国家，如果其国际收支状况恶化，汇率持续贬值，会影响其储备货币的地位和作用。与此同时，另一些国家由于国际收支持续顺差，黄金外汇储备充裕，币值稳中有升，其货币在国际结算领域中的地位和作用日益加强。因而，汇率的频繁波动促进了国际储备货币多元化的形成。

本章内容提要

1. 外汇的概念需要从两个方面来理解：一是动态的外汇概念，是指一国货币兑换成另一国货币的实践过程，通过这种活动来清偿国家间的债权债务关系；二是静态的外汇概念，是指国家间为清偿债权债务关系进行的汇兑活动所凭借的手段和工具，或者说是用于国际汇兑活动的支付手段和工具。

2. 外汇必须具备的四个基本特征：外币性、可偿性、普遍接受性和可兑换性。

3. 汇率是一个国家的货币折算成另一国家货币的比率。汇率的标价方法包括直接标价法、间接标价法和美元标价法三种。

4. 汇率决定的基础是国际货币制度，不同国际货币制度汇率决定的基础亦不同。在金本位制度下，汇率的决定基础就是铸币平价。在布雷顿森林制度下，汇率由各自货币的基金平价的比值来决定。现行国际货币制度下（牙买加体系），由各国纸币所代表的实际价值来决定汇率。

5. 汇率作为一国货币对外价格的表现形式，会受到国内因素和国际因素等诸多因素的影响；同时，由于货币是国家主权的一种象征，因此除经济因素外它常常还会受到政治、社会等因素的影响。

6. 汇率作为一国宏观经济中的一个重要变量，与多种经济因素有着密切的关系。这种关系既表现为汇率的变动受到诸多经济因素的影响，也相反地表现为汇率的变化对其他经济因素产生了不同程度、不同形式的作用或影响，甚至影响整个经济的运行。

课后练习

一、重要概念

外汇　　　　汇率　　　　　直接标价法　　间接标价法　　美元标价法　　买入汇率

卖出汇率　　中间汇率　　　基本汇率　　　套算汇率　　　固定汇率　　　浮动汇率

官方汇率　　市场汇率　　　即期汇率　　　远期汇率　　　单一汇率　　　复汇率

电汇汇率　　信汇汇率　　　票汇汇率

二、思考题

1. 什么是外汇？外汇和外币有什么区别？

2. 何为汇率？汇率的标价方法有哪些？

3. 试比较直接标价法和间接标价法之间的区别。

4. 按照不同标准对汇率进行分类。

5. 外汇的作用有哪些？

6. 汇率决定的基础是什么？

7. 影响汇率变动的主要因素有哪些？

8. 汇率变动对一国国际收支有哪些影响？

9. 汇率变动对一国国内宏观经济有哪些影响？

实训模块

一、实训内容

汇率基础与汇率的决定。

二、实训目标

理解汇率与外汇的基本概念，明确直接标价法与间接标价法表示汇率的区别，掌握影响汇率变动的因素以及汇率变动对一国经济的影响。

三、实训组织

以学习小组为单位，各组收集所选择国家的相关资料，对所选择国家的汇率标价方法进行分析；分组讨论，所选国家历次汇率变动对所在国宏观、微观经济的影响。

四、实训成果

考核和评价采用报告资料展示和学生讨论相结合的方式，评分采用学生和教师共同评分的方式。

汇率制度与外汇管制

学习目标

1. 掌握不同的汇率制度及其优缺点。
2. 描述汇率制度的发展历程。
3. 了解外汇管制的概念和方式。

能力目标

1. 能够分析外汇管制的作用。
2. 能够运用本章所学知识阐述如何实现人民币可自由兑换。

情景导读

钉住制度与泰铢危机

从 1993 年起，在"互联网革命"的推动下，美国经济出现了较长时间的繁荣。1994 年 5 月，国际外汇市场发生逆转，美元兑主要货币由贬值转升值，美元指数持续上行。由于泰国实行钉住美元的汇率制度，泰铢不得不跟随美元大幅走高，泰铢升值对出口和经济增长产生了严重冲击。1991—1995 年，泰国出口增长率为 18.9%，1996 年急剧下降为 -0.2%。1991—1995 年，泰国经济增长率为 8.6%，1996 年大幅下跌为 5.9%。1994 年，泰国经常账户逆差为 89 亿美元，1995 年为 140 亿美元，1996 年达到 163 亿美元，分别占当年国内生产总值的 6.4%、8.5% 和 9.1%，远远超过了国际警戒线水平。

1997 年，曼谷商业区的房屋价格开始下跌，跌幅达到 22%。泰国股票市场的 SET 指数也由 1996 年 1 月底的 1 410.33 点跌至 1997 年 6 月的 527.28 点，跌幅超过 60%。作为房地产市场和股票市场泡沫破灭的直接后果，商业银行不良资产大幅增加。1996 年 6 月，泰国商业银行不良贷款超过 1 兆亿泰铢，不良贷款率达到 35.8%。在股票市场和房地产市场上，资产价格的大幅下跌也重创了财务证券公司。一方面他们本身持有的证券贬值；另一方面，他们在房地产市场和个人证券投资上的不良贷款大幅上升。

1997 年年初，国际投机资本向泰铢发起连续攻击，泰国政府采取了一系列措施，试图化解日益逼近的危机。1997 年 2 月，泰国中央银行为了压低泰铢汇率，在新加坡外汇市场上实施了规模巨大的干预行为。这一操作引起强烈的市场反弹，泰铢汇率快速贬值5%，国际货币投机者对泰铢的攻击从隐蔽转向公开。

1997年3月，国际投资者向泰国银行借入高达150亿美元的远期泰铢合约，并在现汇市场大规模抛售泰铢，泰铢的贬值压力空前加大，泰国中央银行动用20亿美元的外汇储备进行干预，才平息了这次风波。

1997年5月，国际投机者通过经营离岸业务的外国银行，悄悄建立了即期和远期外汇交易的头寸，然后从泰国本地银行借入泰铢，以在即期和远期市场大量卖出泰铢的形式突然发难，沽空泰铢，造成泰铢即期汇价急剧下跌，多次冲破泰国中央银行规定的浮动区间，引起市场恐慌。商业银行和企业纷纷抛售泰铢、抢购美元，泰铢兑美元曾经一度贬值至27∶1。面对冲击，泰国中央银行再次动用50亿美元外汇储备进行干预，将离岸拆借利率提高到1 000%，并且禁止国内金融机构向外借出泰铢。

1997年6月下旬，极度脆弱的泰国外汇市场再次出现剧烈波动，泰铢兑美元的汇率猛跌至28∶1。1997年7月2日，泰国政府被迫宣布，放弃泰铢钉住美元的汇率制度，实行有管理的浮动汇率制度，当天泰铢兑美元的汇率曾达到32.6∶1，贬值幅度高达30%以上。到1998年7月，泰铢兑美元累计贬值了60%。泰铢大幅度贬值迅速波及包括菲律宾、马来西亚、新加坡、韩国和印度尼西亚在内的整个东南亚地区，最终形成了震惊全世界的亚洲金融危机。

思考与讨论：泰铢危机的根源是什么？

在全球经济一体化的背景下，国际分工与合作日益深化，同时实现宏观经济的内外部均衡已成为一国政府经济政策的总体目标，外汇管理则是一国最重要的经济政策之一。外汇管理是指一国政府通过行政、立法和经济手段主动调节外汇价格和外汇供求，以实现经济内部均衡条件下外部平衡的一系列行为。在国际金融的范畴内，外汇管理的主要内容包括汇率制度选择、外汇管制、外汇市场干预、外汇储备管理四个方面。其中，外汇储备管理将在第六章国际储备及其管理中论述，本章主要介绍另三个方面的内容，同时介绍中国外汇管理的情况。

第一节　汇率制度及其选择

汇率制度是国际货币体系的重要组成部分，伴随着国际货币体系的发展而演变，本节从一国政府对外汇管理的角度介绍汇率制度的概念、种类以及汇率制度的选择。

一、汇率制度的含义

1. 汇率制度的定义

汇率制度，也称汇率安排，是指一国货币当局对于确定、维持、调整和管理本国货币汇率的原则、办法、方式和机构等所作出的系统安排和规定。其主要内容包括确定汇率的原则和依据、维持和调整汇率的办法、管理汇率的法令、制度和政策，以及制定、维持和管理汇率的机构。汇率制度是国际货币体系和各国货币制度的重要组成部分，是各国对外金融管理的主要内容。

2. 汇率制度的类型

按照汇率变动的方式，汇率制度被分为固定汇率制度和浮动汇率制度两大类。从历史发展来看，在金本位制度下，各国普遍实行固定汇率制度，但对于实行什么样的汇率制度，国际上没有统一安排，基本上由各国自行决定。第二次世界大战后，建立了布雷顿森林体系，出现了全球统一的固定汇率安排。布雷顿森林体系瓦解后，统一的固定汇率制度也随之瓦解；在牙买加体系下，各国又开始重新自行选择不同的汇率制度，全球开始实行多样化的汇率制度。总体来看，随着国际货币制度的演变，汇率制度大致经历了由固定汇率制度向浮动汇率制度发展的过程。

二、固定汇率制度

固定汇率制度是指一国政府用行政或法律手段确定、公布、维持本国货币与某种参考物之间固定比价的汇率制度，充当参考物的东西可以是黄金，也可以是某一种外汇货币，或是一组货币。根据确定汇率的基准的不同，固定汇率制度又分为金本位制度下的固定汇率制度和纸币本位制下的固定汇率制度。

1. 金本位制度下的固定汇率制度

金本位制度是以黄金为本位货币的一种货币制度。在金本位制度中金币本位制下固定汇率制度是一种典型的固定汇率制度，即铸币平价是汇率决定的基础，汇率围绕黄金输送点波动，由于波动范围很小，所以是一种固定汇率制度。

金本位制度下的固定汇率制度的主要特点是：

（1）决定各国货币汇率基础的是各国金铸币的含金量之比；

（2）市场汇率随外汇供求关系围绕铸币平价上下波动；

（3）汇率波动受黄金输出入的调节，限制在黄金输送点的范围之内；

（4）汇率的形成是自发的，国际上没有对汇率的统一安排和规定。

2. 纸币本位制下的固定汇率制度

纸币本位制下的固定汇率制度是指第二次世界大战后在布雷顿森林体系下建立的以美元为中心的固定汇率制度。布雷顿森林体系下的固定汇率制度是一种"双挂钩"制度，即美元与黄金挂钩，其他货币与美元挂钩。美元与黄金的兑换比例为35美元等同于一盎司纯金；其他货币根据自身情况与美元挂钩，确定与美元的汇率。起初各国货币兑美元的汇率只能在市场黄金平价基础上有上下1%的浮动，直至1971年12月之后，调整为黄金平价上下2.25%的幅度内波动。各国中央银行有义务对外汇市场进行干预，以维持本国货币汇率的稳定。

纸币本位制下固定汇率制度的主要特点是：

（1）决定各国货币汇率基础的是各国纸币法定代表的含金量之比；

（2）市场汇率随外汇供求关系围绕黄金平价上下波动；

（3）汇率波动没有黄金输送点的制约，波动幅度大大增加；

（4）汇率波动受政府干预控制，相对仍比较稳定。

三、浮动汇率制度

1973 年年初，布雷顿森林体系下的固定汇率制度彻底解体后，西方各国普遍采用了浮动汇率制度。1976 年 1 月，国际货币基金组织正式承认浮动汇率。1978 年 4 月，国际货币基金组织理事会通过《国际货币基金组织协定第二次修正案》，废除以美元为中心的国际货币体系，确立了浮动汇率的合法地位，标志着全球正式进入牙买加体系的浮动汇率制度时代。

（一）浮动汇率制度的含义及特征

1. 浮动汇率制度的含义

浮动汇率制度又称弹性汇率制度，是指一国不规定本币与外国货币的比价，不限制汇率波动的上下限，汇率随外汇市场供求状况而变动的一种汇率制度。与固定汇率制度相比，浮动汇率制度的内涵发生了根本性的变化。

2. 浮动汇率制度的特征

（1）汇率波动频繁而剧烈。在浮动汇率制度下，货币当局不再规定货币兑换平价和波动范围，也不承担维持汇率稳定的义务，汇率完全由市场供求决定。

（2）有管理的浮动是共性。

（3）不同国家汇率浮动幅度和干预程度存在很大差异，形成了浮动汇率制度下的多样化、混合式的汇率制度安排。

（二）浮动汇率制度的类型

浮动汇率制度并不是一种统一的汇率制度，而是由各种不同浮动方式组成的多样化的汇率体系。世界各国采取的浮动汇率制度按照政府是否干预和汇率浮动方式的不同可分为以下几种主要类型：

1. 按政府是否干预，可分为自由浮动与管理浮动

（1）自由浮动，又称清洁浮动，是指政府对外汇市场汇率的波动不加任何干预，任其随市场外汇供求变化而自由涨跌。由于汇率的波动直接影响一国经济的稳定与发展，各国政府都不会听任汇率在供求关系的影响下无限制地波动。因此，绝对的自由浮动只能是理论上的，现实中即使有，也只是相对的、暂时的自由浮动，不可能长期存在。

（2）管理浮动，又称肮脏浮动，是指政府和中央银行以各种方式对外汇市场汇率进行干预，从而使市场汇率朝着对本国有利的方向浮动并维持在政府希望的水平上。第一次世界大战后，英国、美国等国家实行过管理浮动，第二次世界大战后初期，法国、意大利、加拿大等国家也实行过。在现行的货币体系下，实际上各国实行的都是管理浮动。

2. 按汇率浮动的方式，可分为单独浮动、联合浮动、钉住浮动

（1）单独浮动，是指在相对较为宽松的外汇管制条件下，一国货币的汇率不与任何外国货币发生固定的联系，其汇率根据外汇市场供求情况单独调整变动。如美元、英镑、日元、加拿大元等就采取单独浮动的办法。

（2）联合浮动，是指几个国家的货币对其他国家的货币汇率不是分别各自浮动，而是联系在一起共同浮动。这些国家实际上形成了一个货币集团，它们对外实行浮动汇率，集

团内部各种货币相互之间则采取固定汇率。欧盟的前身——欧洲经济共同体曾实行联合浮动，形成所谓的欧洲货币体系。

（3）钉住浮动，包括钉住某单一货币和钉住一篮子货币。钉住单一货币，是指将本国货币与某一外国货币挂钩；钉住一篮子货币，是指将本国货币与某"一篮子货币"挂钩。钉住浮动是指本币对其他货币的汇率随钉住货币与其他外币汇率的浮动而浮动。根据国际货币基金组织统计，截至 2014 年 4 月，钉住美元的国家有 43 个，钉住欧元的国家有 26 个，钉住一篮子货币的国家有 12 个。

四、中间汇率制度

中间汇率制度是介于完全的固定汇率制度和完全的浮动汇率制度之间的汇率制度，主要包括爬行钉住制度、汇率目标区制度、货币局制度等。

1. 爬行钉住制度

爬行钉住制度，是指本币钉住外币，同时政府按预先宣布的固定范围对汇率作较小的定期调整或对选取的定量指标的变化定期调整，使汇率逐步趋向于目标水平的汇率制度安排。爬行钉住制度有两个基本特征：

（1）实施爬行钉住制度的国家有维持某种平价的义务；

（2）这一平价与一般的可调整钉住制度有区别，它经常性地作小幅调整。

从 20 世纪 60 年代起，部分拉美国家采用了此种汇率制度。

2. 汇率目标区制度

汇率目标区制度，是指政府设定本国货币对其他货币的中心汇率，并规定汇率的上下浮动幅度的汇率制度。同时政府对中心汇率按照固定的、预先宣布的比率或对选取的定量指标的变化作定期调整。根据目标区区域的范围、目标区调整的范围、目标区公开程度以及对目标区进行维持的承诺程度，目标区制度可以分为严格的目标区与宽松的目标区。严格的目标区区域较小，区域上下限极少变动，目标区公开，政府有较大的维持目标区责任；宽松的目标区区域较大，经常进行调整，目标区保密，政府只是有限度地用货币政策来维持汇率目标区。

3. 货币局制度

货币局制度，是指在法律中明确规定本国货币与某一外国可兑换货币保持固定的兑换率，并且对本国货币的发行作特殊限制，以保证履行这一法定的汇率制度。在货币局制度下，货币当局被称为货币局，而不是中央银行，这是因为在这种制度下，货币发行量的多少不再完全听任货币当局的主观意愿或经济运行的实际情况，而更多地取决于可用作准备的外币数量的多少。中国香港特别行政区采用的就是货币局制度。

五、汇率制度的选择

由于汇率的特定水平及调整对经济有着重大影响，并且不同的汇率制度本身也意味着政府在实现其内外均衡目标的过程中需要遵循不同的规则，所以，选择合理的汇率制度是一国乃至国际货币制度面临的非常重要的问题。

（一）固定汇率制度和浮动汇率制度的优劣势比较

固定汇率制度与浮动汇率制度的优劣比较是国际金融领域中一个长期争论不休的问

题，有人支持固定汇率制度，有人支持浮动汇率制度。

1. 支持固定汇率制度的观点

（1）固定汇率制度有利于国际贸易和投资的发展。在浮动汇率制度下，汇率的频繁和剧烈波动，使国际贸易和投资的成本、收益不易准确核算，原先有利可图的交易会因为相反的汇率变动反而蒙受亏损，因而人们不愿意缔结长期贸易和投资契约。进出口商不仅要考虑进出口货价，还要注意避免汇率风险。由于要考虑到汇率的变动趋势，往往报价也不稳定，还容易引起借故延期付款或要求减价、取消订货合同等现象。从这个意义上说，浮动汇率制度妨碍国际贸易和国际投资的顺利进行，阻碍了国际贸易和投资的发展。

（2）固定汇率制度有助于抑制国际金融市场上的投机活动。在浮动汇率制度下，汇率的波动频率和幅度都明显加大，并存在"汇率超调"的过度波动现象。因此，在浮动汇率制度下虽然"单向投机"不复存在，但汇率波动的频率和幅度的加大却为日常的投机活动提供了机会。随着世界经济的发展和财富的迅速增长，国际投机资金的数额也日趋庞大，这种巨额资金在国际外汇市场上的游走无疑加剧了国际金融局势的动荡。

（3）固定汇率制度可以避免引发竞相贬值。在浮动汇率条件下，一国往往可通过调低本币汇率的方法来改善国际收支，但这会使其他国家的国际收支处于不利地位。因此，其他国家也会竞相调低本币汇率，引发周而复始的竞相贬值现象。结果，各国的国际收支状况依然得不到改善，国际经济关系却会趋于紧张，国际金融局势也会因这种竞相贬值而剧烈动荡。

（4）固定汇率制度有益于抑制通货膨胀。在固定汇率制度下，政府为了维持汇率水平，就不能以可能引发通货膨胀的速度增加货币供应量，以免本币受到贬值压力，这就是所谓的货币纪律。但在浮动汇率制度下，由于国际收支可完全依赖汇率的自由浮动而得到调节，在缺乏货币纪律约束的情况下，货币当局就会偏好采取扩张性政策来刺激国内经济增长，而不必顾忌其对国际收支的不利影响。本币汇率的下浮固然有助于改善国际收支，但经汇率折算的进口商品的价格却会上扬，由此又带来国内价格水平的升涨，而在价格刚性的作用下，货币汇率上浮的国家的价格水平并不下跌。这些因素都会推动整个世界的通货膨胀。

2. 支持浮动汇率制度的观点

（1）浮动汇率制度有助于发挥汇率对国际收支的自动调节作用。在浮动汇率制度下，国际收支平衡能够自动实现，无须以牺牲国内经济为代价。在固定汇率制度下，汇率不能发挥调节国际收支的经济杠杆作用。因此，当一国国际收支失衡时，需要采取紧缩性或扩张性的财政和货币政策，从而在国内经济运行中造成失业增加或物价水平上涨，国内经济发展目标与国际收支平衡目标之间容易产生矛盾和冲突。而在浮动汇率制度下，汇率是调节一国国际收支失衡的经济杠杆，国际收支失衡可以通过汇率的自由浮动予以消除，这样，财政和货币政策就可以专注于国内经济目标的实现。

（2）实行浮动汇率制度，可提高一国货币政策的自主性。在固定汇率制度下，主要贸易伙伴国采取扩张性的货币政策引起国际收支逆差时，也就意味着本国的国际收支顺差，即本国外汇储备增加，从而货币供给增加。如在布雷顿森林体系下，世界各国的货币政策都是由美国来制定的，当美国实行扩张性或紧缩性的货币政策时，美国的国际收支就会出现逆差或顺差，则世界其他国家货币兑美元的汇率就会上升或下降。而为了维持固定汇率，世界各国就必须买进或卖出美元，由此导致货币供给的增加或减少。而在浮动汇率制度下，一国可以听任外汇汇率由外汇市场的供求关系决定，而不必通过外汇储备的增减来适应主要贸易伙伴的货币政策。

（3）实行浮动汇率制度，可避免国际性的通货膨胀传播。在固定汇率制度下，国外的通货膨胀通过两个渠道传递到国内：一是通过"一价定律"促使本国商品和服务价格直接上涨；二是通过外汇储备的增加使国内货币供给增加，间接引起国内物价上涨。而在浮动汇率制度下，国外通货膨胀只能促使本国货币的汇率上升，从而抵消国外通货膨胀对国内物价的直接影响，将外国的通货膨胀隔绝在外。

（4）实行浮动汇率制度，国家不需留存太多的外汇储备，更多的外汇资金可用于经济发展。在浮动汇率制度下，一国不需担负维持汇率稳定的义务，不需像在固定汇率制度下留存那么多的外汇储备，节约的外汇资金可以用于进口更多的资本产品，增加投资，促进经济增长。

（5）实行浮动汇率制度，可以促进自由贸易，提高资源配置的效率。由于浮动汇率制度下汇率的上下浮动能使国际收支自动恢复平衡，因此一国可避免在固定汇率制度下为维持国际收支平衡而采取直接管制措施，从而避免资源配置的扭曲，提高经济效率。

综上所述，实行固定汇率制度与浮动汇率制度各有优劣之处。各国在选择汇率制度时应该结合不同的经济情况进行具体分析。

（二）汇率制度的选择因素

汇率制度的选择是一个非常复杂的问题，是一国政府的政策行为。汇率制度的选择建立在一国所具有的特殊的经济特征的基础之上，在不同的时期，由于政府所追求的政策目的不同，政府所选择的汇率制度也相应不同。在世界经济一体化的趋势下，一国汇率制度的选择还受其对外经济贸易关系的影响，并受到国际经济和金融大环境的制约。

一般而言，在汇率制度选择上应重点考虑以下因素：

1. 经济结构因素

一国经济的结构性特征是汇率制度选择的基础。小国比较适合实行固定汇率制度，因为它一般与少数几个国家的贸易依存度较高，汇率的浮动会给它的对外贸易带来不利影响。此外，小国经济内部的结构调整成本较低。相反，大国由于对外贸易的商品构成多样化及贸易的地区分布多元化，就很难选择一种货币作为参照货币实行固定汇率，加之大国经济内部的结构调整成本较高，并且往往倾向于追求独立的经济政策，因此，大国一般比较适合实行浮动汇率制度。

2. 政策目标因素

特定的政策意图是汇率制度选择的政策目标。当一国政府面临较高的国内通货膨胀率时，政府的政策意图是控制国内的通货膨胀，固定汇率制度就比较受青睐。这时候若实行浮动汇率制度，则本国的高通货膨胀使本国货币贬值，本国货币贬值又通过成本、工资收入等机制进一步加剧国内的通货膨胀。若一国政府的政策意图是防止从国外输入通货膨胀，则应该选择浮动汇率制度，因为在浮动汇率制度下，一国货币政策的自主性较强。

3. 经济合作因素

一国与其他国家的经济合作情况对汇率制度的选择有着重要的影响。当两国之间存在非常密切的经济贸易往来时，两国货币保持固定比价有利于各自的经济发展。区域经济合作关系比较密切的国家之间，也适合实行固定汇率制度，如欧洲货币体系的汇率机制。

4. 国际经济与金融环境因素

国际经济和金融环境制约着一国的汇率制度选择。在国际资本流动日益频繁并且资本流动规模日益庞大的背景下，一国国内金融市场与国际金融市场联系越密切，本国政府对外汇市场的干预能力越有限，则该国实行固定汇率制度的难度就越大。

第二节　外汇管制

外汇管制是指一个国家或地区的政府通过法律、法令、条例等形式，对外汇资金的收入和支出、汇入和汇出、本国货币与外国货币的兑换方式及兑换比价等实施的管理和限制。

一、外汇管制的产生和发展

外汇管制是在第一次世界大战中出现的。第一次世界大战以前，各国实行金本位制度和自由外汇制度，黄金自由输出入，货币自由兑换，资本在国际自由流动，基本上不存在外汇管制。第一次世界大战爆发后，各国纷纷实行纸币流通制度，增发纸币支持军费支出，导致通货膨胀严重，汇率剧烈波动。为了平衡国际收支，维持汇率稳定，各国相继开始限制外汇的自由买卖和黄金的自由输出入，外汇管制由此产生。第一次世界大战结束后，各国经济得到了恢复和发展，世界经济进入了一个相对稳定的时期，各国又先后放松和取消了外汇管制，以利于国际经济往来的正常开展。

1929—1933 年，世界爆发了严重的经济危机，导致许多国家发生严重的国际收支危机和国际金本位制度的彻底崩溃。国际贸易经济往来和对外支付受到严重影响，国际货币关系极不稳定。为了应对国际收支危机、缓解国内经济危机和向国外转嫁危机，许多国家又重新恢复了外汇管制，采取了集中分配外汇资金、严格控制对外支出、规定和限制汇率等一系列限制性措施。

第二次世界大战期间，绝大多数国家都把外汇管制作为动员和补充战争资金来源，防止资本外逃，保卫本币汇率的主要工具，以适应战争需要。据统计，1940 年有 100 多个国家或地区正式实施了外汇管制。外汇管制的范围，从主要对资本项目实行管制扩大到对包括经常项目在内的一切外汇交易实行全面的管制，管制的措施也更加严厉。

第二次世界大战结束后，除美国等少数国家外，各国的战后重建面临重重困难，货币信用危机和国际收支更加恶化，只得继续实行外汇管制。20 世纪 60 年代以后，发达国家的经济实力不断增强，外汇储备逐渐增加，外汇管制也随之放宽。1958 年 12 月，英国、法国、联邦德国、意大利等西欧 14 个国家实行了经常项目下的货币自由兑换，1960 年 7 月日本也实行了部分的货币自由兑换，联邦德国则实行完全的自由兑换。20 世纪 70 年代中期，美国撤销了包括资本项目在内的所有外汇管制，英国也于 1979 年 10 月起撤销了所有的外汇管制。随后，瑞士、意大利、日本、法国等都进一步放松了外汇管制。

20 世纪 80 年代以后，国际上贸易自由化和贸易保护主义并存，汇兑自由化和外汇管制形成了此消彼长、错综复杂的局面。随着世界经济的发展，特别是金融全球化的发展，各国经济的相互依赖越来越强，所有这些都要求世界范围内的外汇管制进一步放松。目前，主要发达国家基本上已取消了外汇管制，但大多数发展中国家仍然实行各种不同程度的外汇管制。

二、外汇管制的原因及目的

外汇管制并不是伴随着国际经济交往而产生的，从上述外汇管制的起源及各国实行外汇管制的概况来看，各国实行外汇管制的原因主要有两个方面：第一，当一国发生战争或突发经济危机、金融危机或其他政治经济动荡时，一般都会采取外汇管制措施来筹措资金或阻止政治经济动荡的进一步发展；第二，当一国经济发展比较落后或处于困难时期，外汇资金严重短缺时，通常会采取外汇管制措施，以集中有限的外汇资金用于经济建设。

外汇管制是各国出于本身利益的需要而采取的措施，是为一国的政治、经济政策服务的。一般来说，外汇管制有以下几方面的目的：

1. 防止资金外逃或大量流入，防止外汇投机，保护国内金融市场稳定

政治、经济局势的动荡，往往会引起国际资金大量流动。对于一国来说，无论是资金的外逃还是大量流入，都会破坏其国内金融市场的正常运转，妨碍一国经济政策的实行和国内经济稳定均衡的发展，甚至会导致经济衰退或加重通货膨胀。为了防止资金非正常移动带来的不利影响，各国政府都根据本国实际情况对资本的流出流入采取不同的限制措施。

2. 改善国际收支状况，促进本国经济发展，保护本国产业

对于国际收支经常逆差、黄金外汇紧缺的国家来说，外汇管制是调节国际收支的重要手段。通过对经常项目"奖出限入"，对资本项目"奖入限出"，可以改善国际收支状况，增加黄金外汇储备，提高本国的国际金融实力。通过外汇管制支持本国商品的输出，限制不利于本国经济发展的商品进口，还可以保护本国产业，鼓励本国出口商品和进口替代商品的生产，降低失业率，保持物价稳定，促进本国经济的发展。

3. 维护货币汇率稳定，保证对外经济正常开展

外汇市场的动荡不定和汇率的剧烈波动，尤其是偶发性的汇率变动，会给各国的对外贸易和信贷投资活动带来极为不利的影响，严重地妨碍对外经济往来的正常开展，甚至会影响一国货币的信誉，引起资金流动的混乱。因此，加强对汇率的管理和控制，使其保持相对稳定，促进对外经济活动的正常开展，便成为各国外汇管制的主要目标和内容。

4. 集中分配使用全国外汇资金，保证国家重点用途

外汇管制可以使一国政府集中全国外汇收入，有计划地分配使用，以达到合理运用有限的外汇资金的目的。尤其是战争时期或是大规模的经济建设时期，一国往往需要大量的外汇资金，用于进口必需的战备物资或先进的技术设备。这时，一国政府采取严格的外汇管制措施，可以动员和集中全国的外汇资金以满足国家的重点需要。

5. 作为经济外交手段，为维护国家利益服务

外汇管制也是一种经济外交手段，实施外汇管制时往往针对不同的国家选择不同的严松程度，这取决于与对方国家之间的政治、经济关系，尤其是对方国家的贸易关税政策。对关系敌对的国家，一国可实施制裁性的外汇管制；对实施歧视性关税贸易政策的国家，一国可报以同等严格的外汇管制措施。无论对方实行商品倾销、外汇倾销或是转嫁经济危

机，都可以通过严格的外汇管制措施来应付，从而避免对本国经济的不利影响，维护国家的利益。

三、外汇管制的主要内容和措施

一国实行外汇管制的基本内容包括四个方面：管制的机构、管制的对象、管制的范围、管制的措施。

1. 外汇管制的机构

外汇管制的机构包括负责机构和执行机构。各国政府一般授权中央银行或另设专门机构负责外汇管制工作。在外汇管制负责机构之下，通常指定经营外汇业务的商业银行作为外汇管制的执行机构，对企业的外汇结算和结售汇业务等执行具体的管理职能。

例如，英国政府指定财政部为决定外汇政策的权力机关，英格兰银行代表财政部执行外汇管制的行政管理工作，并指定其他商业银行按规定办理一般正常的外汇收付业务；法国、意大利则专门设立了外汇管理局来负责外汇管制工作。

2. 外汇管制的对象

外汇管制的对象包括受到外汇管制法规约束的人、物和地区三个方面。

（1）外汇管制所针对的人，包括自然人和法人。在外汇管制中，所有的自然人和法人都被划分为居民和非居民。对于居民和非居民，在是否管制、管制程度和管制办法等方面一般都被加以区别对待。通常对居民管制较严，对非居民管制较松。

（2）外汇管制所针对的物，是指在外汇收支中所使用的各种支付手段和外汇资产，包括各种形态的外汇，如外币现钞、外币支付凭证（汇票、支票、本票等）、外币有价证券（国库券、股票、息票、公司债券等），以及黄金、白银和其他贵金属。

（3）外汇管制的地区有两种含义：一是指外汇管制法令所能生效的国家或区域。一般来说，外汇管制法令只能在本国范围内生效，但有的外汇管制法令可以在货币区的范围内生效。有些国家还设立了自由贸易区，在区内实行比国内其他地区更加宽松的外汇管制条例。二是指外汇管制法令所针对的国家或区域。一国往往针对不同的国家和地区采取不同的外汇管制措施。一般来说，对盟国和关系友好的国家管制较松，对敌对国家管制较严，甚至采取一些特殊的制裁措施。

3. 外汇管制的范围

外汇管制的范围是指外汇管制的具体项目。按照外汇交易的内容，管制的范围通常划分为对贸易项目的外汇管制、对非贸易项目的外汇管制、对资本项目的外汇管制和对现钞、金银项目的外汇管制。

（1）对贸易项目的外汇管制包括对进口的外汇管制和对出口的外汇管制，是各国外汇管制的重点。各国对贸易项目的管制多采取奖出限入的策略，以达到改善国际收支、增加黄金外汇储备的目的。

（2）对非贸易项目的外汇管制主要包括对个人、团体和企业的侨汇、旅游以及与进出口无关的其他劳务的外汇收支的管制。由于这类外汇收支涉及面很广，数量零星分散但收付频繁，因此比较难以管理。一般来说，各国采取的策略是对收入管制较松，对支出管制较严。

（3）对资本项目的外汇管制分为对资本流出的管制和对资本流入的管制。由于各国的社会性质、经济发展水平和经济状况不同，各国对资本项目管制所采取的策略往往大不相同。一般来说，发达国家对资本的输出入不加限制，鼓励垄断资本到国外寻求投资获利的机会。但在资本流动对本国经济形势不利时，如导致国际收支严重逆差或国内金融市场急剧动荡时，往往也会采取限制措施。发展中国家由于外汇资金短缺，为了发展民族经济，保持国际收支平衡，多采取限制本国资本外流和鼓励外资流入以利用外资的政策措施。

（4）现钞、金银的输出入，广义地讲也是资本的输出入，实行外汇管制的国家一般都对现钞和金银等贵金属的出入境有专门的规定。对本币现钞的出入境，有的国家严格禁止，有的不加限制，也有的规定一个最高限额，在限额以内的可以自由出入，超过限额需经外汇管理机构审批。对外币现钞的入境，各国一般不加限制，以争取外汇收入；但对外币现钞的出境，一般加以种种限制，如要求报关。对金银等贵金属的出境，实行外汇管制的国家一般严格限制数量或予以禁止，但对其入境一般不加限制。

4. 外汇管制的措施

各国外汇管制的具体措施和方法很多，概括起来，不外乎数量管制和价格（汇率）管制两个方面。

（1）数量管制，又叫外汇收支管制，是指对外汇买卖和转移的数量进行限制。数量管制的主要措施有三个方面：

第一，对贸易外汇的管制办法与措施。首先，对出口外汇的管制，一般采用颁发出口许可证的办法，对出口外汇加以控制。规定出口商必须把全部或一部分出口贸易所得的外汇收入，按官定汇率结售给指定银行，以保证国家集中外汇收入统一使用。其次，对出口外汇的管制，一般规定进口商品所需外汇，需向管汇当局申请，得到批准后方可供售。

第二，对非贸易外汇的管制办法与措施。如：限制居民私人持有或购买外汇；限制向国外汇款；限制货币的可兑换性；限制外国在本国投资收入的汇出；限制非居民存款账户的转账结算；限制本国居民对外贷款或在国外投资；对海外收入征收利息平衡税。

第三，对资本输出入的管制办法与措施。无论是发达国家还是发展中国家，都非常重视资本输出入的管制。第二次世界大战初期，西方各国与刚刚获得独立的发展中国家，一般均鼓励资本输入，对资本输入不加限制；而对本国长短期资本外流，外国在本国发行债券，或对原借款的还本付息进行一定的限制。进入20世纪60年代，美国的长期资本输出成为其国际收支严重逆差的一个重要因素，因此美国曾经规定了一些限制长期资本输出的措施，如征收利息平衡税、对直接投资进行限制、规定银行贷款最高额等。而联邦德国、日本、荷兰、瑞士等国家的国际收支则有顺差，它们在70年代以后采取了很多限制资本输入的措施，如银行吸收非居民存款要缴付较高的存款准备金、对非居民存款倒收利息、限制非居民购买本国有价证券等，以限制外资流入，防止本国货币汇率上浮。进入20世纪80年代后，发达国家对资本流动管制趋于放松，以促进资本外流，抵消经常账户的巨额顺差，增强本国进入市场的竞争力。在发展中国家中，有些国家债务危机非常严重，它们借助于加强对资本项目的管制来对付日益恶化的国际收支。

（2）价格管制，即汇率管制，包括直接汇率管制和间接汇率管制，是指一国以直接或间接的方式对汇率进行干预，以达到外汇管制的目的。

直接汇率管制即实行法定汇率制或复汇率制。法定汇率制是指由官方规定汇率的制度。实行法定汇率制的国家，一切外汇买卖必须按照官方规定的汇率进行；复汇率制则是在法定汇率制的基础上实行双重或多重汇率制度，即官方规定或默许本国货币兑他国货币有两个或两个以上的不同汇率，对不同的外汇收支规定不同的汇率。复汇率制主要有三种形式，即固定的差别汇率、外汇转移证制度和混合的复汇率制。此外，有些国家还征收外汇税，实际上也是一种变相隐蔽的复汇率制。

间接汇率管制是指国家采用外汇缓冲政策干预汇率，以维持预定的汇率目标。在间接汇率管制下，中央银行必须有足够的外汇平准基金，才能管理市场上的外汇供求。由于一国的外汇平准基金毕竟有限，因此采用这种措施往往只能在短期内生效，有时甚至不得不联合其他国家中央银行的力量才能应付市场投机力量。

四、外汇管制的效应

实行外汇管制国家的政府都企图通过外汇管制达到一定的目的，如果其他方面的政策措施得以配合，财政经济状况不至于急转恶化，其所追求的目的一般可以部分实现。但是，与此同时外汇管制也会产生一定的弊端。

（一）外汇管制的收益

1. 保护本国产业

通过外汇管制，一方面可以控制或禁止外国商品大量进口而对本国产品的生产及销售构成打击和压力；另一方面可以鼓励国内进口急需的原材料及先进的技术设备，用于发展经济。

2. 维持币值稳定或使汇率的变动朝有利于国内经济的方向发展

实行固定汇率制的国家，运用外汇管制的手段，可以人为地使本币汇率保持高估或低估的状态。当通货膨胀严重时，当局可用高估本币汇率加以抑制；当对外贸易逆差上升时，当局又可使用货币贬值手段刺激出口，平衡逆差。实行浮动汇率制度的国家，当本币波动过大时，也可采用外汇管制的方式加以控制，以稳定汇率。

3. 防止资本的大量涌入或外逃

运用外汇管制的手段可以控制由于资本在国际市场上大量转移而造成一国国际收支的失衡，特别是一些发展中国家出现严重资本外逃时，必须采取严厉的外汇管制。而一些发达国家在受到国际游资大量涌入的冲击时，也不得不采取一些外汇管制的措施。

4. 便于国内财政、货币政策的推行

实行外汇管制可以隔离外来因素的影响，无论是要实施扩张的还是紧缩的财政、货币政策，外汇管制可以防止外来相反抵消因素对于当局意图的反作用。

5. 有利于实现政府在政治、经济方面的意图

凡属于国计民生必需品的进口，可以优先结汇，或按低汇率申请进口，以减轻其成本，在国内低价供应；对非必需品或奢侈品，可予以限制或禁止进口。凡国内短缺的物资或重要的战略性资源，可控制或禁止输出。同时，在对各国的贸易往来中，通过外汇管制可以对各贸易国实行差别待遇，以配合当局外交政策的实施。

（二）外汇管制的成本

1. 阻碍国际贸易的正常发展

若实施直接的外汇结汇控制和外汇配给控制，抑制了出口的积极性并直接压制进口需

求，则直接影响一国对外贸易；若采取复汇率制或直接干预外汇市场的方式进行外汇管理，如果货币定值过高，则打击出口，货币定值过低，则影响进口，间接影响一国对外贸易，这显然对发展国际贸易、建立正常的国际货币关系是不利的。

2. 阻碍国际投资的正常发展

对国际投资的外汇管理，限制一国对外投资或外国对本国的投资，或对投资相关的还本付息、红利分配、债务偿还以及利润汇出进行限制，都将减少投资者的兴趣，降低投资意愿，使本国难以扩大吸收利用外资，也难以进入国际资本市场获取竞争优势。

3. 降低资源的有效分配和利用

自由的外汇市场是国内与国际成本价格之间的连接点，外汇管制的结果，隔离了本国市场和国际市场的联系，连接点一旦断开，就破坏了国际贸易和国际投资比较利益的原理，使资源的有效配置机制无法发挥作用。

4. 破坏正常的价格关系，阻碍公平竞争市场的建立

汇率是货币的价格表现，外汇管制易导致多种汇率，使价格关系变得复杂和扭曲。复汇率实际上又是一种变相的财政补贴，客观上使企业处于不同的竞争地位，不利于公平竞争关系的建立和市场透明度的提高。

5. 增加交易成本及行政费用

外汇管制的手续烦琐，不仅商人深感不便，而且增加费用，提高交易成本，同时还会引起外汇走私与黑市买卖以及不法的套汇行为，使外汇市场陷于混乱状态。

6. 增加国际贸易摩擦

实行外汇管制，限制了国际上自由的结算制度，贸易往来及资本流动往往带有政府的意图，而不仅仅是商人间的自由交易，因而必然会加深国际上的猜忌、摩擦和矛盾，引起对方的报复，从而引发"贸易战"和"汇率战"。

7. 导致寻租行为，滋生腐败

外汇管制容易产生外汇黑市，而外汇黑市的存在意味着存在可利用不同市场价格差异而赚取的收入，即经济租金。将经济租金转化为自己收入的行为，即为寻租行为。寻租者们在寻租过程中必然要采取各种方式，如贿赂等，通过取得外汇许可证、外汇额度等来获取经济租金，因而必然滋生腐败。

第三节　外汇市场干预

当政府设定了一个固定的汇率水平后，如果市场汇率将突破或偏离这个水平，政府就会通过向市场卖出或买入外汇的办法使汇率重新回到目标的水平或区间内，这种行为称为外汇市场干预。当市场汇率波动太大或因其他目的而需要汇率政策予以协调时，政府也会对外汇市场进行干预。外汇市场干预的手段主要是指动用政府手中的外汇储备，通过在市场上买入或卖出来影响外汇的供求，从而影响外汇的价格（即汇率）。

一、外汇市场干预的类型

从不同的角度划分，对外汇市场的干预可分为以下几种类型：

1. 按照干预的手段，可分为直接干预和间接干预

直接干预是指政府自己直接进入市场买卖外汇，改变原有的外汇供求关系从而引起汇率变化的干预。

间接干预是指政府不直接进入外汇市场而进行的干预。间接干预的做法有两种：第一，通过改变利率等国内金融变量的方法，使不同货币资产的收益率发生变化，从而达到改变外汇市场供求关系乃至汇率水平的目的；第二，通过公开宣告的方法影响外汇市场参与者的预期，进而影响汇率。也就是说，政府可以通过新闻媒介表达对汇率走势的看法，或发表有利于中央银行政策意图的经济指标，这些做法都可以达到影响市场参与者心理预期的目的。

2. 按照是否引起货币供应量的变化，可分为冲销式干预和非冲销式干预

冲销式干预是指政府在外汇市场上进行交易的同时，通过其他货币政策工具来抵消前者对货币供应量的影响，从而使货币供应量维持不变的外汇市场干预行为。为抵消外汇市场交易对货币供应量的影响而采用的政策措施被称为冲销措施。非冲销式干预则是指不存在相应冲销措施的外汇市场干预，这种干预会引起一国货币供应量的变动。这种分类方式是政府对外汇市场干预的最重要的分类，它们各自的效力是外汇市场干预讨论中最受关注的问题。

3. 按照干预策略，可分为三种类型

（1）熨平每日波动型干预，是指政府在汇率日常变动时在高价位卖出、低价位买进，以使汇率变动的波幅缩小的干预形式。

（2）砥柱中流型或逆向型干预，是指政府在面临突发因素造成的汇率单方向大幅度波动时，采取反向交易的形式以维护外汇市场稳定的干预行为。

（3）非官方钉住型干预，是指政府单方向非公开地确定所要实现的汇率水平及变动范围，在市场汇率变动与之不符时就入市干预的干预形式。

政府在外汇市场干预中常常交替使用上述三种干预策略。

4. 按照参与的国家，可分为单边干预和联合干预

单边干预是指一国对本国货币与某外国货币之间的汇率变动，在没有相关的其他国家的配合下独自进行的干预。联合干预是指两国或多国联合协调行动对汇率进行的干预。单边干预主要出现在小国对其货币与其货币所挂靠的大国货币之间的汇率进行调节的过程中，或出现在国际收支逆差国为维护本国货币稳定而进行的汇率调节过程中。缺乏国际协调时各国对外汇市场的干预也多采取单边干预的形式。由于外汇市场上投机性资金的实力非常强大，同时国际政策协调已大大加强，因此各主要大国对外汇市场进行的比较有影响的干预常常采取联合干预的形式。

二、外汇市场干预的工具和手段

1. 外汇储备

外汇储备是中央银行持有的能随时用来干预外汇市场的外汇资产，它是国际储备的重

要组成部分。外汇储备是中央银行对外汇市场进行干预的最直接工具。当市场汇率波动超过中央银行所期望的区间时，中央银行就会在外汇市场上卖出外汇储备以增加外汇供给，买入本币以增加本币需求，以此来阻止本币贬值；反之亦然。

使用外汇储备干预外汇市场存在的问题：

第一，一国的外汇储备是有限的，通过在外汇市场上卖出外汇、买入本币来维持本币汇率，在长期内具有不可持续性。如果本币的贬值是由于基本面的因素（比如一国信贷持续扩张，而人们愿意持有的货币余额却没有增加）引起的，则人们会不断地在外汇市场上抛出本币、购入外币，中央银行动用外汇储备对汇率进行干预只会导致外汇储备不断减少，最终储备耗尽，汇率无法维持并引发货币危机。

第二，在中央银行的资产负债表上，外汇储备属于资产，本国货币属于负债，因此，当外汇储备变动时，本国货币供应也会对等变动。使用外汇储备来干预外汇市场，会使货币供应被动地受制于维护固定汇率的需要，丧失了货币政策的独立性。在内外均衡调节过程中，中央银行通过外汇储备对外汇市场的干预，可能会促进均衡实现，也可能会妨碍均衡实现。例如，当一国经济过热、通货膨胀且国际收支逆差时，为了减轻通货膨胀，中央银行会收缩货币供给，但为了消除国际收支逆差带来的本币贬值压力，中央银行又要抛出外汇储备，买入本币，在这里维持汇率水平和紧缩货币的努力是一致的。当国内经济萧条、通货紧缩且国际收支逆差时，中央银行希望通过增加货币供给来促进经济增长，但为了维持汇率水平，中央银行又不得不在外汇市场上买入本币，从而将增加的货币供给又重新回笼，货币政策失败。

2. 货币市场工具

鉴于单独使用外汇储备干预外汇市场存在的问题，中央银行一般在干预外汇市场的同时会进行国内货币市场的反向操作，以冲销国内货币供应量的改变。中央银行在货币市场上进行操作的工具主要有两种：国债和央行票据。

（1）国债，是财政部发行的债券，被中央银行买入后成为中央银行的资产。假如：中央银行买入 100 亿元的外汇，卖出等值的 100 亿元本国货币。那么，从中央银行的角度，这一活动可以简单地记作：

借：外汇 100 亿元
  贷：货币发行 100 亿元

为了冲销增加的货币，中央银行可以在国内债券市场上卖出持有的国债，从新回笼货币。这一举动简单记作：

借：货币发行 100 亿元
  贷：对政府债权 100 亿元

观察上述两笔记录可以发现，央行购入外汇后，采用国债进行冲销式干预，最后的结果是央行的资产和负债总量都没有增加，但是央行的资产结构发生了变化，外汇储备代替了国债，同时，货币供应量也没有增加。

使用国债对外汇市场的干预进行冲销，需要有一个较为发达的国债市场，还需要中央银行持有较多数额的国债。如果国债发行数额相对于货币流通规模较低、中央银行持有的国债数量较少，运用国债来进行冲销干预就会存在一定局限。

（2）央行票据，是中央银行在货币市场冲销的另一种工具，即中央银行向商业银行发行的短期债务凭证。从本质上说，央行票据是中央银行自己创造的短期负债，其目的不在于筹集资金，而在于减少商业银行的可贷资金，控制信贷扩张。因此，央行票据通常是定向发行的。通过央行票据回笼货币的活动可以记作：

    借：货币发行   100 亿元

       贷：发行债券   100 亿元

与运用国债干预市场不同的是，央行购入外汇后采用央行票据进行冲销式干预，最后的结果是央行的资产和负债同时增加。由于央行票据是有息的，所以大量使用央行票据对外汇市场干预进行冲销，会增加中央银行的财务成本，并且票据的利息最终也会带来货币供应量的增加。

3. 利率

在国际资本流动过程中，利率杠杆发挥着重要的调节作用，尤其对短期资本而言更是如此。在固定汇率制度下，当汇率波动超过一国政府所期望的水平时，政府可以通过调节利率来影响资本流动的成本，从而较少短期资本流动带来的汇率变动压力。以投机者对本币造成贬值压力为例：投机者自己没有足够的资金，他们在本国货币市场上以一定利率水平借入本币，在外汇市场上抛售本币、买入外币，以造成本币贬值。当本币贬值后，再将原先兑换来的外币重新兑换成本币，并在本国货币市场上归还短期债务和利息。如果中央银行大幅度提高短期利率，从而使短期国债的利率高于本币的预期贬值率，则投机者将无利可图，放弃投机，本币也就避免了贬值。

使用利率工具干预外汇市场的缺点在于：利率不但是货币市场的价格，也是资本市场的价格，如果维持高利率的时间较长，就会降低一国的投资水平，影响实体经济的发展。

📖 案例展示

1997 香港金融保卫战

1997 年香港回归伊始，亚洲金融危机爆发。1997 年 7 月中旬至 1998 年 8 月，国际金融炒家三度狙击港元，在汇市、股市和期指市场同时采取行动。他们利用金融期货手段，用 3 个月或 6 个月的港元期货合约买入港元，然后迅速抛空，致使港元利率急升，恒生指数暴跌，从中获取暴利。

面对国际金融炒家的猖狂进攻，香港特区政府决定予以反击。1998 年 8 月，香港金融管理局动用外汇基金，在股票和期货市场投入庞大资金，准备与之一决雌雄。

生死决战"8·28"

8 月 28 日是香港股市 8 月份恒生期货指数的结算日，也是香港政府打击以对冲基金为主体的国际游资操控香港金融市场的第 10 个交易日。特区政府与炒家爆发了大决战。面对排山倒海的卖盘、地毯式的轰炸，特区政府顶住了国际金融炒家空前的抛售压力，毅然全数买进，独立支撑托盘，最终挽救了股市，有力地捍卫了港元与美元挂钩的联系汇率制度，保障了香港经济安全与稳定。

9 月 7 日，香港金融管理局颁布了外汇、证券交易和结算的新规定，使炒家的投机大受限制。当日恒生指数飙升 588 点，以 8 076 点报收。加上日元升值、东南亚金融市场趋稳等一系列因素，使投机炒家的资金、换汇成本大幅上升，投机炒家不得不败退离场：

9月8日，9月合约价格升到8220点。8月底转仓的期指合约要平仓退场，每张合约得亏损4万港元。至此，国际炒家见大势已去，纷纷丢盔弃甲，落荒而逃。

自入市以来，香港政府动用了100多亿美元，消耗了外汇基金约13%，金额大大超过了1993年"英镑保卫战"中，英国政府动用77亿美元与国际投机者对垒的规模，堪称一场不见硝烟的"战争"。

三、外汇管理过程中可能出现的问题

政府通过制度手段和政策手段对外汇进行管理的过程中，随着调控水平、经济发展阶段和外部条件的不同，可能会出现一些影响经济稳定的问题。下面我们选择几个常见问题进行分析。

（一）外汇管理的可信度问题

可信度问题就是政府在政策执行过程中自身的信誉以及对灵活性和稳定性进行权衡的问题。在外汇管理中，可信度问题主要体现在对固定汇率制度（或汇率区间）的维护和对外汇市场的干预活动中。进一步地说，外汇市场干预的常见目的是维护特定的汇率水平，因此在这里用政府对固定汇率制度的维护作为例子，来讨论外汇管理的可信度问题。

当外汇市场上出现大量、单一方向的外汇交易，交易者认为本币汇率有改变的可能时，政府通过公开声明、告诫等方式表示维护固定汇率制度和汇率水平的决心，这可以视为政府向市场发出的信号，其含义表示，如果汇率继续波动，政府就会对外汇市场进行干预或者采取其他管制措施。

政府承诺的信号效应一般在市场预期混乱、投机因素猖獗时特别有效。当市场对未来汇率变动的看法非常不一致时，政府的承诺会提供一个有可能被普遍接受的依据，引导市场参与者的预期，遏制投机活动的发展，从而在不花费实际成本的情况下，化解汇率的过度波动。然而，政府通过向公众传递信号的方式来维护固定汇率制度，需要满足以下几个条件：

第一，政府传递的信号必须明确表达出未来干预的目的是维持汇率；否则，市场参与者将无法判断这一信号是为了向市场传递汇率方面的信息，还是出于其他方面的需要。

第二，所预示的未来政策必须能够引起汇率向正确方向做相应变动。以货币模型为例，政府的货币供给对汇率变动有着最直接的影响，如果干预信号预示的不是货币供给的未来调整，或者它预示的货币供给调整方向错误，则无法使汇率按其意愿调整。

第三，政府必须建立起言行一致的声誉，从而使政府发出的信号具有可信度。如果政府在以前的行动中，曾经未按其承诺的那样维护汇率，则市场在受欺骗之后，就会不再相信政府今后的所有行为。这样，政府在干预中所传递的信号均被视为不可信，也就无法改变交易者的心理预期。

第四，也是最重要的一点，政府作出的承诺不能与经济运行的基本面状况有严重矛盾。例如，当政府承诺采用外汇储备干预市场时，应当有充足的外汇储备；当政府承诺紧缩银根时，不应有巨额的、需要通过中央银行融资的财政赤字，等等。否则，即使政府作出有关承诺，市场参与者也会基于理性的预期而怀疑政府的承诺，从而使政府徒然损失了可信度。换言之，当经济的基本面没有发生变动或者变动较小时，政府应当追求政策和经

济环境的稳定性，通过公开承诺，并以经济干预作为后盾来化解波动，使经济重新回到稳定的水平上；当经济基本面的变动导致政府原有的目标不能维持时，政府应当根据实际情况灵活地改变目标，并设法降低目标变动带来的负面影响，而不是僵化地坚持不能实现的目标。这也是所有外汇管理中政府应当坚持的原则。

(二) 外汇管理中的货币替代问题

货币替代是指外币在货币的各个职能上全面或部分地替代本国货币发挥作用的一种现象。简单地说，货币替代可以定义为本国居民对外币的过度需求。货币替代分为两种：一种是本国居民和外国居民同时持有本币和外币；另一种则是本国居民单方面地持有并使用外币。前者可以称为对称性的货币替代，这种货币替代一般发生于发达国家之间；后者可以视为不对称性的货币替代，经常讨论的发生于发展中国家的货币替代就属于后一种。

货币替代的原因有很多。第一，当一国的通货膨胀水平较高或各种因素引起币值高度不稳定时，居民便会对本国货币的未来购买力失去信心，从而不再以本币作为储藏手段。第二，如果一国政府不能有效地控制交易中使用的币种，那么商品的出售者就会要求用其他可靠货币进行交易，拒绝接受本币，从而使本币失去了流通手段的职能。当本币不再是有效的流通手段时，人们也就会自然放弃以本币作为记账单位和支付手段，进而本币的职能被全部替代。第三，在本币失去货币的各项职能的同时，由于有些货币是全世界都认可的（如美元长期以来就比较成功地保持了购买力），它们就会超越国家界限进入其他国家的储藏领域、支付领域甚至流通领域，典型的例子之一便是拉美国家的美元化。值得注意的是，与劣币驱逐良币的格雷辛法则不同，货币替代描述的是一种良币驱逐劣币的现象。

货币替代最重要的经济后果是导致国内金融秩序不稳定，消弱政府运用货币政策的能力。在货币替代存在的情况下，外币的流入与流出扰乱了国内货币的供需机制，使得利率的决定更为复杂，同时还削弱了中央银行对信贷和货币流通总量的控制能力，使得中央银行在货币政策的设计和操作时出现许多困难。此外，本国居民大量使用外币，会使政府的铸币税和通货膨胀税收入下降。

需要指出的是，货币替代的上述负面影响，只有在货币自由兑换的情况下才会大规模发生。因此，在货币自由兑换后，一国政府必须采取有效措施以避免货币替代。提高本国货币币值的稳定性、实际收益率和信心，是解决货币替代问题的最根本方法。这就要求政府有效地控制通货膨胀及其他宏观不稳定状况。这些条件尚未达到时，有必要对货币兑换进行限制。

(三) 外汇管理下的资本外逃问题

资本外逃是指由于恐惧、怀疑或为规避某种风险和管制所引起的资本向其他国家的异常流动。资本外逃不同于资本流出，它是一种出于安全或其他目的而发生的、非正常的资本流动。对资本外逃的概念存在不同的理解，有的分析者（如世界银行）将发展中国家流向发达国家的所有资本都视为资本外逃，这就扩大了资本外逃的内涵。

由于资本外逃行为的隐蔽性以及各国国际收支统计的不完善性，它常常不能完全反映在资本输出账户中。确定资本外逃的数量是很困难的，一般的估算方法有两种：第一种是直接法，即用国际收支中的错误与遗漏账户余额加上私人非银行部门短期资金流动来估算。这种方法简单而直接，但存在一些问题，例如错误与遗漏账户余额并不仅仅包括那些隐蔽的未记录的资本流动，同时也包括一些真实的统计误差；另外，长期资本流动也存在资本外逃的问题。第二种是间接法，即作为资金来源的外债增长（ΔD）与外国直接投资净流入（ΔFDI）之和减去作为资金运用的经常账户赤字（ΔCAD）与储备资产增长（ΔR）之和的余额，用公式表示为：

$$资本外逃 = (\Delta D + \Delta FDI) - (\Delta CAD + \Delta R)$$

资本外逃是资本所有者对其资产组合进行配置时发生的，因此境内外资产的收益与风险的差异是形成资本外逃的主要原因。从收益因素来看，本国资产收益率较低可能是由以下几个原因造成的：本币汇率高估，本国执行的金融抑制政策带来的低利率，本国较高的通货膨胀带来的实际利率的下降。从风险因素来看，本国资产收益率较低的原因包括本国政局不稳，新的管制政策的出台或政策多边，法制不健全可能导致的资产损失等。另外，如果资产是由非法收入形成的，则显然将其转移到国外更安全。

资本外逃对一国经济的发展是极为不利的。从短期看，大规模的资本外逃会带来经济的混乱与动荡。从长期看，资本外逃降低了本国可利用的资本数量，减少了政府从国内资产中获取的税收收入，增加了本国的外债负担，从而会引起一系列严重的经济后果。因此，一国政府必须创造一个持久稳定发展的宏观环境，并在此实现之前，采用较严格的资本和金融账户管制，才能预防或减少资本外逃行为。

第四节　中国的外汇管理与人民币汇率

从中华人民共和国成立到现在，我国的外汇管理制度经历了计划经济时期的全面计划管理、改革开放后处于转型时期的外汇管理体制和人民币的经常项目完全可自由兑换的变化过程。直到现在，我国的外汇管理体制仍处于不断改革之中。从这些改革措施中，我们可以看到不断放松的外汇管理总趋势。与此相伴随，我国的人民币汇率形成机制也经历了从计划管理下的双重汇率到以市场供求为基础的、单一的、有管理的浮动汇率制度再到现在不断完善的人民币汇率市场形成机制。我国外汇管理的最终目标是实现人民币的完全可自由兑换。一国货币要能成功地实现自由兑换应具备一系列的条件，在实现自由兑换后，还有可能产生资本外逃和货币替代的问题。因此，我国将采取逐步放开的策略，实现人民币的完全可自由兑换。

一、中国的外汇管理

我国外汇管理的基本任务是：建立独立自主的外汇管理制度，正确制定国家的外汇法规和政策，保持国际收支的基本平衡和人民币汇率的基本稳定，有效地促进国民经济的持续稳定发展。中华人民共和国成立以来，中国外汇管理制度的发展演变大体上经历了以下几个阶段：

（一）国民经济恢复时期（1949—1952年）

中华人民共和国成立初期，为了肃清流通中的外币，防止逃汇与套汇，控制外币与金银的外流，以建立起全国统一的外汇管理制度和人民币汇率制度，国家先后颁布了一系列有关外汇管理的条例和暂行办法，取消了外国银行在华的一切金融特权，禁止伪币、外币和金银的流通，并规定一切外汇收入集中于国家手中，由中央人民政府财政经济委员会统一掌握使用；对一切对外支付实行严格的申请审批制度，所有的外汇收付、汇兑结算与外汇存贷款都必须经由中国银行和其他指定的外汇银行办理。

这些外汇管理措施，与当时实施的进出口许可制度紧密配合，促进了中国对外经贸活动的开展，扭转了中华人民共和国成立前国际收支长期逆差的局面，稳定了国内金融物价，对于中华人民共和国成立初期国民经济的恢复和经济建设的起步起到了重要作用。

（二）全面计划经济时期（1953—1978 年）

这一时期我国实行高度集中统一、以行政手段为主的外汇管理体制，外汇业务由中国银行统一经营，外汇主要由国家计委通过指令性计划分配、统收统支、以收定支，以适应当时我国高度集中的指令性计划经济体制和外贸的国家垄断体制。这种外汇管理体制使有限的外汇集中在国家手中，用于满足重点经济项目的需要，对保证我国外汇收支的平衡和维持人民币汇率的基本稳定起到了积极的作用。但这种外汇体制由于在某些方面集中得过多、统得过死、应变能力较差、缺少灵活性，忽视了经济形势的变化和市场的调节作用，外汇的使用效益较低，也降低了各方面出口创汇的积极性。

总体来讲，在 1978 年以前为计划经济时期的外汇管理体制，具体措施有：

（1）对外汇收支实行全面的、高度集中的指令性计划管理。国家实行"集中管理，统一经营"的外汇管理方针，即一切外汇收支由国家管理，统一收支，一切外汇业务由中央银行经营。但国家既没有确立外汇的主管部门，也没有制定全国统一的外汇法令。

（2）所有的进出口活动均由国营进出口公司负责。这使我国避免了国际收支逆差，同时也保护了国内的幼稚工业。

（3）对借用外债和利用外资基本采取排斥的做法。由于崇尚"既无内债，也无外债"，我国资本项目的外汇管理基本上处于空白。

（三）经济转型时期（改革开放新时期）（1979—1993 年）

改革开放以来，我国的对外经济迅速发展，经济体制和外贸体制发生了重大变化。为了适应新时期的需要，我国外汇管理制度也进行了一系列重大改革，主要表现在以下方面：

1. 设立了专门的外汇管理机构，颁布外汇管理法规

1979 年 3 月，国务院批准设立国家外汇管理总局，后改称国家外汇管理局，为我国外汇管理的主管机构。1980 年 12 月公布并实施了《中华人民共和国外汇管理暂行条例》，这是中华人民共和国成立以来第一个全面的、系统的、具有法律效力的外汇管理法规。此后又陆续颁布了 30 多个实施细则。这标志着我国的外汇管理进入了规范化、法治化阶段。

2. 改革了外汇的集中分配，实行了外汇上缴和留成制度

为了改革统收统支、单纯按指令性计划分配外汇的制度，1979 年 8 月，国务院决定实行贸易和非贸易外汇留成办法。该办法规定，企业将出口收入的外汇卖给国家后，国家按规定的比例给予企业和地方一定的外汇留成额度，用汇时，用汇单位用人民币配以额度，按国家公布的外汇牌价购买外汇对外支付。留成的外汇可直接用于进口，也可以在外汇调剂市场出售。该制度的实行调动了企业和地方出口创汇的积极性。这些办法的实施使得我国的外汇管理由过去的高度集中向着既有集中又适度分散的方向发展。

3. 建立了外汇调剂市场，促进了外汇资金横向流通

从 1980 年起，我国开始办理外汇调剂业务。实行外汇留成制度后，有的企业有一部分外汇闲置不用，却需要人民币资金，而另一些企业有进口项目，也有人民币资金，却无外汇来源，因此需要通过市场来调剂余缺。

外汇调剂业务最初由中国银行组织，1986 年 2 月至 1988 年 2 月，外汇调剂业务一律通过国家外汇管理局及其分局办理，中国银行只办理现汇买卖的过户和结算手续。从 1988 年 3 月起，在国家外汇管理局的统一领导和管理下，各省、自治区、直辖市先后建立了外汇调剂中心，办理本地区的外汇调剂业务，在北京还建立了全国外汇调剂中心，办理中央各部门之间和各省、自治区、直辖市之间的外汇调剂业务。外汇调剂价格根据外汇的供求状况，由买卖双方议定。上海还推出了公开竞价成交的交易方式。外汇调剂市场的建立标志着我国的外汇由计划分配逐步向市场调节过渡。

4. 改革外汇金融体系，引进外资金融机构

从 1979 年起，我国陆续批准了一批经营外汇业务的信托投资公司、金融公司、财务公司和租赁公司；从 1985 年起批准设立了一批经营外汇业务的中外合资银行，并同意若干外资银行在我国设立分行；从 1986 年起，允许各专业银行业务交叉。此外，还批准设立了一些全国性和地区性的综合银行。这表明我国已经形成了一个以外汇专业银行为主、多种金融机构并存的外汇金融体系。

5. 建立对资本输出入的管理制度

这一时期我国对资本输出入的管理主要内容有以下几方面：

（1）对外商投资企业的外汇管理。为鼓励外商来华投资，对外商投资企业外汇收支采取比较宽松的政策，允许其保留外汇收入，自行支配使用；允许向境内外银行借款，自借自还，事后办理登记；允许通过外汇市场调剂外汇余缺，等等。

（2）对外债的管理。1986 年 4 月起，国家外汇管理局统一管理全国外债，掌握全国外汇、外债的信息和数额，监督和管理对外借债和境外发行债券。对外债实行计划管理和审批制度，借用外债必须纳入国家计划，对中长期外债实行年度指标控制，对短期外债实行余额管理。对外借款和在境外发行债券必须逐笔报国家外汇管理局审批，外汇管理局监督其还本付息。实行外债登记制度，建立全国外债统计监测系统，定期对外公布外债数据。

（3）对境外投资的外汇管理。对境外投资实行事前审查和事后监督相结合的管理制度。

6. 发行外汇兑换券，放宽了对国内居民个人的外汇管制，增加了居民个人外汇收入

为保证外国人在我国购买紧缺物资，取代外币在我国境内流通，同时便于计算创汇单位的外汇留成，1980 年 4 月，中国银行开始发行外汇兑换券，简称"外汇券"。另外，随着我国居民个人持有外汇数量的增加，为鼓励居民调回外汇，从 1980 年起逐步开始实行居民外汇留成办法：允许居民在银行开立外汇账户，并可以在规定的数额和用途内支取外汇，可以汇往或携带境外使用，可以在外汇调剂中心出售；居民因私出国用汇，也可按国家规定的数额在外汇调剂中心购买。

（四）人民币经常项目有条件可兑换阶段（1994—1996 年）

为了适应市场经济建设和发展，1993 年 12 月 28 日，中国人民银行制定和发布了《关于进一步改革外汇管理体制的公告》，我国外汇管理体制进入深化改革时期，对外汇管理从以下几个方面做了较大的改革：

（1）取消外汇上缴和留成制度，实行外汇银行结汇制度。从 1994 年 1 月 1 日起，取消原有的各类外汇留成、上缴和额度管理制度。境内所有企事业单位、机关和社会团体的各类外汇收入，除按规定允许在外汇银行开立现汇账户的以外，均需结售给外汇指定银行，同时实行银行售汇制度，允许人民币经常项目下有条件的可兑换。境内企事业单位、机关和社会团体在经常项目下正常的对外支付用汇，不再编制计划上报审批，只需持有效凭证就可直接到外汇指定银行办理货币兑换和支付。

（2）汇率并轨，实行以市场供求为基础的、单一的、有管理的浮动汇率制度。1994 年 1 月 1 日起，人民币官方汇率与市场汇率并轨，实行以市场供求为基础的、单一的、有管理的浮动汇率制度。人民币汇率由市场供求形成，中国人民银行公布每日汇率，外汇买卖允许在一定幅度内浮动。中国人民银行对外汇市场进行干预，以保持人民币汇率的相对稳定。

（3）建立全国统一、规范化的、有效率的银行间外汇市场，改进汇率形成机制。从 1994 年 1 月 1 日起，中资企业退出外汇调剂中心，外汇指定银行成为外汇交易的主体。1994 年 4 月 1 日银行间外汇市场——中国外汇交易中心在上海成立，连通全国所有分中心，4 月 4 日起中国外汇交易中心系统正式运营。新的汇率形成机制是：外汇指定银行根据每个营业日企业在银行的结售汇情况，在银行间外汇市场买卖外汇平衡头寸，形成人民币兑外币的汇率。中国人民银行根据前一日银行间外汇交易市场形成的价格，每日公布人民币兑美元交易的中间价，并参照国际外汇市场变化，同时公布人民币兑其他主要货币的汇率。各外汇指定银行以此为依据，在中国人民银行规定的浮动范围内自行挂牌，对客户买卖外汇。

（4）对外商投资企业外汇管理政策保持不变。为体现国家政策的连续性，1994 年在对境内机构实行银行结售汇制度时，对外商投资企业的外汇收支仍维持原来的办法，准许保留外汇，外商投资企业的外汇买卖仍须委托外汇指定银行通过当地外汇调剂中心办理，统一按照银行间外汇市场的汇率结算。

（5）禁止在境内外币计价、结算和流通。1994 年 1 月 1 日，取消境内外币计价结算，禁止外币境内流通和私自买卖外汇，停止发行外汇兑换券。

（五）人民币经常项目完全可兑换阶段（1996—2003 年）

我国于 1996 年 12 月取消了经常项目下的其他汇兑限制，实现人民币经常项目完全可兑换。

（1）将外商投资企业外汇买卖纳入银行结售汇体系。1996 年 7 月 1 日起，外商投资企业外汇买卖纳入银行结售汇体系，同时外商投资企业的外汇账户区分为用于经常项目的外汇结算账户和用于资本项目的外汇专用账户。1998 年 12 月 1 日外汇调剂中心撤销以后，外商投资企业外汇买卖全部在银行结售汇体系进行。

（2）提高居民用汇标准，扩大供汇范围。1996 年 7 月 1 日，大幅提高居民因私兑换外汇标准，扩大了供汇范围。

（3）取消尚存的经常性用汇的限制。1996 年，中国还取消了出入境展览、招商等非贸易非经营性用汇的限制，并允许外国驻华机构及来华人员在境内购买的自用物品、设备、用具等出售后所得人民币款项可以兑换外汇汇出。

经过上述改革，中国取消了所有经常性国际支付和转移的限制，达到了《国际货币基金协定》第 8 条的要求。1996 年 12 月 1 日，中国正式宣布接受第 8 条，实现了人民币经常项目完全可兑换。

（六）2003 年至今

（1）经常项目实现完全意愿结汇。2005 年以后，我国外汇账户管理政策放松步伐加快。2005 年 3 月，国家外汇管理局将境内机构超限额结汇期限由 10 个工作日延长为 90 个工作日，允许境内机构在其经常项目外汇账户余额超出核定限额后的 90 日内仍可保留其外汇资金，同时扩大了按实际外汇收入 100% 核定经常项目外汇账户限额的企业范围。2005 年 8 月 2 日，外汇管理局再次提高境内机构经常项目外汇账户限额，将境内机构经常项目外汇账户可保留现汇的比例由 30% 或 50% 调高到 50% 或 80%。2006 年 12 月，国家外汇管理局批准天津滨海新区进行外汇体制改革，由意愿结汇取代强制结汇。2007 年 1 月 5 日，外汇管理局将个人结汇和购汇年度总额提高到每人每年等值 5 万美元，并简化购汇手续。2007 年 8 月 12 日，外汇管理局进一步改革经常项目外汇管理，宣布境内机构可根据经营需要自行保留其经常项目外汇收入。2008 年 8 月 5 日，我国发布实施新修订的《中华人民共和国外汇管理条例》，确立了均衡监管思路，取消了强制结售汇制度。至此，从 1994 年我国外汇管理制度改革开始实行的强制性结售汇制度取消，实现了完全意愿结汇。

（2）资本项目不断放松管制。自 2001 年我国正式加入世界贸易组织后，随着国内经济形势的好转，外汇储备迅速增长，我国对资本项目的外汇管制也逐步放松。国际货币基金组织在 2004 年的评估认为在 43 个资本交易项目中，中国已有一半交易基本不受限制或有较少限制，人民币资本项目下已经实现了部分可兑换。2005 年以后，管制进一步放松。外汇管理部门提出新时期深化外汇管理改革的"五个转变"指导原则，有效监管跨境资金流动。

现阶段，我国对与资本市场相关的资本项目交易和汇兑大多数需要进行审批才可以进行，并且有一定的主体资质限制。在 2002 年以前，境外投资者只能投资于我国的 B 股市场。2002 年 11 月，我国推出合格的境外机构投资者（QFII）制度，允许合格的境外投资机构投资，包括股票、债券、基金等多种以人民币标价的金融工具。2006 年 10 月，推出合格的境内机构投资者（QDII）制度，允许符合条件的银行、基金管理公司、保险机构等集合境内机构和个人的人民币资金，在一定额度内购汇投资于境外固定收益类产品、证券及货币市场工具。

随着人民币跨境贸易结算范围不断扩大，人民币跨境直接投资业务和香港离岸人民币业务不断发展。2011 年 11 月 16 日，中国证监会、中国人民银行和国家外汇管理局联合发布《基金管理公司、证券公司人民币合格境外机构投资者境内证券投资试点办法》，允许人民币合格境外机构投资者（RQFII）运用在香港募集的人民币资金开展境内证券投资业务。2012 年 3 月，国务院批准浙江"温州综合金融改革"试点，提出要研究开展个人境外直接投资试点，探索建立规范便捷的直接投资渠道。

（3）加强对金融机构外汇业务的监督和管理。建立银行贸易融资调查制度，完善银行结售汇市场准入和退出管理；完善银行结售汇头寸管理；推进保险机构外汇管理改革，在市场准入和资金汇兑等方面给予便利；推动证券机构外汇业务健康发展；积极推进外汇市场信用体系建设，初步建立起以事后监管和间接管理为主的信用管理模式。

（4）不断改进的人民币汇率形成机制和不断发展的外汇市场。

（5）不断完善的国际收支监测体系。完善银行结售汇统计，启动银行结售汇统计报表改进工作，重新设计和开发了新版银行结售汇统计系统；升级国际收支统计监测系统，加强对跨境资金流动的检测；加快建设国际收支统计监测预警体系，初步建立高频债务监测系统和市场预期调查系统，不断提高预警分析水平。

2017 年以来，外汇管理改革进一步深化。在稳步推进金融账户可兑换，推动金融市场双向开放，促进跨境贸易投资自由化便利化的同时，加强对跨境资本流动风险的防范。外汇管理部门提出要构建和不断完善跨境资本流动"宏观审慎+微观监管"两位一体管理框架，积极应对外汇市场高强度冲击，防范和化解外汇领域的重大风险，维护国家经济金融安全。

新的外汇管理体制的推出对中国的改革开放和经济发展具有重要的意义。它标志着中国外汇市场在运行机制、市场结构、组织形式、交易方式以及汇率的形成和管理调控方式上，朝着统一、规范的方向迈进了一大步，有利于健全国内金融市场体系，推动市场经济体制的完善和发展；有利于形成合理的人民币汇率和以市场为主导的外汇资源配置机制，提高外汇资金运用的经济效益，更好地发挥外汇对国际收支的调节作用。更重要的是，它推动了中国外汇管理体制与国际接轨，为人民币走向完全可自由兑换奠定了基础。

二、人民币汇率

人民币是我国的本位货币，在我国国内发挥价值尺度、流通手段、支付手段和储藏手段的作用。在对外经济关系中，人民币的汇率代表着人民币的对外价值，是开展对外贸易、加强与世界各国经济往来的重要工具。因此，人民币汇率制定得是否稳定合理，对发展我国对外经济关系具有十分重要的意义。

（一）人民币汇率的确定依据

1948 年 12 月 1 日，中国人民银行成立，并发行了统一的货币——人民币。1950 年 7 月 8 日开始，实行全国统一的人民币汇率，由中国人民银行公布。1979 年 3 月 13 日，国务院批准设立国家外汇管理局，管理国家外汇，公布人民币汇率。我国政府从未规定人民币的含金量，人民币也一直未与黄金发生过直接联系。人民币的价值主要体现在我国的物价水平上，这是客观存在的事实。由此，制定人民币的汇率要以人民币表现的物价水平为基础。因此，人民币兑他国货币的汇率，不是两国货币含金量的对比，而是以两国物价对比作为基础，再考虑到我国国际收支状况而制定的。

（二）人民币汇率的发展历程

1. 1994 年以前

中华人民共和国成立至改革开放前，在传统的计划经济体制下，人民币汇率由国家实行严格的管理和控制。根据不同时期的经济发展需要，改革开放前我国的汇率制度经历了中华人民共和国成立初期的单一浮动汇率制度（1949—1952 年）、五六十年代的单一固定汇率制度（1953—1972 年）和布雷顿森林体系后以"一篮子货币"计算的单一浮动汇率制度（1973—1980 年）。

1979 年 8 月，国务院颁发了《关于大力发展对外贸易增加外汇收入若干问题的规定》，决定从 1981 年 1 月 1 日起实施双重汇率制。经历了官方汇率与贸易外汇内部结算价并存（1981—1984 年）和官方汇率与外汇调剂价格并存（1985—1993 年）的两个汇率双轨制时期。

2. 1994—2005 年

1993 年 11 月，党的十四届三中全会通过的《中共中央关于建立社会主义市场经济体制若干问题的决定》要求："改革外汇体制，建立以市场供求为基础的、有管理的浮动汇率制度和统一规范的外汇市场，逐步使人民币成为可兑换货币。"1993 年 12 月，《国务院关于进一步改革外汇管理体制的通知》正式颁布，该通知指出了现阶段外汇管理体制改革的总体要求，具体包括实现汇率并轨，实行以市场供求为基础的、单一的、有管理的浮动汇率制度；实行银行结汇和售汇制，取消外汇留成和上缴；建立银行间外汇交易市场等。

1994 年 1 月 1 日，中国政府对外汇体制进行了重大改革，主要内容包括：

第一，人民币官方汇率与外汇调剂价格正式并轨，我国开始实行以市场供求为基础的、单一的、有管理的浮动汇率制度。企业和个人按规定向银行买卖外汇，银行进入银行间外汇市场进行交易，形成市场汇率。中央银行设定一定的汇率浮动范围，并通过调控市场保持人民币汇率稳定。

第二，实行银行结售汇制，人民币在经常账户下实现有条件的可兑换。

第三，建立银行间外汇市场。

第四，人民币汇率确定方法采用供求定价法，即在考虑以往汇率水平、各种其他汇率决定方式的基础上，主要由外汇市场的供求决定汇率水平的一种汇率确定方法。

3. 2005—2015 年

2005 年人民币汇率制度发生了根本性的变革，自 2005 年 7 月 21 日起，我国开始实行以市场供求为基础，参考一篮子货币进行调节、有管理的浮动汇率制度。此次改革的主要内容如下：

第一，汇率调控的方式。实行以市场供求为基础，参考一篮子货币进行调节、有管理的浮动汇率制度。人民币汇率不再钉住单一美元，而是参照一篮子货币，根据市场供求关系来浮动。这里的"一篮子货币"，是指按照我国对外经济发展的实际情况，选择若干种主要货币，赋予相应的权重，组成一个货币篮子。同时，根据国内外经济金融形势，以市场供求为基础，参考一篮子货币计算人民币多边汇率指数的变化，对人民币汇率进行管理和调节，维护人民币汇率在合理均衡水平上的基本稳定。篮子内的货币构成，将综合考虑在我国对外贸易、外债、外商直接投资等对外经贸活动中占较大比重的主要国家、地区及其货币。参考一篮子货币表明外币之间的汇率变化会影响人民币汇率，但参考一篮子货币不等于钉住一篮子货币，它还需要将市场供求关系作为另一重要依据，据此形成有管理的浮动汇率。这将有利于增加汇率弹性，抑制单边投机，维护多边汇率。

第二，中间价的确定和日浮动区间。现阶段，每日银行间外汇市场美元兑人民币的交易价仍在中国人民银行公布的美元交易中间价上下 0.3% 的幅度内浮动，非美元货币兑人民币的交易价在中国人民银行公布的该货币交易中间价 3% 的幅度内浮动。2007 年 5 月 21

日起，人民币兑美元汇价浮动幅度由 0.3% 扩大至 0.5%；2012 年 4 月 16 日起，银行间即期外汇市场人民币兑美元汇价浮动幅度由 0.5% 扩大至 1.0%。

第三，起始汇率的调整。2005 年 7 月 21 日 19 时，美元兑人民币交易价格调整为 1 美元兑 8.11 元人民币，作为次日银行间外汇市场上外汇指定银行之间交易的中间价，外汇指定银行可自此时起调整对客户的挂牌汇价。这是一次性地小幅升值 2%，并不是指人民币汇率第一步调整 2%，事后还会有进一步的调整。因为人民币汇率制度改革重在人民币汇率形成机制的改革，而非人民币汇率水平在数量上的增减。这一调整幅度主要是根据我国贸易顺差程度和结构调整的需要来确定的，同时也考虑了国内企业进行结构调整的适应能力。

第四，人民银行负责根据国内外经济金融形势，以市场供求为基础，参考一篮子货币汇率变动，对人民币汇率进行管理和调节，维护人民币汇率的正常浮动，保持人民币汇率在合理、均衡水平上的基本稳定，促进国际收支基本平衡，维护宏观经济和金融市场的稳定。

4. 2015 年至今

2015 年以来，中国人民银行一直着力于进一步强化以市场供求为基础，参考一篮子货币进行调节的人民币兑美元汇率中间价形成机制。

2015 年 8 月 11 日，中国人民银行宣布进一步完善人民币汇率中间价形成机制，自当日起，做市商在每日银行间外汇市场开盘前，参考上日银行间外汇市场收盘汇率，综合考虑外汇供求情况以及国际主要货币汇率变化向中国外汇交易中心提供中间价报价。此次调整一方面在机制上加大市场供求对汇率形成的决定性作用，提高中间价的市场化程度；另一方面则顺应市场的力量对人民币汇率适当调整，使汇率向合理均衡水平回归。

2015 年 12 月 11 日，中国人民银行正式发布按国际贸易加权编制的人民币汇率指数——CFETS 人民币汇率指数，强调加大参考一篮子货币的力度，以更好地保持人民币兑一篮子货币汇率基本稳定。该指数的公布有助于引导市场改变过去主要关注人民币兑美元双边汇率的习惯，逐渐把参考一篮子货币计算的有效汇率作为人民币汇率水平的主要参照系，有利于保持人民币汇率在合理均衡水平上的基本稳定。为便于市场从不同角度观察人民币有效汇率的变化情况，中国人民银行也同时列出了参考 BIS 货币篮子、特别提款权货币篮子计算的人民币汇率指数，做市商在报价时既会考虑 CFETS 货币篮子，也会参考 BIS 和特别提款权货币篮子，以剔除一篮子货币汇率变化中的噪声，在国际市场波动加大时，有一定的过滤器作用。

2016 年 2 月，中国人民银行明确了"收盘汇率+一篮子货币汇率变化"的人民币兑美元汇率中间价形成机制。这一机制较好地兼顾了市场供求指向、保持对一篮子货币基本稳定和稳定市场预期三者之间的关系，增强了汇率形成机制的规则性、透明度和市场化水平，人民币兑美元双边汇率弹性进一步增强，双向浮动的特征显著。

2017 年 5 月，外汇市场自律机制在"收盘汇率+一篮子货币汇率变化"的人民币汇率中间价形成机制基础上，组织各报价行在报价模型中增加了"逆周期因子"，以对冲外汇市场的顺周期性，稳定市场预期，防范可能出现的羊群效应。"收盘价+一篮子货币汇率变化+逆周期因子"的中间价报价机制初步确立，人民币兑美元双边汇率弹性进一步增强，双向浮动的特征更加显著。

2015 年"8·11 汇改"以后，人民币兑美元汇率走势跌宕起伏，人民币经历了"贬值—升值—贬值—升值"的反复震荡，双向浮动特征明显，汇率弹性显著增强。2015 年 8 月 10 日至 2017 年 1 月 4 日，人民币兑美元汇率中间价由 6.116 2 降至 6.952 6，贬值幅度约为 12.03%。随后至 2018 年 4 月 2 日期间，人民币兑美元出现强势回弹，人民币兑美元汇率中间价升至 6.276 4，升值幅度约为 10.77%。2018 年 4 月 2 日至 2018 年 10 月末，人民币兑美元汇率又回调至 6.967 0，贬值幅度约为 9.91%。2018 年 11 月至 2019 年 4 月 18 日，人民币整体表现强势，人民币兑美元汇率中间价升至 6.691 1，升值幅度约为 4.12%。随后至 2019 年 9 月初，人民币兑美元出现震荡下行，人民币兑美元汇率中间价降至 7.088 4，贬值幅度约为 5.60%。

与此同时，人民币兑 CFETS 货币篮子汇率指数也呈现出一波三折的走势。2015 年 12 月 11 日至 2017 年 5 月底，CFETS 人民币汇率指数由 101.45 下降至 92.26，贬值幅度约为 9.96%。随后一年间，该指数由 92.26 逐渐升至 97.88，升值幅度约为 6.09%。2018 年 5 月中旬至 2018 年 10 月中旬，该指数又降至 92.15，贬值幅度约为 5.85%。随后，该指数先逐渐爬升至 2019 年 4 月末的 95.70，而后又再次震荡下行。

（三）现阶段人民币汇率制度的特点

1. 以市场供求为基础的汇率

新的人民币汇率制度，以市场汇率作为人民币兑其他国家货币的唯一价值标准，这使外汇市场上的外汇供求状况成为决定人民币汇率的主要依据。根据这一基础确定的汇率与当前的进出口贸易、通货膨胀水平、国内货币政策、资本的输出入等经济状况密切相连，经济的变化情况会通过外汇供求的变化作用到外汇汇率上。

2. 有管理的汇率

我国的外汇市场是需要继续健全和完善的市场，政府必须用宏观调控措施来对市场的缺陷加以弥补，因而对人民币汇率进行必要的管理是必需的，主要体现在：国家对外汇市场进行监管，国家对人民币汇率实施宏观调控，中国人民银行进行必要的市场干预。

3. 浮动的汇率

浮动汇率制度就是一种具有适度弹性的汇率制度。中国人民银行于每个工作日闭市后公布当日银行间外汇市场美元等交易货币兑人民币汇率的收盘价，作为下一个工作日该货币兑人民币交易的中间价格。

总体来看，我国汇率制度改革正在也应该朝着更加具有弹性和灵活性的方向稳步推进，只有完善有管理的浮动汇率制度，发挥市场供求在人民币汇率形成中的基础性作用，保持人民币汇率在合理均衡水平上的基本稳定，金融市场才会更加安全。

三、人民币完全自由兑换的探究

（一）人民币完全自由兑换的内涵和意义

货币的自由兑换又称外汇自由，是指货币的持有人可以因为任何目的将其持有的货币自由地兑换成另一国货币。货币的自由兑换包括基本自由兑换和完全自由兑换。基本自由兑换是指经常项目下的自由兑换。完全自由兑换是指国家对本币与外币的兑换完全放开，不施加任何外汇管制，无限制地保证自由兑换，即不仅经常项目下可以自由兑换，资本项目下也可以自由兑换；不仅外国居民可以自由兑换，本国居民也可以自由兑换。

经常项目下的自由兑换与资本项目下的自由兑换在很大程度上是相辅相成的，因为经常项目的收付与资本流动具有千丝万缕的联系，不可能绝对划分开来。实现了经常项目的自由兑换后很难再对资本项目实行严格的管制，因为人们总可以想办法通过贸易的方式进行资本转移，例如，高报或低报进出口金额，通过价格政策转移资本等。实际上，经常项目自由兑换的实现就意味着对资本项目外汇管制的部分解除。

中国已经于1996年12月实现了经常项目下的可兑换，外汇管理体制改革的下一个目标是，在适当的时机取消对资本项目的外汇管制，实现人民币完全自由兑换。这也是中国外汇管理体制改革的最终目标。它有利于加快国内价格体系与国际价格体系、国内市场与国际市场的接轨，推动中国企业打入国际市场，根据国际市场价格的变动来调整国内的生产结构和产业布局，使资源得到更加合理的配置和利用，在更大范围内和更高的层次上实现生产和产业的优化组合；有利于加强与国际金融市场的联系，扩大直接和间接引进外资的规模，更加有效地利用外资和全球资源；更重要的是，有利于提高人民币的国际地位，使人民币走向国际化，加强中国企业的国际竞争力，推动中国对外经贸更加迅速地发展。可见，实现人民币的完全自由兑换，对于深化中国的改革开放和加快经济发展，具有重大和深远的意义。

（二）实现人民币完全自由兑换的必要条件

人民币完全自由兑换的实现不是一蹴而就的，它必须与中国的国民经济发展和经济体制改革相适应，并具备一定的必要条件。如果在条件不具备时强行实施货币的自由兑换，将会给经济体系带来巨大的风险，导致灾难性的后果。实现人民币完全自由兑换应主要具备以下条件：

1. 健康的宏观经济状况

货币自由兑换后，商品和资本的跨国流动会对宏观经济形成各种形式的冲击，这就要求宏观经济具备对各种冲击进行及时调整的能力。一国宏观经济情况是否健康，可以从三个方面进行考察。

（1）稳定的宏观经济形势。即没有严重通货膨胀等经济过热现象，不存在大量失业等经济萧条问题，政府的财政赤字处于可控的范围内，金融领域不存在银行巨额不良资产、乱集资等混乱现象。

（2）有效的经济自发调节机制，即市场机制。要求一国具有一体化、有深度、有效率的市场体系，无论商品市场还是金融市场，价格不存在被压制和扭曲的现象。商品市场上的价格能与国际市场保持某种一致；金融市场上交易工具品种繁多，交易活跃，价格富有弹性；外汇市场供求趋于相等，汇率趋于一致，并允许外汇投机；短期货币市场活跃，由此不仅为外汇市场的发展创造条件，而且可为政府的宏观调控提供有效手段。

（3）成熟的宏观经济调控能力。在货币自由兑换的进程中及其实现之后，政府必须能够娴熟地运用各种宏观政策工具对经济进行调控，有效地应对各种复杂局面。

2. 较强的国民经济实力和高效能的现代化的产业经济结构

货币的自由兑换是以经济实力作为物质基础条件的，而经济实力的提高有赖于先进的、现代化的、高效能的产业经济结构。经济实力弱小的国家通过货币自由兑换把国内市场与国际市场联结起来的风险是很大的。经济实力越强大，经济结构效能越高，抵御货币自由兑换所带来风险的能力就越大，货币自由兑换对经济可能造成的负面影响就越小。因此，人民币自由兑换要求中国的国民经济实力有较大的提高，产业结构更加优化合理。

3. 相当发达的金融市场体系和比较完善的金融调控机制

货币完全自由兑换的实质是一种自由的金融市场机制，只有在金融市场体系包括外汇市场、货币市场和资本市场相当发达的条件下才能实现。所谓金融市场的发达，不仅包括金融市场的统一，还包括金融市场的广度和深度，即金融工具的多元化和发达的二级市场，外汇市场、货币市场和资本市场相互之间的紧密联系，以及利率的自由化。人民币完全自由兑换依赖于国内金融市场和货币流通的稳定，因此要求货币金融当局具有相对较强的独立性和比较完善的金融调控体系，能够确保金融市场的平稳运行。

4. 充足的国际储备

实现人民币完全自由兑换后，为了应付随时可能发生的货币兑换要求，维持外汇市场和人民币汇率的相对稳定，货币当局必须保持充足的国际储备。由于目前实行结售汇制，企业和个人手中直接掌握的外汇很少，一旦放开货币兑换限制，将有相当一部分外汇会转换到企业和个人手中，因此充足的外汇储备对于保证人民币的完全自由兑换十分重要。

5. 稳定合理的人民币汇率水平

在货币完全自由兑换的条件下，汇率水平的高低对外汇市场的供求发挥着重要的调节作用。稳定合理的人民币汇率水平，有利于鼓励对外贸易的发展和国际资本的正常流动，促进国际收支的平衡，增强对外金融实力，从而保证人民币自由兑换的顺利实施。如果人民币汇率不稳，无论是偏高还是偏低，都可能引起过度的外汇需求或资本外逃，甚至诱发大量的外汇投机，导致严重的货币金融危机。

（三）实现人民币完全自由兑换的构思

实现人民币完全自由兑换是一项宏伟的系统工程，是中国外汇管理体制改革的长远目标。我们应该不断地创造条件，分阶段、有步骤地去完成这一艰巨的任务。

1. 先实现直接投资下的自由兑换，再实现间接投资下的自由兑换

在实现资本项目下自由兑换时，首先应实现外商直接投资的自由兑换。因为外商直接投资是以机器设备、技术和资源的形式投入的长期资本，变现性较差，在国内外出现金融动荡时，外商不会为追求暂时的货币溢价而撤资。而间接投资多为短期资本，流动性较强，其流出入对国内经济影响较大，因此应放在以后条件具备时再实行自由兑换和自由流动。

2. 先放开对资本流入的管制，再解除对资本流出的管制

在放开资本项目时，应先放松对资本流入的管制，既允许外商自由地进入国内市场进行投资、借贷等金融活动，也允许国内企业和金融机构到国际市场筹资。但对资本流出的管制仍需加强，可先放开对外资抽回调走的限制，允许国内有条件的企业经批准到海外直

接投资，但完全放开对外投资审批则需等国内企业制度改革完成，尤其对国内企业和金融机构向非居民贷款和境外证券投资等无贸易背景的资本流出应严格控制，以防止在目前国有资产产权不清的情况下引起国有资产的流失。

3. 先开放银行业和保险业，再开放证券业

近年来，随着中国的银行业和保险业改革的深化，其竞争能力逐渐增强，开放后有利于增强金融服务业的竞争与活力；而且银行业和保险业的经营相对比较稳健，比较易于监管。而证券业的风险较大，监管难度也比较大，开放后资本高度自由流动易引起国内金融动荡，因此应放在最后解除外汇管制。

4. 先开放易于监管的业务，再开放难以监管的业务

对资本项目下具体业务的开放也不能一步到位，而应根据其对监管的要求，先易后难地逐步开放。例如，可先开放外币业务和对非居民业务，再开放本币业务和对国内居民的业务；先开放可控业务，即金融监管部门可通过银行账户反映和监控的业务，再开放非可控业务；先开放表内业务，再开放表外业务；先开放票据结算、贷款业务和财险业务，再开放存款业务、衍生金融业务和寿险业务等。

总之，放开资本项目的外汇管制，实现人民币自由兑换，是中国金融国际化进程中最关键的也是最后的一步，一旦放开，对国家外汇储备和人民币汇率将产生巨大的压力，并给国民经济的宏观管理和调控带来严峻的挑战。因此，应该根据客观条件的成熟与否稳步地推进人民币的自由兑换。

课后练习

一、重要概念

外汇管理　　　汇率制度　　　汇率制度选择　　外汇管制　　　外汇管制机构
外汇管制对象　外汇管制范围　外汇管制措施　　外汇市场干预　人民币可自由兑换
人民币汇率

二、思考题

1. 简述汇率制度的含义。
2. 如何选择合理的汇率制度？
3. 何为外汇管制？
4. 简述外汇管制的目的。
5. 外汇管制的主要内容是什么？
6. 何为外汇市场干预？
7. 外汇管理过程中可能会出现什么问题？
8. 我国外汇管理的基本任务是什么？
9. 谈谈如何实现人民可自由兑换。

实训模块

一、实训内容

汇率制度的选择。

二、实训目标

结合固定汇率制度和浮动汇率制度的优缺点，理解各国在不同时期如何选择适合的汇率制度，理解外汇管制的主要措施及发展趋势。

三、实训组织

以学习小组为单位，各组收集所选择国家的相关资料，对所选择国家在各阶段选择的汇率制度进行分析；分组讨论，加深对汇率制度和外汇管制的认识。

四、实训成果

考核和评价采用报告资料展示和学生讨论相结合的方式，评分采用学生和教师共同评分的方式。

第四章 国际货币体系

学习目标

1. 了解国际货币体系的含义、主要内容及演变过程。
2. 理解国际金融一体化的特征及原因。
3. 掌握国际金本位制度、布雷顿森林体系和牙买加体系各自的内容及缺陷。

能力目标

1. 能够分析国际货币体系的作用。
2. 能够运用本章所学知识阐述国际货币基础内容。

情景导读

布雷顿森林体系的意义与牙买加体系的出现

第一次世界大战（1914—1918年）前实施的国际货币体系被称为"金本位制度"，在这种制度安排下，各国同意用两种主要资产——黄金与英镑来进行国际债务的结算，英镑与各国货币都具有相应的含金量，人们可以使用一国发行的货币向该国政府申请，按照货币的含金量兑换黄金；也就是说，货币背后是有实物资产——黄金作为担保的。随着全球贸易市场规模和交易量的迅速扩大，全球黄金储量已经不足以为全球货币发行量背书，叠加第一次世界大战爆发对货币发行的大量需求，导致国际货币体系运转困难。于是在1914年，英国政府被迫放弃了金本位制度。在这之后，又出现了以金条作为担保的"金块本位制"和以其他实施金本位制度国家货币作为担保的"金汇兑本位制"，其实质都是金本位制度的延续。随着1929—1933年大萧条的到来，以及第二次世界大战的冲击，金本位制度的国际货币体系开始陷入土崩瓦解，国际金融市场基本停摆。

第二次世界大战结束前夕，美国已经成为世界头号经济强国，全球一半以上的黄金储备被美国掌握。在美国主导下，新的国际货币体系——布雷顿森林体系建立，其实质是美元与黄金挂钩，各国货币再与美元挂钩，形成了事实上的"美元—黄金"本位制；同时成立国际货币基金组织，负责监督国际货币体系和成员国的经济及金融政策、向遇到国际收支问题的成员国提供贷款以及提供技术援助和培训，从而在制度上形成了以美元为中心的新国际货币体系。布雷顿森林体系实际上使用的是固定汇率——黄金的价格固定为每盎司35美元，每一个成员国都必须确定本国货币相对于美元的货币平价，须经国际货币基金组织批准，并且有义务将本币的汇率水平控制在官方平价的上下1%幅度内。

布雷顿森林体系在战后初期对于世界经济的战后恢复、国际贸易的迅速发展起到了一定推动作用。然而，这种国际货币体系存在一个致命的缺陷——为了支持国际贸易的规模扩张，各国需要更多数量的国际储备资产的供给，然而布雷顿森林体系对于如何增加国际储备资产的供给并没有考虑周全。不断放大的对于国际储备的需求没有得到满足，最终必然导致各国持有的本币数量越来越多。于是美元在国际贸易和国际金融市场上的地位变得越来越重要，这又引发了新的问题——"特里芬难题"。因为美元扮演着储备货币的角色，为了不断增加国际储备货币的供给，美国的国际收支必须出现赤字。然而随着外国中央银行持有的美元债券越来越多，美国政府和美联储的信用逐渐出现危机，人们开始怀疑这么多美元是否能够按照官方平价兑换成黄金。随着人们越来越多地用美元来兑换黄金，黄金价格不断上涨，其他国家持有的美元债权已经数倍于美国持有的黄金储备价值，固定汇率越来越难以维持下去。1971年，布雷顿森林体系同时面临两方面的压力：继续保持黄金固定价格、维持美国与其他货币的固定汇率。1973年3月，布雷顿森林体系终于宣告解体，美元彻底与黄金脱钩，14个主要工业国家放弃了可调整的钉住汇率制度，美元与主要货币开始自由浮动。

至1976年1月，国际货币基金组织理事会"国际货币制度临时委员会"在牙买加首都金斯敦举行会议，签订达成了《牙买加协定》，同年4月，国际货币基金组织理事会通过了《国际货币基金组织协定第二次修正案》，从而形成了新的国际货币体系——牙买加体系。

思考与讨论：如何评价布雷顿森林体系？

随着国际金融市场一体化和国际贸易的发展，国际货币关系日益成为世界经济中一个非常重要而复杂的问题。国际货币体系由支配各国货币关系的规则和结构，以及国家间进行各种交易支付所依据的一套安排和惯例构成，它不仅对各国的外汇政策、汇率制度、国际收支调节、储备资产构成与运用有着巨大的影响，而且对世界范围内的贸易格局与经济发展有着深远的作用。

第一节　国际货币体系概述

目前，世界各主权国家一般都有自己的货币。本国货币在本国内的经济活动中发挥着交易媒介、价值尺度和价值储藏三大基本功能，其中首要的职能是充当交易的媒介。但是，当交易超越国界，特别是当国际贸易日渐兴起的时候，就需要有国际上普遍接受的国际交易媒介。如果能普遍使用一种世界货币，或者各国统一了货币，则国与国之间的经济交往就会大大地方便。然而，这只是非常理想的情况，经济现实是各国货币即货币制度之间存在着诸多差异。为了协调各国货币及货币制度，促进国际经济与贸易的发展，就形成了国际货币（体系）制度（International Monetary System）。

一、国际货币体系的内容

国际货币体系，也称国际货币制度。从广义上讲，国际货币制度是指理顺国家与国家之间金融关系的协议、规则、程序、措施的总称。它既包括有法律约束力的有关货币国际关系的规章和制度性安排，也包括具有传统约束力的各国已经在实践中共同遵守的某些规则和程序。

国际货币体系是历史的产物，它伴随着以货币为媒介的国际经贸往来的产生而出现，只是在早期，它主要依靠约定俗成的做法而形成。随着资本主义生产方式的确立和世界市场的形成，国际经济交往日益密切，国际货币体系的法律和行政色彩也相应增加。围绕着促进世界经济和各国经济的平衡发展及稳定这一中心任务，就国际货币体系本身而言，主要包括以下几个方面的内容：

1. 国际本位货币的确立

本位货币是以一国货币制度规定的标准货币。国际本位货币是在国际上占据中心货币地位的可自由兑换的货币。它首先必须能在世界上自由兑换；其次，还必须占据国际中心货币的地位，能充当国际商品的价值尺度或价格标准，并成为各种货币汇率计算的中心。充当这种中心货币的曾经有贵金属——黄金，也有由于历史、经济和现实因素形成的某些国家的纸币。国际本位货币的确立是国际货币制度的核心和基础。

2. 各国货币比价（即汇率）的确定

为了进行国际支付，各国货币必须确定一定的兑换比例，这就涉及货币比价确定的依据、比价波动的界限、维持比价所采取的措施等。而要确定各国货币相互间的比价，首先要确定各国货币与国际本位货币的比价，然后才能确定各国货币相互间的比价。

3. 各国货币的兑换性与对国际支付所采取的措施

国际本位货币是世界上最具自由兑换性的货币，也是国际支付货币。但国际货币制度自发地形成了或明确规定了各国货币的自由兑换性。与此相适应，各国政府一般都颁布金融法令，规定本国货币对外兑换与支付的条件、范围，如规定本国货币能否对外自由兑换、对外支付是否进行限制等。

4. 国际储备资产的确定

保存一定数量为世界各国所普遍接受的国际储备资产，是国际货币制度的一项主要内容。充当国际储备资产的除了国际本位货币，在一定条件下，一些国家的纸币或国际金融机构、国际经济组织创设的货币也可充当国际储备资产。

5. 国际结算的原则

国际结算的原则是指受国际储备货币和国际清偿手段等因素的制约所形成的国际上债权、债务结算的原则和方式。比如实行自由的多边结算还是实行限制的双边结算，资产结算还是负债结算，自由外汇支付还是协定记账支付等。

6. 黄金的地位与流动

黄金是否能充当国际本位货币（货币黄金）、是否能自由流动与转移，是区分不同类型的国际货币制度的一个标准。

二、国际货币体系的作用

国际货币体系旨在提供一种货币秩序或结构，使其能够充分发挥国际交易媒介和国际价值储藏作用，以利于国际贸易和国际资本流动。具体来说，国际货币体系的作用有以下几个方面：

（1）确定国际清算和支付手段的来源、形式和数量，为世界经济的发展提供必要的充分的国际货币，并规定国际货币及其同各国货币相互兑换的准则。国际货币体系应能提供足够的国际清偿能力，使国际清偿能力保持与世界经济和贸易发展相当的增长速度，增长过快会加剧世界性的通货膨胀，而增长过慢会导致世界经济和贸易的萎缩。

（2）确定国际收支的调节机制，以确保世界经济的稳定和各国经济的平衡发展。调节机制涉及三方面的内容：一是汇率机制；二是对逆差国的资金融通机制，即一国在发生国际收支逆差时，能在什么条件下、从何处获得资金及资金的数量和币种；三是对储备货币发行国的国际收支纪律约束机制，即防止国际货币发行国为达到某种目的而持续性地保持国际收支逆差和输出纸币。良好的国际收支调节机制能使各国公平合理地承担起国际收支失衡调节的责任，并使调节付出的代价最小。

（3）确立有关国际货币金融事务的协商机制或建立有关的协调和监督机构，以监督各国的行为、提供磋商的场所、制定各国必须共同遵守的基本行为准则，并在必要时提供帮助。第二次世界大战后，随着各国经济联系的加强，参与国际货币金融业务的国家日益增多，形式日益复杂。原有的双边协商已经不能很好地解决所有的问题，因此有必要确立多边的具有权威性的国际金融事务的协商机制，制定各国必须共同遵守的基本行为准则。国际货币体系可以在很大程度上降低国际金融事务的协调成本，使某些问题得到快速有效的解决。

三、国际货币体系的类型

国际货币体系在不同的历史时期有着不同的类型，与之相应的汇率制度也有所不同。国际货币体系按其构成的基础即本位货币的差别来划分，可分为国际金本位制度、黄金—美元本位制度以及与黄金完全脱钩的多元信用纸币本位制度。与之相应的汇率制度亦可分为固定汇率制度、浮动汇率制度以及介于这二者之间的可调整的钉住汇率制度或管理浮动汇率制度等多种类型。

货币本位和汇率安排是划分国际货币体系类型的两项重要标准。货币本位涉及储备资产的性质。一般来说，国际货币储备可以分为两个大类：商品储备和信用储备。根据储备的性质，可将国际货币体系分为三类：纯商品本位，如金本位；纯信用本位，如不兑换纸币；混合本位，如金汇兑本位。

汇率在国际货币体系中占据中心位置，因而可以按汇率的弹性大小来划分各种不同的国际货币体系。汇率的两个极端情形是永远固定和绝对富于弹性，介于两者之间的有管理浮动、爬行钉住和可调整的钉住。根据上述类型的划分，可将历史上的国际货币体系演变划分为三个时期（三种类型）：

（1）国际金本位制度。它是19世纪至20世纪上半期资本主义国家普遍实行的一种货币体系，由黄金来执行世界货币的职能。

（2）布雷顿森林体系。该体系建立了会员国货币平价和固定汇率制度。

（3）牙买加货币体系。该体系于 1978 年成立，其主要内容是：承认世界各国实行浮动汇率的合法化；增加成员国的基金份额；降低黄金在国际货币体系中的作用；规定特别提款权作为主要国际储备资产；扩大对发展中国家的资金融通。

第二节 国际金本位制度

同任何经济制度一样，国际货币制度也是历史演变的结果。这种演变的过程，既受到一国（或该地区）的生产力发展水平的影响，也受到文化习俗、宗教信仰、地理区位，甚至国际关系的影响。货币制度的演变和发展，经历了一个由货币形态的变化到有关国家货币制度相互整合的货币区域化和一体化的变化过程。

金币本位制始于 1816 年的英国。1816 年，英国制定了《金本位制度法案》，规定英格兰银行必须按照规定的价格买卖黄金，率先采用了金本位制度。此后其他欧美国家纷纷效仿，至此，金本位制度发展成为世界性的货币制度。直到 1914 年，这一制度由于第一次世界大战爆发而终止。第一次世界大战结束后，金块本位和金汇兑本位的货币制度开始流行，这个阶段金本位制度的基础与战前相比已被严重削弱。

一、金本位制度的类型

金本位制度是以一定重量和成色的黄金为本位货币，并建立起流通中各种货币与黄金间固定兑换关系的货币制度。金本位制度有广义与狭义之分。广义的金本位制度是指以一定重量和成色的黄金来表示一国本位货币的货币制度，包括金币本位制、金块本位制和金汇兑本位制。狭义的金本位制度仅指金币本位制。

1. 金币本位制

这是金本位制度的最初形态。其主要内容是：
（1）规定金币的重量成色，铸造金币在社会流通；
（2）金币有无限法偿权，金币可自由铸造，自由熔化，黄金可自由输出入国境；
（3）根据金币的重量成色确定黄金官价，政府按官价无限制买卖黄金；
（4）银行券可自由兑换金币；
（5）货币储备全部用黄金，国际结算使用黄金。

在这种制度下，货币等同于黄金，与黄金直接挂钩，金币的国内价值比较稳定。同时，黄金可以在国际自由流动，货币汇率决定于黄金平价，变动只限于黄金输送点界限以内，因而汇率也比较稳定。

2. 金块本位制

这是在金币本位制崩溃以后出现的一种货币制度。其主要内容是：
（1）金币虽仍然是本位货币，但在国内不流通金币，只流通纸币（银行券），纸币有无限法偿权；
（2）由国家储存金块，作为储备；
（3）不允许自由铸造金币，但仍规定纸币的含金量，也有黄金官价（规定黄金平价）；

（4）纸币不能自由兑换金币，但在国际支付或工业方面需要黄金时，可按规定数量以纸币向本国中央银行无限制兑换金块。

3. 金汇兑本位制

金汇兑本位制又称"虚金本位制"，是与金块本位制同时盛行的货币制度。其主要内容是：

（1）规定国内货币单位和含金量为计算标准，但不铸造金币；

（2）国内流通银币，银币有无限法偿权，银币与金币有法定比价；

（3）确定与本国经济有密切关系的金本位国家为依附对象，把本国货币同所依附国家货币保持固定比价，并在所依附国家的金融中心储存黄金与外汇。

采用金汇兑本位制的国家是对外用金，对内用银。

4. 金块本位制与金汇兑本位制的混合制度

第一次世界大战结束后，一些原来实行金币本位制的国家试图恢复金本位制度，但由于客观条件的限制，实际上实行的是一种金块本位制与金汇兑本位制的混合货币制度。其制度内容是：

（1）国内流通纸币，以中央银行的纸币为主，纸币与规定的含金量保持等价关系，但禁止自由铸造金币；

（2）纸币可以兑现的准备金，除一部分是金块与金币外，还有一部分是存于国外的外汇，即在几个国家设有外汇基金，故也称金汇储备制；

（3）需要向中央银行以纸币请求兑现时，中央银行或给金块，或给金币，或给外汇，都由中央银行酌情决定，请求兑现者无权选择。

二、国际金本位制度的特点

从国际金本位制度的规则上看，这种制度有以下几个重要特点：

1. 具有汇率自动稳定机制

在金本位制度下，黄金充当国际货币，具有货币的全部职能。各国货币之间的汇率是由它们各自的含金量对比所决定的。各国货币汇率受市场自发调节机制的制约，波动幅度很小，十分稳定。汇率的波动幅度一般限制在"黄金输送点"范围。黄金输送点即两国货币的铸币平价加上或减去国家间黄金的运输费用。在金本位制度下，黄金可以自由输出和输入国境。金本位制度下的汇率体系为严格的固定汇率制度，金本位制度是一种相当稳定的货币制度。

2. 国际收支可以实现自动调节机制

金本位制度下的国际货币汇率机制的最重要特点，主要表现为汇率安排和汇率运行机制的自发性，即它主要是在世界经济交往中自发形成的，其运行是通过市场机制的自动调节来实现的。如果一国国际收支持续地出现大幅度逆差，则意味着出现持续不断的黄金外流，那么这个逆差国国内市场的黄金货币是不是会枯竭，其经济是不是会崩溃呢？不会的，因为黄金自由输出入和自由兑换的规则，使国际收支自动调节机制得以形成，并能保证国际收支失衡的自动纠正和汇率的稳定。

3. 中央银行以黄金形式持有较大部分的国际储备

在金本位制度时期，英格兰银行持有的资产几乎全部是黄金；其他国家中央银行资产的较大部分也是黄金，少部分资产是英镑、法国法郎和以本国货币计值的政府债券。

4. 价格水平长期稳定

政府必须维持其货币相对于黄金的固定价值，所以货币供给量受黄金供给的限制。价格水平可能随黄金产量和经济增长的变化上下波动，但它具有回到长期稳定水平的趋势。实际表明，在金本位时期美国、英国等主要国家价格水平非常稳定。由于货币可以兑换黄金，货币供给量受到黄金存量增长的限制，只要黄金以稳定的比率增长，那么价格就应遵循稳定的变化路线。黄金的新发现会引起价格水平的突然跳跃，但金本位时期黄金的存量是相当稳定的。

三、国际金本位制度的优缺点

金本位货币制度对世界经济的发展起到了积极的作用，主要表现在：

1. 有利于保持各国货币对外汇率和对内价值的稳定

在金本位制度下，各国货币都规定了含金量。各国货币之间的汇率是建立在黄金平价基础上的，即由各国本位货币所含纯金数量之比决定。外汇市场的实际汇率由于外汇供求关系的影响而围绕黄金平价上下波动。但这种波动是有限制的，即不能超出黄金输送点（黄金平价加黄金运送费用），最低不得跌破黄金输入点（黄金平价减黄金运送费用）。各国发行货币均以一定的黄金作保证，因此可限制政府或银行滥发纸币，不易造成通货膨胀，从而保持货币对内价值的稳定。

2. 为国际贸易和国际资本流动创造有利条件

在金本位制度下，黄金能自由发挥世界货币职能，各国汇率的基本稳定可以保障对外贸易与对外信贷的安全，有利于国际贸易和国际资本流动，促进了商品的流通和信用的扩大，从而促进了各国经济增长和充分就业。

3. 有利于各国经济政策的协调

一国管理经济的主要目标是尽量达到对内均衡和对外均衡的统一。对内均衡是指国内物价稳定、充分就业和国民收入的稳定增长；对外均衡是指国际收支平衡和汇率的稳定。但是内外均衡常常是矛盾的。当二者发生矛盾时，实行金本位制度的国家首先考虑对外均衡，而将对内均衡置于次要地位，因此金本位制度有利于这些国家经济政策的协调。

当然，金本位制度下的汇率机制也存在缺陷，主要表现在两个方面：一是货币的供应受到黄金数量的限制，缺乏灵活性，不能适应经济增长的需要；二是一国国际收支出现逆差、黄金输出、货币紧缩以及有可能出现的国内经济活动被迫服从外部均衡的需要，最终都会引起国内经济恶化。

四、国际金本位制度的衰退与瓦解

1914 年第一次世界大战爆发以后，各国相继终止了银行券与黄金的兑换，并禁止黄金的出口，国际金本位制度暂时停止实行。战争期间，各参战国为了筹集战争经费，发行了大量不可兑换的纸币，这些纸币在战后大幅贬值，从而产生了严重的通货膨胀。同时各国货币之间汇率剧烈波动，使国际经济关系受到严重影响。战后各国为恢复经济，开始重建金本位制度。这时美国迅速崛起，成为世界的主要金融大国，它在战后不久就率先恢复了黄金的自由兑换。英国和法国分别于 1925 年和 1928 年恢复了金本位制度。同时其他西方主要国家也相继恢复了不同形式的金本位制度，到 1928 年年底，战前实行金本位的国家大都恢复了金本位，黄金在各国之间重新实现了自由流通。但此时的国际金本位制度已和战前大不相同，主要体现在以下两点：

1. 黄金的地位比过去低弱

第一次世界大战之后只有美国实行的还是战前那种典型的金本位制度，即金币本位制度，金币可以自由铸造、自由兑换，黄金可以自由输出入。英国和法国实行的是金块本位制，在金块本位制下，金币不在市场上流通，流通中的各种辅助货币和银行券与黄金之间的兑换受到很大限制。其他实行金本位制度的国家，如德国、意大利、奥地利、丹麦等 30 个国家实行的都是金汇兑本位制。实行金汇兑制的国家不铸造金币，市场上不流通金币，流通中的辅助货币和银行券不能直接兑换成黄金。实行金汇兑制的国家的货币要与另一个实行金币或金块本位制的国家的货币之间保持固定汇率，并在那个国家存放大量外汇和黄金，作为本币汇率的平准基金。这种国家在对外贸易和财政金融方面都深受货币联系国的控制和影响。因此可以说，第一次世界大战后恢复的国际金本位制度是以美元、英镑和法郎为中心的金汇兑本位制度。

2. 国际金本位制度下自动调节机制作用的发挥进一步受到限制

随着经济危机的不断深化，各国更加重视国内经济目标，而越来越不愿意遵守金本位的基本规则。另外，由于当时普遍存在的工资和物价刚性，在国内通货紧缩期间价格也难以下降，反而造成大量企业倒闭和工人失业，这也使金本位制度下自动调节的传导机制难以奏效。

第一次世界大战后各国勉强恢复的国际金汇兑本位制度，在 1929 年爆发的世界性经济危机和 1931 年的国际金融危机中彻底瓦解。1931 年德国最先放弃了金汇兑本位制度。同年英国发生了挤兑黄金储备事件，英国被迫宣布英镑为不可兑换货币，从而就结束了英国恢复金本位制度的历史。跟着，与英镑保持联系的一大批国家和地区纷纷放弃了金汇兑本位制。英镑不再兑换黄金后，公众的注意力都集中到了美元上，1931 年挤兑美国黄金风潮使美国黄金持有量骤然下降 15%。1933 年美国被迫放弃了金本位制度。最后放弃金本位制度的是由法国、比利时、荷兰、意大利、波兰、瑞士六国组成的"黄金集团"，它们于 1936 年放弃金本位制度。至此，国际金本位制度彻底崩溃。

国际金本位制度彻底瓦解后，国际货币制度出现一片混乱。纸币流通制度开始兴起，各西方主要发达国家与黄金不相挂钩的纸币流通制度开始盛行，这些国家纷纷成立了以各自为核心的相互对立的货币集团，如英镑集团、美元集团、法郎集团。

在货币集团内部，以该国的货币为中心，以这种货币作为集团内部的储备货币进行清算。各货币集团之间普遍存在着严格的外汇管制，货币不能自由兑换。内部外汇支付和资金流动完全自由，集团内部的货币比价、货币波动界限，以及货币的兑换与支付均有统一严格的规定，但是对集团外的收付与结算则实行严格管制，常常要用黄金作为国际结算手段，发挥其世界货币职能。结果，国际贸易严重受阻，国际资产流动几乎陷于停顿。货币集团的形成和发展，加剧了集团之间的矛盾冲突以及整个世界经济的不稳定。

第三节　布雷顿森林体系下的国际货币体系

一、布雷顿森林体系的建立

第二次世界大战后，西方盟国都希望重新建立国际货币体系，以加速战后经济贸易的恢复和发展。最初的谈判是在美国和英国之间进行的，美英两国的谈判代表分别是亨利·戴克斯特·怀特（Harry Dexter White）和约翰·梅纳德·凯恩斯（John Maynard Keynes）。由于战后美国在国际政治和经济中占据主导地位，因此，此次谈判后确立的货币体系更多地采纳了美国的建议。1944年7月，44个国家的300多名代表出席了在美国新罕布什尔州布雷顿森林（Bretton Woods）召开的国际金融会议，在此会议上通过了以美国提出的"怀特计划"为基础的《国际货币基金协定》和《国际复兴开发银行协定》，总称"布雷顿森林协定"，从而确定了以美元为中心的国际货币体系（制度），即布雷顿森林体系。

二、布雷顿森林体系的主要内容

第二次世界大战后确立的布雷顿森林体系是以国际协议的法律形式固定下来的，主要有以下内容：

（1）建立了两个国际金融机构，即国际货币基金组织和国际复兴开发银行（International Bank for Reconstruction and Development，IBRD），以维持布雷顿森林体系的运行。国际货币基金组织属于短期的融资机构，其宗旨是重建国际货币秩序，稳定外汇，促进资金融通及推动国际经济繁荣。世界银行属于长期的融资机构，其宗旨是从长期资金方面配合国际货币基金组织的活动，促进国际投资，协助战后受灾国家经济的复兴，协助不发达国家经济的发展，解决国际收支长期失衡问题。

（2）实行可调整的钉住汇率制度。规定以美元作为最主要的国际储备资产，实行美元—黄金本位制。美元直接与黄金挂钩，各国际货币基金组织会员国确认1944年1月美国政府规定的35美元等于1盎司黄金的官价，美元的黄金平价为0.888 671克黄金，其他会员国按照本国货币平价与美元保持固定比价，其汇率波动的上下限各为1%。这一比价不经国际货币基金组织批准不得变动，但当一国出现国际收支极度不平衡时，可向国际货币基金组织申请调整，经批准后可进行升值或贬值，这就是所谓的"可调整的钉住汇率制度"。

（3）布雷顿森林体系的内容还包括：美元等同于黄金，作为国际主要清算支付工具和储备货币，发挥国际货币的各种职能；美国政府承担美元作为可兑换货币的义务，各国中央银行可随时申请用美元按官价向美国政府兑换黄金。

（4）通过国际货币基金组织和调整汇率来调节国际收支。国际货币基金组织向国际收支逆差会员国提供短期资金融通，以协助其解决国际收支困难。它意味着会员国如果出现国际收支暂时不平衡，可向国际货币基金组织申请借款；如果出现长期持续的逆差，则要通过改变货币平价，即改变汇率的办法加以调节。

（5）废除外汇管制。国际货币基金组织的宗旨之一就是努力消除阻碍多边贸易和多边清算的外汇管制，它要求会员国履行货币兑换的义务。《国际货币基金组织协定》第8条规定：会员国不得限制经常项目的支付，不得采取歧视性的货币措施，要在兑换性的基础上实行多边支付。

布雷顿森林体系上述内容的核心是美元与黄金挂钩，各国货币与美元挂钩，因而又称"双挂钩"。经过这一系列安排，确立了美元在世界货币体系中的中心地位，使它发挥着世界货币的职能，其他国家的货币则依附于美元。所以，有人称第二次世界大战后以美元为中心的国际货币体系为"新金汇兑本位制"或"黄金—美元本位制"，以区别于 20 世纪 20 年代末 30 年代初曾实行的金汇兑本位制。

应当看到，布雷顿森林体系下的金汇兑本位制，同第二次世界大战前的金汇兑本位制是全然不同的。其一，第二次世界大战前金汇兑本位制是以英镑、法郎、美元等多种货币为主导货币，而布雷顿森林体系下的主导货币仅美元一种。其二，第二次世界大战前的金汇兑本位制缺乏一个全球性的协调机构，而布雷顿森林体系下的金汇兑本位制有国际货币基金组织发挥这一职能。其三，与第二次世界大战前相比，布雷顿森林体系下的金汇兑本位制中，美元的国际储备货币的作用得到了加强。

三、布雷顿森林体系的瓦解

布雷顿森林体系的危机及瓦解，经历了一个特定的历史过程。

1. 第一次美元危机

1960 年第二次世界大战后首次爆发的美元过剩危机，是以当年美元对外短期债务首次超过它的黄金储备额为条件的，它也标志着美元—黄金挂钩机制开始动摇。此后约两年当中，美国分别与若干主要工业化国家签订的互惠信贷协议、借款总协定等，无非是为使该货币体系摆脱困境所作出的非制度性的操作措施。由于这些措施的局限性，其作用十分有限。

2. 第二次美元危机

第二次规模较大的美元危机发生在 1968 年。由于越战扩大，美国财政金融状况趋于恶化，国内通胀加剧，美元同黄金的固定比价再次受到严重怀疑。全球范围的抛售美元风浪，使得继续维持美元与黄金的固定比价已无可能，美国政府不得不在当年 3 月宣布实行"黄金双价制"，即在官方黄金市场和私人黄金市场，实行不同的美元兑黄金比价。美国不再承担维持统一市场美元兑黄金的固定比价的义务。

此次美元危机爆发后，各国已经认识到布雷顿森林体系的缺陷和危机的实质。为此，经各国长期商讨，国际货币基金组织于 1969 年创设了特别提款权，作为同黄金、美元和国际货币基金组织头寸并列的补充性国际储备资产。特别提款权作为成员国在国际货币基金组织特殊账户上的记账单位，不以黄金或其他货币为基础，但代表了国际货币基金组织创造的有价值的国际储备，被称为"纸黄金"。特别提款权按各国在国际货币基金组织中的份额进行分配，可供会员国用作国际储备、归还国际货币基金组织贷款以及用于中央银行之间的国际结算。它的创设分配使用，在一定程度上缓解了美元过剩危机及布雷顿森林体系危机。

尽管如此，美国国际收支状况的恶化，特别是进入 20 世纪 70 年代后美国经济的进一步衰落，使以美元为中心的布雷顿森林体系最终无可挽救地走向了全面崩溃。

3. 第三次美元危机

1971 年爆发的第三次美元危机，较之前两次更为严重。在国际外汇市抛售美元、抢购黄金和其他硬通货风潮的冲击下，美国尼克松政府不得不在 1968 年 8 月 15 日宣布停止美元与黄金兑换；并在 1971 年 12 月 18 日与主要工业化国家达成的史密森协议中，提出美元兑黄金贬值，日元、联邦德国马克、瑞士法郎等欧洲货币兑美元汇率升值，扩大其他货币钉住美元标准固定汇率波动幅度等诸多措施。史密森协议虽然勉强维持了布雷顿森林体系下的固定汇率，但美元与黄金的可兑换性受到的冲击，意味着"双挂钩"的布雷顿森林体系的实质性瓦解。当1973年2月国际外汇市场美元危机再度出现时，这个协定便寿终正寝，布雷顿森林体系也随之彻底解体。

四、对布雷顿森林体系的评价

（一）布雷顿森林体系的积极作用

布雷顿森林体系及其汇率机制的建立和运转，对第二次世界大战后国际贸易和世界经济的发展起到了一定的积极作用。主要表现在：

（1）确立了美元与黄金、各国货币与美元的双挂钩原则，结束了战前国际货币金融领域的动荡无序状态。

（2）在实行可调整的固定汇率制度下，货币汇率保持相对稳定，有利于国际贸易的扩大以及国际投资和信贷的发展。

（3）美元成为最主要的国际储备货币，弥补了国际清偿能力的不足，在一定程度上解决了由于黄金供应不足所带来的国际储备短缺问题。

（4）使国际货币基金组织会员国国际收支困难得到暂时性缓解。国际货币基金组织向会员国提供各种中、短期贷款，在一定程度上缓和了会员国的国际收支困难。

（5）促进了国际贸易合作和多边货币合作。该体系要求各成员国取消外汇管制，客观上推动了战后国际贸易合作、国际货币合作的建立和发展。

（二）布雷顿森林体系的缺陷

布雷顿森林体系从其产生伊始，就面临着四个不可回避的问题。

（1）各国政府必须有足够的外汇与黄金储备来缓和国际收支的短期波动，维持与美元的固定汇率。第二次世界大战后世界经济的快速发展，国际贸易和国际投资的急剧扩大以及日益加大的国际收支差额的波动幅度，要求各国不得不加大本国的外汇及黄金储备额，结果必然会对本国经济宏观调控的自主性和有效性产生不利影响。

（2）美国政府必须拥有足够的黄金储备，以保证美元与黄金的可兑换性。要维持布雷顿森林体系下金汇兑本位制的稳定，世界黄金产量的增长应能满足黄金储备需求的增长，其中尤其是美国的黄金储备的变化应能适应世界其他国家持有的美元数量的变化。但是事实上，无论是全球范围的黄金产量的增长，还是美国的黄金储备量的变化，都远远不能达到上述要求。黄金在世界各国的国际储备中的比重，由1959年的66%下降到1972年的30%；而美国1960年以来的常年国际收支逆差，导致美国黄金大量外流，其结果是，到1971年美国黄金储备下降到不足所欠外国短期债务的1/5。

（3）布雷顿森林体系所奉行的固定汇率制度导致国际收支调节机制失灵。由于国际货币基金组织贷款能力有限，汇率调整次数很少，各国国际收支失衡的调整，常常只能消极地以牺牲国内宏观经济政策自主权为代价。在这一国际货币体系下所出现的国际收支调节压力的不对称现象，导致了巨大的世界性国际收支失衡。

（4）对付由外汇投机引致的国际金融动荡或危机，成为各国政府的棘手问题。

除了上述问题，作为建立在黄金—美元本位基础上的布雷顿森林体系的根本缺陷还在于，美元既是一国货币，又是世界货币。作为一国货币，它的发行必须受制于美国的货币政策和黄金储备；作为世界货币，美元的供给又必须适应国际贸易和世界经济增长的需要。由于黄金产量和美国黄金储备量增长跟不上世界经济发展的需要，在"双挂钩"原则下，美元便出现了一种进退两难的境地；为满足世界经济增长对国际支付手段和储备货币的增长需要，美元的供应应当不断地增长；而美元供给的不断增长，又会导致美元同黄金的兑换性日益难以维持。美元的这种两难，是美国耶鲁大学教授罗伯特·特里芬（Robert Triffin）于20世纪50年代率先提出的，故又被称为"特里芬难题"（Triffin Delimma）。"特里芬难题"指出了布雷顿森林体系的内在不稳定性及危机发生的必然性，该货币体系的根本缺陷在于美元的双重身份和双挂钩原则，由此导致的体系危机是美元的可兑换的危机，或人们对美元可兑换的信心危机。

正是上述问题和缺陷，导致了该货币体系基础的不稳定性，当该货币体系的重要支柱——美元出现危机时，必然导致这一货币体系的危机。

案例展示

1997年7月爆发于泰国的金融危机，成为自第二次世界大战以来持续时间最长、波及范围最广、影响最大的金融危机。

1992年泰国对外资的流入放松限制，并采取泰铢和美元挂钩的固定汇率制度。1997年2月，以索罗斯为首的国际对冲基金开始对泰铢发动进攻。同年7月2日，泰国宣布泰铢与美元脱钩，实行浮动汇率制度，泰铢开始大幅贬值，金融危机拉开了序幕。随泰国之后，菲律宾、马来西亚、印度尼西亚、新加坡等陷入危机之中。中国台湾地区放弃对新台币的保卫，新台币自动和美元脱钩，新台币迅速贬值。

1997年11月中旬，韩国金融市场崩溃。1998年6月，日元大幅贬值，金融危机的波及面再次扩大，除东南亚国家外，日元贬值造成的冲击波扩及拉美、欧洲和美国。1998年8月，俄罗斯再次爆发严重的金融危机，并引发了政治危机。1999年1月，巴西金融大幅动荡。国际货币基金组织及时提供415亿美元的资金援助，美国对巴西的金融局势也给予高度关注，将巴西金融危机的影响面控制在最小范围内。

在这场金融危机中，为摆脱困境，东亚五大受灾国中的四个，菲律宾、泰国、印度尼西亚、韩国先后选择向国际货币基金组织求援。国际货币基金组织分别向菲律宾泰国、印度尼西亚、韩国提供了11亿美元、172亿美元、400亿美元和550亿美元的紧急援助性贷款。但是按照国际货币基金组织的惯例，这项总额超过1 100亿美元的援助贷款后面自然都附加了极为苛刻的条件。

韩国政府于1997年12月13日与国际货币基金组织达成协议，接受了国际货币基金组织提出的苛刻条件，让出经济发展的主动权，以获取570亿美元的紧急援助。

第四节　牙买加国际货币体系

一、牙买加国际货币体系的形成

以美元为中心的布雷顿森林体系瓦解后，国际货币金融关系动荡混乱，美元的国际地位不断下降，许多国家都实行浮动汇率，汇率波动剧烈，全球性国际收支失衡现象严重，各国积极寻求货币制度改革的新方案，国际货币基金组织的最高权力机构——国际货币基金组织理事会即着手研究国际货币体系的改革问题。国际货币基金组织理事会早在1971年10月就提出了修改《国际货币基金组织协定》的意见，1972年7月，又决定建立"20国委员会"，作为国际货币基金组织的咨询机构，对这方面的改革进行具体研究。该委员会于1974年6月制定的一份改革纲要中，对黄金、汇率、储备资产和国际收支调节等问题提出了一些原则性建议，为后来改革的实施奠定了初步基础。1974年7月，国际货币基金组织成立了一个新的国际货币制度委员会，简称"临时委员会"，以接替"20国委员会"，并于1976年1月8日在牙买加首都金斯敦举行会议，讨论《国际货币基金组织协定》的修改问题。经过激烈的讨价还价，终于就汇率制度、黄金处理、储备资产等问题达成了《牙买加协定》；同年4月，国际货币基金组织理事会通过了《国际货币基金组织协定第二次修正案》，并于1978年4月1日正式生效。这样，以《牙买加协定》为基础的新的国际货币体系得以形成。

二、《牙买加协定》的主要内容

在《牙买加协定》基础上形成的新的国际货币体系，并非对布雷顿森林体系的全盘否定。一方面，布雷顿森林体系建立的国际货币基金组织仍在发挥着重要作用；另一方面，美元地位虽大大下降，但尚未影响到它作为主要国际储备货币的地位。与此同时，作为一种新的国际货币体系，牙买加体系也有着与布雷顿森林体系全然不同的特点。

（1）黄金非货币化，废除黄金条款，取消黄金官价，各会员国中央银行可按市价自由进行黄金交易。黄金与货币脱钩，即不再是各国货币的平价基础，会员国之间以及会员国与国际货币基金组织之间需用黄金支付的义务一律取消。国际货币基金组织将其持有的黄金总额的1/6（约2 500万盎司）按市场价格出售，以其超过官价的部分成立信托基金，用于对发展中国家的援助，另外1/6则按官价归还各成员国。其他部分约1亿盎司，根据总投票的85%作出的决定处理，向市场出售或由各成员国购回。

（2）国际储备多元化，提高特别提款权的国际储备地位，成为主要国际储备手段之一。布雷顿森林体系中美元一枝独秀的局面被以美元为首，包括日元、联邦德国马克、英镑等的多种储备货币本位所取代。这在相当程度上解决了过去国际储备货币和国际清偿手段的提供对美国国际收支变动的过分依赖。

（3）国际收支调节机制多样化。汇率机制、利率机制、国际货币基金组织的干预和贷款、国际金融市场的媒介作用，以及有关国家外汇储备、债权债务调整等多种调节机制的相机抉择作用，一定程度上改变了布雷顿森林体系中国际收支调节渠道有限以及调节机制经常失灵而导致的长期存在的全球性国际收支失衡现象。

（4）浮动汇率合法化，汇率安排多样化。实行以有管理的浮动汇率为主体，包括单独浮动、钉住浮动、联合浮动等在内的多种汇率安排机制。在服从国际货币基金组织的指导和监督的前提下，各成员国可以根据本国的实际选择各种不同的汇率制度，增强了各国宏观经济政策的自主性和灵活性。

（5）扩大对发展中国家的资金融通数量和限额。以出售黄金所得收益设立信托基金，以优惠条件向最贫穷的发展中国家提供贷款或援助，以解决其国际收支困难。扩大国际货币基金组织信贷部分贷款的额度，由占会员国份额的100%增加到145%，并放宽"出口波动实偿贷款"的额度，由占份额的 50% 提高到 75%。

（6）增加会员国的基金份额。各会员国对国际货币基金组织所缴纳的基金份额，由原来的 292 亿特别提款权单位增加到 390 亿特别提款权单位。各会员国应缴份额所占的比重也有所改变：石油输出国的比重提高一倍，由 5% 增加到 10%；其他发展中国家维持不变；主要西方国家除联邦德国和日本略增加外都有所降低。

《牙买加协定》的主要内容成为当代国际货币体系及汇率机制的基础。这一国际货币体系下汇率机制的主要特点，除了上述以有管理的浮动汇率为主体的汇率安排多样化，还表现在各国货币之间已不存在法定的黄金平价，在国际外汇市场供求决定和影响汇率波动的基础上，各国政府有推行本国货币与汇率政策的自主权。

三、对牙买加体系的评价

（一）健全的国际货币体系具备的条件

根据历史经验，一种健全的国际货币体系应具备以下条件：

（1）拥有稳定的货币发行基础，以保持国际货币体系的相对稳定；

（2）国际储备在国际管理下，能够随着国际贸易的增长而不断和适度地增加，以避免引起世界性通货膨胀或发生国际偿还能力不足的问题；

（3）国际金融机构应具有有效调节和纠正各国国际收支的能力。

（二）牙买加体系的积极作用

牙买加体系被认为满足了上述三个条件。自 1978 年成立至今，牙买加体系对维持国际经济正常秩序和推动世界经济的发展均起到了积极作用。

（1）多元化的储备体系不仅满足了国际经济交易增长的需要，还相对降低了单一中心货币对世界储备体系稳定性的影响，并在一定程度上解决了"特里芬难题"。在牙买加体系下，美元不再是唯一的国际储备资产，国际储备资产多样化使国际储备货币的"信心和清偿力"之间已不再形成矛盾。即使美国出现国际收支顺差而且不向外投放美元，其他国家也会找到其他国际储备货币和国际清算及支付手段缓和国际清偿能力的不足；即使发生美国国际收支逆差，各国也不会再去挤兑黄金，对美元信心不足的问题也不会危及整个国际货币制度。

（2）以主要货币浮动汇率为主的多种汇率安排体系，能够比较灵活地适应世界经济形势多变的状况。主要储备货币的浮动汇率可以根据市场供求状况自发调整，及时反映瞬息万变的客观经济状况，有利于国际贸易和金融的发展。同时，自由的汇率安排能使各国充分考虑本国的客观经济条件，作出最佳选择。

（3）多样化的国际收支调节机制，比较适应世界经济发展不平衡，各国经济发展水平相差悬殊，以及各国发展模式、政策目标和客观经济环境各异的特点，从而有效解决了布雷顿森林体系时期国际收支机制失灵的困难，对世界经济的正常运转和发展起到了一定的促进作用。

（三）牙买加体系存在的问题

随着复杂多变的国际经济关系的发展变化，牙买加货币体系存在的问题也日益暴露出来。

（1）汇率秩序混乱。牙买加体系明确规定，国际合作的基本目标是经济稳定（即物价稳定）而不是汇率稳定，于是更具弹性的浮动汇率制度在世界范围内逐步取代了固定汇率制度。随着美元地位的不断下降，以美元为中心的国际储备多元化，浮动汇率体系日益复杂混乱和动荡不安。在牙买加体系下，汇率波动频繁而且剧烈，增加了汇率风险，对国际贸易和国际投资都造成消极影响。

（2）储备货币管理的难度增加。多元化的储备体系具有内在的不稳定性。第一，由于实行了浮动汇率制度，主要储备货币的汇率经常变动，对发展中国家非常不利。发展中国家经济基础薄弱，又缺乏对付金融动荡的经验和物质准备，往往成为各种外部冲击最早、最直接的攻击对象。第二，储备货币的多样化增大了国际金融市场上汇率风险，使短期资金移动频繁，增加了各国储备资产管理的难度。第三，多种储备货币并没有从本质上解决储备货币同时担负世界货币和储备货币所在国本国货币的双重身份所造成的两难问题。当维护世界金融秩序和支付能力目标与维护国内均衡的目标发生冲突时，这些国家必然侧重于后者，从而给别国和世界经济带来负面的影响。

（3）国际收支的调节机制仍不健全。牙买加体系允许会员国动用汇率、利率、国际金融市场以及国际货币基金组织贷款来调节国际收支，从理论上讲应该是一个有效的调节机制，但实际运行结果表明，这一机制仍然不健全。第一，在浮动汇率制度下，汇率应该是国际收支调节的主要手段。但实际上，汇率机制的调节作用并没有预期的那么大。第二，利用利率机制，主要是通过国际收支资本账户的盈余和赤字来平衡经常账户的赤字和盈余，但是，利率对国际收支的影响并非单向的。第三，利用国际金融市场来调节国际收支，就是通过国际借贷来平衡国际收支。顺差国贷出资金，而逆差国借入资金，以调整阶段性的国际收支失衡。但是，巨额的资金通过国际金融市场在国家间频繁地转移，不仅导致国际金融领域的动荡和混乱，还曾导致 20 世纪 80 年代初发展中国家的债务危机。

综上所述，当前的牙买加货币体系虽然在各个方面有较强的适应性，但它的缺陷也相当凸出，已引起世界各国的关注。许多国家都在积极调整自己的货币和汇率制度，并不断探索新的解决方案。对牙买加体系存在的问题的争论与研究仍在继续。

第五节　区域性货币体系

第二次世界大战以后，特别是自 20 世纪 50 年代末以来，世界经济一体化的趋势不断加强。在经济一体化的发展过程中，还出现了货币一体化。经济一体化可分为全球经济一体化和区域经济一体化，与此相类似，货币一体化也可分为全球货币一体化和区域货币一体化。应该说全球货币一体化还只是远景，但区域货币一体化已经取得了很好的成效，欧元体系的出现就是明证。

一、区域货币一体化概述

所谓区域货币一体化，是指在一定地区内的有关国家和地区在货币金融领域中实行协调与结合，形成一个统一体，组成货币联盟，并最终实现一个统一的货币体系。这种货币联盟（体系）具有三个基本特征：一是汇率的统一，即成员国之间实行固定的汇率制度，对外则逐步实现统一的汇率；二是货币的统一，即发行单一的共同货币，它在成员国之间的使用不受限制；三是货币管理机构和货币政策的统一，即建立一个中央货币机关，由这个机关保存各成员国的国际储备，发行共同货币以及决定货币联盟的政策等。

区域性货币一体化是国际货币体系改革的重要内容和组成部分。迄今为止，欧洲货币体系和欧元区是区域货币一体化实践的典型范例，它在当今国际货币关系中发挥着重要的作用，对国际储备资产、汇率体系、国际收支调节和国际货币信用控制等，都产生了重大影响。

区域性货币一体化依发展程度可分为两种类型：一种是松散的联盟，仅成员国货币之间的汇率是固定的，对成员国以外的货币实行浮动汇率，各成员国对资本流动仍实行某种限制，各成员国的国际储备集中管理，但各自保持独立的国际收支，自主决定本国的货币和财政政策。另一种是较高程度的货币一体化，其表现为：货币区域内实行单一的货币，设立一个统一的中央银行，各成员国之间不再保持独立的国际收支，实行资本市场的统一，放弃独立的货币政策，执行统一的货币政策等。

区域货币一体化的一般形成步骤可分为：

（1）有关国家经常、定期地协调货币政策；

（2）有关重要经济政策统一，如相互开放市场、共同减让关税、取消支付和要素流动的限制等，然后，汇率机制统一；

（3）建立货币联盟。

区域货币一体化是第二次世界大战后国际金融领域的新现象。世界经济走向一体化、集团化、多极化，使全球关系日趋复杂，需要协调与协作。但是，由于国家众多、利益不同，难以达成全球性的国际协议。因此，需要从地区入手，由少数国家和地区建立一些共同的货币机构，采取共同的措施，增进相互依赖关系，以达成互惠互利的目的。这种区域性货币安排也是对全球国际金融机构的一种补充。

二、欧洲货币一体化

为促进政治和经济联合，反对美元霸权，在20世纪60年代建立的西欧共同市场就提出了创建货币同盟的目标。1972年2月，由欧洲经济共同体的6个初始成员国（比利时、法国、意大利、卢森堡、荷兰、德国）决定建立经济货币同盟，计划要逐步发展成具有共同储备基金、发行统一货币、制定共同财政政策的经济和货币同盟。它们于1973年3月实行联合浮动。1973年4月，建立了货币合作基金，在国际收支、维持汇率方面互相支持，加强合作。1975年3月创立了新的"欧洲记账单位"（European Unit of Account），新记账单位排除了美元，完全用共同市场国家货币定值，从而减少了美元波动的影响。为加速实现共同市场国家的货币经济同盟目标，摆脱对美元的依赖与美元危机的影响，于1979年3月，在德国总理和法国总统的倡议下，欧洲共同体的（当时）8个成员国（德国、法国、意大利、荷兰、比利时、卢森堡、爱尔兰、丹麦）决定建立欧洲货币体系，将各国货币的汇率与对方固定，共同对美元浮动。欧洲货币体系于1979年3月13日生效。

（一）欧洲货币体系的主要内容

1. 创建欧洲货币单位

欧洲货币单位（European Currency Unit，ECU）是欧洲货币体系的核心，是一个货币篮子，由12个成员国（德国、法国、意大利、荷兰、比利时、卢森堡、爱尔兰、丹麦、西班牙、英国、葡萄牙、希腊）货币组成。其定值办法是根据成员国的国民生产总值、各国对欧共体的财政贡献以及在欧共体内贸易额所占的比重大小，确定各国货币在"欧洲货币单位"中所占的权重，并用加权平均法逐日计算欧洲货币单位的币值。

欧洲货币单位的主要作用是：

（1）作为欧洲稳定汇率机制的标准，即成员国在确定货币汇率时以 ECU 为依据，其货币与 ECU 保持固定比价，然后再由此中心汇率套算出同其他成员国货币的比价；

（2）作为各成员国与欧洲货币基金之间的信贷制度；

（3）作为成员国货币当局之间的结算工具以及整个共同体的财政预算的结算工具；

（4）随着欧洲货币基金的建立，ECU 逐步成为各国货币当局的一种储备资产。

由此可见，欧洲货币单位不仅执行计价单位的作用，成为共同体成员国之间的结算工具，还可作为国际储备手段。

2. 建立双重的中心汇率制度

共同体成员国对内实行固定汇率，对外实行联合浮动。共同体成员国之间都确定了中心汇率，并规定了上下波动的界限，联邦德国马克和荷兰盾上下波动的界限是 2.25%，其余成员国间汇率波动的界限为 5%。此外，各成员国货币还要和 ECU 确定一个中心汇率和波动的上下界限。同时还规定了成员国货币与 ECU 中心汇率波动的最大界限，成员国货币的汇率升降达到它对 ECU 的差异界限时，有关国家的中央银行应及时采取行动，改变自己的经济和货币政策，或采取重新修订本国货币对 ECU 的中心汇率等措施，将其汇率控制在差异界限之内。差异界限比各国货币的中心汇率波动界限小，能对各国的汇率失常现象预先提出警告，从而保证共同体成员国共同维持汇率的稳定，促进经济与贸易的发展，防止国际投机资本对某一成员国货币进行单独的冲击。此种对内实行固定汇率，对外联合浮动，保持两个中心汇率的机制，即欧洲货币体系的汇率机制。

3. 建立欧洲货币基金

根据欧洲货币体系的规定，要求各成员国缴出其外汇储备的 20%（其中 10% 为黄金），创建欧洲货币基金（European Monetary Cooperation Fund，EMF），用以向成员国发放中短期贷款，帮助成员国摆脱国际收支方面的短期困难，保持其汇率上的相对稳定。在欧洲货币体系成立的初期，欧洲货币基金的总额约有 250 亿 ECU，其中的 140 亿 ECU 作为短期贷款，其余 110 亿 ECU 作为中期金融援助。每个成员国都有一定的贷款定额，尤其对弱币国家的贷款更严格控制在定额之内。对不超过 4 天的短期贷款，则不加任何限制，并可享受 3% 的利息补贴。与国际货币基金组织发放贷款的办法相似，成员国取得贷款时，应以等值的本国货币存入基金。

欧共体内部的这种严密的自成体系的在外汇金融与国际结算等方面所作的规定，与第二次世界大战后国际货币基金组织在汇率、信贷方面的规定和措施极为相似，与第二次世界大战前主要货币区内部采取的严格控制措施也极为相似。

（二）欧元的产生与影响

1. 欧元创建的背景

进入 20 世纪 80 年代以后，欧共体国家逐渐摆脱了经济的内外危机，他们主张加快欧洲货币一体化的进程。1989 年 6 月，欧共体在西班牙马德里召开 12 国首脑会议，通过了担任欧共体委员会主席的德洛尔提出的《关于实现经济货币联盟的报告》（即"德洛尔报告"），明确提出货币联盟的最终目标是建立单一的欧洲货币。1991 年 12 月欧共体 12 国领导人在荷兰马斯特里赫特召开会议，共同签署了《马斯特里赫特条约》（以下简称《马约》），对实现欧洲单一货币的措施和步骤做了具体安排并提出了时间表。《马约》规定，欧盟（《马约》签署后，常以"欧盟"取代欧共体）最迟不晚于 1999 年 1 月 1 日建立单一货币体系，并在 1998 年 1 月 1 日以前建立独立的欧洲中央银行。1995 年 12 月 15 日，在马德里召开的欧盟首脑会议上各成员国达成协议，未来欧洲货币的名称被定为"欧元"，以取代欧洲货币体系所创立的 ECU（欧洲货币单位）。

2. 欧盟成员国使用统一货币欧元应具备的条件

为保证货币同盟目标的实现，保证欧元的稳定，《马约》规定，具备下述条件的成员国才能申请参加：

（1）预算赤字不超过 GDP 的 3%；

（2）债务总额不超过 GDP 的 60%；

（3）长期利率不高于三个通货膨胀率最低国家平均水平的 2%；

（4）消费物价上涨率不超过三个情况最佳国家平均值的 1.5%；

（5）两年内本国货币汇率波动幅度不超过欧洲汇率机制的规定。

《马约》还规定了参加欧洲货币同盟的"趋同标准"。1998 年 3 月 25 日欧盟执委会宣布第一批符合趋同标准的国家有 11 个，即奥地利、比利时、芬兰、德国、法国、爱尔兰、意大利、卢森堡、荷兰、葡萄牙和西班牙，符合使用欧元的条件，有资格成为首批流通欧元的国家。

3. 欧元推行的时间表

根据《马约》和欧盟的有关规定，欧元从发行到完全取代欧盟成员国的货币，分三个阶段进行：

第一阶段从 1999 年 1 月 1 日开始，欧元正式诞生。这一阶段是成员国货币向欧元的过渡期，其主要的工作内容是：

（1）于 1999 年 1 月 1 日不可撤回地确定欧元与参加货币同盟成员国货币的折算率，并按 1：1 的比例由欧元取代 ECU 进行流通。成员国货币和欧元同时存在于流通领域。

（2）资本市场和税收部门均以欧元标定，银行间的支付与结算以欧元进行。成员国的政府预算、国债、政府部门与国有企业的财政收支也均以欧元结算；但过渡期内，私营部门有权选择是否使用或接受欧元，对于任何合同、贸易和买卖，仍可用成员国原货币进行支付。

（3）欧洲中央银行投入运作并执行欧元的货币政策，制定欧元的利率，为保证欧元与成员国货币固定汇率的顺利执行，对成员国的货币发行进行一定的监控。

（4）执行都柏林会议制定的《稳定和增长条约》中的有关规定，如制裁预算赤字超过 GDP 的 3% 的成员国，罚金为 GDP 的 0.2%，赤字每超过 1%，则课征超过部分的 1/10 的罚金。

第二阶段从 2002 年 1 月 1 日开始，全面使用欧元，各成员国货币开始撤出市场。在这一阶段欧元纸币和硬币开始流通，成员国居民必须接受欧元，欧元纸币和硬币逐渐取代各成员国的纸币和硬币。

第三阶段从 2002 年 7 月 1 日开始，欧元取代各成员国货币，正式成为欧盟统一货币。

4. 欧元对世界经济的影响

欧元自启动以来运行状况良好。单一货币消除了外汇风险及为防范外汇风险所需的套期保值成本，增强了经济透明度和市场竞争，促进了欧盟成员国之间的贸易和投资。欧洲中央银行基本达到其稳定目标，欧盟总体加强了财政预算约束。在金融市场上，欧元发挥了为经济结构改变的一体化发动机和催化剂作用。事实上，欧元的启动不仅对欧盟的发展产生了积极的推动作用，对国际货币体系和国际金融市场也产生了巨大影响。

（1）欧元对欧盟经济的影响：有利于促进成员国贸易、经济的发展。第一，减少了内部矛盾，防范和化解了金融风险。欧元作为单一货币正式使用，成员国内部汇率矛盾自然消失，从而加强了对国际资金冲击风险的防范与化解能力。第二，简化了流通手续，降低了成本消耗，增强了出口商品的竞争力。欧盟成员国使用单一货币后，消除了货币与兑换费用，从而加快了商品与资金流通速度，增加了出口商品的竞争力。第三，增加了社会消费，刺激了企业投资。单一货币的使用使各国在物价、利率、投资收益方面的差异将逐步缩小或趋于一致，促使物价和利率总体下降，居民消费扩大，企业投资环境改善，最终有利于欧盟总体经济的良性发展。

（2）欧元对国际货币体系的影响：对欧元需求的增加，相对减少了对美元的需求，从而动摇美元作为世界主要流通和支付手段及储备货币的地位，国际金融体系出现多极化格局。欧元的出现，一方面可使各国摆脱对美元的过分依赖，避免因美元汇率波动而给其他国家造成较大损失，从而降低各国储备管理难度，避免国际金融被一国操纵；另一方面可使国际交易中的计价结算支付体系更加简化和便利，促进国际货币合作与政策协调，促进经济增长和生产力发展。从欧元所赖以支持的经济体的相对实力及其在世界贸易中所占份额等角度看，欧元将会成为国际货币体系内相对有竞争力的世界货币。

（3）欧元对国际金融市场的影响：欧元的启动对国际金融市场产生了重大而深远的影响。第一，增强了欧盟平衡国际金融市场动荡的能力，有助于国际金融市场的稳定。第二，扩大了欧洲资本市场的市场容量和流动性。欧元实施后，欧元区内各国债券流通范围窄、市场容量小的状况将会大为改观。第三，加剧了银行业的竞争。货币统一和利率趋同打破了一国对银行业的垄断，银行在费用结构和利率水平方面的透明度和可比性的提高，促进了银行业的趋同，从而导致欧盟各国银行业务的整合和并购。另外，单一货币将改变金融机构竞争优势来源，价格和产品差别竞争将逐渐取代分行网络竞争。第四，促使欧洲现有国际金融中心格局的调整。欧洲中央银行设于法兰克福，欧元的推行使其作为金融中心的地位不断提高，伦敦、苏黎世的欧洲金融中心地位将受到削弱，从长期来看，它还将对纽约的国际金融中心地位产生重大影响。

（4）欧元的诞生促进了国际金融一体化的发展。欧洲货币一体化的逐步深入，使欧盟更具有实力和典型性，这种成绩不仅会吸引欧洲国家，而且会鼓励那些国情相似、经济潜力相近的国家之间实现地区级的货币一体化。欧盟的成功，也必将会对其他货币联盟产生积极的示范作用，从而推进区域性货币一体化的进程，并最终推动国际金融一体化向更高阶段迈进。

三、其他区域货币合作

（一）原货币区的活动

原属第二次世界大战前法郎区的国家，有的组成"西非货币联盟"（现为西非经济货币联盟，1994 年 1 月 10 日成立，成员国有 8 个），有的组成"中非货币联盟"，有些原属法郎区的国家虽未加入上述货币联盟，但它们的货币同"西非货币联盟""中非货币联盟"的成员国一起与法国的法郎建立固定比价，保持固定汇率制度。同时，这些国家的货币金融还与法国有着比较密切的联系，如西非经济货币联盟 8 国流通统一的货币"非洲金融共同体法郎"，中非货币联盟 5 国也有共同货币"中非金融合作法郎"，法国则参加了西非国家中央银行董事会和中非国家货币混合委员会，这实际上监督与影响了这两种货币的发行。此外，法国还通过与这些国家签订货币合作协定，使法国法郎可以与这些国家的货币自由兑换，对资本、商品的输出不加限制。

（二）南方共同市场（简称南共市场）

欧元的正式流通，使南方共同市场开始讨论建立新货币，意欲效法欧元的成功之路。南方共同市场设立新的地区性货币的建议是在 1997 年 12 月由阿根廷总统卡洛斯·梅内姆在乌拉圭举行的南方共同市场首脑会议上提出的。南美关税联盟在分析研究了卡洛斯·梅内姆的建议后认为，新货币可以使南美在美国和欧盟之间取得平衡。1998 年 5 月，阿根廷、巴西、乌拉圭等国的领导人进一步讨论研究了在南方共同市场建立地区性货币的问题。他们认为在本地区建立一家中央银行还将有助于防范恶性通货膨胀，可以消除集团内部的一些矛盾，为将来实现经济政策协调铺平道路。他们认为，共同货币的采用将对每个成员国在国际经济中的地位和商品竞争力起决定性作用，因为南美的大部分出口商品是销往欧洲的，仍用多种货币交易，明显不利于南美国家。欧元的成功流通，无疑为南方共同市场建立新的统一货币提供了历史机遇。2024 年 8 月 17 日，第四十四届南部非洲发展共同体（南共体）首脑会议在津巴布韦首都哈拉雷召开。会议聚焦区域经济一体化和工业化等议题，南共体将继续大力实施促进该地区发展的项目和计划。

（三）北美自由贸易区

北美自由贸易区由美国、加拿大和墨西哥三国组成，三国于 1992 年 8 月 12 日就《北美自由贸易协定》达成一致意见，并于同年 12 月 17 日由三国领导人分别在各自国家正式签署。1994 年 1 月 1 日，协定正式生效，北美自由贸易区宣布成立。欧元的出现削弱了美元在全球外汇储备、国际贸易和国际金融领域的地位。面对这种挑战，美国势必作出积极的反应。事实上，美国已经认识到美元一统天下的时代已经一去不复返了。当墨西哥金融危机威胁到北美自由贸易区的利益时，美国政府向墨西哥援助了 200 亿美元，而 1995 年日元和联邦德国马克大幅度贬值时，美国不仅没有干预外汇市场，而且对国际政策的协调也持消极态度，这表明尽管美元仍是世界第一国际储备货币，但美国政府已经在更多地考虑本国及本地区的经济利益。从 20 世纪 80 年代起北美就加快了一体化的步伐。1994 年《北美自由贸易协定》生效后，虽然墨西哥发生了货币危机，但这并没有阻挡北美经济一体化的发展。

（四）东南亚国家联盟（简称东盟）

东南亚国家联盟的前身是由马来西亚、菲律宾和泰国于 1961 年 7 月 31 日在曼谷成立的东南亚联盟。1967 年 8 月 7—8 日，印度尼西亚、泰国、新加坡、菲律宾四国外长和马来西亚副总理在曼谷举行会议，发表了《曼谷宣言》，正式宣告东南亚国家联盟成立。同年 8 月 28—29 日，马来西亚、泰国、菲律宾三国在吉隆坡举行部长级会议，决定由东南亚国家联盟取代东南亚联盟。东盟是亚洲发展中国家的经济一体化组织，虽然于 20 世纪 60 年代中期成立，但在相当长的一段时期中没有什么实质性的进展。近年来，在全球一体化大潮的推动下，东盟六国确定了自 1993 年起经过 15 年即 2008 年建立自由贸易区的目标。而后，又将目标提前到 2005 年。1995 年越南加入东盟。其后老挝、缅甸也相继加入。1999 年 4 月柬埔寨正式成为东盟成员。截至 2009 年年底，成员国已有 10 个。

本章内容提要

1. 国际货币体系由支配各国货币关系的规则和结构，以及国家间进行各种交易支付所依据的一套安排和惯例构成。它不仅对各国的外汇政策、汇率制度、国际收支调节、储备资产构成与运用有着巨大的影响，而且对世界范围内的贸易格局与经济发展有着深远的作用。

2. 国际货币体系的主要内容包括：国际本位货币的确立，各国货币比价（即汇率）的确定，各国货币的兑换性与对国际支付所采取的措施，国际储备资产的确定，国际结算的原则和黄金的地位与流动。

3. 在历史上，先后存在过国际金本位制度、布雷顿森林体系和牙买加体系。

4. 区域性货币联盟具有三个基本特征：一是汇率的统一；二是货币的统一；三是货币管理机构和货币政策的统一。

5. 在金融市场上，欧元发挥了为经济结构改变的一体化发动机和催化剂作用。事实上，欧元的启动不仅对欧盟的发展产生了积极的推动作用，对国际货币体系和国际金融市场也产生了巨大影响。

6. 现行的国际货币体系无论是汇率制度还是储备制度，都有改革的必要。

课后练习

一、重要概念

国际货币体系　　国际金本位制度　　布雷顿森林体系　　牙买加体系　　黄金双价制
欧洲货币体系　　欧洲货币联盟　　货币一体化　　欧洲货币单位　　欧元

二、思考题

1. 国际货币体系包括哪些内容？

2. 简述国际金本位制度的主要特点。

3. 简述布雷顿森林体系的主要内容。

4. 简述牙买加体系的主要特征。

5. 货币一体化会给参与国带来什么好处？

6. 欧洲货币体系的主要特征是什么？

7. 谈谈你对全球货币一体化的看法。

第二篇　国际金融实务

　　国际金融实务是从一个国家的角度出发，研究其从事国际经济活动、国际金融活动和国际投资活动所引发的金融实务问题。本篇主要介绍国际金融机构、国际储备及其管理、国际金融市场、外汇风险管理、国际资本流动与国际金融危机五个方面的基本内容及其管理方法；同时介绍中国相应的国际金融管理现状与发展。

第五章　国际金融机构

学习目标

1. 掌握不同金融机构的概念、特点、作用和组织结构。
2. 描述各个国际金融机构的发展历程。
3. 了解国际金融机构的业务活动。

能力目标

1. 能够简述国际金融机构的特点。
2. 能够运用本章所学知识阐述亚投行的职能。

情景导读

国际开发性金融机构重返中国债券市场

2016 年 7 月 18 日，新开发银行（New Development Bank）成功发行了 30 亿元绿色金融债券。据相关人士介绍，该期债券期限为 5 年，发行利率 3.07%，认购倍数 3.1 倍，吸引了境内外多元化的投资者踊跃认购，募集资金将专项用于金砖国家、其他新兴经济体以及发展中国家的绿色产业项目。该期债券发行由中国银行作为牵头主承销商及簿记管理人，工商银行、建设银行、国家开发银行、汇丰银行（中国）、渣打银行（中国）作为联席主承销商。中央结算公司作为债券托管结算机构，提供登记托管、交易结算、付息兑付、信息披露、债券估值等服务。经中诚信和联合资信评定，该期债券的主体及债项评级均为 AAA 级。

新开发银行是由巴西、俄罗斯、印度、中国、南非等金砖国家成员国等比例出资设立的国际多边金融机构，作为现有多边和区域金融机构的补充，新开发银行将加强金砖国家间的合作，促进全球经济增长与发展。本期债券是首只由总部在中国的国际开发机构发行的债券，也是时隔 7 年后国际多边金融机构重返中国债券市场的创新之举。

此前，只有亚洲开发银行（ADB）和世界银行集团（World Bank Group）旗下的国际金融公司（IFC）两家国际多边开发机构在中国银行间债券市场发行过此类债券，最近一次还要追溯到亚洲开发银行于 2009 年 12 月发行的 10 亿元人民币债券。

市场普遍认为，本期债券发行作为新开发银行首次亮相资本市场，为其下一步在全球范围融资和发展奠定了基础。与此同时，此次新开发银行绿色金融债以人民币计价，其成功发行反映了国际金融界对人民币的信心，也进一步促进了人民币国际化和人民币债券市场的开放发展。

不少市场机构表示，新开发银行绿色金融债的发行体现了当下债券市场的两大热点趋势：

一是推动"熊猫债"市场发展。自国际金融公司和亚洲开发银行于2005年在"熊猫债"市场率先破冰以来，伴随我国债券市场的对外开放以及人民币国际化进程的加快，"熊猫债"市场迎来了一个难得的发展机遇期。新开发银行债券发行，有利于逐步培育和聚集人民币债券全球发行人和全球投资人，有助于增强中国在全球人民币债券市场的话语权和定价权。

二是推动绿色债券市场发展。本期债券是国际多边金融机构在中国发行的首只绿色金融债券，是金融机构践行绿色发展理念的重要举措。据悉，本次绿色金融债券提名项目来自巴西、印度、中国、南非等成员国项目储备清单，安永作为独立第三方进行绿色债券认证。绿色金融是国际社会优化发展模式的重要前沿领域，也是我国当前推进供给侧改革、实现经济转型升级的重要抓手。中国绿色债券市场迅速起步，有望成为全球最大的绿色债券市场之一。中央结算公司副总经理王平此前曾表示，我国发展绿色金融意义重大、优势突出、潜力巨大，有望成为全球绿色债券市场的主要市场之一，市场需要做的是进一步从构建跟踪评价体系、完善信息披露标准、培育绿色投资理念、推广绿色债券指数应用、加强绿色金融领域多层次交流合作等方面着手，不断推进完善市场机制、扩展市场规模。

据了解，中央结算公司高度关注并积极参与了绿色债券市场建设，在为绿色金融债和企业债提供全生命周期管理服务的同时，持续推进存量债券绿色识别和绿色债券指数编制等工作，并通过各类研讨活动推动相关制度和行业规范建设。此次新开发银行发行绿色金融债，中央结算公司为新开发银行提供了更符合国际惯例、更具有针对性的"点对点"式贴身服务，并将该期债券及时纳入"中债—中国绿色债券精选指数"，在债券市场对外开放进程中充分体现了专业、高效、全面的国际化服务能力。

作为牵头主承销商及簿记管理人，中行方面表示，本期债券的成功发行，展现了中行在境内外人民币债券领域的业务实力，未来，中行将不断拓展与金砖国家、其他新兴经济体及发展中国家的金融往来，积极践行国家"绿色发展"理念，持续构建全球化、全方位的绿色金融体系。

金融机构是指从事金融服务业有关的金融中介机构。金融服务业包括银行、证券、保险、信托、基金等行业，与此相应，金融中介机构包括银行、证券公司、保险公司、信托投资公司和基金管理公司等。

第一节　国际金融机构概述

一、国际金融机构的概念和类型

国际金融机构，又称国际金融组织，是指从事国际金融业务、协调国际金融关系、维系国际货币秩序和信用体系正常运转的超国家机构，是为处理国际金融往来而由多国共同或联合建立的金融组织。国际金融机构在国际经济生活中发挥了重要作用，已经成为国际发展援助的主体和国际融资的重要渠道。

第二次世界大战前，为处理德国战争赔款问题，曾在欧洲建立了国际清算银行，这是第一个国际金融机构，是地区性的国际金融机构。第二次世界大战后，为建立一个稳定的国际货币体系和为各国的经济复兴提供资金，在英国、美国等国家的积极策划下，正式成立了两个国际性金融组织，即国际货币基金组织和国际复兴开发银行（又称世界银行）。国际货币基金组织和世界银行是联合国 14 个专门机构中独立经营国际金融业务的机构。这两个全球性的国际金融机构，是所有国际金融组织中规模最大、成员最多、影响最广泛的，它们对加强国际经济和货币合作、稳定国际金融秩序起着极为重要的作用。20 世纪 50 年代后，世界上许多地区为了加强本地区的金融合作关系和发展本地区经济，陆续建立了一些区域性国际金融组织，如欧洲投资银行、泛美开发银行、亚洲开发银行等。

目前的国际金融机构可以大致分为三种类型：①全球性的金融机构。如国际货币基金组织、世界银行、国际农业发展基金组织等。②洲际性或半区域性的金融机构。如国际清算银行、亚洲开发银行、亚洲基本建设投资银行等，它们的成员国主要在区域内，但也有区域外的国家参加。③区域性的金融机构。如欧洲投资银行、非洲开发银行、阿拉伯货币基金、西非发展银行等，它们完全由地区内的国家组成，是真正的区域性国际金融机构。

二、国际金融机构的特点

众多的国际金融机构虽然类型不同，却有以下共同特点：

1. 国际金融机构是政府间的金融组织

国际金融机构是国与国之间共同组成的世界性或区域性的共同组织，是以一国政府为一个参与单位，共同组成的政治经济的联合机构。国际金融机构的活动是通过在成员国派驻代办处、成员国派出代表参加该机构的年会、临时磋商会议等方式进行。国际金融机构在协调国际经济矛盾、加强金融货币合作关系以及对世界经济的干预方面有重要的作用。

2. 国际金融机构是股份公司式的企业组织形式

国际金融机构作为超国家的金融组织，是以成员国政府共同出资、共同管理，按照股份制方式经营国际资金借贷的实体。它们的组织结构、入股方式、资金来源等，和股份制企业极为相似。国际金融机构的决定权同出资成正比，出资较多的国家各委派代表组成日常业务的执行董事会。各国际金融机构的建立宗旨虽然不同，但具体业务活动基本上是经营该组织的信贷资金，为成员国进行有偿贷款，或进行经济援助活动。

3. 国际金融机构政治色彩浓厚，活动受经济大国控制

国际金融机构是一个成员国政府间进行经济和政治交往的渠道和论坛，其观点和行为往往代表该组织较大的几个成员国的意见，它们在组织内的发言权是其在世界经济中的实力体现。比如，国际货币基金组织和世界银行就一直处于工业发达国家特别是以美国为首的西方发达国家的控制之下。

三、国际金融机构的作用

国际金融机构虽然建立的背景和时间不同，但都是为了加强国际经济合作，处理国际经济、政治领域的问题，在金融货币领域里形成一些共同的法律和规则，在国与国之间形成对话和协调的机制，以此促进世界经济和贸易的发展。

（1）加强世界或地区性的经济、金融合作关系，推动生产国际化和经济一体化的进程，强化政府之间的联合和对经济、贸易的干预。

（2）制定并维护共同的货币金融制度，协助成员国建立多边支付体系，稳定汇率，保证国际货币体系的运转，促进国际贸易的增长。

（3）针对国际经济、金融领域的重大事件召开联合会议，进行磋商和解决。

（4）提供长短期资金，为成员国提供金融信贷，协助成员国实施经济发展和改革计划，帮助发生金融危机和债务危机的国家减缓国际收支困难，为发展中国家的经济结构调整和经济、技术发展提供援助。

第二节　国际货币基金组织

国际货币基金组织是政府间的国际金融组织。它是根据 1944 年 7 月在美国新罕布什尔州布雷顿森林召开的联合国和联盟国家的国际货币金融会议上通过的《国际货币基金组织协定》建立起来的，于 1945 年 12 月 27 日正式成立，1947 年 3 月 1 日开始办理业务，同年 11 月 15 日成为联合国的一个专门机构，但在经营上有其独立性。截至 2023 年 4 月，国际货币基金组织已有 190 个成员，其总部设在华盛顿。

国际货币基金组织是一个旨在稳定国际金融体系的专业机构，主要任务是稳定国际汇率，消除妨碍世界贸易的外汇管制，在货币问题上促进国际合作，并通过提供短期贷款帮助成员国解决在国际收支出现暂时困难时的外汇资金需要。它的资金来源于各成员国认缴的份额。各成员国的份额是由该组织根据各国的国民收入、黄金和外汇储备、进出口贸易额等几项经济指标计算确定的。成员国的主要权利是按所缴份额的比例借用外汇。

一、国际货币基金组织的宗旨

（1）设置一常设机构就国际货币问题进行磋商与协作，从而促进国际货币领域的合作。

（2）促进国际贸易的扩大和平衡发展，从而有助于提高和保持高水平的就业和实际收入以及加强各成员国生产性资源的开发，并以此作为经济政策的首要目标。

（3）促进汇率的稳定，保持成员国之间有秩序的汇兑安排，避免竞争性通货贬值。

（4）协助在成员国之间建立经常性交易的多边支付体系，取消阻碍国际贸易发展的外汇限制。

（5）在具有充分保障的前提下，向成员国提供暂时性普通资金，增强其信心，使其能有机会在无须采取有损本国和国际繁荣的措施的情况下纠正国际收支失调。

（6）据上述宗旨，缩短成员国国际收支失衡的时间，减轻失衡程度。

二、国际货币基金组织的组织机构

国际货币基金组织的成员国分两种：凡参加1944年布雷顿森林会议，并于1945年12月31日前在协定上签字正式参加的国家称为创始成员国，共有29个。在此之后参加的国家，称为其他成员国。中国是这个组织的创始成员国之一。

国际货币基金组织由理事会、执行董事会、总裁和众多业务机构组成。理事会和执行董事会任命若干特定的常设委员会，理事会还可以建立临时委员会。各常设委员会向理事会提供建议，但不行使权力，也不直接贯彻执行理事会的决议。理事会和执行董事会决议的通过和执行，原则上以各国在国际货币基金组织的投票权的多少为依据。

1. 理事会

国际货币基金组织的最高决策机构是理事会，由各成员国选派一名理事和一名副理事组成，任期5年，其任免由成员国本国决定。理事通常是由各国财政部长或中央银行行长担任，副理事只是在理事缺席时才有投票权。理事会的主要职权是批准接纳新成员国，修订基金条款与份额，决定成员国退出国际货币基金组织，讨论决定有关国际货币制度等重大问题。理事会每年召开一次年会，必要时可以召开特别会议。

2. 执行董事会

理事会下设执行董事会，是华盛顿国际货币基金组织总部的常设机构。除接纳新成员国、调整基金份额和修订协定条款等重大决策外，一般行政和政策事务均由执行董事会行使权力。执行董事会向理事会提出年度报告，与成员国进行讨论，并随时对成员国重大经济问题以及国际金融方面的重大问题进行研究。

国际货币基金组织总裁任执行董事会主席。执行董事会由20人组成，其中有5名常任执行董事，由持有基金最大份额的五个成员国各派1名，其余15名由其他成员国选举产生。

3. 总裁

总裁是国际货币基金组织的最高行政长官，负责管理基金组织的日常工作。总裁由执行董事会推选，任期5年，并兼任执行董事会主席，但平时没有投票权，只有在执行董事会进行表决双方票数相等时，才可投决定性的1票。国际货币基金组织成立以来，总裁一直由欧洲成员国的人出任。

4. 业务机构

国际货币基金组织设5个地区部门（非洲、亚洲、欧洲、中东、西半球）和12个职能部门（行政管理、中央银行业务、汇兑和贸易关系、对外关系、财政事务、国际货币基金学院、法律事务、研究、秘书、司库、统计、语言服务局）。

三、国际货币基金组织的资金来源

国际货币基金组织的资金来源主要有三个：成员国的份额、借款、信托基金。

1. 成员国的份额

成员国缴纳的份额，是国际货币基金组织的主要资金来源。成员国要向国际货币基金组织认缴一定的份额，各成员国在国际货币基金组织的份额，决定了其投票权、借款的数额以及分配特别提款权的份额。各成员国的份额大小由理事会决定，要综合考虑成员国的国民收入、黄金与外汇储备、平均进出口额以及出口额占国民生产总值的比例等多方面的因素。对各成员国份额，每隔 5 年重新审定一次，并对个别国家的份额进行调整。份额的单位原为美元，后改以特别提款权计算。国际货币基金组织最初创立时各成员国认缴的份额总值为 76 亿美元；此后，随着新成员国的不断增加以及份额的不断调整，份额总数不断增加。2001 年，基金份额为 2 120 亿特别提款权（2 690 亿美元），到 2016 年，基金份额达到 4 770 亿特别提款权（6 579 亿美元）。在 1975 年以前，成员国份额的 25% 以黄金缴纳，其余部分以本国货币缴纳，存放于本国中央银行，但国际货币基金组织需要时随时可以动用。自 1976 年牙买加会议以后，国际货币基金组织废除了黄金条款，份额的 25% 改以特别提款权或自由兑换货币缴纳。成员国在国际货币基金组织的投票权按照其缴纳份额的大小来确定，根据平等原则，每成员国有 250 票基本投票权。此外，再按各国在国际货币基金组织所缴纳的份额每 10 万特别提款权增加 1 票，两者相加，就是该成员国的投票总数。因此，成员国的份额越大，投票表决权也越大，可以借用的贷款数额也越大。所以，美国在国际货币基金组织的各项活动中，始终起着决定性的作用，它拥有 20% 左右的投票权，而最小的成员国只拥有不到 1% 的投票权。国际货币基金组织的各国理事和执行董事的权力大小，实际上是由他们所代表的成员国拥有的票数多少决定的。一般决议由简单多数票即可通过，但是对于重大问题的决议，如修订基金条款和调整成员份额等，则需获得总投票权的 85% 及以上的票数才能通过。

2. 借款

国际货币基金组织还可以通过借款来组织资金来源。1962 年 10 月 24 日生效的"十国集团"的"借款总安排"，是第一次借款安排，目的是稳定美元汇率。1974—1976 年，为了解决非产油国家的石油进口和国际收支困难，国际货币基金组织设立了"石油贷款"，其资金来源也是通过借款筹得的。1977 年和 1981 年，国际货币基金组织先后成立"补充贷款"和"扩大贷款"，资金来源也采取由部分成员国提供资金的方法。

3. 信托基金（Trust Fund）

信托基金设立于 1976 年，国际货币基金组织废除黄金条款以后，在 1976 年 6 月至 1980 年 5 月将持有黄金（库存黄金）的 1/6（2 500 万盎司）以市价卖出后，用所获利润（每盎司市价超过 35 美元官价的部分）建立了一笔信托基金，按优惠条件向低收入的发展中国家提供贷款。

四、国际货币基金组织的业务活动

国际货币基金组织的业务活动是围绕其宗旨展开的，主要包括监管、资金融通、储备创造和技术援助等。

1. 监管

汇率监督与政策协调是国际货币基金组织的主要业务之一。为了使国际货币制度能够顺利运行，保证金融秩序的稳定和世界经济的增长，国际货币基金组织要监督各成员国以保证它们与其他成员国进行合作，从而维持有秩序的汇率安排和建立稳定的汇率制度。在布雷顿森林体系下，成员国要改变汇率平价时，必须与国际货币基金组织进行磋商并得到它的批准。在目前的浮动汇率制度条件下，成员国调整汇率不需再征求国际货币基金组织的同意。但是，国际货币基金组织汇率监督的职能并没有因此而丧失，它仍然要对成员国的汇率政策进行全面估价，这种估价要考虑其对内和对外政策对国际收支调整以及实现持续经济增长、财政稳定和维持就业水平的作用。

除了对汇率政策的监督，国际货币基金组织在原则上还要每年与各成员国进行一次磋商，以对成员国经济和金融形势以及经济政策作出评价。这种磋商的目的是使国际货币基金组织能够履行监督成员国汇率政策的责任，并且有助于使国际货币基金组织了解成员国的经济发展状况和采取的政策措施，从而能够迅速处理成员国申请贷款的要求。国际货币基金组织每年派出经济学家组成的专家小组到成员国收集统计资料，听取政府对经济形势的估计，并同一些特别重要的国家进行特别磋商。

2. 资金融通

资金融通即贷款业务。根据《国际货币基金协定》，当成员国发生国际收支暂时性不平衡时，国际货币基金组织向成员国提供短期信贷。国际货币基金组织的贷款提供给成员国的财政部、中央银行、外汇干预基金会等政府机构。贷款限于贸易和非贸易的经常性支付，贷款的额度与成员国的份额成正比。贷款的提供方式采取由成员国用本国货币向国际货币基金组织申请换购外汇的方法，一般称为购买，即用本国货币购买外汇或特别提款权，成员国按缴纳的份额提取一定的资金。成员国还款的方式是以外汇或特别提款权购回本国货币。贷款无论用什么货币提供，都以特别提款权计值，利息也用特别提款权缴付。国际货币基金组织主要设有以下几种贷款：普通贷款、补偿与应急贷款、缓冲库存贷款、中期贷款、补充贷款、信托基金贷款、结构调整贷款、制度转型贷款、扩大贷款等。

3. 储备创造

国际货币基金组织在 1969 年的年会上正式通过了 10 国集团提出的创设特别提款权的方案，即国际货币基金组织通过向成员国分配特别提款权的方式向世界提供资金流动性，当成员国发生国际收支赤字时，通过动用特别提款权，将其划给另一个成员国，用于偿付国际收支逆差或偿还国际货币基金组织的贷款。

4. 技术援助

国际货币基金组织在几个方面对成员国提供专门的技术援助，如财政、货币政策的执行，中央银行与财政部的建立与发展（机构的建立），与国际货币基金组织交易账户的管理，统计数据的搜集、整理以及官员的培训等。

我国是国际货币基金组织的创始成员国之一，但出于种种原因曾被长期剥夺了合法席位，直到 1980 年才恢复了在国际货币基金组织的合法席位，自此我国与国际货币基金组织的关系一直在向前发展。2015 年 11 月 30 日，国际货币基金组织执董会将就人民币纳入特别提款权进行投票，决定将人民币纳入特别提款权货币篮子。2015 年 12 月 1 日国际货币基金组织正式宣布，人民币纳入特别提款权货币篮子，至此，特别提款权货币篮子相应扩大为 5 种货币：美元、欧元、日元、英镑、人民币。人民币在特别提款权货币篮子的权重为 10.92%，美元占比为 41.73%，欧元占比为 30.93%，日元占比为 8.33%，英镑占比为 8.09%。人民币在特别提款权中的占比超过日元和英镑，仅次于美元和欧元。新的特别提款权货币篮子于 2016 年 10 月 1 日正式生效。

📖 知识拓展

从国际货币基金组织对实际汇率制度分类的情况来看，2015 年 11 月，国际货币基金组织将人民币汇率制度从其他有管理的制度调整为类似爬行钉住，并于 2016 年 8 月再次作出调整，根据自 2016 年 8 月下旬以来人民币兑 CFETS 货币篮子保持相对稳定的情况，将人民币汇率制度归入稳定化制度类。又由于自 2017 年 6 月以来，人民币兑 CFETS 货币篮子保持了波动范围在 2% 区间内的升值趋势，国际货币基金组织将 2017 年 6 月以后的人民币汇率制度重新纳入类似爬行钉住类。

📖 案例展示

国际货币基金组织：避免对抗击通胀结果"过早庆祝"

2023 年 7 月 19 日困扰全球的高通胀已经有所降温。最新公布的数据显示，美欧的通胀水平已经出现了较为明显的下降。数据显示，美国 6 月份消费者价格指数（CPI）同比增长 3.0%，创下逾两年最小涨幅。6 月份核心 CPI 同比上涨 4.8%。而美国 6 月份生产者价格指数（PPI）同比仅上涨 0.1%。

面对通胀压力的减轻，市场对于以美联储为代表的全球主要经济体央行的紧缩周期即将告一段落的预期有所升温。而国际货币基金组织则警告称，政策制定者应该避免"过早庆祝"。国际货币基金组织总裁格奥尔基耶娃表示，最近的高频指标描绘了一幅喜忧参半的图景：制造业的疲弱与二十国集团（G20）国家服务业的韧性和发达经济体强劲的劳动力市场形成鲜明对比。

同时，紧缩货币政策暴露出的金融脆弱性需要谨慎管理，在恢复物价稳定仍是当务之急的情况下尤其如此。全球总体通胀似乎已经见顶，核心通胀有所缓解。但在大多数 G20 国家，特别是发达经济体，通胀仍远高于其央行的目标。

"在抗击通胀的过程中，一些早期迹象表明，货币政策正在向经济活动传导，例如，在欧元区和美国，银行收紧了贷款标准。即便如此，政策制定者应该避免'过早庆祝'。以往通胀的教训表明，过早放松政策，可能会使抗通胀方面取得的进展付诸东流。"国际货币基金组织表示。

格奥尔基耶娃强调，在通胀持续降至目标水平之前，要坚定执行现有货币政策以及密切监测金融部门风险至关重要。与此同时，财政政策也必须发挥作用。政府在新冠疫情期间提供了非常规支持，在此之后收紧"钱包"将有助于降低通胀、重建缓冲并增强债务可持续性，但同时可能需要采取临时性和有针对性的措施来帮助脆弱民众应对眼前的生活成本危机。

从目前的情况看，相比美联储已经在 6 月暂停加息，欧洲央行以加息抗击通胀的决心更为坚定。欧洲央行 6 月货币政策会议纪要（以下简称"会议纪要"）显示，有必要通过进一步提高利率来收紧货币政策。虽然过去的加息被强有力地传导到融资条件，并逐渐对整个经济产生影响（融资条件收紧是通胀预计将进一步下降至 2% 中期目标的关键原因），但通胀预计仍将在更长时间内居高不下。

"会议强调，货币政策收紧必须具有足够的限制性和持久性。有必要传达这样一种信息，即货币政策还有更大的空间需要覆盖，以及时将通胀拉回到目标水平。"会议纪要显示。

（资料来源：中国金融新闻网）

第三节　世界银行集团

世界银行集团（World Bank Group）由国际复兴开发银行与国际开发协会（International Development Association，IDA）、国际金融公司（International Finance Corpration，IFC）、多边投资担保机构（Multilational Investment Guarantee Agency，MIGA）、国际投资争端解决中心（International Center for Settlement of Investment Disputes，ICSID）五部分共同组成。其中，前三个机构为集团的主要业务机构。

一、世界银行

（一）世界银行的建立及宗旨

世界银行是根据布雷顿森林会议通过的《国际复兴开发银行协定》于 1945 年 12 月成立的企业性国际金融组织。总部设在华盛顿，并在纽约、日内瓦、东京等地设有办事处。1947 年成为联合国的专门机构之一。在世界银行协议上签字的创始成员国为 37 个，以后成员国数量逐渐增加，截至 2017 年年底，共有成员国 189 个，中国是创始成员国之一。

世界银行和国际货币基金组织是两个联系密切、配合协调的国际金融机构。参加世界银行的国家必须是国际货币基金组织的成员国，但国际货币基金组织的成员国并非一定是世界银行的成员。国际货币基金组织贷款中的许多缺陷可以从世界银行贷款的有利因素中得到弥补。这两个机构都是联合国的专门机构，两个机构每年一度的理事会年会都是联合召开。

世界银行作为一个全球性政府间的国际金融组织，主要是为了资助成员国使其经济获得复兴和发展，对成员国提供中长期贷款，资助其兴办特定的基本建设工程。世界银行的宗旨是：

（1）对用于生产目的的投资提供便利，以协助成员国的复兴与开发，鼓励较不发达国家的生产与资源开发；

（2）以保证或参与私人贷款和私人投资的方法，促进私人对外投资；

（3）向成员国提供广泛的技术援助，用鼓励国际投资以开发成员国生产资源的方法，促进国际贸易的长期平衡发展，并维持国际收支平衡；

（4）提供贷款保证，并与其他方面的国际贷款密切配合。

由此可见，世界银行的主要任务就是向成员国提供长期贷款，促进第二次世界大战后的复兴建设，协助不发达国家发展生产、开发资源，并为私人投资提供担保或与私人资本一起联合对成员国政府进行贷款和投资。促进成员国的经济复兴与开发，是世界银行的根本目的和任务。

（二）世界银行的组织机构

世界银行的组织机构与国际货币基金组织大体相似，主要由理事会、执行董事会、行长和业务机构组成。其最高权力机构是理事会，由每一成员国委派理事和副理事各 1 名组成。理事、副理事任期 5 年，可以连选连任。副理事在理事缺席时才有投票权。理事会每年 9 月与国际货币基金组织联合召开年会，必要时召开特别会议。理事会的主要职权是：负责讨论批准接纳新成员国；决定普遍增缴或调整应缴股本；决定停止成员国资格；决定银行净收入的分配；批准修正银行协定及其他重大问题。另外，理事会可授权执行董事会代行各项职权。

执行董事会是负责办理日常事务的机构。执行董事现有 24 人，任期 2 年；其中 5 名常任执行理事由持股较多的美国、英国、德国、法国、日本五国指派，其余 19 人由其他成员国按地区分组推选。中国、沙特阿拉伯和俄罗斯为独立地区组，分别指派执行董事和副执行董事各 1 名。执行理事会选举 1 人为执行理事会主席，也是世界银行行长，任期 5 年，可连选连任。理事、副理事、执行董事和副执行董事不得兼任行长。行长无投票权，只有在执行董事会表决中赞成、反对票数相等时，才可以投决定性 1 票。行长下有副行长，协助行长工作。行长是世界银行的最高长官，一直由美国人连任。

世界银行的办事机构很庞大，在联合国总部及世界各大金融中心，如纽约、伦敦、巴黎、东京等地设有办事处，还在 40 多个国家和地区设有地区代表处或派有常驻代表。在其总部内，有约 50 个局和相当于局的机构，分别由 18 名副行长领导。同国际货币基金组织相似，在世界银行内，每个成员国均有 250 票的基本投票权，另外，每认缴 10 万美元的股金即可增加 1 票。

（三）世界银行的资金来源

世界银行的资金来源主要有：成员国缴纳的股金、借款、转让债权、利润收入。

1. 成员缴纳的股金（银行股份）

世界银行也是采用由成员国入股方式组成的企业性的金融机构，凡是成员国均需认购该行的股份。成员国政府根据其相对经济实力认购股份，但只需缴纳认购股份额的一小部分，未缴纳的余额为待缴股金，留待世界银行亏损严重无力兑付债券时缴纳，但这种情况从未出现过。世界银行成立之初，法定资本为 100 亿美元，分为 10 万股，每股 10 万美元，1978 年 4 月 1 日以后，每股改为按 10 万特别提款权计算。成员国所认缴的银行股份分两部分缴纳：成员国在加入世界银行时必须缴纳其认缴额的 20%，其中 2% 以黄金或美元支付，18% 以本国货币支付。这部分认缴额为实缴资本，其余的 80% 为待缴资本。由于成员国的不断增加，为满足老成员国增加认缴股金和新成员国认缴股金的需要，理事会对银行法定资本进行了数次增资，但增资却使得实缴股金在认缴股金中的比例逐步下降，现在的资金里只有不到 6% 是成员国在加入世界银行时的认缴股金。

2. 借款

向国际金融市场借款，尤其是在国际资本市场上发行中长期债券是世界银行资金的主要来源。世界银行的贷款约占世界银行集团年贷款额的 3/4，其资金主要来自国际金融市场，其中提供贷款的资金有 70%左右来自债券发行。世界银行作为世界上最审慎和管理保守的金融机构之一，在世界各地发售 AAA 级债券和其他债券，发售对象为养老基金、保险机构、公司、其他银行及个人，发行时间为 2~25 年，发行利率为 3%~12%。而且随着银行贷款业务的迅速发展，通过发行债券筹措的资金也不断增加。

3. 转让债权

世界银行将贷出款项的债权转让给私人投资者（主要是商业银行），获得一部分资金，以扩大世界银行贷款资金的周转能力。

4. 业务净收益（利润收入）和收回的贷款

世界银行历年来的业务净收益也是其资金来源之一。利润收入的大部分通常被留作银行的储备金。另外，世界银行收回的贷款资金，不分配给股东，除赠予国际开发协会外，其余留作准备金，供周转使用。

（四）世界银行的主要业务活动

世界银行建立之初，主要任务是向成员国提供和组织长期贷款和投资，以满足它们在第二次世界大战后恢复和发展经济的资金需要，当时主要是集中于西欧国家。1948 年以后，西欧的战后复兴主要依赖于美国"马歇尔计划"提供的援助，于是世界银行的贷款重点逐渐转向了亚洲、非洲、拉丁美洲的发展中国家，向它们发放贷款，提供长期开发资金，以促进其经济的发展和生产力的提高。世界银行的贷款政策几十年来发生了很大的变化。20 世纪 70 年代以前，世界银行重视基础设施和实现工业化，特别是运输和电力方面的项目。70 年代以后，世界银行的贷款从基础设施转向更广泛的发展目标，将优先发展的重点放在农业和农村发展项目上。80 年代以后，世界银行通过提供贷款、政策咨询和技术援助，支持各种以减贫和提高发展中国家人民生活水平为目标的项目和计划。世界银行的业务计划高度重视推进可持续的社会和人类发展，高度重视加强经济管理，并越来越强调参与、治理和机构建设。

1. 世界银行的贷款条件

世界银行对发展中国家贷款的资金主要来源于世界银行向投资者发行的债券及在国际信贷市场的借款，资金成本相对较高，因此，世界银行对贷款的条件要求非常严格。按照《世界银行协定》的有关规定，成员国在办理贷款业务时必须满足以下条件：第一，贷款对象只限于成员国政府、政府机构或国营和私营企业。成员国政府本身可以是借款人，成员国内的公、私机构贷款必须由政府担保。第二，贷款必须用于审定为在技术和经济上是可行的工程项目，专款专用，且有助于该国的生产发展和经济增长，如交通、公用事业、农业及教育等项目的建设；而且要接受世界银行的监督。第三，世界银行只有在申请借款国确实不能以合理的条件从其他方面获得资金时，才考虑给予贷款。第四，只向有偿还能力的成员国发放贷款，以确保贷款能按期收回。第五，贷款的利息、还本方法、期限及偿还日期均由世界银行决定。

2. 世界银行的贷款特点

（1）贷款期限长、利率相对低。世界银行的贷款平均期限为 20 年，最长可达 30 年，且有 5 年宽限期。贷款实行浮动利率，随利率变化进行调整，但一般低于市场利率。世界银行对贷款收取的杂费很少，只对已订立贷款契约而未提供的部分按年征收 0.75% 的承诺费。

（2）贷款程序严密、审批时间长。世界银行的贷款 90% 以上是项目贷款，有一套科学的论证和审批程序。在项目选择、建设和管理方面积累了丰富的经验，逐步形成了一套严格的管理制度、管理程序和管理方法。世界银行的项目贷款从开始到完成必须经过选定、准备、评估、谈判、执行、总结评价六个阶段，称为"项目周期"。借款国从提出项目到最终同世界银行签订贷款协议获得资金，一般要 1.5~2 年的时间。

（3）贷款不受贷款国份额的限制，但要承担汇价变动的风险。世界银行贷款主要是考虑是否有偿还能力，与份额无关。款额以美元计值，借款国要承担与美元之间汇价变动的风险。

（4）世界银行贷款需要贷款国自己筹集国内的配套费用。世界银行通常对其资助的项目只提供货物和服务所需要的外汇部分，占项目总额的 30%~40%，个别项目可达 50%，其他部分需要借款国自己准备。

3. 贷款的种类

世界银行的贷款分为项目贷款、非项目贷款、联合贷款和第三窗口贷款等几种类型，其中项目贷款是世界银行贷款业务的主要组成部分。

（1）项目贷款和非项目贷款，是世界银行的传统贷款业务，属于一般性贷款。项目贷款用于资助成员国某个具体的发展项目。世界银行对农业和农村发展、教育、能源、工业、交通、城市发展等方面的大部分贷款都属于此类贷款。非项目贷款是指没有具体项目作保证的贷款。世界银行只有在特殊情况下才发放此类贷款。此类贷款是为了解决成员国实行发展计划或进口短缺的原料和先进设备的外汇资金需要，或者当成员国遇到自然灾害，出口收入突然下降而产生国际收支逆差时的应急性贷款需要。

（2）联合贷款，是指世界银行与借款国以外的其他贷款机构联合起来，包括出口信贷机构、私人金融机构对世界银行的项目共同筹资和提供的贷款。其方式有两种：一是世界银行与其他贷款机构分别承担同一项目的一部分；二是由世界银行作为介绍人，动员有关贷款机构对项目或与项目有关的建设计划提供资金。

（3）第三窗口贷款，设立于 1975 年 12 月，是指在世界银行发放的一般贷款和世界银行附属机构国际开发协会发放的优惠贷款之间新增设的一种贷款，其贷款条件宽于前者，但又不如后者优惠。利差由工业发达国家和石油生产国自愿捐赠形成的"利息贴补基金"解决。贷款的期限为 25 年。这种贷款主要用于援助低收入国家。

二、国际开发协会

国际开发协会（IDA）是世界银行的一个附属机构，是专门向低收入发展中国家发放优惠长期贷款的国际金融组织。国际开发协会成立于 1960 年 9 月，同年 11 月开始营业，会址设在美国华盛顿。至 2017 年年底，已有 173 个成员国。IDA 的宗旨是帮助世界上欠发达地区的成员国促进经济发展，提高生产力和生活水平。IDA 的组织结构与世界银行相同，最高权力机构是理事会，下设执行董事会，负责组织领导日常业务活动。协会的正副理事、正副执行董事由世界银行的正副理事和正副执行董事分别担任。

只有世界银行的成员国，才能成为国际开发协会的成员国。成员国在理事会的投票权大小与其认缴的股本成正比。和其他国际金融机构一样，美国认缴的股本最大，投票权最多。

国际开发协会的资金来源主要有四个方面：成员国认缴的股本、工业发达国家提供的补充资金、世界银行从营业收入中拨出的款项、协会本身的营业收入。

国际开发协会的贷款只提供给低收入的发展中国家。低收入的标准是不断变化的，最初定位为人均 GNP 在 250 美元以下。目前规定人均 GNP 在 1 000 美元以下的成员国都有获得 IDA 贷款的资格。依据此标准，2000 财政年度世界上有 81 个国家有资格获得贷款，但是由于资金来源有限，不是所有拥有资格的国家都能获得贷款。

三、国际金融公司

国际金融公司（IFC）也是世界银行下属机构之一。1954 年 12 月，世界银行决定成立该公司，1956 年 7 月正式成立，总部设在美国华盛顿，1957 年 2 月成为联合国的专门机构之一。它虽然是世界银行的附属机构，但它本身具有独立的法人地位，是一个独立的全球性国际金融机构。只有世界银行的成员国才能申请加入国际金融公司。该公司最初有 31 个成员国，至 2017 年年底，成员达到 184 个。IFC 与世界银行每年一起召开年会。IFC 的创立和发展，在一定程度上扩展了世界银行的业务。

IFC 的主要宗旨是：配合世界银行的业务活动，向成员国特别是其中的发展中国家的重点私人企业提供无须政府担保的贷款或投资，鼓励国际私人资本流向发展中国家，以推动这些国家的私人企业的成长，促进其经济发展。

IFC 的组织结构和管理办法与世界银行相同，其最高权力机构是理事会。理事会下设执行董事会，负责处理日常事务。正副理事、正副执行董事也是由世界银行的正副理事和正副执行董事分别担任。所以，与国际开发协会一样，国际金融公司于世界银行是两块牌子，一套班子。

IFC 的资金来源主要有三个方面：成员国缴纳的股金、从世界银行和其他来源借入的资金、IFC 业务经营收入。根据 IFC 的宗旨，其主要业务有两个方面：一是对成员国私人企业提供无须政府担保的贷款，贷款对象主要是亚、非、拉发展中国家的制造业、加工业、开采业、公共事业和旅游业等；二是对私人企业进行投资，直接入股。

20 世纪 80 年代以来，IFC 的业务活动呈现多样化趋势，如参与发展中国家国有企业私有化及企业改组活动，向发展中国家中的重债国提供有关债务转换为股本的意见安排，等等。

四、多边投资担保机构

为促进国际投资的发展，世界银行理事会于 1988 年开始筹建多边投资担保机构（MIGA），1990 年开始营业，成员国最初有 46 个，至 2017 年年底增加到 181 个。MIGA 的宗旨是：在与发展中国家经济发展和经济政策目标一致的前提下，加强这些国家以生产为目的的资本和技术交流，为外国投资者提供公平、稳定的投资环境。

MIGA 的建立弥补了为外国直接投资提供担保的不足。对外国投资者在发展中国家所遇到的非商业性风险提供担保，担保期限一般为 15 年，特别情况可延长至 20 年。在属于 MIGA 成员国的发展中国家进行高质量投资的人，视为合格的投资者。MIGA 对合格投资者在投资过程中遇到的转移限制、没收、违约、战争或内部骚乱等风险提供补偿。

五、解决投资争端国际中心

解决投资争端国际中心（ICSID）成立于 1966 年，至 2017 年年底有 162 个成员国，是世界银行为成员国政府与外国投资者在投资、结算等方面发生的纠纷提供仲裁和调解的机构。该机构的成立有力地促进了国际投资的发展。在 ICSID 主持下签署的供仲裁使用的条款，与国际投资合同、投资法和双边及多边投资条约具有共同特点。除从事调解争端活动外，该机构还负责研究、咨询服务及仲裁与投资法领域有关的出版任务。

ICSID 下设行政法院和秘书处，行政法院院长由世界银行行长担任。尽管 ICSID 是世界银行集团的附属机构，但也是一个自愿性的国际组织。ICSID 的成员国必须是世界银行的成员，世界银行的成员国可以自愿加入 ICSID。ICSID 费用支出来自世界银行的业务收入。

中国是世界银行的创始成员国之一，但出于种种原因合法席位被长期剥夺，直到 1980 年才重新加入该组织。据最新资料，世界银行在中国的贷款项目达 200 多个，涉及国民经济各个部门，遍及中国大多数省、自治区、直辖市，累计总额 300 多亿美元。中国财政部是世界银行在中国开展业务活动的主管部门，每年通过协商确定世界银行贷款的三年滚动规划，贷款项目最后上报中国政府和世界银行执行董事会批准。世界银行在中国的项目主要集中在基础设施、农业、教育、卫生、环保等方面，反映了世界银行的政策方针和对发展问题的见解。从总体上看，世界银行对中国的援助战略和贷款规则的主要目的是：帮助中国保持宏观经济稳定，推进改革，缓解基础设施瓶颈制约，加强人力资源开发，促进农业的稳定发展，保证粮食供应和保护环境。

世界银行还向中国政府提供了不少值得借鉴的国际经验和有益的政策性建议，其中一些被中国有关部门采纳，取得了良好的效果。可以相信，中国将会在更广泛的领域与世界银行进行更深入的合作。

第四节　国际清算银行

国际清算银行（Bank for International Settlets，BIS），是西方主要国家中央银行合办的国际金融机构，是出现最早的国际金融机构。它是由美国摩根保证信托公司、纽约花旗银行和芝加哥花旗银行组成的银行团，同英国、法国、德国、意大利、比利时、日本等国的中央银行于 1930 年 2 月在荷兰海牙签订国际协议，共同出资组建的，同年 5 月 20 日开始营业。BIS 通过中央银行向整个国际金融体系提供一系列高度专业化的服务，是一家办理中央银行业务的金融机构，被称为"中央银行的银行"，总部设在瑞士的巴塞尔。1996 年11 月，中国人民银行成为国际清算银行的正式成员。

国际清算银行的宗旨：最初是处理第一次世界大战后德国对协约国战争赔款的支付业务和同德国赔款的"杨格计划"有关的业务；现在是促进世界各国中央银行间的合作，为国际金融活动提供更多的便利，在国际清算业务方面充当代理人或受托人。

一、国际清算银行的组织机构

国际清算银行是股份制的企业性金融机构，它的最高权力机构是股东大会，由认缴该行股金的各国中央银行代表组成，每年召开一次股东大会。股东大会审查年度决算、资产负债表、损益表、盈利分配办法。董事会是国际清算银行的实际领导机构，由 13 名董事组成，其中正、副董事长各 1 名。董事会中有 8 名由英国、法国、意大利、比利时、瑞士、荷兰、瑞典和德国等国中央银行董事长或行长担任，其余的由上述 8 个国家提名产生。董事会是主要的政策制定者，每月召开一次会议，审查银行的日常业务。该行下设四个业务机构：银行账号部、货币经济部、秘书处和法律处。

二、国际清算银行的资金来源

国际清算银行的资金主要来自三个方面：

（1）成员国交纳的股金。该行初建时，法定资本为 5 亿金法郎。金法郎是法国、瑞士、比利时等国在 1965 年成立拉丁货币同盟时发行的金币，含金量为 0.29 克。在金本位制度崩溃以后，该金币不再流通，但国际清算银行等国际金融机构仍以金法郎作为记账单位。BIS 资本的 85% 以上掌握在各成员国中央银行手里，私股只在分享利润方面享有同等权利，但不得参加股东大会，也无投票表决权。

（2）借款。国际清算银行向成员国中央银行的借款。

（3）吸收客户存款。

三、国际清算银行的主要业务活动

国际清算银行的主要任务是促进各国中央银行之间的合作，为国际金融业务提供新的便利。主要业务活动包括以下几个方面：

（1）办理各种国际清算业务。第二次世界大战后，它先后成为欧洲经济合作组织、欧洲支付同盟、欧洲煤钢联营、黄金总库的收付代理人，办理欧洲货币体系的账户清算工作，充当万国邮联、国际红十字会等国际机构的金融代理机构，承担着大量的国际结算业务。

（2）为各国中央银行提供服务。目前，全世界有近百家中央银行在国际清算银行拥有存款账户。国际清算银行资金雄厚，积极参与国际金融市场活动，是国际黄金市场和欧洲货币市场的重要参加者。国际清算银行接受各国中央银行的存款，并向中央银行发放贷款；办理各国政府国库券和其他债券贴现和买卖业务，买卖黄金、外汇或代理各国中央银行买卖；为各国政府间贷款充当执行人或受托人；同有关国家中央银行签订特别协议，代办国际清算业务。各国约 10% 的外汇储备和 3 000 多吨黄金存于该行，作为提供贷款的资金保障之一。

（3）管理各成员国中央银行，定期举办中央银行行长会议，进行国际货币与金融问题的研究。BIS 每年在巴塞尔国际清算银行举行由中央银行行长参加的年会，每月的第一个周末举行西方主要国家中央银行行长会议，讨论世界经济与金融形势，探讨如何协调宏观政策和维持国际金融市场的稳定，推动国际金融合作。

除这些业务活动之外，国际清算银行还组织专家研究黄金市场、外汇市场、欧洲货币市场和欧洲货币体系。它编写的调研资料在西方金融界、学术界享有较高声誉。国际清算银行还尽力使其全部金融活动与国际货币基金组织的活动协调一致，并与其联手解决国际金融领域的一些棘手问题。

国际清算银行：全球金融市场分化扩大

2018 年 9 月 26 日，素有"中央银行的银行"之称的国际清算银行（BIS）发布了最新的第三季度分析报告。报告指出，全球金融市场正在日益分化。具体而言，新兴经济体市场承压。最近几个月来受到强势美元以及贸易压力的影响，新兴市场货币汇率下跌，资产价格也遭撼动。与此同时，发达经济体市场也出现分化，宏观经济表现不一。BIS 货币和经济部门负责人克劳迪奥·博里奥（Claudio Borio）表示，虽然市场出现分化，但整体而言全球金融市场将继续向好，延续去年的涨势。

新兴经济体市场持续承压

在经历了 2017 年全年的长时间疲软后，美元在今年 2 月初出现了逆转，随后一路走强。一般而言，美元升值周期都伴随着部分新兴市场因为资本流出而引发危机的情况。本轮的"强美元"风暴也毫无意外地横扫了新兴市场。BIS 报告指出，截至 5 月份，新兴市场投资基金连续 16 个月出现资金净流入，这是前所未有的现象。据统计，继美联储 6 月 14 日公布加息后，海外投资者共从新兴市场资产撤出高达 55 亿美元的资金，其中 42 亿美元来自股市，13 亿美元流出债市。

虽然在过去 10 多年的时间内，新兴市场由于汇率机制更加灵活和外汇储备更加雄厚而提升了抗风险能力，但是依然有自身经济较为脆弱的新兴经济体市场陷入麻烦。统计数据显示，年初至今，委内瑞拉玻利瓦尔、土耳其里拉及阿根廷比索的贬值幅度都超过了 50%，巴西雷亚尔、俄罗斯卢布及印度卢比相对美元的贬值幅度也都在 15% 以上，其中阿根廷比索、印度卢比以及伊朗里亚尔均创历史新低，印尼盾创出亚洲金融危机以来的最低水平。加权平均而言，今年以来，新兴经济体货币整体贬值幅度超过了 10%。这些地区无一例外都在经济结构、经常项目逆差和外债水平方面存在较为严重的问题。

在资本外流和本币贬值的同时，以美元计价的金融工具和以本币计价的金融工具的主权息差也在上升。BIS 报告称，自今年 3 月底全球贸易紧张局势升级以来，新兴市场经济体资产遭受的累积损失甚至超过了 2013 年"缩减恐慌"的影响。不过，报告也指出，虽然投资者仍对新兴市场经济体的财务压力是否会加剧并进一步扩散感到不安，但目前主权债务的息差总体上仍低于目标水平，资产管理公司没有出现踩踏现象。BIS 称，新兴市场经济体的动荡"传染"势头已经得到遏制。

发达经济体市场出现分化

发达经济体市场在今年第三季度出现了分化。报告称，分化的出现主要有两个原因：一是各国货币政策正常化的节奏不同，二是欧洲和美国的宏观经济表现不一。报告指出，从 6 月初到 9 月中旬，尽管美联储仍在持续收紧货币政策，贸易紧张情绪也在加剧，但美国的风险资产表现仍优于保持宽松政策的日本及欧元区。短期内，美国财政刺激政策让市场对经济高速增长充满预期，市场还预期债券收益率增高。目前，通货膨胀还没有给市场带来威胁，所以美联储还可以继续其金融市场正常化节奏。因此从长期来看，美国金融状况或将放缓或持平。

欧元区经济表现则稍逊一筹。BIS 报告显示，"强美元"风暴也波及欧元区，尤其是其最弱的外围地区。数据显示，意大利主权债券市场的紧张局势以及新兴市场危机给欧元区银行带来压力，导致欧元区银行业股票市值从 5 月中旬到 9 月中旬下跌了近 20%。意大利银行业的股票市值下跌 24%，西班牙银行业下跌 22%，法国和德国的银行业下跌 18%，荷兰银行业下跌 16%，葡萄牙银行业下跌 12%。

博里奥在发布该报告时表示，"在土耳其经济不稳定、避险情绪升温、全球投资者撤离市场等因素的影响下，业务与土耳其关联度较大的那些银行的股票价格遭受了重挫。"博里奥补充说，"意大利是受影响最严重的国家"，因为"政治动荡已经在 5 月冲击了该国市场，该国的银行仍然受到可疑贷款的束缚"。

对于未来市场走势，博里奥表示，市场动荡仍将持续。"美元利率提升让新兴市场的日子并不好过。接下来市场依然会出现震荡，因为发达国家市场捉襟见肘，金融形势太过宽松，全球债务水平过高。债务占 GDP 之比甚至比金融危机之前水平还要高。幸运的是，受益于之前的金融改革，银行的金融杠杆水平降低。"博里奥分析说。

（资料来源：新浪财经）

第五节　亚洲开发银行

亚洲开发银行（Asian Development Bank，ADB）是亚洲、太平洋地区的洲际性政府间国际金融机构。它不是联合国下属机构，但它是联合国亚洲及太平洋经济社会委员会（简称联合国亚太经社会）赞助建立的机构，同联合国及其区域和专门机构有密切的联系。1963 年，日本提出了设立"亚洲开发银行"的建议，同年 12 月，联合国亚洲及远东经济委员会（简称亚经会）在马尼拉召开第一次亚洲经济合作部长级会议，讨论日本的建议，各国代表原则上同意建立亚洲开发银行。1965 年 11—12 月，在马尼拉召开了第二次亚洲经济合作部长级会议，一致通过了《亚洲开发银行章程》。1966 年 11 月 24 日，在东京举行了第一次亚洲开发银行董事会，标志着 ADB 正式成立；同年 12 月开始营业，总部设在菲律宾首都马尼拉。

参加亚洲开发银行的不仅有亚洲及太平洋经济社会委员会成员国和亚太地区的其他国家或地区，而且还有亚太地区以外的国家或地区。亚洲开发银行创建时，当时的台湾当局是以"中国"的名义加入的。1986 年 2 月 17 日，亚洲开发银行理事会通过决议，接纳中华人民共和国加入亚洲开发银行。3 月 10 日，中国成为亚洲开发银行正式成员国，台湾当局以"中国台北"的名义继续留在亚洲开发银行。现在，亚洲开发银行的成员已由创始时的 31 个，扩展为包括美国、英国、德国、法国、加拿大、意大利等非本地区国家在内的 68 个成员。

一、亚洲开发银行的宗旨

亚洲开发银行的宗旨是：向其国家成员或地区成员提供贷款和技术援助，帮助协调成员国或地区成员在经济、贸易和发展方面的政策，同联合国及其专门机构进行合作，以促进亚太地区的经济发展与合作。

ADB 的具体任务是：

（1）为亚太地区发展中国家成员或地区成员的经济发展筹集、提供资金。

（2）促进公、私资本对亚太地区各成员国或地区成员的投资。

（3）帮助亚太地区各成员国或地区成员协调经济发展政策，以更好地利用自己的资源在经济上取长补短，并促进其对外贸易的发展。

（4）为成员国或地区成员拟定和执行发展项目与规划提供技术援助。

（5）以亚洲开发银行认为合适的方式同联合国及其附属机构、亚太地区发展基金投资的国际公益组织，以及其他国际机构、各国公营和私营实体进行合作，并向它们展示投资与援助的机会。

（6）开展符合亚洲开发银行宗旨的其他活动与服务。

二、亚洲开发银行的组织机构

亚洲开发银行的组织机构主要有理事会和董事会。理事会是亚洲开发银行的最高权力机构，负责接纳新成员、变动股本、选举董事和行长、修改章程等，由各成员委派正、副理事各 1 名组成，一般每年开会一次。董事会是亚洲开发银行的执行机构。由理事会选出的 12 名董事组成，其中 8 名为亚太区域的代表，4 名为其他区域的代表。除日本、美国和中国董事外，其他董事均代表几个国家或地区。董事任期两年，可连任，常驻亚洲开发银行总部。董事会根据理事会的授权，负责业务的总政策方向和日常业务。

行长是该行的合法代表，必须是本区域成员国的国民，由理事会选举产生，任期 5 年，可以连任。行长无表决权，但是，一旦董事会表决的过程中有关两方票数相等，他就拥有决定性的 1 票表决权。副行长由行长提名，董事会任命。亚洲开发银行自成立以来，历届行长均由日本人担任。

亚洲开发银行年会一般在 5 月召开，其主要议题是探讨亚太地区的经济金融形势、发展趋势和面临的挑战，推动亚洲开发银行作为地区性开发机构在促进本地区社会经济发展方面发挥作用。同时会议还将对亚洲开发银行年度业务进行审议，并通过亚洲开发银行年度报告、财务报告、外部审计报告、净收入分配报告、预算报告等。

三、亚洲开发银行的主要业务

亚洲开发银行的主要业务活动有四个方面：贷款、技术援助、股本投资、联合融资和担保。

1. 贷款

向发展中国家成员提供贷款是亚洲开发银行援助中最具实质性的内容。亚洲开发银行的贷款一般直接贷给发展中国家成员的政府或由发展中国家成员的政府担保借给发展中国家成员的机构。

亚洲开发银行所发放的贷款按条件划分，有硬贷款、软贷款和赠款三类。硬贷款的贷款利率为浮动利率，每半年调整一次，贷款期限为 10~30 年（2~7 年宽限期）。软贷款也就是优惠贷款，只提供给人均国民收入低的成员国或地区成员，贷款期限为 40 年（10 年宽限期），没有利息，仅有 1% 的手续费。赠款用于技术援助，资金由技术援助特别基金提供，赠款额没有限制。

亚洲开发银行贷款可分为项目贷款、规划贷款、部门贷款、开发金融机构贷款、综合项目贷款、特别项目执行援助贷款和私营部门贷款等。

（1）项目贷款，即为某一成员国或地区成员发展规划的具体项目提供贷款。这些项目应该具备效益好、有利于借款成员国或地区成员经济发展、借款成员国或地区成员有较好的信用三个条件。

（2）规划贷款，是对某成员国或地区成员某个需要优先发展的部门或其所属部门提供资金，以便通过进口生产原料、设备和零部件，扩大现有生产能力，使其结构更趋合理化和现代化。亚洲开发银行为便于其监督规划的进程，将规划贷款分期执行，每一期贷款要同执行整个规划贷款的进程联系在一起。

（3）部门贷款，是援助的一种形式，是为提高所选择的部门或其分部门的执行机构的技术与管理能力而提供的。

（4）开发金融机构贷款，是通过成员国或地区成员的开发性金融机构进行的间接贷款，也称中间转贷。我国接受亚洲开发银行的第一笔贷款就是这种贷款，金额为1亿美元，由中国投资银行承办，主要用于小企业改造。

（5）综合项目贷款，是对较小的成员国或地区成员的一种贷款方式。由于这些国家的项目规模较小，借款数额也不大，为便于管理，亚洲开发银行便把这些项目捆在一起，作为一个综合项目来办理贷款手续。

（6）特别项目执行援助贷款，是亚洲开发银行为了使贷款项目在执行过程中，避免因缺乏配套资金等不曾预料到的困难使项目继续执行受阻而提供的贷款。

（7）私营部门贷款，分为直接贷款和间接贷款两种形式。直接贷款，是指有政府担保的贷款，或是没有政府担保的股本投资以及为项目的准备等提供的技术援助；间接贷款主要是指通过开发性金融机构的限额转贷和对开发性金融机构进行的股本投资。

2. 技术援助

技术援助是亚洲开发银行工作的重要组成部分。亚洲开发银行通过技术援助，帮助其发展中国家成员经济和有效地设计、拟定、执行和经营发展项目，以此来促进资源和技术向亚洲开发银行发展中国家成员转移。亚洲开发银行以赠款、贷款或赠贷结合的方式为技术援助提供资金。

技术援助可分为项目准备技术援助、项目执行技术援助、咨询性技术援助和区域活动技术援助。

（1）项目准备技术援助，用于帮助成员国或地区成员立项或进行项目审核，以便亚洲开发银行或其他金融机构对项目投资。

（2）项目执行技术援助，是为帮助项目执行机构（包括开发性金融机构）提高金融管理能力而提供的。亚洲开发银行一般通过咨询服务、培训当地人员等来达到提高项目所在地成员国或地区成员的金融管理能力的目的。在这项技术援助中，仅其中的咨询服务部分采用赠款形式，而其余部分采用贷款形式。

（3）咨询性技术援助，用于援助有关机构（包括亚洲开发银行执行机构），进行人员培训，研究和制订国家发展计划、部门发展政策与策略等。以前亚洲开发银行的咨询性技术援助多以赠款方式援助，后来以贷款方式提供的援助越来越多。

（4）区域活动技术援助，用于重要问题的研究，开发培训班，举办涉及整个区域发展的研讨会等。这项援助多采用赠款方式来提供。

技术援助项目由亚洲开发银行董事会批准，如果金额不超过 35 万美元，行长也有权批准，但需通报董事会。

3. 股本投资

股本投资是 1983 年开展的对私营部门的一项业务，不需要政府担保。除亚洲开发银行直接经营的股本投资外，还通过发展中国家成员的金融机构进行小额的股本投资。

4. 联合融资和担保

亚洲开发银行不仅自己为其发展中国家成员的发展提供资金，而且还吸引多边、双边机构以及商业金融机构的资金，投向共同的项目。这是亚洲开发银行所起的催化作用。这种做法对各方都有利：对受款国来说，增加了筹资渠道，而且条件优惠于纯商业性贷款；对亚洲开发银行来说，克服了资金不足的困难；对联合融资者来说，可以节省对贷款的审查费用。我国上海南浦大桥项目就是联合融资项目，亚洲开发银行提供了 7 000 万美元的贷款，从商业渠道联合融资 4 800 万美元。这是亚洲开发银行在中国开展的第一个联合融资项目。此外，亚洲开发银行还为我国山东莱芜钢厂和上海杨浦大桥项目进行了联合融资。

亚洲开发银行对参加联合融资的私营机构所提供的贷款还提供担保服务。担保服务可以帮助发展中国家成员从私营机构那里争取到优惠的贷款。亚洲开发银行对担保收取一定的费用。

第六节　亚洲基础设施投资银行

亚洲基础设施投资银行（Asian Infrastructure Investment Bank，AIIB），简称亚投行，是一个政府间性质的亚洲地区多边开发金融机构。2013 年 10 月，中国首先提出了筹建亚投行的倡议，2014 年年初，中国牵头与亚洲域内、域外国家进行了广泛沟通。经过多轮多边磋商，各域内意向创始成员国就备忘录达成了共识。2014 年 10 月 24 日，包括中国、印度、新加坡等在内的 21 个首批意向创始成员国的财长和授权代表在北京签约，共同决定成立亚投行。2015 年 6 月 29 日，亚投行"基本大法"——《亚洲基础设施投资银行协定》在北京举行签署仪式，中国成第一大股东；2015 年 12 月 25 日，《亚洲基础设施投资银行协定》正式生效，亚投行宣告成立，总部设在中国北京市西城区。亚投行创始成员国共 57 个国家（2015 年 4 月数据），截至 2021 年 10 月，亚投行成员国已达 104 个。

一、亚投行的宗旨和职能

亚投行成立的主要目的是为亚洲地区经济基础建设提供投资与融资以及各方面的条件与便利，通过与现有多边开发银行开展合作，将更好地为亚洲地区长期的巨额基础设施建设融资缺口提供资金支持；银行的成立将有助于从亚洲域内及域外动员更多的急需资金，缓解亚洲经济体面临的融资瓶颈，与现有多边开发银行形成互补，推进亚洲实现持续稳定增长。

1. 亚投行的宗旨

（1）通过在基础设施及其他生产性领域的投资，促进亚洲经济可持续发展，创造财富并改善基础设施互联互通；

（2）与其他多边和双边开发机构紧密合作，推进区域合作和伙伴关系，应对发展挑战。

2. 亚投行的职能

（1）推动区域内发展领域的公共和私营资本投资，尤其是基础设施和其他生产性领域的发展；

（2）利用其可支配资金为本区域发展事业提供融资支持，包括能最有效支持本区域整体经济和谐发展的项目和规划，并特别关注本区域欠发达成员的需求；

（3）鼓励私营资本参与投资有利于区域经济发展，尤其是基础设施和其他生产性领域发展的项目、企业和活动，并在无法以合理条件获取私营资本融资时，对私营投资进行补充；

（4）为强化这些职能开展的其他活动和提供的其他服务。

二、亚投行的组织机构与权力

亚投行采用股份制银行的管理模式，其组织结构分理事会、董事会、管理层三个层次。每个成员均应在理事会中有自己的代表，并应任命 1 名理事和 1 名副理事。每个理事和副理事均受命于其所代表的成员。除理事缺席情况外，副理事无投票权。董事会有 12 名董事，其中域内 9 名，域外 3 名。管理层由行长和 5 位副行长组成。董事会成员不得兼任理事会成员，董事任期两年，可以连选连任。在银行每次年会上，理事会应选举一名理事担任主席，任期至下届主席选举为止。

理事会为银行的最高权力机构。理事会可将其部分或全部权力授予董事会，但以下权力除外（即以下事宜必须由理事会决定和处理）：

（1）吸收新成员和确定新成员加入条件；

（2）增加或减少银行法定股本；

（3）中止成员资格；

（4）裁决董事会对本协定的相关解释或适用提出的申诉；

（5）选举银行董事，依照规定须由银行负担董事和副董事的支出及薪酬（如适用）；

（6）选举行长，中止或解除行长职务，并决定行长的薪酬及其他任职条件；

（7）在审议审计报告后，批准银行总资产负债表和损益表；

（8）决定银行的储备资金及净收益的配置与分配；

（9）修订《亚洲基础设施投资银行协定》；

（10）决定终止银行业务并分配银行资产；

（11）行使协定明确规定属于理事会的其他权力。

三、亚投行的资金来源

亚投行的资金来源分为普通资本和特别基金。

1. 普通资本

普通资本是亚投行贷款业务活动主要的资金来源，主要有：

（1）成员国认缴的股金。亚投行法定资金为 1 000 亿美元，分为 100 万股，每股的票面价值为 10 万美元，只供成员依照《亚洲基础设施投资银行协定》的规定认缴。

（2）来自国际金融市场及国家政府的借款。亚投行《亚洲基础设施投资银行协定》规定：银行可以对其发行或担保或投资的证券进行买卖；银行可以根据相关法律规定在成员国或其他地方通过举债或其他方式筹集资金。

（3）资金贷款或其他类型融资所得收入。包括：资金发放贷款或为兑付承诺所作担保获得的收入；银行收到的其他不属于特别基金的其他任何资金或收入；进行股权投资或其他类型融资的所得收益。

2. 特别基金

特别基金主要是由各国的自愿捐赠和从股本中的拨款组成。包括：银行接收并纳入特别基金的资金；用特别基金资金投资产生的任何收入；用特别基金发放或担保的贷款所得；股权投资的收益；可由特别基金支配使用的任何其他资金。

四、亚投行的主要业务活动

亚投行的主要目的是为亚洲地区经济基础建设提供投资与融资以及各方面的条件与便利，在全面投入运营后，亚投行将会采取一系列措施为亚洲地区的基础经济建设提供资金、股权、担保等便利，来拉动基础设施行业的建设。

亚投行的主要业务活动有四个方面：贷款、股本投资、技术援助、经济担保。

（1）贷款。直接贷款、联合融资或参与贷款。银行可以向任何成员或其机构、单位或行政部门，或在成员的领土上经营的任何实体或企业，以及参与本区域经济发展的国际或区域性机构或实体提供融资和贷款。

（2）股本投资。参与机构或企业的股权资本投资。

（3）技术援助。技术援助可分为项目准备技术援助、项目执行技术援助、咨询性技术援助和区域活动技术援助。

（4）经济担保。作为直接或间接债务人，全部或部分地为用于经济发展的贷款提供担保。

五、中国提出创立亚投行的意义

（1）世界经济的中心正在从欧洲和美洲向亚洲转移，亚洲人口众多，资源丰富，潜力巨大，但基础设施还明显落后，要推动亚洲经济加快发展，并带动世界经济加快复苏，首先要加大基础设施投入，加快改善基础设施条件。这对金融的需求非常大，现有的国际货币基金组织、世界银行和亚洲开发银行难以满足，成立新的国际化金融组织，筹集更多的资金加大投入，非常必要。

（2）亚洲基础设施投资的潜力巨大，中国"一带一路"倡议的实施，将进一步加快亚洲基础设施建设步伐，这对推动亚洲经济加快发展发挥重大作用，为全世界的投资提供巨大商机。因此，不仅对亚洲的资金有需求和吸引力，而且对全世界的资金都有需求和吸引力。

（3）区域性、国际性的金融组织也需要有竞争压力。没有竞争，就容易使这些区域性、国际化金融组织失去比较、创新和优化服务的压力与动力，增强其官僚习气，降低工作效率和服务水平。因此，在现在的金融组织之外，再增加亚投行，不仅不会浪费金融资源，反而有利于增强相互比较和竞争，促进各个金融机构的发展。

（4）引进亚洲区外成员国，特别是发达国家成为创始成员国，不仅有利于增强亚投行的资本实力，更有利于增强亚投行的开放性和国际化水平，优化亚投行的运行规则和内部管理，提升亚投行的国际影响力和筹资成本。

第七节　其他区域性国际金融机构

一、欧洲投资银行

欧洲投资银行（European Investment Bank，EIB）是欧洲经济共同体各国政府间的一个金融机构。根据 1957 年《建立欧洲经济共同体条约》（也称《罗马条约》）的规定，于 1958 年 1 月成立了欧洲投资银行，总部设在卢森堡。该行的宗旨是利用国际资本市场和共同体内部资金，促进共同体的平衡和稳定发展。为此，该行的主要贷款对象是成员国不发达地区的经济开发项目。

《罗马条约》规定，EIB 不以营利为目的，其业务重点是对在共同体内落后地区兴建的项目、有助于促进工业现代化的结构改革的计划和有利于共同体或几个成员国的项目，提供长期贷款或保证；也对共同体以外的地区输出资本，但贷款兴建的项目必须对共同体有特殊意义（如改善能源供应），并经 EIB 总裁委员会或特别批准。对与共同体有联合或订有合作协议的国家和地区，一般按协定的最高额度提供资金。从 1964 年起，贷款对象扩大到与欧共体有较密切联系或有合作协定的共同体外的国家。

EIB 是股份制企业性质的金融机构。董事会是最高权力机构，由各成员国财政部长组成，负责制定银行总的方针政策，董事长由各成员国财政部长轮流担任。董事会下有理事会、管理委员会和审计委员会。理事会负责主要业务的决策工作，如批准贷款、确定利率等；管理委员会负责日常业务的管理。

提供贷款是 EIB 的主要业务，贷款有两种形式：一是普通贷款，即运用法定资本和借入资金办理的贷款，主要向共同体成员国政府和私人企业发放，贷款期限可达 20 年；二是特别贷款，即向共同体以外的国家和地区提供的优惠贷款，主要根据共同体的援助计划，向同欧洲保持较为密切联系的非洲国家及其他发展中国家提供，贷款收取较低利息或不计利息。

二、泛美开发银行

泛美开发银行（Inter-American Development Bank，IADB）主要由美洲国家组成，是向拉丁美洲国家提供信贷资金的区域金融机构。1959 年，20 个拉丁美洲国家和美国签订了建立泛美开发银行的协定，12 月 30 日生效。1960 年 1 月 IADB 正式营业，总部设在美国华盛顿。中国于 2009 年 1 月 12 日正式加入泛美开发银行。

IADB 的宗旨是集中美洲内部的资金向成员国政府及公私团体的经济、社会发展项目提供贷款或对成员国提供技术援助，以促进拉丁美洲国家的经济发展和经济合作。

IADB 的法定资本原定为 10 亿美元，分为普通资本和特种业务基金。后因资金逐渐增加和美洲以外国家的先后加入，银行法定资本又分为三种：普通资本，由美洲国家认缴；区际资本，由美洲和美洲以外的国家共同认缴；特种业务基金。该行还通过发行债券在国际金融市场筹借资金，并同各国际金融机构保持密切联系。

IADB 的贷款分为普通业务贷款和特种业务基金贷款。普通业务贷款的对象是政府和公私机构的经济项目，期限一般为 10~25 年，还款时须用所贷货币偿还。特种业务基金贷款主要用于条件较宽、利率较低、期限较长的贷款，期限多为 10~30 年，可部分或全部用本国货币偿还。社会进步信托基金的贷款用于资助拉美国家的社会发展和低收入地区的住房建筑、卫生设施、土地和乡村开发、高等教育和训练等方面。其他基金的贷款，也各有侧重。

IADB 中工业发达和比较发达的国家，在银行业务中的主要活动是提供资金，从中得到的好处是通过资本输出加强对拉美各国的商品和劳务出口。

三、非洲开发银行

非洲开发银行（African Development Bank，ADB）是非洲国家政府间建立的区域性国际金融机构，于 1964 年成立，1966 年 7 月 1 日正式营业，总部设在科特迪瓦的经济中心阿比让。中国于 1985 年 5 月加入非洲开发银行。截至 2016 年年底，ADB 的成员由 54 个非洲国家和 27 个非洲以外的国家组成。ADB 的宗旨是促进非洲地区成员的经济发展与社会进步。

ADB 的最高决策机构是理事会，理事会由各成员国出 1 名理事组成，一般为成员国的财政部长或经济部长。理事会每年举行一次会议，必要时可举行特别理事会议，讨论制定银行的业务方针和政策，决定银行重大事项，并负责处理银行的组织和日常业务。理事会年会负责选举行长和秘书长。董事会由理事会选举产生，是银行的执行机构，负责制定银行的各项业务政策。

ADB 的资金主要来源于各成员国的认缴份额，分为普通资金来源和特别资金来源。主要业务是向成员国提供贷款，以发展公用事业、农业、工业项目及交通运输项目。贷款分为普通贷款业务和特别贷款业务，普通贷款业务包括用 ADB 普通资本提供的贷款和担保贷款业务；特别贷款业务是用 ADB 规定专门用途的"特别基金"开展的贷款业务。特别贷款的条件非常优惠，不计利息，贷款期限最长可达 50 年，主要用于大型工程建设项目。此外，ADB 还为开发计划或项目建设的筹资和实施提供技术援助。

本章内容提要

1. 国际金融机构是从事国际金融业务、协调国际金融关系、维系国际货币秩序和信用体系正常运转的超国家机构，是为处理国际金融往来而由多国共同或联合建立的金融组织。国际金融机构在国际经济生活中发挥了重要作用，已经成为国际发展援助的主体和国际融资的重要渠道。

2. 国际金融机构特点：是政府间的金融组织；是股份公司式的企业组织形式；政治

色彩浓厚，活动受经济大国控制。

3. 国际货币基金组织是一个旨在稳定国际金融体系的专业机构，主要任务是稳定国际汇率，消除妨碍世界贸易的外汇管制，在货币问题上促进国际合作，并通过提供短期贷款帮助成员国解决在国际收支出现暂时困难时的外汇资金需要。

4. 世界银行集团由国际复兴开发银行、国际开发协会、国际金融公司等成员机构组成。世界银行，就是指国际复兴开发银行。

5. 国际清算银行的宗旨：促进世界各国中央银行间的合作，为国际金融活动提供更多的便利，在国际清算业务方面充当代理人或受托人。

6. 亚洲基础设施投资银行（亚投行）宗旨：通过在基础设施及其他生产性领域的投资，促进亚洲经济可持续发展、创造财富并改善基础设施互联互通；与其他多边和双边开发机构紧密合作，推进区域合作和伙伴关系，应对发展挑战。

课后练习

一、重点概念

国际金融机构　国际货币基金组织　世界银行集团　　　　世界银行　国际清算银行
亚洲开发银行　国际金融公司　　亚洲基础设施投资银行

二、思考题

1. 简述国际金融机构的特点。
2. 简述国际金融机构的作用。
3. 简述国际货币基金组织的业务活动。
4. 简述国际清算银行的业务活动。
5. 简述亚投行的宗旨和职能。

第六章 国际储备及其管理

📖 学习目标

1. 掌握国际储备的体系和管理。
2. 掌握国际储备管理的目标和原则。
3. 了解我国的国际储备管理。

📖 能力目标

1. 能够分析国际储备对经济的影响。
2. 能够运用本章所学知识分析何为适度的外汇储备规模。

📖 情景导读

外储能否无偿分给国民？

我国目前近3.1万亿美元的外汇储备与涉外经济及居民的金融生活密切相关，已有越来越多的人关注外汇储备的相关问题，有人不免提出这样的疑问：数额如此庞大的资产为何不能分配给国民？藏汇于民如何实现？

我们不妨用农民卖粮及粮库收粮的故事来说明。

假如有一个村庄叫作宝山村，每家都是种粮大户，每到丰收时节，家家户户的粮仓总是堆满了粮食。在将一定数量的口粮存放在自家粮仓后，村民便将剩余的粮食卖给粮库。村民卖粮的步骤十分简单，开着拖拉机把粮食送到粮库，按照当时的收购价论斤卖粮，粮食过秤后，便拿到了卖粮的钱。

这些年来风调雨顺，收成不错，按经验判断粮价高不了，除了必需的粮食，村民都愿意把多余的粮食卖给粮库。然而今年，由于自然灾害，收成少了，村民的余粮不足了，于是就有村民向粮库管理员提议："粮库不是国家的粮库吗？里面的粮食那么多，不都是我们辛辛苦苦种出来的吗？现在分给我们一些不就能解决缺粮的难题了？"这时，粮库的管理员不同意了，他把账本拿出来对村民说："我们是付钱买走大家的粮食的，现在怎么可能无偿分给大家呢？"

外汇储备就好像粮库中的粮食一样，不能将数额庞大的外汇储备无偿分配给国民使用，其道理就像粮库里面的粮食不能无偿发还给村民一样。外汇储备来源于人民银行以基础货币在外汇市场的购汇，也就是说在人民银行买入外汇的时候，已经向外汇持有人支付了等值的人民币。这个过程就好像粮库是通过付钱来收取村民的粮食一样。

需要分清的是，外汇储备的形成是支付了成本的，但这一成本并不是财政资金，它对应的是人民银行的货币发行和人民币负债，所以它在使用上不能像财政拨款那样无偿划拨使用。

既然把粮食无偿分给村民是行不通的，那么村民不把每年的余粮卖给粮库，而是自己想办法保存也是可以的。但很多村民又觉得，一时间要找办法自行保存管理粮食还真是不容易，而且可想的办法也是千差万别，很难判断怎样做更有利于保管粮食。

同样的道理，当前我国的外汇资产大多集中在政府手中，民间外汇资金"蓄水池"规模有限。在人民币存在升值预期、国内外利差等因素影响下，目前企业和个人结汇意愿较为强烈，普遍不愿意持有和保留外汇。目前"藏汇于民"的障碍不在于政策，而主要在于涉汇主体少有持汇意愿。

（资料来源：金投网）

思考与讨论：你认为外汇储备应如何管理？

本章首先应该掌握国际储备的概念，国际储备是指一国在对外收支发生逆差时，其金融当局能直接利用或通过同其他资产的转换来支持其货币汇率的一切资产。其次，应该掌握国际储备的构成，包括货币性黄金、外汇储备、在国际货币基金组织的储备头寸和特别提款权。分清国际储备与国际清偿力的区别，分清普通提款权和特别提款权的区别。再次是掌握国际储备管理的基本原则与方法，熟悉国际储备规模管理中所运用的指标。最后根据国际储备管理的原则，探讨我国的国际储备管理问题。

第一节　国际储备

一、国际储备的概念与特征

（一）国际储备的概念

国际储备（International Reserve）也称"官方储备"，是指一国货币当局所保有的，为弥补国际收支逆差、维持本国货币汇率的稳定以及随时应付各种紧急支付并且为世界各国所普遍接受的各种形式的资产总称。

对国际储备的定义一般有广义和狭义之分，通常所讲的国际储备是狭义的国际储备，即自有储备。在国际金融文献中，常常出现国际清偿能力的概念。国际清偿能力是广义上的国际储备，包括自有储备和借入储备。一国的国际清偿能力，除包括该国货币当局持有的各种形式的国际储备能力（自有储备）之外，还包括该国在国外筹措资金的能力，即向外国政府或中央银行、国际金融组织和商业银行借款的能力。

国际清偿能力和国际储备在职能作用上是一致的，国际储备是国际清偿能力的一部分，国际清偿能力包含国际储备（广义包含着狭义）。世界银行对国际储备所下的定义为："各国家货币当局占有的、在国际收支逆差时可以直接或通过有保障的机制兑换成其他资产以稳定该国汇率的所有资产。"目前，这一解释已成为国际金融学界公认的标准定义，这也就是上面所说的狭义的国际储备的概念。

知识拓展

经中国人民银行批准，中国银联于2005年1月10日正式开通人民币银联卡在韩国、泰国和新加坡的受理业务，这是人民币银联卡继2004年1月18日和9月8日分别在中国香港和澳门地区实现受理后，首次走出国门。届时，内地银行发行的带有"银联"标识的人民币银行卡可在上述三国贴有"银联"标识的自动柜员机（ATM）和商户销售终端（POS）上使用。我国国民经济在近几年每年保持较高的增长速度，使得我国在世界经济体系中的地位越来越高，尤其是我国成功避免1997年亚洲金融危机冲击，充分表明我国政府有促进经济健康、持续、稳定发展的实力，也使得人民币在国际清算体系中逐渐得到了市场的认同和肯定。加入世界贸易组织是我国经济融入世界经济一体化的必然趋势，同时意味着我国的经济发展要求我国要在世界经济体系中争取自己的一席之地。世界上许多国家习惯以发达国家的货币作为国际清算的基本货币，比如美元、欧元，随着我国经济的进一步发展壮大，我们未尝不可站在战略高度，在实行"走出去"的背景下，先在小区域内的国际市场上"小试牛刀"，积累货币管理经验，将来把人民币变为世界上经济往来中的国际结算货币之一。

（二）国际储备的特征

我们把一个国家用于国际储备的资产，称为国际储备资产。根据国际储备的定义，能够作为国际储备的资产必须具备以下四个最基本特征。

（1）官方持有性。作为国际储备的资产，必须是一国中央货币当局直接掌控并予以使用的。这种直接的"掌控"可以看成是一国中央货币当局的一种"特权"。这种"特权"使国际储备被称为官方储备，也使国际储备与国际清偿能力区分开来。非官方金融机构、企业和私人持有的黄金、外汇等资产，不能算作国际储备。

（2）充分流动性。作为国际储备的资产，必须具有流动性，即可以自由地与其他金融资产相互交换。国际储备资产必须是随时都能够动用的资产，如存放在银行里的活期外汇存款、有价证券等。当一国国际收支失衡或汇率波动过大时，就可以动用这些资产来平衡国际收支或干预外汇市场来维持本国货币汇率的稳定。

（3）普遍接受性。作为国际储备的资产，必须能够为世界各国普遍认同、接受和使用。如果一种金融资产只是在小范围或区域内被接受、使用，尽管它也具备可兑换性和充分流动性，但仍不能称为国际储备资产。

（4）自由兑换性。作为国际储备的资产，必须可以自由地与其他金融资产相交换，充分体现储备资产的国际性。缺乏自由兑换性，储备资产的价值就无法实现，这种储备资产在国际上就不能被普遍接受，也就无法用于弥补国际收支逆差及发挥其他作用。

二、国际储备的构成

国际储备资产的构成是随着历史的发展而变化的。目前，根据国际货币基金组织对国际储备概念的定义，一国的国际储备资产主要包括黄金储备、外汇储备、在国际货币基金组织的储备地位（储备头寸）和在国际货币基金组织的特别提款权四部分。

（一）黄金储备

黄金储备也称为"货币性黄金"，是指一国货币当局作为金融资产所集中持有的货币性黄金，工业用黄金和民间收藏的黄金等非货币用途黄金不在此范围内。在国际金本位制度下，黄金储备是国际储备的典型形式。黄金储备可以用来平衡国际收支，维持或影响汇率水平，在稳定国民经济、抑制通货膨胀、提高国际资信等方面有着特殊作用。

在现行的牙买加货币制度下，黄金作为储备资产的作用已经明显减弱。第一，黄金的流动性较低。根据《牙买加协定》，黄金不能直接进行对外支付。一国为了弥补国际收支逆差，必须先将黄金储备变现为外汇资产。在变现过程中涉及两项成本，一项是变现成本，另一项是因短期集中抛售黄金导致金价下跌的成本。这两项成本的存在使得黄金储备的吸引力下降。第二，黄金收益率偏低。由于黄金本身不能生息，所以黄金的收益来自金价的上涨扣除保管黄金的费用。

但是，由于黄金作为储备资产有其特殊的优点，所以黄金仍然是国际储备的重要形式。它的优点包括：第一，黄金是最可靠的手段，特别是当国际环境出现政治、经济动荡时，黄金能够保值。第二，黄金储备不受任何超国家权力的干预，完全是一国主权范围内的事情，可自由控制。第三，黄金储备具有内在价值，比较可靠，不受国家或金融机构的信用和偿付能力的影响，债权国处于主动地位。第四，一国黄金储备的多少，代表了一国的金融和经济实力。

目前许多国家，包括西方主要国家国际储备中，黄金仍占有相当重要的地位。总体来看，国际货币基金组织成员国的黄金储备总价值在国际储备总量中呈下降趋势。

知识拓展

世界黄金协会公布的数据显示，2022 年全球黄金储备量最多的 10 个国家具体如下：

（1）美国，8 133 吨。最近几年时间，美国的黄金储备量一直稳定在 8 100 吨左右。

（2）德国，3 355 吨。

（3）意大利，2 452 吨。

（4）法国，2 437 吨。

（5）俄罗斯，2 327 吨。这个储备量要比 2018 年多出了 500 吨左右。

（6）中国，2 068 吨（截至 2023 年 4 月末已经达到 2 076.47 吨）。以前中国的黄金储备量都低于 2 000 吨，但进入 2022 年之后，中国一直加大对黄金的持有力度，现在也突破了 2 000 吨大关。

（7）瑞士，1 040 吨。

（8）日本，846 吨。

（9）印度，795 吨。

（10）荷兰，612 吨。

（二）外汇储备

外汇储备是指一国货币当局所持有的在国外可自由兑换的储备货币和其他可随时转换成这些货币的金融流动资产。外汇储备的具体形式是政府在国外银行的短期存款或其他在国外兑现的支付手段，如外国有价证券，外国银行的支票、期票、外币汇票等。外汇储备是当今国际储备中的主体，是各国国际储备资产中使用频率最高、规模最大的部分。

外汇储备的多少，从一定程度上反映一个国家应付国际收支的能力，对于平衡国际收支、稳定汇率有重要的影响。外汇储备的功能主要包括以下四个方面：

（1）调节国际收支，保证对外支付；

（2）干预外汇市场，稳定本币汇率；

（3）维护国际信誉，提高融资能力；

（4）增强综合国力，抵抗金融风险。

一般来说，外汇储备的增加不仅可以增强宏观调控的能力，而且有利于维护国家和企业在国际上的信誉，有助于拓展国际贸易、吸引外国投资、降低国内企业的融资成本、防范和化解国际金融风险。但是与黄金储备不同的是，外汇储备属于信用货币。当一国外汇储备过多时，将引起国内通货膨胀。同时，也意味着经济资源的巨大浪费。

保持一定的外汇储备，有助于一国进行经济调节、实现内外均衡。当国际收支出现逆差时，动用外汇储备可以促进国际收支平衡。当国内宏观经济不平衡，总需求大于总供给时，可以动用外汇组织进口，从而调节总供给与总需求的关系，促进宏观经济平衡。当汇率出现波动时，可以利用外汇储备干预汇率，使之趋于稳定。因此，外汇储备是实现经济均衡稳定的一个重要手段。

📖 知识拓展

外汇储备和黄金的比较

黄金是价值实体，而且其供给有限，因而价格比较稳定。目前的储备货币都实行信用货币制度，经常发生通货膨胀。因此，从安全性上看，黄金优于外汇。但目前黄金已不能直接用于国际支付，持有黄金要付出一定的保管费用，而且不能获取利息。外汇可用于直接支付，持有外汇还可获得利息。因此，从流动性和收益性上看，外汇优于黄金。目前，为保证国际储备能随时发挥作用，各国的黄金储备已退居二线，外汇储备占主导地位。

（三）储备头寸

储备头寸又称普通提款权，是指各成员国在国际货币基金组织的普通账户中可以随时自由提取和使用的资产，包括各成员国在国际货币基金组织的储备部分提款权余额和国际货币基金组织提供的可兑换货币贷款余额。

根据国际货币基金组织的规定，成员国加入时必须缴纳份额，其中会员国份额的25%需用可兑换货币缴纳，75%可用本国货币缴纳。当成员国发生国际收支困难时，成员国有权以本国货币为抵押向国际货币基金组织申请提用可兑换货币，可使用的最高限额为份额的125%，每25%为一档，条件逐档严格。成员国以可兑换货币缴纳的部分，称为"储备部分提款权"，这部分（一档）提款权在成员国发生国际收支逆差时可以随时无条件提取使用，不需要经过国际货币基金组织批准。其余四档为信用提款权，实际上是国际货币基金组织向成员国提供的可兑换货币贷款。

知识拓展

国际货币基金组织新借款安排

新借款安排（NAB）的借款程序与借款总安排（GAB）相似，这两项借款安排的最高贷款额不能超过 340 亿特别提款权。会员国申请借款，如 NAB 不能接受，则可转向 GAB 申请借款。经 85% 投票权同意，NAB 即启动生效。NAB 最初有 25 个参加方，截至 2021 年 1 月，NAB 的参与方增加到 40 个，它们分别是澳大利亚、奥地利、智利、葡萄牙、以色列、比利时、巴西、加拿大、中国、塞浦路斯、德国、法国、中国香港特别行政区、印度、意大利、日本、韩国、科威特、卢森堡、马来西亚、墨西哥、荷兰、新西兰、挪威、菲律宾、波兰、俄罗斯、沙特阿拉伯、新加坡、南非、西班牙、瑞典、瑞士、泰国、英国、美国、丹麦、芬兰、希腊和爱尔兰。

（四）特别提款权

特别提款权是国际货币基金组织创设的一种储备资产和记账单位，亦称"纸黄金"。创设特别提款权旨在补充黄金及可自由兑换货币以保持外汇市场的稳定。它是国际货币基金组织分配给成员国的一种使用资金的权利。成员国可以用特别提款权，向国际货币基金组织换取可兑换货币进行国际支付，或直接用于偿还对国际货币基金组织或其他成员国政府的官方债务。

作为一种使用资金的权利，特别提款权还可与黄金、自由兑换货币一样充当国际储备。但由于其只是一种记账单位，不是真正的货币，使用时必须先换成其他货币，不能直接用于贸易或非贸易的支付。因为它是国际货币基金组织原有的普通提款权以外的一种补充，所以被称为特别提款权。特别提款权是储备资产的一部分。

三、国际储备资产的来源

通常所说的国际储备来源，分为国家（地区）和世界两个方面。从一国来看，国际储备的来源有以下几种渠道：

（一）国际收支顺差

国际收支顺差是一国国际储备最主要的来源。在一国的国际收支顺差中，经常项目顺差特别是贸易项目的顺差起着重要作用，是增加国际储备来源最可靠的途径；非贸易收支的顺差则具有重要的补充作用。国际收支中资本项目的顺差，则在一定程度上反映了一个国家所具有的国际信誉和国际融资能力，但它并不是一个国家增加国际储备资产的可靠和稳定的来源。

（二）中央银行干预外汇市场取得的外汇

中央银行干预外汇市场往往会取得一定的外汇，并以此来增加国际储备。这通常表现为，在本币受到升值压力的情况下，一国货币当局在外汇市场抛售本币，购进外汇，以稳定汇率。购进的外汇便成为该国国际储备的一部分。反之，在本币有贬值压力时，中央银行抛售外汇，买进本币，外汇储备（国际储备）会因此减少。

（三）收购黄金

尽管黄金的地位有所弱化，但黄金作为价值实体和补充国际储备资产的作用并未改变。收购黄金包括两方面：第一，一国从国内收购黄金并集中至中央银行手中；第二，一国中央银行在国际金融市场上购买黄金。需要指出的是，如果用原有的外汇储备从国际市场上购买黄金，只改变该国国际储备的构成，并不会增大其国际储备总量。只有当一个国家用本币在国内市场上收购黄金时，即将原来储藏于国内的黄金从非货币用途转变为货币用途而使得官方持有的黄金储备资产增加时，才会使得一国国际储备资产总量增加。

（四）国际货币基金组织分配的特别提款权

特别提款权是一个国家国际储备资产的构成形式之一，因此，当一个国家接受了来自国际货币基金组织所分配的特别提款权时，就意味着国际储备资产的增加。虽然特别提款权是成员国额外的国际储备来源，但由于分配总额占世界储备资产总额的比重过低，而且在发达国家和发展中国家之间的分配额不平衡，因此，它不是成员国国际储备的主要来源。

（五）一国政府或中央银行对外借款

一国政府或中央银行运用其自身的信誉及经济实力，以国际信贷方式吸收的外汇资金，也是一国国际储备的来源之一。

另外，储备资产收益和储备资产由于汇率变动而形成的溢价，也可成为国际储备的来源。

四、国际储备的作用

国际储备的作用，可以从两个层次来理解：第一个层次是从世界范围来考察国际储备的作用。随着世界经济和国际贸易的发展，国际储备也相应增加；国际储备对于促进商品和资本的国际流动、维持国际金融秩序的稳定和保障世界经济的正常运转都发挥着重要作用。第二个层次则是具体到每一个国家来考察国际储备的作用。就一国而言，国际储备的作用表现在以下几个方面：

（一）弥补国际收支逆差，维持对外支付能力

当一国国际收支因偶然性和季节性的因素而导致出口减少，出现暂时的国际收支逆差时，可直接动用国际储备来平衡国际收支，而不必采取影响整个宏观经济的财政政策、货币政策或压缩进口等限制性措施来调节，以避免影响国内经济的正常发展。如果国际收支失衡是长期的、巨额的，或根本性的，动用国际储备只能起到一种缓冲作用，避免因猛烈的调节措施可能带来的国内经济震荡。针对这种根本性的国际收支失衡，仅靠动用国际储备来调节不但不能根本解决问题，相反会导致国际储备的枯竭。因此，当一国经济因政策失误或经济结构不合理而造成国际收支持续性逆差时，对包括外汇储备的储备资产的动用，必须谨慎进行。

（二）干预外汇市场，维护本国货币汇率的稳定

当本国货币的汇率在外汇市场上发生变动或波动时，尤其是因非稳定性投机因素引起本国货币汇率波动时，政府可动用外汇储备资金来干预外汇市场，以保持外汇市场上本币汇率的稳定。例如，通过出售外汇储备购入本币，可使本国货币汇率上升。反之，通过购

入外汇储备抛出本币，可以增加市场上本币的供应，从而使本国货币汇率下浮。

由于各国持有的国际储备总是有限的，因而外汇市场干预只能对汇率产生短期的影响。通常，汇率的波动在很多情况下是由短期因素引起的，因此，外汇市场干预能对稳定汇率乃至稳定整个宏观金融和经济秩序起积极作用。

（三）对外借款的信用保证

国际储备是衡量一国对外信誉、抵御金融风险以及偿债能力的重要指标。一国拥有充足的国际储备，可以为本国货币在国际上的信誉和地位提供有力的支持。国际储备的信用保证作用可表述为：一是可以作为政府向外借款的保证；二是可以作为本国货币价值稳定的保证。充足的国际储备也是获得国外资金流入、促进国内经济发展的重要保证。

（四）获取国际竞争优势

国际储备是国家财产，一国持有比较充分的国际储备，就意味着政府有能力左右其货币的对外价值，即有能力使其本币汇率上升或下降，以获取国际竞争的优势。

综上所述，国际储备不仅是一种支付手段，而且还起着平衡资产和干预资产的作用。

专栏讨论

人民币国际化

如果你控制了石油，你就控制了所有国家；如果你控制了粮食，你就控制了所有的人；如果你控制了货币，你就控制了整个世界。　　　　——基辛格

要颠覆现存社会的基础，再没有比搞坏这个社会的货币更微妙且更保险的方式了。这一过程引发了经济规律的破坏性一面中隐藏的全部力量，它是以一种无人能弄明白的方式做到这一点的。　　　　——凯恩斯

五、现代国际储备体系的特点

国际储备体系是指在一种国际货币制度下，国际储备货币或资产的构成与集合的法律制度安排。这种制度安排的实质是，中心储备货币或资产的确定及其与其他货币或资产的相互关系。

（一）国际储备体系的演变

国际储备体系的演变即中心货币或资产在国际经济交易中的延伸与扩展。随着国际货币体系的变迁，国际储备体系的演变从单元的储备体系逐步向多元的储备体系发展。

1. 第一次世界大战前的单元化储备体系

在典型的金本位货币制度下，世界市场上流通的是金币。国际储备体系特点就是国际储备受单一货币支配，即国际储备体系单元化。在这项制度下，黄金是国际结算的主要手段，同时也是最主要的储备资产。

2. 第二次世界大战后至20世纪70年代初以美元为中心的储备体系

第二次世界大战后，布雷顿森林体系建立，美元取得了与黄金同等的地位，成为这一时期最主要的储备货币。这时的储备体系称为美元—黄金储备体系。在这个体系中虽然黄金仍然是重要的国际储备货币，但随着国际经济贸易的恢复与迅速发展，美元成为最主要

的储备资产。各国逐渐降低黄金储备，而美元在国际储备体系中的比例逐渐超过黄金，成为最重要的国际储备资产。从总体上看，这一时期各国的外汇储备仍是美元独尊的单元化体系。

3. 20世纪70年代后至今的多元化储备体系

布雷顿森林体系崩溃后，国际储备体系发生了质的变化。这主要表现在，国际储备体系完成了从长期的国际储备单元化向国际储备多元化的过渡，最终打破了某一货币（如美元）一统天下的局面。多年来，形成了一种由黄金、外汇、特别提款权、储备头寸等多种国际储备资产构成的一种典型性的多元化国际储备体系，即现代的国际储备体系。

（二）现代国际储备体系的特点

现行的国际储备体系特点主要表现为以下几个方面：

1. 国际储备多元化

20世纪70年代，美元先后两次宣布贬值，这使很多国家的美元储备蒙受重大损失。于是，一些国家纷纷抛售美元，买进升值的联邦德国马克、日元和瑞士法郎，或抢购黄金，使储备资产分散化。而此时又正逢浮动汇率制度取代固定汇率制度，从而加速了国际储备多元化的形成。储备货币多元化弥补了单一货币储备的缺陷，各货币发行国可以进行公平竞争，这对国际货币体系及各国经济发展起到了积极的作用，但也存在某些明显不足。国际储备多元化对经济的影响分为两个方面：

（1）国际储备多元化的有利影响。

第一，缓和了国际储备资产供不应求的矛盾，满足了经济发展对储备货币的需要。在以美元为中心的储备体系下，美元是单一的储备货币。随着各国经济的发展，对美元的需求不断扩大，美国无法满足这一需求，从而造成了国际储备资产供不应求的矛盾。国际储备多元化减少了对美元的过分依赖，使美国独霸国际金融天下的局面被打破。在多元化国际储备体系下，同时以几个经济发达国家的硬货币为中心储备货币，使各国可使用的储备资产增加，为各国满足多样化需求和灵活调节储备货币提供了条件。

第二，促进了各国货币政策的协调。多元化体系的建立使各货币发行国可以进行公平竞争，避免或减轻了在单一储备体制下货币发行国操纵或控制储备货币的供应所形成的霸权主义，便于各国进行政策协调和主动选择所需的储备货币。同时，国际储备货币多样化，可以在很大程度上削弱一国利用储备货币发行国的地位而强行转嫁通货膨胀和经济危机的可能性。此外，多元化储备货币的付诸实践，本身就是一个经济全球化的问题，为了维持多元化储备体系的健康发展和国际金融形势的稳定，各国必须互相协作，共同干预与管理。这些都有利于各国加强国际金融合作，改善相互间的经济关系。

第三，有利于调节国际收支。在国际储备多元化的情况下，各国可以通过各种渠道获取多种硬货币用于平衡国际收支逆差，这比只有单一美元储备可用于弥补国际收支逆差方便得多。此外，多元化国际储备体系处于各国实行浮动汇率制度的环境中，各国可以采取相应的措施对本国的国际收支进行调节。而在单一储备体制下，为调节国际收支而采取变更汇率的措施时，必须事先征得国际货币基金组织同意后才能实施。

第四，有利于防范汇率风险。多元化国际储备体系，可为各国提供有效地组合储备资产、规避风险的条件，即各国可以根据外汇市场的变化，适当调整其外汇储备的货币结构，对其进行有效的搭配组合，以防范或减轻外汇风险和损失，保持储备价值的相对稳定，并尽力获取升值的好处。而在单一储备体制下，当单一美元货币宣布贬值时，各国必将遭受损失。

（2）国际储备多元化的不利影响。

第一，加剧了国际外汇市场的动荡。国际储备多元化以后，外汇市场上各种储备货币受储备需求和市场需求的影响，往往会引起更多的不稳定性。这种状况给外汇投机活动以可乘之机，多元化国际储备体系尚无法彻底平抑这种外汇市场投机，甚至有时还会刺激国际金融市场动荡不安。

第二，增加了掌握储备数量和组合的难度。国际储备资产分散化以后，带来了储备资产稳定性的国际性问题。各储备货币发行国经济发展的不平衡、储备货币持有国需求不一致以及国际经贸发展情况不同，都将影响储备货币地位的变化和汇率的波动，从而增加了掌握储备货币数量和组合的难度。

第三，加深了国际货币制度的不稳定性。多元化国际储备制度的稳定建立在多种货币稳定的基础上。由于世界上还没有为储备多元化建立起权威的协调和约束机制，因此，当储备货币发行国中的任何一国的经济发生波动时，都会影响其货币的变动，从而影响国际货币制度的稳定性。

2. 全球国际储备分布不均衡

由于各国经济实力和金融实力的不平衡，国际储备的数量及其分布始终是不均衡的，发达国家拥有了绝大部分的黄金储备和大部分的非黄金储备，经济实力雄厚，国际清偿力充足。相反，发展中国家黄金储备极少，非黄金储备也不及发达国家，这反映了发展中国家经济实力薄弱，国际清偿力不足。由此引发了发达国家与发展中国家的矛盾，而如何解决这个矛盾，还需国际社会长期努力。

3. 国际金融市场对外汇储备的影响明显增强

储备货币是储备货币发行国通过国际收支逆差输出货币实现的，如果各国将持有的储备货币存入国际金融市场，通过国际银行业的信贷扩张，可以派生更多的储备货币。国际金融机构的信贷派生功能有可能导致储备货币的过度增加，形成流动性过剩，引发或加剧世界性的通货膨胀；国际金融机构的信贷收缩功能则可能造成储备货币头寸不足，引发世界性通货紧缩。

4. 国际储备中黄金仍占相当比重，但非黄金储备显著增长

在国际储备中，外汇储备占绝大比重，但黄金储备亦占相当比重。由于布雷顿森林体系解散，黄金被逐渐非货币化。1976年《牙买加协定》取消黄金的官价以后，黄金不再充当国际货币，黄金在官方储备中的地位降低。20世纪90年代以来，不少国家出现了抛售黄金的现象，使得黄金储备在国际储备总资产中的比重快速下降。尽管如此，由于黄金的长期价值稳定可靠，特别是经过多次金融危机，黄金的稳定性使之再一次成为各国政府对付金融危机和改善国际收支状况的重要工具。1999年度诺贝尔经济学奖得主芒德尔也认为，对不使用欧元和美元的国家来说，黄金仍然是重要的储备资产。万一美元或欧元大幅下滑、通货膨胀加速，或战争爆发，黄金就会成为很好的避险工具。

因此，在各国国际储备中，黄金一直占有相当比重。所不同的是，当人们要动用黄金来清偿债务或弥补国际收支逆差时，得先把黄金出售，换回外汇再进行支付。

香港黄金市场

香港黄金市场已有 100 多年的历史。1974 年，香港政府撤消了对黄金进出口的管制，此后香港金市发展极快。由于香港黄金市场在时差上刚好填补了纽约、芝加哥市场收市和伦敦开市前的空当，可以连贯亚、欧、美，形成完整的世界黄金市场。其优越的地理条件引起了欧洲金商的注意，伦敦五大金商、瑞士三大银行等纷纷来港设立分公司。他们将在伦敦交收的黄金买卖活动带到香港，逐渐形成了一个无形的当地"伦敦金市场"，促使香港成为世界主要的黄金市场之一。

第二节 国际储备管理

经济和金融的全球化，使得国际储备规模不断扩大。随着国际储备在国际经济活动中作用的加强，各国已愈来愈重视对国际储备的管理。国际储备管理是国民经济管理中一个十分重要的组成部分。

一、国际储备管理概述

国际储备管理，是指一国政府及货币当局根据一定时期内本国的国际收支状况和经济发展的需要，对国际储备的规模、结构及储备资产的运用等，进行计划、调整、控制，以实现储备资产规模适度化、结构最优化、使用高效化的整个过程。从国家角度来看，国际储备管理主要涉及两个方面：一是数量的管理，确定一国的最佳储备量，即国际储备适度规模管理；二是质量的管理，即国际储备资产的构成和营运管理。通过国际储备管理，一方面可以维持一国国际收支的正常进行，另一方面可以提高一国国际储备的使用效率。

(一) 国际储备管理的必要性

1. 一国宏观经济管理的需要

要确保一国对外经济支付的需要，必须保持一定量的国际储备。一个国家的国际储备量多少为宜，要考虑持有国际储备的利益和机会成本，持有国际储备的利益在一国出现国际收支逆差时表现较为充分。如果国际储备太少，会导致为调节国际收支失衡而采取牺牲国内平衡为代价的措施；国际储备太多，则机会成本大。国际储备是实际财富的储备，一国持有储备就意味着放弃了一部分实际财富的使用，形成这部分财富的闲置，不利于经济的发展，一国储备过多，还会产生通货膨胀的压力。

2. 汇率制度变化的需要

在固定汇率制度下，储备资产几乎不存在汇率风险，对储备资产的管理主要是保持适度规模问题。浮动汇率制度的实行和多元化储备体系的形成，导致储备货币汇率波动频繁，软硬货币时常转换，使得储备货币持有国必须随时注意储备货币的币种选择和结构调整，避免储备货币资产因贬值而遭受损失。因此，储备货币资产保值管理变得越来越重要。

3. 国际金融市场资产价格波动的需要

储备货币作为一种资产可以进行投资生息，而各种储备货币的利率时高时低，要获得较高的投资收益，必须在不同利率的储备货币之间进行转换。黄金市场价格的动荡也使官方的黄金储备价值不稳定，通过在黄金市场的操作，可以保持黄金储备价值的稳定甚至增值。

（二）国际储备管理的目标和原则

1. 国际储备管理的目标

国际储备管理的总体目标是：服务于一国的宏观经济发展战略需要，即在国际储备资产的积累水平、构成配置和使用方式上，有利于经济的适度增长和国际收支的平衡。

2. 国际储备管理的原则

国际储备管理的对象主要是黄金储备和外汇储备，其中外汇储备是国际储备管理的中心。因此，储备资产的保值、增值是国际储备管理原则的根本，概括起来有以下三个原则：

（1）储备资产的安全性原则。即充分利用国际金融市场的各种工具和业务，确保储备资产有效、可靠、价值稳定，不能频繁波动而蒙受损失并影响对外支付。

（2）储备资产的流动性原则。即储备资产应具有较高的变现能力，可以灵活调用和稳定地供给。当有对外支付和干预市场需要时，能随时转化为用于国际支付的支付手段。

（3）储备资产的盈利性原则。即储备资产在保值的基础上能够增值创利。作为一种资产就必须具有资产的一般性质，即在市场经济的条件下不断增值。

以上三个原则，为国际储备管理目标的实现提供了基本保证。货币当局应对这三个原则统筹兼顾、互相补充，在保证安全性和流动性的前提下，争取最大盈利。

（三）金融全球化与国际储备管理目标和原则的新变化

早期国际储备理论的一个重要特点，是强调国际储备的务实功能，即实实在在地用真金白银去满足进口、支付债务和干预外汇市场的需要。

今天，金融全球化的迅速发展使得传统的国际储备管理指导思想发生了重大变化。2001年，国际货币基金组织通过了《国际储备管理指导》（以下简称《指导》），对国际储备的新实践作出了总结，并对国际储备的管理提出了一系列新的准则。在《指导》中，国际储备的管理目标是：

（1）有充分的外汇储备来达到一系列被定义的目标；

（2）用谨慎原则来管理国际储备的流动性风险、市场风险和信用风险；

（3）在流动性风险和其他风险的约束条件下，通过将国际储备投资于中长期金融工具而获得一个合理收入。

在《指导》中，虽然诸如对付汇率波动、应付国际赤字等传统务实的国际储备管理目标仍然被提及，但是现在国际储备管理的重心在于保持信心。

由此我们可以看到，与传统的国际储备管理规范相比，新的《指导》在国际储备管理的目标、充足性指标、风险管理和信息披露等方面都有重要的新变化。

二、国际储备的规模管理

国际储备的规模管理，主要涉及确定适度国际储备规模即所谓"数量"的考虑。

（一）影响一国国际储备规模的主要因素

我们知道，一国只有保持适度的国际储备规模，才符合本国的经济利益，但目前并没有一个世界各国普遍适用的确定适度国际储备规模的模式。探索影响一国国际储备规模的因素，是研究这个问题的基础。

1. 国际收支状况

国际储备需求同国际收支状况及其调节密切相关。第一，一国国际储备需求和国际收支赤字出现的规模与频率呈正相关关系，国际收支状况越不稳定，对国际储备的需求越高。第二，一国储备需求和国际收支失衡的性质有关，面临的国际收支逆差越偏向于短期性，在其他条件不变的情况下，需要的储备越多。第三，国际收支的调节机制和政策也会影响储备需求，国际储备需求与多极收支调节机制的效率成反比。自动调节机制和调节政策的效率越高，国际收支失衡情况越轻缓，国际储备的需求就越少。

> **📖 案例展示**
>
> ### 中国的"米德冲突"
>
> 2007 年 8 月 14 日，英国《金融时报》称，本周一公布的中国居民消费价格指数为 5.6%。7 月的 CPI 创下 1997 年 2 月以来的新高。其中，食品价格涨幅达到 15.4%，鲜菜价格同比上涨了 18.7%，此前 6 月涨幅仅为 4.8%，而鲜蛋价格的涨幅也高达 37.9%。新一轮宏观紧缩，似乎正在中国一触即发。加息？再提法定准备金率？土地政策？行政手段再次霸王硬上弓？或兼而有之？目前尚不得而知，但是，按照中国政府此前的政策趋势和思维，一切都只是时间问题。不过，无论中国出台怎样的紧缩政策，中国的通胀压力或许可能暂时低头。可是，如果国际收支失衡的局面不能根本扭转，通胀的幽灵随时可能再次抬头，就像现在 CPI 的压力再次简单地重复 2004 年的情形一样。中国已进入标准的"米德冲突"。

2. 对外贸易状况

一国对外贸易的规模越大，它在国民经济中所处的地位和发挥作用的潜力越大，就需要越多的国际储备。所以一个对外开放程度较高、对外贸易依赖程度较高的国家，需要的国际储备规模自然也较大；相反，则需要的规模较小。对外贸易状况之所以是一国国际储备规模的重要因素，是因为贸易收支往往是其国际收支的决定因素，而国际储备的最基本作用是保持国际收支平衡。

3. 金融市场的发育程度

发达的金融市场能提供较多的诱导性储备，这些储备对利率和汇率等调节政策的反应比较灵敏。因此，一国金融市场越发达，政府保有的国际储备便可相应越少；反之，金融市场越落后，调节国际收支对政府自有储备的依赖就越大。

4. 持有国际储备的机会成本

一国持有国际储备的成本等于投资收益率与利息率之差，即持有国际储备的机会成本。持有国际储备的成本越高，则储备的保有量就应越低；持有国际储备的机会成本越低，则储备的保有量就应越高。受经济利益的制约，一国需求国际储备的数量会同其持有国际储备的机会成本呈反向变化。

5. 本币的国际地位

这是指一国货币是否处于储备货币地位而言的。如果一国货币处于主要国际储备货币地位，它可以通过增加本国货币的对外负债来弥补国际收支逆差，而不需要较多的储备；相反，则需要较多的储备。这也是美国等少数发达国家国际储备规模较小的一个重要因素。

6. 国际货币合作状况

如果一国政府同外国货币当局和国际货币金融机构有良好的合作关系，签订有较多的互惠信贷和备用信贷协议，或当国际收支发生逆差时，其他货币当局能协同干预外汇市场，则该国政府对自有储备的需求就少；反之，该国政府对自有储备的需求就大。即有良好国际货币合作关系的国家，一般对自由储备的需求减小。

综上所述，影响一国最佳储备需求量的因素很多，它们交织在一起，使最佳储备需求的确定复杂化。

（二）适度国际储备规模的含义

一国应保持多少数量的储备才算适度，要在考虑上述诸多影响国际储备需求量的基础上，依据本国的经济发展和对外贸易及资本流动状况来确定。最适度的国际储备量是指一国政府实现国内经济目标而持有的用于平衡国际收支和维持汇率稳定所需要的最低限度的黄金和外汇储备量。具体地说，适度的外汇储备规模应满足以下要求：

（1）能保证完成正常的国际支付；

（2）能保证满足调节短期国际收支平衡的需要；

（3）能保证满足干预外汇市场、支持汇率稳定的需要；

（4）保证持有外汇储备的机会成本最小。

适度的国际储备规模应当既能满足国家经济增长和对外支付的需要，又能使国家不因储备过多而形成积压浪费。这是国际储备的规模管理的准则。

（三）确定适度国际储备规模的方法

在上述分析影响国际储备规模的因素中，有的可以进行较为确切的量化描述，有的只能用经济估算的方法来衡量。当前，关于国际储备需求规模的测算方法主要有以下几种：

1. 比率分析法

比率分析法是一种简单的测算国际储备需求量的方法。它是采用国际储备量与某种经济变量之间的比例关系，来测算储备需求是否适度的一种方法。

（1）进口比例法。外汇储备/进口额（R/M 比例法）是目前国际上普遍采用的一种简便易行的测算方法。

这一方法是由罗伯特·特里芬在 1960 年出版的《黄金与美元危机》一书中提出的。

其基本思想是：把国际贸易中的进口作为唯一的一个变量，用国际储备对进口的比例（R/M）来测算最适度储备量。一国的 R/M 比例应以 40%为最高限，20%为最低限。这就是著名的"特里芬法则"。该法则简单实用，一直是各国判定国际储备是否适度的重要法则。按全年储备对进口额的比例计算，以 25%～30%为宜。

国际货币基金组织和世界银行把能够支付三个月进口额的储备水平，视为发展中国家的理想水平。发达国家的融资能力强，国际储备对进口的比例（R/M）低于发展中国家。

（2）外债比例法。一国国际储备占外债总额的比例（R/D）是衡量一国资信和对外清偿能力的重要指标。这项指标是从满足国际社会对国内经济要求角度而设计的，国际货币基金组织也是这一方法的支持者。国际经济界认为 R/D 以 30%～50%为宜，保持在 40%的水平为适度，低于 30%就会引发债务危机。

比率分析法比较简单，但也有明显的缺点。第一，某一比例关系只能反映个别经济变量对储备需求的影响，而不能全面反映各种经济变量的影响。第二，就 R/M 比例法而言，它在理论上存在一定的缺陷，一是国际储备的作用并非只是支付进口；二是各国经济情况不同。比率分析法是采用静态分析法得出的经验值，分析中只包含一个变量，而影响外汇储备的经济变量很多，因此，比率分析法对外汇储备适度规模的测算只能作为一种参考数据。

2. 成本收益分析法

成本收益分析法又称机会成本分析法，是西方一些学者用以研究适度储备需求量的一种新方法。源于 20 世纪 60 年代末期西方微观经济学的厂商理论，其代表人物为海勒、阿加沃尔（L. R. Heller）和阿格沃尔（J. P. Agarwal）。他们将微观经济学中的成本收益分析法，运用于外汇储备适度规模问题中。他们认为，当持有储备的边际成本等于边际收益时，所持有的储备量是适度的。

根据边际分析法可知，国际储备的需求量与持有储备的机会成本成反比，与持有储备的边际收益成正比。也就是说，持有的外汇储备越多，机会成本就越大。

由边际分析法得出：一国持有的外汇储备增加时，其边际收益递减，而边际成本递增。当持有的外汇储备不断增加，超过国家的需要时，这就意味着有相当部分的投资和消费会损失掉，只有两者相等时（即持有储备的边际收益等于持有储备的机会成本），带来的社会福利才最大，此时的储备规模才是最适度储备规模。

3. 回归分析法

20 世纪 60 年代以后，一些经济学家将计量经济学中的回归模型运用到外汇储备适度模型的测算中，他们以外汇储备为因变量，以国际收支变动量、国内货币供应量、国民收入、持有储备的机会成本、进口水平等影响外汇储备的因素为自变量，建立相关的回归模型，测算一国的适度国际储备规模以及各因素对储备的影响程度。

与比率分析法相比，回归分析法对于一国适度的国际储备量的测算更加数量化和精确化，是顺应经济数理化的趋势发展起来的，其分析方法有较大进步。但是回归分析法也存在许多缺陷。第一，储备需求函数是在以下两个假设基础上建立的：假设一，以前的经验数据都是合理的，并且以前年度的外汇储备就是适度需求量；假设二，储备供给具有弹性，能够随时满足一国对储备的需求。显然这两个假设不一定能够成立，尤其是在发展中国家。第二，回归分析法将储备作为国际收支调节的唯一手段，在对储备需求的影响因素进行分析时，忽略了国际收支调节方式的多样性、互补性和替代性。第三，回归模型运用的首要前提就是无多重共线性，然而在自变量较多时，这一条件难以满足。

4. 定性分析法

20世纪70年代中期，西方经济学家卡保尔（R. J. Carbaugh）和范（R. D. Fan）提出了研究适度国际储备规模的定性分析法理论。

定性分析法的基本思路是：国际储备的短缺或过剩会直接影响到某些关键的经济变量和政策倾向。因此，考察这些经济变量和政策倾向的变化，就可以判断储备规模是否适度。他们认为影响一国国际储备的因素有六个方面：

（1）一国储备资产质量；

（2）各国经济政策的合作态度；

（3）一国国际收支调节机制的效力；

（4）一国政府采取调节措施的谨慎态度；

（5）一国所依赖的国际清偿能力的来源及稳定程度；

（6）一国国际收支的动向以及一国经济状况。

定性分析法对影响一国外汇储备的因素分析较为全面且符合实际，有一定的合理性，但它只能粗略地反映储备的适度性。由于定性分析法中很多影响因素难以量化，而且用来反映储备适度性的经济变量和政策倾向的变化，可能并非由储备过剩或不足引起（可以是由其他经济因素甚至政治因素所引起）。

一国持有多少外汇储备才算适度，一直是国内外学者们研究的对象。准确、实用的测算方法，将会随着现代国际金融学理论的发展而逐步建立起来。

三、国际储备的结构管理

如前所述，一国对国际储备的管理，除了在"量"上将国际储备规模保持在最适度水平，还需要在"质"上拥有一个适当的国际储备结构。

20世纪70年代以来，浮动汇率制度与储备货币多元化局面的形成，导致了各种储备货币的汇率经常变动，有时变动幅度还很大。硬货币与软货币经常易位，黄金市场价格频繁波动以及国际金融市场利率动荡不定，都使一国货币当局要不断地调整其国际储备的结构，以求改善本国的国际收支状况，保持经济稳定发展。

（一）国际储备结构管理的基本原则

一国货币当局调整其国际储备结构的基本原则是统筹兼顾各种资产的保值性、安全性、流动性与盈利性。

1. 保证国际储备货币币种合理

在实行多种货币的储备体系下，在一定时期内，究竟确定哪几种货币作为一国的储备货币为好，每种储备货币占多大比例较为适当，这对外汇储备作用的发挥关系极大，因此，需要科学测算和合理安排。

2. 使国际储备资产安全保值

所谓外汇储备资产的安全保值，是指储备资产既能可靠存放又能保持原有的价值。各国在确定外汇储备资产存放的国家及银行、币种或信用工具时，一定要事先充分了解有关国家外汇管理、银行资信、信用工具种类、货币币种、主要货币汇率变动趋势等情况，这样才能真正达到防范风险、安全保值的目的。

3. 保证国际储备资产及时兑现

储备资产的及时兑现是指储备资产能随时兑现、灵活调拨。这就要求各国在安排外汇储备资产时，应根据对本年度外汇支付的时间、金额、币种的预测，将外汇储备作短、中、长不同期限的投资，使投资与各类信用工具的回收期限与未来对外支付的日期相衔接，并且能保证资金自由进出国家。只有通过外汇储备的结构管理，才能实现这一目的。

4. 使国际储备资产获取收益

所谓储备资产的盈利性，就是指储备资产在保值的基础上有较高的收益。储备资产要盈利就要进行有效的投资，要进行有效的投资就必须具体分析各式各样的金融工具。在当前国际金融市场上金融工具不断创新、层出不穷的情况下，更要认真分析各种金融工具的收益性与风险性，力求收益较大、风险较小，适当分散储备资产的投资去向。

总之，实施国际储备的结构管理，必须坚持储备资产的安全性、流动性、保值性、盈利性相结合的管理原则，实现储备资产多样化、风险分散化、分布合理化，以充分发挥国际储备资产的作用。

我们知道，国际货币基金组织的普通提款权和特别提款权是一国货币当局不能主动增减和进行调整的。因此，国际储备资产的结构管理主要是指黄金储备与外汇储备的结构管理、外汇储备的币种结构管理和外汇储备资产的结构管理三部分。

（二）黄金储备与外汇储备的结构管理

当前，作为国际储备资产的黄金，由于不能直接用于国际支付，而且其价格波动也较大，大大降低了储备的流动性和安全性。此外，持有黄金既不能生息又需较高的仓储费，因而盈利性也较低。因此，许多国家对黄金储备采取了保守的数量控制的政策。

相对而言，外汇储备在国际储备中居于绝对优势地位，其本身具备流动性和安全性的优势，同时也具备一定的盈利空间。因此，许多国家的货币当局采取了减少或基本稳定黄金储备而增加外汇储备的政策，以保持本国最佳国际储备结构。

（三）外汇储备的币种结构管理

外汇储备币种结构是指外汇储备的币种构成及各币种在外汇储备总额中所占的比例。外汇储备币种结构管理包括储备货币币种的选择、各种储备货币在外汇储备中的比例确定两个方面。

1. 储备货币币种的选择

一国外汇储备中储备货币币种的选择，主要考虑下列因素：

（1）本国贸易与金融性对外支付所需的币种。保持储备货币币种与对外贸易用外汇币种结构大体一致，既适应了储备货币流动性的要求、满足了国家经济建设用汇的需求，也可减少货币兑换环节、防范汇率风险，同时也是考核外汇储备结构是否合理的重要标志之一。

（2）本国对外投资和外债还本付息所需的币种。储备货币币种与本国对外投资和外债还本付息的币种大体一致。本国对外投资是实现储备资产盈利性的需要，同时储备资产的作用之一是保证国家对外支付能力和国际信誉。在币种上是否满足以上需要，是衡量外汇储备币种结构是否优化的标志之一。

（3）干预本国外汇市场所需的币种。储备货币币种要满足本国汇率政策执行和干预市场的需要。如果本国货币在市场上受到某种储备货币的冲击，不利于本国货币的稳定时，一国货币当局需要动用储备货币，干预外汇市场，以支持本国货币汇率的稳定。适应这种形势需要，事先必须周密考虑各种储备货币的适当存量。

（4）比较各种储备货币的名义利率与汇率变动率，选择收益率较高的储备货币（一种储备货币的收益率=汇率变化率+名义利率）。

除了考虑上述影响储备货币币种的选择的因素，一国在进行外汇储备货币币种的选择时，还要考虑储备货币发行国的经济、金融状况，货币供给量、经济发展趋势、国际收支动态等情况。这是因为一国货币的汇率主要受这些因素影响。通过了解上述因素的发展状况，就可以较准确地预测各储备货币汇价变动的中长期发展趋势。注意主要储备货币发行国家的利率动向，同时也应密切注视世界上"热点"地区事态的发展，这对避免某些储备货币的贬值风险有着重大意义。

2. 各种储备货币在外汇储备中的比例确定

外汇储备中各种货币构成比例的确定，是一个较为复杂的问题。尤其是在美元、欧元、日元、英镑等各种储备货币并存，储备货币多元化的情况下，如何安排最佳比例的储备货币组合，避免汇率变动可能带来的损失，对各国货币当局来说是一个至关重要的问题。确定最佳储备货币的比例可以考虑以下三个方面因素：

（1）在各种储备货币中，应尽可能增加汇率波动幅度较小的货币储备量，减少汇率波动幅度较大的货币储备量。通常，国际金融市场汇率变动频繁，加上各国政府的干预，汇率的变动趋势很难预测。这时，我们可以通过比较各种储备货币长期内汇率波动的平均幅度，来确定储备货币的比例。

（2）在本国对外贸易和其他金融活动中，对于支付需求量较大的储备货币，就要尽可能增加其储备量；反之，就减少储备量。

（3）用于本国干预外汇市场、维持本国货币汇率稳定的储备货币，就需要多储备；反之，少储备。一些储备货币发行国，尽管能用本国货币支付逆差，但仍然要选择其他国家的货币作为国际储备，以满足随时干预外汇市场的需要。

总之，由于外汇储备能够克服黄金储备的弱点，流动性大，盈利性高，因此，世界各国持有的外汇储备比例较之其他储备资产都要高，其中仍以美元占最高比例，以下依次为欧元、英镑、日元等。

（四）外汇储备资产的结构管理

外汇储备资产结构是指外币现金、外币存款、外币短期证券和外币长期证券等资产在外汇储备中的地位。外汇储备资产形式不同，其流动性、安全性及盈利性就不同。外汇储备结构管理的目标是确保流动性与盈利性的恰当结合。为使外汇储备资产的运用能最大限度地在流动性、安全性和盈利性之间平衡，根据变现能力不同，将外汇储备资产划分为三个等级分级管理（确定各等级的合理比例）。

1. 一级储备

一级外汇储备资产的形式包括外币现金、在国外银行的活期存款、3个月内的短期存款、外币商业票据和外国短期政府债券等。一级储备是可以随时变现使用的资产，其数量要以满足国家对外支付需要为标准，应在全部外汇储备资产中占有相当比例。显然，一级储备资产的流动性最高，盈利性最低，风险性也较小。

2. 二级储备

二级外汇储备资产的形式包括各种定期存单、年限在 2~5 年的有价证券。二级储备的盈利性高于一级储备，但流动性低于一级储备。二级储备在必要时可弥补一级储备不足，主要是用于一国发生临时性或突发事件时对外支付需要的储备资产。

3. 三级储备

三级外汇储备资产包括各种长期有价证券。三级储备的流动性最低，盈利性最高。三级储备资产到期时可转化为一级储备，但如提前变现动用，将会蒙受巨额损失。

一般来说，国际收支逆差国需在其储备资产中保留较大比重的一级储备，而顺差国则需保留较小比重的一级储备和较大比重的三级储备。

此外，还有可类似分级的储备资产：

第一，普通提款权。由于会员国能随时从国际货币基金组织提取和使用，所以类似一级储备。

第二，特别提款权。由于它只能用于其他方面的支付，且需向国际货币基金组织提出申请，并由国际货币基金组织指定参与特别提款权账户的国家提供申请国所需货币。显然，这个过程需要一定时日才能完成。因此，特别提款权可视为二级储备。

第三，黄金储备。由于各国货币当局一般只在黄金市价对其有利时，才会将它转为储备货币，可视为三级储备。

一级储备用作货币当局随时、直接用于弥补国际收支逆差和干预外汇市场的储备资产，即作为交易性储备。二级储备用作补充性的流动资产。三级储备主要用于扩大储备资产的盈利性。一国应当合理安排这三级储备资产的结构，做到在保持一定流动性的前提条件下，获取尽可能多的收益。

第三节 中国的国际储备及其管理

一、中国国际储备的构成与特点

1980 年我国正式恢复在国际货币基金组织的合法席位后，我国国际储备的构成与其他成员国同样，也是由黄金储备、外汇储备、特别提款权和储备头寸四部分组成。总体而言，我国国际储备具有以下特点：

1. 黄金连续 12 个月增持

截至 2023 年 10 月末，我国黄金储备达 7 120 万盎司，环比增加 74 万盎司。这也是央行继 2022 年 11 月重启增持以来，连续 12 个月增持黄金，区间已累计增持 856 万盎司黄金。如按区间均价计算，对应增持金额约 1 190 亿元。虽然央行连续多月增持黄金，但我国国际储备中黄金储备的占比依然偏低，并且我国持有的黄金储备的绝对量也不高，增持黄金符合长期的利益考量。另据世界黄金协会 11 月公布的最新数据，截至 2023 年 9 月末，我国央行黄金储备 2 191.5 吨，相较上期增加了 26.1 吨，不过占比仍只有 4%。与黄金储备较多的部分国家相比，我国在官方储备的占比仍处于较低水平，如美国、德国、意大利、法国的黄金储备占总储备比均超 60%，俄罗斯黄金储备占比也超 20%。

2. 人民币在特别提款权货币篮子中的权重上升

2016 年 10 月 1 日，人民币正式加入特别提款权货币篮子。人民币"入篮"后，特别提款权货币篮子正式扩大至美元、欧元、人民币、日元、英镑五种货币，权重分别为 41.73%、30.93%、10.92%、8.33% 和 8.09%。2022 年 5 月 11 日，国际货币基金组织执行董事会完成了 5 年一次的特别提款权定值审查，维持现有特别提款权篮子货币构成不变，并将人民币权重由 10.92% 上调至 12.28%，将美元权重由 41.73% 上调至 43.38%，同时将欧元、日元和英镑权重分别由 30.93%、8.33% 和 8.09% 下调至 29.31%、7.59% 和 7.44%，人民币权重仍保持在第三位。新特别提款权货币篮子在 2022 年 8 月 1 日正式生效，并于 2027 年开展下一次特别提款权定值审查。

3. 外汇储备保持基本稳定

国家外汇管理局统计数据显示，截至 2023 年 10 月末，我国外汇储备规模为 31 012 亿美元，较 9 月末下降 138 亿美元，降幅为 0.44%。2023 年 10 月，受主要经济体货币政策预期、宏观经济数据、地缘政治等因素影响，美元指数上涨，全球金融资产价格总体下跌。汇率折算和资产价格变化等因素综合作用，当月外汇储备规模下降。我国经济保持恢复向好态势，经济发展的基本面没有改变，有利于外汇储备规模继续保持基本稳定。

党的十八大以来，我国不断完善中国特色外汇储备经营管理，外汇储备成功经受住了多轮外部冲击的考验，维护了外汇储备规模的总体稳定，充分发挥了国家经济金融的"稳定器"和"压舱石"作用。自 2006 年起，我国外汇储备规模连续 18 年稳居世界第一，近年来始终稳定在 3 万亿美元以上，截至 2023 年 10 月末为 31 012 亿美元。我国外汇储备规模保持基本稳定，有效增强了市场预期和投资者信心，在抵御外部冲击、维护我国经济金融安全、服务国家战略等方面发挥了重要作用。

二、中国外汇储备规模管理

（一）我国外汇储备规模不断扩大的原因

1. 制度因素

（1）强制的结售汇制度是我国外汇储备规模不断扩大的最关键因素。在结售汇制度下，除了允许部分外商投资企业开设外汇现汇账户，企业、个人手中的外汇都必须卖给外汇指定银行，外汇指定银行必须把高于国家外汇管理局批准头寸额度之外的外汇在市场上卖出。中央银行为了维持人民币与其他货币的汇率波动幅度，则作为市场上的接盘者被动买入外汇，造成我国外汇储备规模不断地被动增长。因此，强制结售汇制度是造成我国外汇储备增长的直接制度性因素。

（2）偏向稳定的汇率政策。坚持以市场供求为基础、参考一篮子货币进行调节、有管理的浮动汇率制度，立足长远、发轫当前，对市场顺周期行为进行纠偏，对扰乱市场秩序行为进行处置，防范汇率超调风险，防止形成单边一致性预期并自我强化，保持人民币汇率在合理均衡水平上的基本稳定。

（3）外向型的经济发展战略。在我国改革开放初期我们需要外汇资金、技术和增加就业，制定了一系列外向型的经济发展政策，如出口退税政策、外资优惠政策、内外资差别所得税政策、关税政策等，造成大量优质要素资产流向外资和对外经济部门，产生了经济对外需求和外资经济的过度依赖问题，许多地方政府以免税、低税、低价的土地资源，甚至是以牺牲环境为代价大规模地招商引资。我国一度成为世界制造工厂，贸易顺差造成我国外汇储备不断累积增加。

2. 经济因素

（1）经常项目持续大幅度顺差造成外汇储备大幅增长。国际收支中对外贸易的顺差是一国外汇储备最重要、最稳定的来源。从 1994 年人民币外汇体制改革以来，我国经常项目持续保持较大的顺差，形成外汇储备大幅增长的基础。

（2）资本和金融项目中外国直接投资不断增长造成外汇储备大幅增长。我国加入世界贸易组织后，外商对华直接投资持续保持上升趋势，通过银行结汇和中国外汇交易市场交易的方式进入国家外汇储备，使得我国外汇储备出现大幅度增长。中国对外债务和国内金融机构外汇贷款不断增加也是外汇储备不断增长的重要因素之一。

（3）大量国际游资流入，也是我国外汇储备过度增长的一个重要因素。人民币汇率升值预期造成的短期投机资本流入，使得外汇储备激烈增加。

（二）我国外汇储备规模的管理

关于我国外汇储备的规模问题一直是个有争议的话题，引起了广泛的讨论。总体上有两种观点：一种是赞同外汇储备应保持高水平；另一种是反对外汇储备应保持高水平。

1. 赞同我国外汇储备应保持在较高水平的观点

赞同我国外汇储备应保持在较高水平的观点认为：

（1）作为国际收支经常项目主要收入来源的外贸出口结构仍然不是十分合理，我国的出口产品仍然属于附加值较低的初级加工品和初级制成品，在国际市场的竞争力受到很大限制，盈利水平较低。在外贸进口中生产资料占主导地位，尤其是能源（石油）的进口占比较大，石油价格的大幅上涨曾使我国外贸一度出现逆差。因此，在我国外贸结构尚无根本性改变之前，保持较高的国际储备水平是必要的。

（2）中国国际地位不断提高、中国出口贸易不断发展，人民币面临的升值压力越来越大，我国需在相当长的时期内保持稳中有升的人民币汇率。因此，人民银行通过外汇市场干预汇率的可能性会大幅增加，也需要足够的外汇储备。

（3）我国大力吸引外商来华投资，外汇储备充足，有利于增强国际清偿能力，维护国际和企业的对外信誉，提高海内外对中国经济和人民币的信心，有利于吸引外资流入。

（4）随着资本市场的逐步开放，外资流入中的游资部分将不断增加，这部分资金可能对我国经济造成重大影响。所以，国家保持较高的外汇储备，有利于应对突发事件，防范金融风险，维护国家经济安全。

2. 反对我国外汇储备应保持在较高水平的观点

反对我国外汇储备应保持在较高水平的观点认为：

（1）持有过多的外汇储备会带来较高的机会成本。我国目前正处于经济快速发展时期，保持较大规模的国际储备等于放弃了相应的投资和消费需求，国际储备对国际收支的边际效用也会逐渐降低。因此，保持过多的储备，不仅会增加持有储备的机会成本，还会在一定程度上限制我国经济发展。

（2）外汇储备过多会增加人民币的投放量，加大国内一定时期通货膨胀的压力，会给本国货币流通及物价水平带来不利影响，不利于国民经济发展。

（3）外汇储备的大量增加并不等于储备效益也大量增加。外汇储备多为硬货币，一般利率较低，因此储备越多，利息收益的潜在损失也就越大。

一个国家的外汇储备以多少为最佳？应该在多大的规模范围内？各国没有统一的标准，确定出较为适度的外汇储备规模颇为不易。最重要的是要有一套切实可行的管理措施和办法，把外汇储备规模或总量管理的目标落到实处，切实把外汇储备的供应保持在最适合水平上，以促进本国对内和对外经济的健康发展。外汇储备规模的管理，要坚持对外汇储备资产安全性、流动性、盈利性的管理原则，并处理好三者的关系；实现保证偿债能力，保证国家非常时期需要，服从国家政治需要，维持价值，获取收益的外汇储备管理目标。

目前，为解决我国高额外汇储备问题，中国人民银行提出了三项措施：调整"宽进严出"的外汇政策取向，将"藏汇于国"变为"藏汇于民"，构建完整的"走出去"的外汇管理体系。通过对外汇储备资产的强化管理，我国外汇储备会逐渐保持在一个适度规模。

三、中国外汇储备结构管理

我国外汇储备的币种由美元、欧元、日元、英镑等储备货币构成，其中美元的比例在70%以上，日元约占10%，欧元和英镑约占20%。根据美国政府公布的数据，2021—2022年，中国对美国国债的持有额由603亿美元增加到1 938亿美元，增加了2.21倍，所占比重由5.9%提高到10.0%。鉴于世界各国持有美国国债的60.6%是公共部门持有，因此，中国用外汇储备购买的美国国债，目前至少在1 170亿美元以上。我国外汇储备结构管理的特点如下：

（一）建立了完善的内部治理结构

外汇储备的整个投资操作体现了层层授权、交叉复核、相互监督制约的原则。战略研究部门负责研究分析国际金融市场、储备经营策略和投资基准并提出相关建议。投资部门根据投资基准结合市场情况进行投资操作。风险管理部门根据储备经营总体战略和目标，制定有效的风险管理政策和各种风险监控指标体系，识别、评估储备经营面临的主要风险，提出相应的管理建议。合规性检查部门对投资操作及其他各环节的合规性进行全面审核。清算部门对交易进行确认核对后发送清算指令。会计部门进行成本收益核算、财务分析和业绩评估。内审部门依据相关规程进行内部审计，有效防范各类道德风险。

（二）建立健全了系统化的投资基准管理体系

外汇储备投资基准包括优化的货币结构和资产结构，以及具体的产品和期限分布结构，它是一种适合大规模资产运作需要的投资基准管理模式。外汇储备经营管理人员以投资基准为基本参照，具有适度偏离空间，可以捕捉市场机会动态经营。在国务院、人民银行、国家外汇管理局三级授权管理制度下，外汇储备管理部门逐步开发实施了多层次、市场化的投资基准体系，与国际先进资产管理实践接轨。以投资基准为核心，建立了从投资授权到交易清算、会计核算、业绩评估、管理监督的一整套投资管理体系，实现投资管理的规范化和专业化。实践证明,以投资基准为核心的经营管理模式代表了国际上先进的资产管理理念和管理水平,符合储备经营管理的实际情况,在外汇储备快速增加的环境中能够确保外汇储备资产的保值和增值。

(三) 建立了科学的风险管理体系

现阶段,我国外汇储备资产包括外币存款、债券、债券回购、同业拆放、外汇掉期、期权等。外汇储备的经营管理面临着市场风险、信用风险和操作风险等各类风险。借鉴国际先进的风险管理经验,储备经营管理采用了风险预算、VAR 等风险管理技术,成立了风险管理委员会,严格审查和控制储备经营全过程的各类风险,形成了包括风险管理指引、授信额度管理和交易对手管理在内的较完整的储备经营风险管理体系。此外,储备管理采用了国际上较先进的交易信息系统、风险管理系统、资金清算系统和会计核算系统,以此作为技术保障。

当前,我国外汇储备结构管理面临严峻挑战。首先,我国外汇储备总规模高居世界第一位,巨额的外汇储备使我国外汇储备的经营管理更具紧迫性并受到广泛关注。其次,国际外汇市场动荡不已,储备货币汇率波动频繁,外汇储备结构管理的市场风险增加。最后,在全球新冠疫情防控常态化、去全球化、贸易保护主义以及中美关系不确定性的大背景下,美元外汇储备的结构管理面临着较大的挑战。

面对复杂多变的国际金融市场和数量庞大的外汇储备,我国外汇储备结构管理应强化中央银行对外汇储备的管理职能,储备管理部门应该不断完善储备经营管理体制,努力提高国际储备经营管理人员的素质,提高国际储备经营管理水平。

课后练习

一、重点概念

国际储备	国际清偿能力	特别提款权	普通提款权
国际储备体系	多元化国际储备体系	国际储备管理	国际储备规模管理
国际储备机构管理	一级储备	二级储备	三级储备

二、思考题

1. 简述国际储备的含义及构成。
2. 简述国际储备与国际清偿力的关系。
3. 简述国际储备的特征。
4. 简述国际储备的作用。
5. 简述国际储备管理的目标和原则。
6. 何为适度的外汇储备规模?
7. 简述国际储备结构管理的基本原则。
8. 如何看待我国国际储备的适度规模问题?

实训模块

一、实训内容

国际储备的管理。

二、实训目标

结合国际储备的特征、构成和作用，分析如何实现储备资产规模结构最优化。

三、实训组织

以学习小组为单位，各组收集国际储备的规模、结构及储备资产的运用等，进行计划、调整、控制，以实现储备资产规模适度化、结构最优化、使用高效化的整个过程，分组讨论。

四、实训成果

考核和评价采用报告资料展示和学生讨论相结合的方式，评分采用学生和教师共同评分的方式。

第七章 国际金融市场

📚 学习目标

1. 了解国际金融市场的基本概念、构成和运行机制。
2. 了解国际外汇市场的功能与种类特征。
3. 了解离岸金融市场的形成与发展。
4. 了解金融衍生工具市场。

📚 能力目标

1. 能够分析国际金融市场的汇率波动、利率变化等动态。
2. 熟练运用各种金融工具进行交易和套期保值。
3. 对市场数据进行分析和解读。

📚 情景导读

"三十而立"——上海国际金融中心地位初步确立

自 20 世纪 90 年代上海国际金融中心建设正式开启，30 年来，上海国际金融中心建设已取得重大进展，并逐渐成为世界金融领域新的重要力量。

在 2020 年 3 月第 27 期全球金融中心指数（GFCI）排名中，"纽、伦、港、新"的格局首次被打破，上海首次晋级全球第四位，排名在纽约、伦敦和东京之后，与前两位的伦敦、东京的差距仅有 2 分和 1 分。这是 2018 年 9 月以来，上海连续第四次位列全球五大国际金融中心，日益受到全球经济与金融界的广泛认可，国际金融中心地位初步确立。

如今，上海是全球金融要素市场和基础设施最齐备的城市之一，集聚股票、债券、期货、货币、票据、外汇、黄金、保险、信托等各类全国性金融要素市场和基础设施，年成交总额突破 1 900 万亿元人民币，直接融资额超过 12 万亿元人民币；上海已经成为国内外金融机构最重要的集聚地之一，各类持牌机构超过 1 600 家，其中外资金融机构占 30% 以上。

同时，上海也是我国金融产品最丰富、金融开放程度最高的城市之一，自由贸易账户功能不断拓展，原油期货、沪港通、沪伦通、债券通、黄金国际板、国债期货等重大金融产品成功推出，跨境人民币业务、投贷联动、跨境 ETF 等业务创新层出不穷。

另外，目前共有全球 6 大洲 31 个国家和地区的营业性银行业金融机构在沪落地，各类外资银行营业性机构共计 230 家。其中，在沪外资法人银行占全国外资法人银行总数的一半以上。

思考与讨论：建立国际金融中心的意义是什么？

金融市场就是所有金融产品交易的市场，也是所有金融从业人员从业的市场。国际金融市场是全球范围内金融活动的平台，是资金在国家间进行流动或金融产品在国家间进行买卖和交换的场所，即为国际经济活动的场所。

第一节　国际金融市场概述

一、国际金融市场的概念

国际金融市场，简单来说，是指从事资金国际借贷、货币相互买卖及其他国际金融业务活动的场所。从国际金融市场发展的进程来看，它有两种概念：

一是狭义的概念，仅指不同主体进行国际资金借贷与资本交易的场所，因此也称国际资金市场，包括短期资金市场（货币市场）和长期资金市场（资本市场）。

二是广义的概念，指从事各种国际金融业务活动的场所，既包括国际资金市场，也包括外汇市场、黄金市场以及其他各种衍生金融市场，同时还包括在金融市场从事交易的各类参与者、中间人和交易机构。也就是说，广义的国际金融市场，实际上是由各国的交易人、中间人和交易机构组成的进行各种金融资产交易的场所，体现了国际金融商品的买卖供求关系。本书论述的是广义的国际金融市场。

一个国家的国内金融市场，条件具备时可以逐步发展或上升为国际金融市场，并以所在地城市名字命名，如伦敦国际金融市场、纽约国际金融市场、东京国际金融市场等。由于这些国际金融市场都是各种国际金融业务集中的场所，因此，习惯上又把它们叫作国际金融中心（International Finance Centre）。

二、国际金融市场与国内金融市场的区别与联系

为了进一步理解国际金融市场的概念，有必要分析一下国际金融市场与国内金融市场的区别与联系。

（一）国际金融市场与国内金融市场的区别

（1）市场运作境界不同。国内金融市场的活动领域局限于一国领土内，市场的参与者限于本国居民；而国际金融市场的活动领域则超越国界，其参与者涉及境外居民或多国居民。

（2）市场业务活动不同。国内金融市场的业务活动一般不用外汇，也不必通过外汇市场进行；而国际金融市场的业务活动必然涉及外汇交易活动，而且要通过外汇市场进行，外汇市场是国际金融市场的中心市场之一。

（3）市场管制程度不同。国内金融市场的一切交易必然受本国法令、规章制度的控制，市场运行在很大程度上受到行政力量的左右，管制相对较多；而国际金融市场则基本不受所在国金融当局的管制，市场运行一般很少受到干预，甚至完全不受干预，交易比较自由。

（二）国际金融市场与国内金融市场的联系

（1）国内金融市场是国际金融市场得以发展的基础。世界上一些主要的国际金融市场，都是在原先国内金融市场的基础上发展而成的，这些国际金融市场中的金融机构、银行制度以及涉外业务与国内金融市场都有着密切的联系。

（2）国内金融市场的货币资金运动与国际金融市场的货币资金运动互为影响。国内金融市场的利率发生变动，会通过各种方式影响国际金融市场上利率的变化，国内金融市场上货币流通发生变化造成币值变动，也同样会影响国际金融市场上汇率的变动。

（3）国内金融市场上的某些大型金融机构，同样也是国际金融市场运作的主要参与者。

三、国际金融市场形成的条件

国内金融市场超越国界而形成国际金融市场，是必须具备一些基本条件的，这些条件主要有：

（一）政局稳定

这是最基本的条件。如果一国政局动荡，经常发生政变或大的变革，就无法保证国内经济和金融的稳定，更谈不上建立一个国际金融市场了。

（二）自由开放的经济体制

自由开放的经济体制主要包括自由开放的经济政策与宽松的外汇管制。自由开放的经济政策，容易加强与世界各国的经济金融往来以及各种形式的经济金融合作；而自由宽松的外汇管制或取消外汇管制，就充分保证了国际资金的自由出入，容易形成国际资金的集散地，进而形成国际金融市场。

（三）健全的金融制度和发达的金融机构

如果一国金融制度和法规不健全，就无法保障金融活动高效地进行，而量少质弱的金融机构，更没有能力担负起从事国际金融业务的重任。因此，必须具备健全的金融制度和发达的金融机构，这个条件也是国际金融市场形成的必要条件。

（四）现代化的通信设施与交通方便的地理位置

一国或地区要成为国际金融中心，必须有完善的通信设施，并且具有不断吸收高新科技的能力，这样才能迅速准确地保证国际信息传递的通畅。而良好的地理位置，容易吸引各种参与者，方便其交易，进而增加各种国际金融业务。

（五）训练有素的国际金融人才

这是指一国或地区要拥有既具备现代国际金融专业知识，又具备丰富实际经验的国际金融专门人才。拥有这些人才，才能为国际金融市场提供高质量、高效率的服务。

四、国际金融市场的类型

随着国际经济关系的不断发展，国际金融活动进一步扩大，国际金融市场也在不断演变，并出现了不同类型，对这些不同类型的国际金融市场可以从各个角度加以划分。

(一) 根据交易对象所在区域（即按交易者的国籍）划分

国际金融市场可分为在岸金融市场（Onshore Financial Market）和离岸金融市场（Offshore Financial Market）。

在岸金融市场是指从事市场所在国货币的国际信贷和国际证券业务，并受市场所在国政府管辖的金融市场。这种类型的国际金融市场一般是历史上逐渐形成的，经历了从区域金融市场到全国金融市场再到国际金融市场的发展阶段，所以又称作传统的国际金融市场，如伦敦、纽约、巴黎、法兰克福、东京等。

离岸金融市场是指主要为非居民提供境外货币借贷或投资、贸易结算、外汇和黄金买卖、保险服务及证券交易等金融业务和服务的一种国际金融市场，也称境外金融市场。其特点可简单概括为市场交易以非居民为主，基本不受任何国家国内法规的制约和管制。离岸金融市场，是 20 世纪 60 年代在传统的国际金融市场基础上兴起的，所以又称作新兴的国际金融市场。

(二) 根据经营业务的种类划分

国际金融市场可分为国际货币市场、国际资本市场、国际外汇市场、国际黄金市场和国际金融衍生工具市场。国际外汇市场是指进行外汇买卖的场所或网络；国际黄金市场是世界各国集中进行黄金交易的场所，是国际金融市场的特殊组成部分；金融衍生工具是在金融原生工具的基础上衍生出来，所以国际金融衍生工具市场为国际金融市场的创新市场。

(三) 按照资金融通期限的长短划分

国际金融市场可分为国际货币市场和国际资本市场。

国际货币市场是在国家间进行的 1 年或 1 年以内的资金融通市场，又称短期资金市场。国际货币市场的主要业务活动包括银行短期信贷、短期证券买卖、商业票据贴现、银行承兑汇票的交易等，主要的参与者有商业银行、票据承兑行和贴现行、证券交易商和证券经纪人。

国际资本市场是国家间进行的 1 年以上的资金融通市场，属于中长期信贷市场，所以又称长期资金市场。其主要业务活动包括信贷业务（政府机构、国际经济机构和跨国银行向客户提供中长期资金融通）、证券交易（其中包括国际证券和国际股票）、欧洲货币市场中的长期资本市场、国际租赁市场、外商直接投资等。

五、国际金融市场的作用

第二次世界大战以来，世界经济和金融环境发生了巨大变化，技术进步和社会生产力的发展，以及各国持续推进贸易和金融的自由化，使生产的国际化有力地推动金融资本的国际化，国际金融市场发挥着越来越重要的作用。

（一）推动世界经济全球化的巨大发展

首先，国际金融市场能在国际范围内把大量闲散资金聚集起来，从而满足了国际经济贸易发展的需要，同时通过金融市场的职能作用，把"死钱"变为"活钱"，由此推动了生产与资本的国际化。

其次，跨国公司和跨国银行的发展、网络技术和电子商务在金融业的广泛运用、贸易和金融自由化的持续推进，通过国际金融市场的融资、结算、资金调拨等运作，进一步为国际投资与贸易的发展提供便利，加强了各国间经济的相互联系，由此推动了世界经济全球化的巨大发展。

（二）为各国经济发展提供资金

国际金融市场是世界各国资金的集散中心，积极发挥世界资本再分配的职能，为各国经济发展提供了资金。各国可以充分利用这一国际性的蓄水池，获取发展经济所需的资金，特别是发展中国家可以通过国际金融市场筹措资金以满足其经济发展的投资需求。国际金融市场提供的资金有力地推动了各国经济乃至世界经济的发展。

（三）有利于调节各国的国际收支

国际金融市场的产生与发展，为国际收支逆差国提供了一条调节国际收支的渠道，即逆差国可到国际金融市场上举债或筹资，从而能更灵活地规划经济发展，也能在更大程度上缓和国际收支失衡的压力。国际金融市场在调节国际收支方面发挥着重要作用。

（四）促进金融业的国际化

国际金融市场的发展促进了金融业的国际化。国际金融市场成了国际大银行的集散地。国际金融市场通过各种活动把这些银行有机地结合在一起，使世界各国的银行信用突破空间制约而成为国际银行信用，这在更大程度上推动了诸多金融业务的国际化。

（五）国际金融市场的负面作用

国际金融市场的迅速发展也产生了一些负作用。国际金融市场使得大量资本跨越国界流动，促使汇率和利率频繁大幅度波动，强化了国际金融市场的不确定性，这会影响一国国内货币政策的执行，引发外汇市场的波动，也会使一国国际清算能力在数量和结构上的管理难度加大，可能加剧世界性通货膨胀，诱发金融危机，降低了全球范围内金融资源的配置效率。为此，近几年西方各国在推行金融自由化的同时，都不同程度地加强了对国际金融市场的干预与管理。

📖 **知识拓展**

中国金融开放与金融监管：持续为全球金融体系注入"稳定剂"

当前，世界经济下行压力增大，金融风险在多个地区和领域，以多种形态频繁聚集显现，成为威胁全球金融体系的重要风险源。

中国严控金融风险，有利于全球金融体系稳健运行。近年来，从将风险防范提升到"攻坚战"高度，到把"稳金融"列为"六稳"工作事项；从对不同金融风险分类施策、精准拆弹，到逐步化解系统性风险，守住不发生系统性风险的底线等一系列中国稳金融组合拳，为全球金融体系带来稳定性。

　　一方面，中国扩大金融开放，不断深化全球金融体系融通度。伴随改革开放进程不断推进，中国金融业开放的大门也越开越大。继 2018 年宣布 15 条银行业保险业开放措施后，2019 年银保监会又陆续出台两轮共计 19 条新的开放措施。

　　另一方面，中国加强金融监管，有效推动全球金融体系演进升级。多年来，中国紧跟新动态，努力探索适合自身国情的监管模式，同时加强国际合作，加快推进新巴塞尔协议等国际监管标准落地实施，切实推动构建更为科学、合理的全球金融体系。

　　面对国际金融市场动荡带来的压力，中国作为负责任的大国，既通过保持自身经济中高速增长，为世界经济发展提供了"活水源"，又依靠有效管控自身金融风险，为全球金融体系注入了"稳定剂"。

第二节　在岸金融市场

　　在岸金融市场主要包括国际货币市场、国际资本市场、国际外汇市场和国际黄金市场四部分。这些市场主要是以本国货币发行外国债券或从事对外国居民的信贷业务。在岸国际金融市场的主要特点是：

　　（1）受到市场所在国法律和金融条例制约较多，借贷成本较高；

　　（2）交易活动是在市场所在国居民和非居民之间进行，即市场上交易双方至少有一方是市场所在国居民，国际化程度不高；

　　（3）通常只经营市场所在国货币的信贷业务，是市场所在国资金输出的窗口。

一、国际货币市场

（一）国际货币市场的定义和基本特点

　　国际货币市场是指资金期限在 1 年以内（含 1 年）的短期金融工具进行交易的场所，也称为短期资金市场，其主要功能是为短期资金在国家间转移和融通提供渠道。各国的资金盈余者可以将其短期资金投放到国际货币市场上，以获得大量的收益；资金短缺者在遇到临时性或季节性资金周转困难时，可以利用国际货币市场来满足资金短缺的需要。该市场的参与者主要是商业银行、票据承兑公司、贴现公司、证券交易商和证券经纪商等。

（二）国际货币市场的基本特点

1. 货币市场工具的平均质量较高，风险性较小

　　货币市场的发行人主要有三类：政府，金融机构，少数资信程度极高、知名度极大的大公司。它们都是一流的借款人，因而违约情况极少发生。故货币市场上交易的金融工具一般都时间短，流动性强，价格相对平稳，风险小，随时可以在市场上转换为现金，且各种金融工具之间的利率差距也小。

2. 货币市场是一个典型的单纯的柜台市场

　　绝大部分交易都是通过电话、电传进行的。另外由于货币市场交易双方多数是银行，因而交易多采用银行的传统业务方式，如记账、转账等。

3. 货币市场工具的发行多采用贴现方式

贴现发行方式是投资人最喜欢的方式，但股票和债券出于期限缘故不能大量采取或根本不能采取这种发行方式。

4. 货币市场有中央银行的直接参与

在实行中央银行制的国家的金融体系中，货币市场是中央银行同商业银行及其他金融机构的资金连接渠道，是国家利用货币政策工具调节全国金融活动的杠杆支点。

（三）国际货币市场的基本条件

因为国际货币市场具有以上的特点，所以一个良好运作的国际货币市场需要具备一些基本条件：

（1）中央银行体系高度健全。中央银行能够充当最终贷款人身份，在发生金融危机时，中央银行能够提供相应贷款，以保证市场的稳定。

（2）信用工具相当完备。市场上要能提供有足够数量的不同期限、收益、风险和流动性特征的多种短期金融工具，以满足投资者和借款者的多样需求。

（3）良好的管理监督机制和完善的法律制度或市场惯例。参与货币市场交易的各类机构能否遵守法律或自觉按照市场惯例自我约束，需要有专门的机构对各类机构，特别是金融机构的交易活动进行严格审查监督，以此来保证一个市场交易活跃同时又有法可依、有章可循的完善的货币市场。

（四）国际货币市场的分类

货币市场的工具多种多样，大致可将其分为两大类：一类是与银行有关的市场信用工具，如大额存单、银行承兑票据等；另一类是非银行的市场信用工具，是非银行金融机构发行的票据，如国库券、商业票据等。一般而言，根据其业务不同，货币市场可分为银行短期信贷市场、短期证券市场和贴现市场。

1. 银行短期信贷市场

它是指国际银行同业拆放以及银行对工商企业提供短期信贷资金的场所。该市场是在资本国际化的过程中发展起来的，其功能在于解决临时性的短期流动资金的不足。短期信贷市场的拆放期是长短不一的，最短为日拆，一般多为1周、1个月、3个月和6个月，最长不超过1年。在国际上，使用最广泛的基准拆放利率是伦敦银行同业拆放利率（London Inter Bank Offered Rate，LIBOR）。它是为了反映伦敦银行同业拆借利率的水平及变化情况，英国银行家协会每天计算并公布其选定的有代表性的国际大银行上午11时的同业拆借利率的算术平均值。该市场交易方式较为简便，存贷款都是每天通过电话联系来进行的，贷款不必担保。

根据当事人不同，短期信贷市场又可分为银行与银行之间的短期信贷和银行与非银行客户之间的短期信贷，其中前者在该市场处于重要地位。

（1）银行与银行间的短期信贷。银行与银行间的短期信贷市场称为同业拆借市场，同业拆借市场产生于存款准备金政策的实施，它在整个短期信贷市场中占据着主导地位。一般而言，商业银行为弥补交易头寸的不足或准备金的不足相互间进行短期信贷活动，主要凭借信用，无须缴纳担保品，借款人的信贷状况对信贷条件（如贷款金额、期限、利率等）有很大的影响。这种交易活动是无形市场，主要通过电信手段成交。

（2）银行对非银行客户的短期信贷。这是指银行对工商企业所提供的短期信贷，主要用于满足企业临时性及季节性资金周转的需求，这部分贷款在短期信贷市场不占主要地位。银行在为工商企业贷款时，要注意掌握企业的借款用途，以免资金他用，而且还要了解企业的财务状况，以确保能够按时收回贷款。

2. 短期证券市场

它是指进行短期证券发行与买卖的场所。其期限一般不到1年。这里的短期证券包括国库券、大额可转让定期存单、商业票据，银行承兑汇票等，它们的最大特点是具有较大的流动性和安全性。

（1）国库券，是指各国财政部门为弥补国库收支不平衡而发行的一种短期政府债券。因国库券的债务人是国家，其还款保证人是国家财政收入，所以它几乎不存在信用违约风险，是金融市场风险最小的信用工具。

国库券采取折价的方式发行，票面值与发行价格之间的差额为购买人全期持有的利息收入。它一般通过公开投标的方式拍卖，包括定期发行和不定期发行两种类型。购买者多为银行等金融机构和其他大额投资机构，以竞争投标的方式购买；个人和其他小额投资者也可以购买国库券，也是采取竞争投标方式，即按照竞争投票平均中标价格购买。国库券的形式有无记名证券、记名证券和账簿登记。由于短期国库券交易具有违约风险小、流动性强、面额小等明显的投资特征，因此国库券已经成为货币市场上发行量最大、流通量最广的一种证券，广泛地被各金融机构和广大公众所持有。

（2）大额可转让定期存单，也称大额可转让存款证，是由银行发行的不记名的定期存款凭证，凭证上印有一定的票面金额、存入和到期日以及利率，到期后可按票面金额和规定利率提取全部本利，逾期存款不计息。大额可转让定期存单可以流通转让，自由买卖。一般由较大的商业银行发行，主要是由于这些机构信誉较高可以相对降低筹资成本，且发行规模大，容易在二级市场流通。这里要注意，大额可转让定期存单与普通的定期存款是不同的，它们的主要区别有：①定期存款记名，不可流通转让；而大额定期存单是不记名的，可以流通转让。②定期存款金额不固定，可大可小；而大额定期存单金额较大，在美国最少为10万美元，二级市场交易单位为100万美元。③定期存款利率固定；可转让定期存单利率有固定的也有浮动的，且一般来说比同期限的定期存款利率高。④定期存款可以提前支取，提前支取时要损失一部分利息；可转让存单不能提前支取，但可在二级市场流通转让。

大额可转让定期存单允许转让和买卖，对银行来说它是定期存款，可作为相对稳定的资金用于期限较长的放款；对于存款人来说它既有较高的利息收入，又能在需要时转让出售迅速变为现金。因此，大额可转让定期存单既为银行带来了方便，也为客户提供了好处，深受市场欢迎，很快成为一种重要的货币市场工具。目前已推广到许多国家的金融市场中，其中以美国和日本的市场业务最为发达。

（3）商业票据，是指由金融公司或某些信用较高的企业开出的无担保短期票据。它不是以商品交易为基础的，而是专门为融通资金而签发的一种票据。它是大公司为了筹措资金以贴现方式出售给投资者的一种短期无担保承诺凭证。这种证券实际上是一种无担保的公司欠条，它是基于贴现而发行的，公司允诺其证券持有人到期时以全额偿还，也可以在到期前于市场出售，商业票据可自由地在市场上买卖和流通。这种融资方式对于工商企业来讲比较灵活，而且成本也较低。

商业票据类似于国库券，其有效期的种类也很多，一般期限在 9 个月（270 天）以下，市场上商业票据平均期限为 30 天以内，大多数商业票据的期限在 20~40 天。由于商业票据没有担保，仅以信誉作保证，因此能够发行商业票据的一般都是规模巨大、信誉卓著的大公司。

（4）银行承兑汇票，是经过银行承兑的保证到期付款的商业汇票。在商品交易活动中，售货人为了向购货人索取货款而签发的汇票，经付款人在票面上承诺到期付款的"承兑"字样，并签章后就成为承兑汇票。经购货人承兑的汇票称商业承兑汇票，经银行承兑的汇票即为银行承兑汇票。由于银行承兑汇票由银行承诺承担最后付款责任，实际上是银行将其信用出借给企业，因此企业必须缴纳一定的手续费，这里银行是第一责任人，而出票人（企业）则只负第二责任。汇票经银行承兑后，出票人可以持有汇票，但通常情况下是将承兑汇票在市场上贴现。

银行承兑汇票最常见的期限有 30 天、60 天和 90 天三种，更长的期限也有 180 天和 270 天的。银行承兑汇票的违约风险较小，但有利率风险，银行承兑汇票可以在贴现市场上转让。由于它具有了银行信用，因此就更易在市场上流通。它是随着国际贸易的产生而产生的，主要用途在于为商品的国际流动融资，是贸易融资的一种手段。

3. 贴现市场

贴现市场是指对未到期票据，通过贴现方式进行资金融通而形成的交易市场。所谓贴现，是指持票人把未到期票据按照贴现率扣除从贴现日至票据到期日的利息后，向贴现银行或贴现公司换取现金的一种活动。贴现市场的主要经营者是经营贴现业务的商业银行和专门经营贴现业务的贴现公司。贴现交易的信用票据主要有政府国库券、短期债券、银行承兑票据和部分商业票据等。贴现利率一般高于银行贷款利率。

不同国家由于其票据贴现市场的融资规模、结构状况以及中央银行对再贴现政策的重视程度等方面存在差异，票据贴现市场也具有不同的运行特点。例如美国的票据贴现市场，主要是由银行承兑汇票贴现市场和商业票据贴现市场构成。银行承兑汇票以商品交易为基础，又有出票人和承兑银行的双重保障，信用风险较低，流动性强。目前世界上最大的贴现市场是伦敦贴现市场，其历史悠久，在英国的金融市场占有十分重要的地位。

二、国际资本市场

在过去的 100 多年间，世界经济从严格的国别壁垒和分割走向全面的区域联合和一体化，资本作为经济发展的要素之一，率先实现了大范围的跨国界流动。而国际资本市场则经历了由分割到融合进而走向全球化的发展历程。从总体上看，国际资本市场始终保持规模持续扩张的态势，资本跨国流动的影响范围不断扩大，可以说，全球化始终是国际资本市场的发展指向和最终目标。

（一）国际资本市场的定义和功能

1. 国际资本市场的定义

国际资本市场是指期限在 1 年以上的金融资产交易的场所，也称中长期资金市场。国际资本市场最基本和最重要的任务就是使资本迅速有效地从资本剩余者手中转移到资金短缺者手中，并为已发行的证券提供充分流动的二级市场。国际资本市场按融通资金方式不同，可分为广义和狭义两种。广义的国际资本市场包括国际银行中长期信贷市场和国际证券市场；狭义的国际资本市场仅包括国际证券市场。本书主要介绍广义的国际资本市场。

2. 国际资本市场的功能

（1）提供了一种机制，使资本能迅速有效地从资本剩余单位转移到资本不足单位，使得资本市场承担了一级市场功能，只有一级市场才能为资金需求者提供新的资本来源。

（2）为已发行证券提供充分流动性的二级市场，即已发行证券的交易市场。二级市场的存在是为了保证一级市场更有效地运行，二级市场上投资人可以通过不断调整其持有的证券来形成有效的资产组合降低风险，获取最大的收益，并且随时可以使证券变现，使得投资人更有信心投资到新证券上。

（3）能够更广泛地吸引国外资本或国际资本。一国或一家公司在不同的发展时期对不同种类资本的需求程度不同，而国际资本市场为资本需求者提供了广阔的市场范围，尤其对发展中国家而言，在国外发行股票或其他替代品既可获得长期资本又没有债务风险。

（4）能够以较低的成本吸收资本。各国总可以在世界范围的资本市场上寻求到相对低成本的资本来源，并发行适当的金融工具来有效地筹集。

（5）能够通过发行国际证券或创造新的金融工具，逃避各国的金融、外汇管制及税收问题。

（二）国际银行中长期信贷市场

1. 国际银行中长期信贷市场的定义和特点

国际银行中长期信贷市场是一种国际银行提供中长期信贷资金的场所，为需要中长期资金的政府和企业提供资金便利。这个市场的需求者多为各国政府和工商企业。一般贷款期限在1年至5年的称为中期信贷，5年以上的称为长期信贷。

国际银行中长期信贷市场的主要特点：

（1）资金来源广泛，不限用途，有较强的选择性和灵活性。一般在贷款资金的用途上可以不受贷款银行的任何制约，可由借款人根据自己的意愿安排使用。

（2）使用浮动利率，反映借贷市场的供求关系。贷款利率由诸如经济形势、资金供求量、通货膨胀和金融政策等因素多方面决定。由于随行就市所以利率较高。

（3）与发行证券相比，手续简便。

2. 国际银行中长期信贷的方式

国际银行中长期贷款的方式，有双边贷款和多边贷款之分。

（1）双边贷款（又称独家银行贷款），是指一家银行对另一家银行、一国政府或工商企业提供的贷款。这是一种最简单的贷款形式，通常只涉及一家贷款银行与另一国借款人之间的关系，从而减少一定的管理以及其他费用，降低信贷成本。双边贷款提供的贷款金额一般较小，最多是1亿美元。贷款期限多为中期，即5年以内。贷款手续比较简便，资金用途不受限制。贷款利率按照市场利率，成本适中。

（2）多边贷款（又称银团贷款或辛迪加贷款），是指由一家或几家银行牵头，多家商业银行联合向借款人提供资金的一种贷款方式。多边贷款是银行中长期贷款的典型方式。

由于贷款是由多家银行共同提供，因而能够保证大规模的资金需求。因贷款数额巨大，贷款需要政府担保，并且贷款的用途通常在合约签订时就已明确规定。贷款期限一般为5~10年或10年以上。由于该市场资金周期较长，风险也较大，因此在贷款时，还需着重分析借款人偿还债务的能力。

3. 国际银行中长期信贷的成本

国际银行中长期信贷的成本由利息和费用构成。

（1）利息。借贷双方在确定国际银行中长期信贷利率时，一般以3个月或6个月的伦敦银行同业拆借利率作为基础，再加上一定的附加利率计收利息，并且根据市场利率的变化，每3个月或半年调整一次。利息分期支付。一般而言，附加利率比较稳定，而对于期限较长的贷款，附加利率是不固定的，通常采用在整个贷款期间分段计算附加利率的方法，一般是后段的附加利率高于前段的附加利率。

（2）费用。国际银行中长期贷款的费用主要包括以下几项：

一是管理费（又称经理费或手续费），是指在银团贷款方式下借款人向银团的牵头银行对其进行的管理活动所支付的费用。管理费主要由牵头银行收受，并把其中的一部分按照参与银行的贷款金额分付给各个银行。

二是代理费，是在银团贷款方式下借款人付给代理行的报酬。代理行要组织参与银行按时提供贷款，向借款人收取利息，在与借款人的联系过程中，还要发生各种费用支出，如电报费、电传费、办公费等，其报酬就是代理费。代理费的收费标准视贷款金额多少以及事务的简繁而定，每年按商定的固定金额支付。

三是杂费，是指在贷款过程中实际发生的费用，如律师费、差旅费、通信费及办公费等。这些费用均由借款人承担。

四是承担费，是贷款人向借款人收取的一种由于借款人没有按期使用贷款而产生的补偿性费用。承担费按借款人在承担期过后未动用的贷款金额进行计算。借款人若在承担期内全部提完贷款，则不需支付承担费。

4. 国际银行中长期贷款的期限

国际银行中长期贷款的期限是指贷款协议生效日至贷款还清日所包含的这段时间。按照国际惯例，贷款期限分为宽限期和偿还期。

（1）宽限期，是指借款人在一定的时间内可以不还本，只付利息。宽限期结束，借款人便开始分期归还本金。

（2）偿还期，也称还款期，是指每笔贷款归还本金的期限。贷款期的宽限期终了，便进入还款期。

5. 国际银行中长期贷款的偿还

国际银行中长期贷款的偿还一般有三种办法：

（1）到期一次偿还。贷借双方签订贷款协议后，借款人按期分数次使用贷款，按期支付利息（一般半年一次），贷款期满时一次偿还本金。这种偿还办法，一般只适用于贷款金额较小、期限较短的贷款。

（2）分次等额偿还。宽限期满借款人就必须按照贷款协议的规定，每半年或一年还本付息一次，每次还本的金额相等，直到最终还清贷款。这种偿还办法适用于贷款金额较大、期限较长的贷款。

（3）无宽限期的分次等额偿还。与第二种方法类似，只是没有宽限期。

（三）国际证券市场

国际证券市场是指证券发行与流通的场所。发行证券的目的在于筹措长期资本，它是长期资本借贷的一种方式。证券市场是金融市场的重要组成部分。

从证券交易的方式来考察，可分为初级（一级）证券市场和二级证券市场。新证券的发行市场为初级市场或一级市场。一级证券市场没有固定场所，其实际发行地点是通过承销机构所在地的机构进行。已发行证券的交易市场为二级市场。二级市场包括有形市场和无形市场两部分。从交易的证券种类来考察，国际证券市场又可分为国际股票市场和国际债券市场。

1. 国际股票市场

（1）国际股票市场的概念。股票是股份公司发行的，表示在股份公司中拥有股权的凭证，持有者为股东。国际股票是指外国企业在本国发行的、以本国货币或境外货币为面值的、由本国股东持有的股权凭证。国际股票市场是指在国际范围内发行并交易的场所，这种发行和交易是在国际性的证券交易网络系统内进行的。

18世纪末英国的工业革命不但推动了世界经济的发展，同时改变了国际资本的形态，催生了现代资本——股票。1733年在伦敦出现了第一家证券交易所。股票在经济舞台上初露头角就受到追捧，证券交易所纷纷在各国成立。19世纪中期，英国凭借其强大的经济实力，大量推出铁路股票，吸引了世界各地的投资者涌入伦敦的股票市场，为国际股票的出现拉开了序幕。至此，伦敦成为世界上最早的国际股票市场。20世纪80年代，金融自由化的浪潮席卷全球，各国逐步取消了有关资本国际化的限制，国际股票市场进入了一个加速发展的时代。

（2）国际股票市场的特点。股票交易价格波动频繁，受政治、经济、金融及市场因素影响大，投资人完全承担着股价波动的风险；股票市场一体化程度大大加深；股票市场发展了许多为降低风险而衍生出的派生证券市场，如股票期货市场、股票期权市场；一级市场与二级市场之间的联系越来越密切，两个市场的价格越来越趋于一致；二级市场的主要投资人有机构投资人和个人投资人，但国际股票市场的主要投资人是机构投资人，机构投资人包括各种基金、金融机构和公司等。

（3）股票的种类。股票是股东在股份公司中拥有股权的凭证，主要有以下分类：记名股票与无记名股票；有面额股票与无面额股票；普通股与有限股。

（4）股票的发行。有两种发行方式：设立性发行，即为设立新股份公司发行股票；原有股份公司经营性发行，股份公司增资而发行股票。

（5）股票交易所。股票交易市场的核心是股票交易所。股票交易所一般只经营已经发行上市的股票，所以是二级市场。

（6）场外交易市场。广义的股票交易市场不仅包括股票交易所，还包括场外交易市场。场外交易市场是指从事未上市证券的交易市场。

2. 国际债券市场

（1）国际债券市场的概念。国际债券是指一国的政府、金融机构、企业事业单位，为筹措外币资金在国外发行的以外国货币为面值的债券，发行这种债券的场所即为国际债券市场。国际债券的发行者有国家政府、地方政府、银行和非银行机构、工商企业，以及国际金融机构等。债券的购买者主要是人寿保险公司、年金基金、信托公司、各种投资公司和其他储备机构。另外，有些国家政府机构和个人也可能选择债券方式进行长期投资，以获得收益。

债券的新发行市场称为初级市场（一级市场）。在大多数国家，债券的发行都没有固定的场所，而是通过证券投资机构或大商业银行和信托公司等金融机构进行的。这些机构承购新发行的债券，然后投向二级市场转售给一般投资，这种承购和分销债券的业务也称为投资银行业务。通常所说的债券市场一般不是指债券的初级市场，而主要是指二级市场，即已发行的债券在不同投资者之间转手交易的市场。一般情况下，债券的转售交易也要通过证券投资机构或商业银行等中介机构。经营证券交易的投资机构可以随时向想要出售债券的资金需求者及想要购买债券的投资者提供有关债券的买卖行情，以供选择。

（2）国际债券市场的特点。①国际债券的容量较大。欧洲债券市场和全球债券市场可以容纳世界各地的欧洲债券和全球债券，用以满足大量筹资者和投资者的需求。②国际债券市场上的借款国主要为发达国家。由于发行国际债券需要发行国有充裕的资金、良好的金融环境和完善的证券市场化条件，所以国际债券市场大部分位于发达国家，这些国家成了国际债券市场的主要筹资国。③传统的固定利率债券在国际债券市场上占主体地位。20世纪末，固定利率债券占总发行量的70%左右，所以国际债券市场基本上是一个以固定利率债券为主体的市场。

（3）国际债券的分类。一般情况下，债券可分为以下几类：①政府债券、金融债券和公司债券。政府债券是政府根据信用原则，以承担还本付息责任为前提而发行的债务凭证，它包括中央政府债券（国家债券或国债）和地方政府债券（地方债券）。这些债券可在市场上随时交易，但不到期不得兑现。金融债券是由银行及非银行金融机构发行的债务凭证。公司债券（企业债券）是企业发行的、承诺在一定期限向投资者还本付息的债务凭证。②记名债券与无记名债券。记名债券是指在债券上载明债权人姓名的债券，投资人须凭印签领取本息，债券转让时要办理登记，这种债券的流动性较差；无记名债券是指在债券转让时无须背书，交付债券即完成转让，流通性较强。③附息债券和贴息债券。附息债券是在债券上附有各期息票的中长期债券，通常息票每半年为一期，息票到期时从债券上剪下来凭以领取本期的利息；贴现债券是以低于债券面值的价格发行，到期时按债券面值兑付而不另付利息的债券。④公募债券和私募债券。公募债券是指向社会公开发售的债券；私募债券是指只向与发行人有特定关系的投资者发售的债券。⑤普通债券（也称直接债券）和可转换债券。普通债券不能转换为股票；可转换债券是指可以转换成公司股票的债券。⑥外国债券。外国债券是一国政府或居民（金融机构或企业等）为筹措外币资金，在国外发行的以外币为标价货币的国际债券。

（4）国际债券的发行。国际债券的交易市场主要是场外市场。债券的发行，目前新的方式主要有：①包销。包销是主承销商从借款人处按设定的金额、息票和发行价买下全部债券。②收益定价。收益定价是根据当前的二级市场上同类债券的收益来确定新债券价格的一种方法。③拍卖发行。拍卖发行是借款者公布新发行债券的期限和息票利息，邀请投资者竞价，借款者从出价最高的竞价者中开始依次往下卖出其债券，直至分配完认购数额。

三、国际黄金市场

黄金自古以来就是货币。形成世界经济体系以后，黄金成为国际货币。1976年，国际货币基金组织在牙买加首都金斯敦召开的会议上决定，废除黄金官价，用特别提款权逐步代替黄金作为国际货币制度的主要储备资产，宣布黄金非货币化。但是从那以后，黄金仍然被世界上绝大多数国家作为国际储备资产。在通货膨胀严重、政治经济危机时期，黄金的价值更会增加。黄金市场也是国际金融市场的一个重要组成部分，并和其他专业性金融市场有着密切的联系。国际黄金市场行情的变动和发展的态势，对整个国际金融市场以及各国的经济都会产生较大的影响。

📖 **知识拓展**

上海黄金交易所

近年来，随着中国金融市场不断发展及逐步融入国际金融市场，中国黄金市场份额的全球占比不断提高。2014年9月上海黄金交易所启动国际板，成为中国黄金市场对外开放的重要窗口。2016年1月推出"易金通"App，实现黄金投资便利普惠。2016年4月发布全球首个以人民币计价的黄金基准价格"上海金"，有效提升了我国黄金市场的定价影响力。2018年上金所黄金交易量（黄金现货交易）居全球交易所市场第二位，仅次于芝加哥商品交易所集团，其国际板的贵金属交易成交增长超过130%，再创纪录新高。2019年，上金所黄金交易量（黄金现货交易）居全球交易所市场第三位。

（一）国际黄金市场概述

早在19世纪初期，世界上就已经出现了较为健全的国际黄金市场。当时处于金本位制度时期，西方国家的黄金市场都是自由交易、自由输出入。后来，随着金本位制度的瓦解，各国政府纷纷实行外汇管制，黄金交易受到很大程度的限制，如规定黄金一般要出售给官方外汇管理机构或指定的银行，至于工业和其他用途的黄金，也需向外汇管理机构或指定的银行购买。但是，国际黄金市场没有因为黄金已不再是货币材料而萎缩。第二次世界大战以后，各国对黄金管制有所放松，黄金市场得到进一步发展，交易量也明显增多。

国际黄金市场是世界各地黄金买卖交易的中心，目前世界上共有40多个黄金市场。近年来，现代化的远程通信技术和互联网已经将这些市场连为一体，形成了全球性的黄金市场。

1. 国际黄金市场的特点

随着黄金的非货币化，在20世纪70年代后国际黄金市场主要有以下几个特点：

（1）黄金市场以商品市场为主。随着黄金货币职能的逐步丧失，黄金成为普通贵金属商品，黄金市场从以金融市场为主转为以商品市场为主，遵循一般商品市场运作规律。但是由于黄金是最安全、最可靠的保值手段，它仍作为政府官方储备和私人资产组合中的一部分，是国际清算和债务抵押的一种手段。特别是国际经济领域或政治舞台出现不稳定因素时，黄金往往被作为保值或投机牟利的主要手段。因此，黄金市场仍在金融市场中占有一席之地。

（2）黄金市场朝着全球化方向发展。由于许多国家纷纷放松黄金管制，国际黄金交易量大增，市场上除了黄金现货交易，还有黄金期货交易。私人投资、黄金饰品业和工业用途需求不断增长、日本经济崛起、中东产油国石油美元激增等因素，导致黄金需求结构趋向多元化，促使一批区域性黄金交易中心不断发展与壮大。

（3）黄金市场大力发展期货交易。20世纪70年代，美国、加拿大积极开办了黄金期货市场。由于黄金期货交易成本相对较低，所以期货市场迅速发展。目前纽约已成为世界上最大的黄金期货市场。

2. 国际黄金市场的类型

黄金市场的类型有三种划分方法：按照市场性质划分，国际黄金市场可划分为国际性市场（起主导作用的市场）和区域性市场；按照交易方式划分，可分为黄金现货交易市场和期货交易市场；按照对其交易管制程度划分，可分为自由交易市场和限制交易市场。

国际性市场是国际性交易集中的市场，其价格的形成及交易量的变化对其他市场有很大影响，主要有伦敦、苏黎世、纽约、芝加哥、香港等黄金市场。区域性市场即本地区黄金交易集中的市场，交易规模有限，市场影响相对较小，主要市场有欧洲的巴黎、法兰克福、布鲁塞尔，中东的贝鲁特，东南亚的新加坡、曼谷，东亚的东京，非洲的开罗、达喀尔、卡萨布兰卡，北美的多伦多、旧金山等。

黄金现货市场是在同业间通过电信和互联网进行交易的市场，如伦敦、苏黎世等黄金市场。黄金期货市场是以远期交易为主、设有独立交易场所的市场，如纽约、芝加哥、香港等黄金市场。

黄金自由交易市场是指黄金可以自由输出入、居民和非居民可以自由买卖黄金的市场，如苏黎世、贝鲁特等黄金市场。黄金限制交易市场有两种情况：一种是黄金输出入受到一般管制，只准非居民自由买卖黄金的国际黄金市场；另一种是对黄金输出入实行管制，只准居民自由买卖的国内黄金市场。

3. 国际黄金市场的参加者

作为卖方出现的参加者主要有产金国开采和销售黄金的企业、拥有黄金需要出售的集团或个人、为解决外汇短缺和支付困难的各国中央银行、预测金价下跌做"空头"的投机商等。作为买方出现的参加者主要有为增加官方储备的各国中央银行、为投机或投资的购买者、预测金价上涨做"多头"的投机商、以黄金作为工业用途的工商企业等。此外，一些国际金融机构，如国际清算银行和国际货币基金组织等也参与黄金市场的买卖活动。

（二）影响国际黄金市场价格变动的因素

1. 黄金供求数量的变化，对国际黄金市场黄金价格的涨跌有着直接的影响

一般地说，在供应量有限、需求量较大、供不应求的时期，国际黄金市场上的金价就会上涨；反之，金价就会下跌。南非是生产和供应黄金最多的国家，它所生产的黄金已占到西方世界黄金产量的70%以上。因此，南非的黄金年产量的变化，对世界黄金市场的供应量的增减有着举足轻重的影响。

2. 经济因素对国际黄金市场黄金价格亦有很大的影响

（1）世界经济周期发展趋势的影响。一般来说，在经济危机或发生经济"衰退"的时期，利润率会降到最低限度，人们对经济前景缺乏信心，于是纷纷抛售纸币去抢购黄

金，以求保值。这时对黄金的需求就会增加，从而刺激黄金价格上涨。反之，在经济复苏时期，由于对资金的吸收量大，利润率增高，人们反过来愿意把黄金抛出，换成纸币进行投资，以获得更多的利润。黄金价格徘徊不前，时起时伏，经济危机的影响是比较强烈的。

（2）通货膨胀率和利率对比关系变化的影响。一般地说，通货膨胀会使人们手中持有的货币无形地贬值。当利息收入不足以抵消通货膨胀所带来的损失时，人们也会对纸币失去信心，认为持有黄金比持有纸币更稳妥、更安全，对黄金的需求增加，金价就会上升。但如果利率与通货膨胀率变化不一致，在通货膨胀率低于利率时（即实际利率较高的时候）不仅会抑制金价的上涨，甚至可以迫使金价下跌。因为这时候将资金投入证券市场或存入银行，不仅可以保值，而且还可以获取较高的收益。

（3）石油价格变动的影响。石油一向以美元标价。如果石油价格上涨，美元就会贬值，而美元的贬值又会导致人们抛售纸币抢购黄金来保值，进而刺激黄金价格上涨。另外，石油输出国所积累的石油、美元除了投资于货币市场，还大量购入黄金，从而也使得金价上涨。

（4）外汇市场变动的影响。一般来说，当某种货币地位疲软，出现汇率下跌，导致货币实际贬值时，人们就会急于抛售持有的该种货币去抢购黄金，以求保值。这样以该种货币所表示的黄金价格就会上涨。

3. 政治局势与突发性重大事件，对国际黄金市场上的黄金价格也有一定的影响

黄金是一种非常敏感的投机商品，任何政治、经济的大动荡，都会在国际黄金市场的金价上反映出来。一般来说，国际政治局势紧张金价可能会攀升。

（三）国际黄金市场的交易方式

国际黄金市场的交易方式主要有现货交易和期货交易两种方式。

1. 黄金现货交易

国际黄金市场上黄金现货交易的价格较为特殊。在伦敦国际黄金市场上的黄金现货交易价格，分为定价交易和报价交易两种。

（1）定价交易。定价交易的特点是提供客户单一交易价，即无买卖差价，按所提供的单一价格，客户均可自由买卖，成交后经纪人或金商只收取少量的佣金。定价交易只在规定的时间里有效，其交易时间短则1分钟，长则1个多小时，具体时间视供求情况而定。交易结束时形成的价格即为黄金现货买卖的成交价格，同时锁定价格又是国际黄金市场行市的"晴雨表"，世界各黄金市场均依此调整各自的金价。

（2）报价交易。报价交易的特点就是有买卖差价之分。其价格由买卖双方自行达成，而且价格水平在很大程度上受定价交易制约；报价交易在定价交易以外的时间进行；一般报价交易成交的数量要多于定价交易。

2. 黄金期货交易

黄金期货交易是由交易双方先签订合同、交付押金，在预约的日期办理交割的一种交易方式。期货期限一般为3个月、6个月或1年。交易价格一般以现货价格为依据，再加上期货期限的利息而定。在国际黄金市场上进行的期货交易又分保值交易和投机交易两种。

保值交易是指人们为了避免通货膨胀或政治动乱，出于寻求资产价值"庇护所"的意图而购买黄金的活动；也有的是以避免由于金价变动而遭受损失为目的进行黄金买卖的。一般来说，套期交易是保值的理想办法，即套期保值交易。对套期交易者来说，期货市场是最方便的购销场所。

在国际黄金市场上，投机交易十分盛行。这种交易是利用市场金价波动，通过预测金价在未来时期的涨跌趋势，进行买空或卖空，从中牟取投机利润。在国际黄金市场上，那些实力雄厚的银行和垄断企业，往往在一定程度上主宰市场的投机活动，制造市场金价的大起大落，而他们在价格之前，购之于先或抛之于先，以从中牟取暴利。所以投机交易是导致国际黄金市场动荡不定的一个重要因素。

（四）世界主要黄金市场简介

世界上主要的黄金市场为英国的伦敦、瑞士的苏黎世、美国的纽约和芝加哥、中国的香港，即世界五大黄金市场。

1. 伦敦黄金市场

伦敦一直是著名的国际金融中心，也是历史最悠久的黄金市场。这个市场的黄金供应者，主要是世界上最大的产金国南非。由于伦敦具有国际金融中心的便利条件和充足的黄金供给，所以一直起着世界黄金产销、转运、调剂的枢纽作用，黄金交易量曾经达到全世界黄金交易总量的80%，是世界上最大的黄金市场。伦敦黄金市场的主要特点有：

（1）以现货交易为主，直至1982年才有期货市场；

（2）交易量大，主要是批发业务；

（3）有独特的定价交易机制，其交易价格是世界各黄金市场调整金价的基础，伦敦金价是最具代表性的世界黄金行市；

（4）其交易方式和交易系统均为世界各黄金市场所遵循和采用。

2. 苏黎世黄金市场

苏黎世黄金市场是第二次世界大战后发展起来的国际性黄金自由市场。它以瑞士两大银行（原为三大银行：瑞士银行、瑞士联合银行、瑞士信贷银行。1997年2月，瑞士银行与瑞士联合银行合并为瑞士银行集团，成为当时世界第二大银行集团）为中心，联合经营黄金。苏黎世黄金市场的主要特点是：

（1）以现货交易为主，无定价制度；

（2）在市场组织者对市场所起的作用上有别于伦敦黄金市场，其区别在于伦敦的大金商主要是在客户之间充当中间经纪人，而瑞士两大银行拥有大量黄金储备，除充当经纪人外，其本身也从事黄金交易；

（3）以零售业务为主，其中绝大比重是进行金币、金条交易，是世界上最大的金币市场。

瑞士是著名的西方各国的资金庇护所，每逢国际政治局势发生动荡或货币金融市场发生波动时，各地大量游资纷纷涌向瑞士，购金保值或从事投机活动。而且，瑞士利率低，持有的黄金可以列为现金项目，市场交易没有任何限制，这些因素促使苏黎世黄金市场迅速发展，现已成为世界最大的黄金现货交易中心。

3. 美国黄金市场

美国黄金市场是黄金期货交易的中心。纽约商品交易所（NYMEX）和芝加哥国际货币市场（IMM）都是重要的世界黄金期货市场。其中纽约商品交易所是世界上最大的黄金期货市场。纽约和芝加哥黄金市场是20世纪70年代中期才发展起来的，虽然历史较短，但其市场发展却相当迅速，并促使世界黄金市场的格局发生了重大变化。这种变化表现为：第一，由于美国黄金期货市场的黄金交易量巨大，使得伦敦黄金市场每日定价制（伦敦黄金现货价格）权威性受到一定影响。美国黄金市场的期货价格有时比伦敦和苏黎世市场的定价更具实用性。第二，投机交易充斥黄金期货市场。尽管美国的黄金期货市场成交量大，但交易的水分也很大，诸如买空、卖空的投机活动十分盛行。

4. 香港黄金市场

香港黄金市场已有100多年的历史。从20世纪60年代开始，香港黄金市场已发展成世界主要的黄金交易中心。香港黄金市场的黄金大多来自欧洲等地，主要的买主则是东南亚国家。香港黄金市场由三部分组成：一是主体市场，是以集资为主的传统的香港金银贸易市场，以港元计价；二是无形市场，20世纪70年代中期逐步形成的当地"伦敦黄金市场"，没有固定交易场所，一般称之为"本地伦敦金市场"；三是期货市场，20世纪80年代才开业的黄金期货市场，按纽约、芝加哥方式交易，美元计价。

香港黄金市场的主要特点有：

（1）香港是个自由港，有大量经验丰富的贸易商人，信誉可靠；

（2）香港具有转运、储藏、调拨黄金的便利，既可作现货交易，又可作期货交易，因此对客户很有吸引力；

（3）在世界各大黄金市场中只有香港市场在星期六不停业，照常开市，这也是能够吸引从事黄金买卖的客户到香港来交易的一个重要原因；

（4）香港黄金市场一直与伦敦黄金市场保持密切联系，同时在20世纪80年代后又与美国黄金市场形成纽约（芝加哥）—香港黄金集团。

地理位置、时差因素以及与美国黄金市场密切的业务合作，使香港黄金市场迅速发展，现已成为世界五大黄金市场之一。

四、国际外汇市场

国家间的经济往来，必然伴随着货币的清偿和支付，要实现国际清偿和货币支付，就要进行国家间的货币兑换或外汇买卖活动。外汇市场就是为了适应各种货币的兑换或买卖的需要而产生的，其实质是一种货币商品的交换市场，市场上买卖的是不同国家或地区的货币。

（一）国际外汇市场的定义与功能

1. 外汇市场的定义

外汇市场，简单而言是指进行货币兑换或买卖的场所，具体而言则是外汇供给者、外汇需求者及中介机构所构成的买卖外汇的交易系统和网络。外汇市场在实现购买力的国际转移、规避和防范外汇风险、提供国际性的资金融通和国际清算等方面发挥着重要作用。

在外汇市场上，外汇买卖有两种类型：一类是本币与外币之间的买卖，即需要外汇者用本币购买外汇，或持有外汇者卖出外汇换取本币；另一类是不同币种的外汇之间的买卖。例如在纽约外汇市场上，美元与各种外汇之间的交易属于前一类型，欧元与日元的兑换属于后一类型。

2. 外汇市场的功能

外汇市场的主要功能有以下几个方面：

（1）外汇买卖的中介。如同其他商品一样，外汇市场为外汇这一特殊商品提供了一个集中的交易场所。外汇市场为外汇交易的双方寻找交易对象和发现交易价格，节约了交易成本，提高了外汇的交易效率。

（2）调节外汇的供求。外汇市场不仅充当了外汇买卖双方的交易中介，而且外汇市场上汇率的变化对外汇的供求起着调节作用。任何外汇供求的失衡都会引起价格（汇率）的变动，而价格的变动又反过来影响外汇供求的变动，进而使外汇供求的失衡得以调节。

（3）宏观调控的渠道。外汇市场也是各国政府调节国际收支乃至整个国民经济的重要渠道。各国政府可通过一系列政策和措施影响外汇的供求和汇率的变动，进而达到调节国际收支和宏观经济的目的。

（4）保值与投机的场所。外汇市场也是为试图避免外汇风险的交易者提供保值的场所。外汇市场的交易者可在市场上从事套期保值、掉期交易等外汇交易，以避免外汇风险。同样，外汇市场也为那些希望从汇率波动中获取利益的投机活动提供了可能。

（二）外汇市场的参与者

在外汇市场上，外汇交易的参与者主要有四类：外汇银行、中央银行、外汇经纪人和一般客户。

1. 外汇银行

在一些实行外汇管制的国家，外汇银行也称外汇指定银行或外汇特许银行，是指经过本国中央银行或货币当局批准的、经营外汇业务的商业银行或其他金融机构。外汇银行可以分为三种类型：一是专营或兼营外汇业务的本国商业银行；二是在本国的外国商业银行的分支行；三是其他经营外汇买卖业务的本国、外国非银行类金融机构。外汇银行在外汇市场上既可以代客户进行外汇买卖，为客户提供尽可能全面的服务并从中获利；也可以用自身的本币和外币资金或信用融资，在外汇市场上直接进行买卖交易，目的在于调整自身的外汇头寸或进行外汇投机买卖，使外汇资产保持在合理的水平或赚取投机的利润收入。外汇银行是外汇市场的主导者，一些大型国际性商业银行常常扮演着市商的角色。

2. 中央银行

各国中央银行也是外汇市场的参与者，它们代表政府对外汇市场进行干预。一是中央银行以外汇市场管理者的身份，通过制定法律、法规和政策措施，对外汇市场进行监督、控制和引导，保证外汇市场的交易有序地进行，并使之符合本国经济政策的需要。二是中央银行直接参与外汇市场的交易，主要是依据国家货币政策的需要主动买进或卖出外汇，以影响外汇汇率的走向。中央银行的外汇买卖活动不是以经济利益为目的的，而是为了干预汇率水平或实现特定的经济政策目标，进而维持外汇市场的稳定。

3. 外汇经纪人

这是外汇市场上专门为交易双方介绍外汇买卖或代客户买卖的中间人（中间商），一般都以收取佣金为目的。外汇经纪人须经所在国家或地区有关金融当局批准才能取得经营业务的资格。外汇经纪人与外汇银行有密切联系，熟悉外汇行情和外汇供求情况，了解各方面的信用情况，并利用现代化的通信工具，接洽外汇交易。严格意义上的外汇经纪人并不用自己的资金在外汇市场上买卖外汇，而只是代客买卖。由于外汇经纪人与外汇买卖活动无直接利害关系，因此从事外汇交易的银行才会对外汇经纪人的诚实与公正予以高度的信任。

4. 一般客户

这是指因国际贸易、投资及其他国际经济活动而出售或购买外汇的非银行客户及个人。包括：交易性的外汇买卖者，如进出口商、国际投资者、旅游者等；保值性的外汇买卖者，如套期保值者；投资性外汇买卖者；赚取风险利润的外汇投机商等。

（三）外汇市场的种类

1. 根据有无固定场所，分为有形市场与无形市场

（1）有形市场，指有具体交易场所的市场。外汇市场的出现与证券市场相关。外汇市场产生之初，多在证券市场交易所交易大厅的一角设立外汇交易场所，称为外汇交易所。外汇买卖各方在每个营业日的约定时间集中在此从事外汇交易。早期的外汇市场以有形市场为主，因该类市场最早出现在欧洲大陆，故又称大陆式市场。

（2）无形市场，指没有固定交易场所，所有外汇买卖均通过连接于市场参与者之间的电话、电传、电报及其他通信工具进行的抽象交易网络。目前，无形市场是外汇市场的主要组织形式，因其最早产生于英国和美国，故又称英美式市场。

与有形市场相比，无形市场具有以下优势：

①市场运作成本低。有形市场的建立与运作，依赖于相应的投入与费用支出，如交易场地的购置费（租金）、设备的购置费、员工的薪金等；无形市场则无需此类投入。

②市场交易效率高。无形市场中的交易双方不必直接见面，仅凭交易网络便可达成交易，从而使外汇买卖的时效性大大增强。

③有利于市场一体化。在无形市场，外汇交易不受空间限制，通过网络将各区域的外汇买卖连成一体，有助于市场的统一。

2. 根据外汇交易主体的不同，分为银行间市场和客户市场

（1）银行间市场，也称同业市场，是由外汇银行之间相互买卖外汇而形成的市场。银行同业市场是现今外汇市场的主体，其交易量占整个外汇市场交易量的90%以上，又称外汇批发市场。

（2）客户市场，指外汇银行与一般客户进行交易的市场。客户市场的交易量占外汇市场交易总量的比重不足10%，又称外汇零售市场。

此外，外汇市场还有广义与狭义之分。广义的外汇市场包括银行间市场与客户市场，狭义的外汇市场则仅指银行间市场。

（四）外汇市场的特征

1. 外汇市场全球一体化

外汇市场分布呈全球化格局。外汇市场高度一体化，全球市场连成一体，各市场在交易规则、方式上趋同，具有较大的同质性。各市场在交易价格上相互影响，一个市场的价格发生动荡，往往会影响到其他市场的外汇价格，引起连锁反应。

2. 外汇市场全天候运行

由于全球金融中心的地理位置不同，亚洲市场、欧洲市场、美洲市场因时差关系，连

成了一个 24 小时连续作业的全球外汇市场。如此 24 小时不间断运行使外汇市场成为一个不分昼夜的市场，只有星期六、星期日和各国的重大节日，外汇市场才会关闭。这种连续作业，为投资者提供了没有时间和空间障碍的理想投资场所，投资者可以寻找最佳时机进行交易。不管投资者本人在哪里，都可以参与任何市场、任何时间的买卖。

3. 外汇市场是零和游戏

外汇市场本身并不能产生财富，所有价格的波动，只是一种财富的转移，一部分投资者的赢利，必然来自另一部分投资者的亏损，而且数量相等。从总的价值量来说，变来变去，不会增加价值，也不会减少价值。因此，有人形容外汇交易是"零和游戏"，更确切地说是财富的转移。近年来，投入外汇市场的资金越来越多，汇价波幅日益扩大，促使财富转移的规模也愈来愈大，速度也愈来愈快。

（五）主要国际外汇市场

现代国际外汇市场一般分布于世界各国的主要中心城市，如伦敦、纽约、巴黎、法兰克福、苏黎世、米兰、惠灵顿、多伦多、巴林、东京、香港、新加坡等都有全球著名的金融中心和外汇中心，这些中心的相互联系和影响形成覆盖全球的外汇市场网络。其中伦敦、纽约、东京、香港等外汇市场最具有代表性。

1. 伦敦外汇市场

伦敦外汇市场是世界上最重要的、最大的外汇市场，它历史悠久，拥有先进的现代化电子通信网络。根据国际清算银行的统计，2010 年伦敦外汇市场交易额占全球外汇交易额的 36.7%，大大领先于其他国际金融中心。

（1）伦敦是欧洲货币市场的中心。20 世纪 50 年代初，由于国际政治环境的变化，英国实施了外汇管制，伦敦各大商业银行成为最早开办境外美元存贷业务的机构，欧洲美元市场在伦敦形成。此后，由于多方面因素共同作用的结果，欧洲美元市场不断发展壮大并最终演变为欧洲货币市场。欧洲货币市场以其快节奏的自由流动引起外汇市场交易的日益繁荣，伦敦外汇市场的交易规模因此不断扩大而居全球外汇市场的首位。

（2）伦敦地处世界时区的中心。伦敦外汇市场在一天的营业时间内，和世界其他一些重要的外汇市场都能衔接。由于伦敦外汇市场的营业时间目前采用欧洲大陆标准时间，它与欧洲大陆各大市场共同形成了一个同步的大市场。伦敦上午 8 时是东京、香港的下午 16 时，东京、香港市场下午闭市时，伦敦市场开盘；而开盘后不久便可与中东、非洲及欧洲大陆的外汇市场进行外汇交易。由此确定了伦敦外汇市场的重要地位。

2. 纽约外汇市场

纽约外汇市场的历史比伦敦外汇市场短，它的形成和发展与两次世界大战中美国的政治、经济、军事实力的急剧增长密切相关。特别是第二次世界大战以后，美国超过英国成为世界头号经济强国。随着布雷顿森林体系的建立，美元取代英镑成为世界最主要的货币。加之美国奉行对外开放政策，使得纽约外汇市场成为世界第二大外汇市场。根据国际清算银行的统计，2010 年纽约外汇市场交易额占全球外汇交易额的 18%。

由于美国没有外汇管制，对银行经营外汇的业务没有限制，所以几乎所有美国银行和金融机构都可以经营外汇业务。目前，纽约外汇市场的参与者主要包括 29 家联邦储备系统的成员银行，23 家非成员银行，60 余家外国银行在纽约的分支机构，50 多个外国银行建立的代理行和 90 多个代办处,以及一些人寿保险公司和外汇经纪商。世界各国的美元买卖,包括欧洲和亚洲的美元交易,都必须在美国,特别是在纽约的商业银行的账户上办理收付、划拨和清算,因此纽约成为全世界美元交易中心。

3. 东京外汇市场

东京外汇市场是在 20 世纪 50 年代末发展起来的。历史上日本是一个外汇管制严厉的国家,20 世纪 50 年代以后才逐渐放松管制。1964 年日本加入国际货币基金组织,日元成为可兑换货币,东京外汇市场原则上不再受到外汇管制,外汇交易也逐步走向了自由化。

东京外汇市场的结构与伦敦、纽约市场相似,也是由银行间市场和银行与客户之间的零售市场组成的,其中银行间市场是外汇市场的中心。东京比伦敦、纽约起步晚,20 世纪 60 年代以前发展较慢。随着日本金融自由化、国际化进程的加快,其外汇市场也得到了相应发展。目前,日元不仅是重要的国际储备货币,也是国际外汇市场交易量最大的货币之一。

4. 香港外汇市场

香港外汇市场是 20 世纪 70 年代以后发展起来的国际性外汇市场。1972 年年底,香港取消了外汇管制,1974 年 11 月,港元开始实施浮动汇率。之后,香港外汇市场进入了快速发展阶段。香港地处我国的南端,交通便利,历来是东南亚华侨资金的避风港,后来又成为石油美元的流入地。优越的地理时区条件使香港外汇市场成为在和伦敦、纽约的连续 24 小时接力营业中承上启下的重要环节。

在香港外汇市场中从事外汇交易的银行有 200 多家,分别从属于汇丰银行集团、美资银行、日资银行、中银集团等。香港外汇市场与伦敦、纽约市场类似,也是无形市场,没有固定的交易场所或正式的组织,是一个由电话、电传等通信工具联结起来的网络。根据国际清算银行的调查,2010 年香港外汇市场的交易额居全球第六位。

第三节 离岸金融市场

随着世界经济的不断发展,国际金融交易日益摆脱国家金融法规的管制和约束,形成了国外借款人与国外贷款人之间的金融交易,即产生了离岸交易,国际上把这种交易形成的市场称为离岸金融市场。离岸金融市场的迅速发展是 20 世纪以来国际金融市场的重大创新之一,是国际金融市场的核心部分。离岸市场不是指某一市场的地理位置,而是相对于在岸市场而言,以区别市场中交易货币的性质。

一、离岸金融市场的形成与发展

1. 欧洲的离岸金融市场

最早的离岸金融市场出现在欧洲。离岸金融市场在 20 世纪 50 年代末形成于英国伦敦,它是在一定的国际政治和经济环境下由多种因素所促成的。当时以美国和苏联为首的世界两大阵营处于冷战之中,加上美国发动侵略朝鲜战争后,美国冻结了中国在美国的所有美元财产,苏联和东欧国家担心美元资金存放在美国银行也会受到美国政府的冻结和管制,于是把美元资金存放到欧洲国家的银行,主要是伦敦的各大银行,在客观上产生了境外美元的供给。同时，1956年年末到1957年年初，英国发生英镑危机，英国政府为了控制英镑资金外流，禁止用英镑为非英镑使用国的贸易融资，英国银行开始用美元发放贸易贷款，这就形成了"欧洲美元"。欧洲美元是最早出现的"欧洲货币"。欧洲美元与美国国内流通的美元是同一货币，具有同等价值，两者的区别只是账户处理或存放地点的不同。例如：一家公司将它原来存放在花旗银行纽约分行的一笔美元存款转存到花旗银行伦敦分行账户，这笔美元就变成了欧洲美元。吸收了境外美元存款，再将这些美元贷放出去的银行，被称为"欧洲银行"；这样他们在地理和法律意义上的美国境外开创了一个美元市场，即"欧洲美元市场"。60年代后，欧洲联邦德国马克、欧洲法国法郎、欧洲荷兰盾以及其他境外货币，也在这个市场出现，从而使欧洲美元市场发展成为欧洲货币市场。欧洲货币市场就是最早的离岸金融市场。

2. 亚洲的离岸金融市场

20世纪60年代，亚洲的许多国家和地区从第二次世界大战的破坏中恢复过来，开始了经济的迅速发展，从而产生了对美元及其他发达国家货币的大量需求。但出于经济上和政治上的原因，亚洲国家在欧洲货币市场上筹集资金的能力不强，因此，亚洲国家急于建立一个本地区的国际金融市场，把流散在亚洲各地的美元和其他货币集聚起来，以满足亚洲国家在经济发展和对外贸易中产生的需要。

最早发展起来的亚洲离岸金融市场是新加坡亚洲美元市场。获得独立不久的新加坡政府为适应国际经济形势的需要，为金融形势的发展，制定了把新加坡发展成为一个国际金融中心的经济发展战略。1968年10月，新加坡政府接受了美洲银行的建议，允许美洲银行新加坡分行内部设立一个"亚洲货币单位"（Asian Currency Unit），以欧洲货币市场的方式吸收非居民存款，向非居民提供外汇交易和资金信贷的业务。到1970年，新加坡共批准16家国际大银行在该国设立分支机构，这些机构设立的"亚洲货币账户"与非居民外币存款和放款业务，就是亚洲离岸金融市场的开端。此后，新加坡政府采取了一系列放松管制的政策，如废除非居民存款的利息预扣税和非居民持有亚洲美元债券的利息税，免除符合有关条件的亚洲货币单位银团贷款的所有收入的税收，实行利率自由化，鼓励竞争，取消外汇管制等，推动了新加坡离岸金融市场的快速发展。

中国香港是亚洲离岸金融市场的又一组成部分。作为离岸金融中心，香港和伦敦一样，是随着经济的不断发展，采取传统的自由放任政策自然形成与发展起来的。香港没有中央银行，政府实行"积极的不干预"政策，使香港的金融业务保持最大限度的经营自由。居民和非居民从事境内、境外业务均不受限制，从而逐渐形成了内外一体的混合型离岸金融中心。目前，香港是世界主要的离岸金融市场之一。

日本东京作为离岸金融市场起步较晚。自1984年起，日本政府逐步放松了金融管制。1985年，政府取消对日本公司债券持有者征收的20%的利息预扣税。1986年12月1日，东京离岸金融中心正式成立。东京离岸金融中心建立的时间虽不长，但发展非常快，目前已成为世界主要的离岸金融中心之一。

总体来看，1976年以后，亚洲的离岸金融市场进入稳步发展阶段。1976年香港已有80多家外国银行代表处。新加坡市场的美元资产由1968年的3 000万美元增加到1987年底的2 174亿美元，美元资产的年增长率达到90%。经营亚洲美元的外国银行有121家、外国证券公司54家。世界最大的50家银行中，有40家在新加坡设有分行或子公司。

3. 美国的离岸金融市场

美国于 1981 年 12 月正式设立纽约离岸金融市场，即国际银行设施（International Banking Facility，IBFs）。IBFs 是指美国银行或外国银行在美国境内的分行可以设置一套分离的账户，以经营境外货币业务，即离岸金融业务。这些境外货币业务不受美国联邦储备委员会规定的法定现金准备率、贷款利率等条理的限制。而且 IBFs 吸收的存款也不必加入美国联邦存款保险。不仅美国的银行，所有外国银行在美国的分支行以及某些非银行机构，也都可以通过设立国际银行设施从事境外货币业务。IBFs 的业务与国内业务是分开的，分属不同账目，即要设立单独的账户向非居民客户提供存款和放款等金融服务。

IBFs 推出之后，美国的离岸金融市场得到了迅速发展。从 1981 年 12 月到 1983 年 12 月的两年中，美国共有 500 多家 IBFs 成立。这些机构主要位于美国金融服务发达的城市，包括纽约、洛杉矶和芝加哥等，其中纽约的 IBFs 机构数量占总数的一半以上。除上述地区以外，IBFs 还分布在得克萨斯、华盛顿特区以及宾夕法尼亚等 18 个州。美国 IBFs 的资产总量达到 1 800 亿美元，占到当时全球离岸金融总资产的 7%。20 世纪 90 年代之后，随着创新型金融工具的发展，美国的在岸金融市场和离岸金融市场的融合度大大增强，IBFs 的功能开始慢慢淡化。到 2004 年，美国 IBFs 的数量下降到 1983 年的一半，仅为 263 家，其资产总额下降到 1 500 亿美元，其在国际离岸金融中的地位也急剧下降。

随着布雷顿森林体系的解体，各国货币与美元脱钩，利息平衡税和对外信贷限制的各项条例相应取消，20 世纪 70 年代石油输出国组织将持有的大量经常项目盈余投放于离岸金融市场，这些都使得离岸金融市场不断发展壮大。在 20 世纪 80 年代金融自由化浪潮的推动下，离岸金融市场更是不断发展；各国资本市场放松管制，进一步缩小了在岸市场和离岸市场的差异。由于离岸金融市场发展迅速，其交易量已远远超过在岸金融市场，它已经是当代国际金融市场的核心。目前，全球主要国际金融中心都经营离岸金融市场业务。

4. 概念解析

国内"国际金融"类的著作中，在介绍离岸金融市场时，较多的是以"欧洲货币市场"作为章节的标题；"欧洲货币"和"欧洲银行"等关键词也不断出现，这些冠以"欧洲"二字的标题和关键词极易引起歧义。为了更好地了解离岸金融市场的内涵，说明欧洲货币市场与离岸金融市场的关系，我们解析几个概念。

（1）离岸金融市场，是指主要为非居民提供境外货币借贷或投资、证券交易等金融业务和服务的一种国际金融市场。从离岸金融市场的形成与发展可知，该市场最早发源于 50 年代末的伦敦，而后扩展到欧洲的其他国家金融中心；从区域概念上，早期就将其冠名以"欧洲货币市场"。随着市场规模和经营范围的不断扩大，欧洲货币市场又扩展到欧洲以外的金融中心，地域范围逐渐突破"欧洲"界限，扩展至亚洲、北美洲、拉丁美洲等。"欧洲货币市场"既包括欧洲各主要金融中心，同时还包括日本、新加坡、中国香港、加拿大、巴林、巴拿马等新的全球性或区域性金融中心。在这里，欧洲货币市场中的"欧洲"已经超出了地理上的意义，被赋予了经济上的意义，是"境外"和"离岸"的意思。所以，我们将"欧洲货币市场""亚洲货币市场""美国的 IBFs 系统"等统称为"离岸金融市场"。

（2）离岸货币，是指在某种货币发行国国境以外的银行收存与贷放的该种货币资金，即指在货币发行国境外交易、借贷和存储的各种货币的总称。因离岸金融业务起源于欧洲，最初使用的货币称为"欧洲美元"，进而形成"欧洲货币"一词，后来又出现了"亚洲货币"一词，这些都是由"欧洲货币"引申而来的。"欧洲货币"并非指欧洲国家发行的货币，"亚洲货币"也不是指亚洲国家发行的货币。"欧洲货币""亚洲货币"等都是指具有"离岸货币"属性的货币，可以是美元、欧元、日元等，我们统称其为"离岸货币"。

（3）离岸银行，是指经营离岸金融业务的国际银行组织。同样是由于离岸金融业务最早在欧洲兴起，当时把从事离岸金融业务的银行称为"欧洲银行"，后来扩展到把所有从事离岸金融业务的银行都称作"欧洲银行"。这里的欧洲银行并不是指在欧洲的银行，而是指以伦敦为中心，散布在整个世界的各大金融中心。所以，将"欧洲银行"统称为"离岸银行"更为合适。离岸银行拥有全球性的分支机构和客户网络，利用现代通信工具联系，依靠先进的业务技术和严格的经营管理，联系世界各地的离岸货币供求者，形成一个以若干著名的离岸金融中心为依托的高效且高度全球化的离岸金融市场整体。

当今，离岸金融市场已经发展成为全球化的国际金融市场，将"欧洲银行"统称为"离岸银行"，将"欧洲货币""亚洲货币"等统称为"离岸货币"，将"欧洲货币市场""亚洲货币市场"等统称为"离岸金融市场"，从概念上更为清晰、确切。

二、离岸金融市场的类型

根据离岸金融市场业务经营和管理的不同，按离岸业务和在岸业务的关系可以将其分为四种类型，即内外混合型、内外分离型、分离渗透型、避税港型离岸金融市场。

1. 内外混合型离岸金融市场

内外混合型又称为一体型，是指离岸金融市场业务和所在国的在岸金融市场业务不分离的金融市场。即居民和非居民都可以从事有关货币的存款和贷款业务。离岸业务不设单独账户，与在岸账户并账操作。这类离岸市场的资金流入和流出并不是很严格，资金可以从国外流入国内，也可以从国内流向国外，并且对于从境外流入的资金所产生的利息不征收利息税，外汇资金也不实行存款准备金制度。这种类型市场允许非居民在经营离岸金融业务的同时，也经营在岸金融业务和所在国的国内金融业务，但这时必须缴纳存款准备金和相关税款，而且金融管理机构严格控制"全面业务"的发放量。所以，非居民经营在岸金融业务量远远小于离岸金融业务。内外混合型离岸金融市场的目的在于发挥国内金融市场和国际金融市场的资金和业务的相互补充和相互促进的作用。这类市场的典型地区是英国伦敦和中国香港。

2. 内外分离型离岸金融市场

内外分离型又称分离型，是指离岸金融市场业务和所在国在岸金融市场业务分离的金融市场。这种分离可以是地域上的分离，也可以是账户上的分离，目的在于隔绝国际金融市场资金流动影响或冲击本国货币存量和宏观经济政策的实施。管理当局对非居民交易予以金融和税收的优惠，对境外资金的流入不实行国内的税制、利率限制以及存款准备金制度；非居民交易与国内账户必须严格分离，禁止非居民经营在岸金融业务。这种类型市场的典型地区是纽约、新加坡和东京。

3. 分离渗透型离岸金融市场

这种金融市场与内外分离型离岸金融市场有相似的特征，即管理当局对非居民交易给予税收上的优惠，对境外资金的流入不实行国内的税制、利率限制以及存款准备金制度；

但是，这种类型的市场对居民和非居民的账户的分离并不是很严格，它允许部分离岸资金流入国内金融市场，并允许居民参与离岸交易，但禁止非居民经营在岸业务。这种类型市场的典型地区是马来西亚的纳闽和泰国的曼谷。

4. 避税港型离岸金融市场

避税港型又称走账型或簿记型，是指在不征税的地区只是名义上设立机构（空壳银行），通过这种机构在账簿上处理境外交易的市场。这些空壳银行名为分行，实际只是银行总行设立的一套独立的账簿，设立分行所需的小额资本可以由总行资本提供，同时它由银行总行直接下达指令进行操作，总行可以把利润转移到这里的分行，从而避免银行总行所在地征收较高利得税。避税港型离岸金融市场所在地，大多原来是发达国家的殖民地或附属国，战后获得独立。这些国家多为岛屿，与大陆分离，资源贫乏，制造业非常有限，对经济发展有许多制约因素。为发展本国经济、改善国际收支状况，这些国家或地区提供先进的交通设施和通信设施、有经验的专业金融服务人才；对离岸金融市场业务提供一种较为宽松的管理环境和优惠政策；对非居民外汇交易没有外汇管制，向非居民提供税收优惠，资金自由转移；对离岸金融机构免除或减少金融管制；对跨国投资者的避税活动、离岸金融活动和财产提供不同方式和不同程度的保密措施等。这种类型市场的典型地区是加勒比海的巴哈马、开曼和百慕大、巴拿马和西欧的海峡群岛等。

三、离岸金融市场的特点

离岸金融市场是一个真正的完全自由的国际资金市场，它与在岸金融市场相比，具有许多突出的特点。

1. 摆脱了任何国家或地区政府法令的管理约束

在岸金融市场，必须受所在地政府的政策法令的约束，而离岸金融市场则不受所在地政府管制与税收限制，资金业务基本不受市场所在国及其他国家的政策法规的约束。一方面，这个市场本质上是一个为了避免主权国家干预而形成的"超国家"的资金市场，它在货币发行国境外，货币发行国无权施以管制；另一方面，市场所在地的政府为了吸引更多的境外货币资金，扩大借贷业务，通常会采取种种优惠措施，尽力创造宽松的管理气候。因此，这个市场经营非常自由，不受任何管制。

2. 突破了国际贸易与国际金融业务汇集地的限制

在岸金融市场，通常是在国际贸易和金融业务极其发达的中心城市，而且必须是国内资金供应中心。但离岸金融市场则超越了这一限制，只要某个地方管制较松、税收优惠或地理位置优越，能够吸引投资者和筹资者，即使其本身并没有巨量的资金积累，也能成为一个离岸的金融中心。这个特点使许多原本并不著名的国家或地区（如卢森堡、开曼、巴拿马、巴林及百慕大等）发展为国际金融中心。

3. 建立了独特的利率体系

离岸金融市场利率较之国内金融市场独特，主要表现在：其存款利率略高于国内金融市场，而放款利率略低于国内金融市场。存款利率较高，是因为一方面国外存款的风险比国内大，另一方面不受法定准备金和存款利率最高额限制。而贷款利率略低，是因为欧洲银行享有所在国的免税和免缴存款准备金等优惠条件，贷款成本相对较低，故以降低贷款利率来招揽顾客。存放利差很小，一般为 0.25%~0.5%，因此，离岸金融市场对资金存款人和资金借款人都极具吸引力。

4. 完全由非居民交易形成的借贷关系

离岸金融市场的借贷关系，是外国投资者与外国筹资者的关系，亦即非居民之间的借贷关系。国际金融市场通常有三种类型的交易活动：

（1）外国投资者与本国筹资者之间的交易，如外国投资者在证券市场上直接购买本国筹资者发行的证券；

（2）本国投资者与外国筹资者之间的交易，如本国投资者在证券市场上购买外国筹资者发行的证券；

（3）外国投资者与外国筹资者之间的交易，如外国投资者通过某一金融中心的银行中介或证券市场，向外国筹资者提供资金。

第一种和第二种交易是居民和非居民之间的交易，这种交易形成的关系是传统国际金融市场的借贷关系。第三种交易是非居民之间的交易，又称中转或离岸交易，这种交易形成的关系才是离岸金融市场的借贷关系。交易活动在所在国的非居民之间进行，交易关系是外国贷款人和外国借款人之间的关系，即市场上交易双方都是市场所在国的非居民，国际化程度高，是真正的国际金融市场。

5. 拥有广泛的银行网络与庞大的资金规模

离岸金融市场是银行间的市场，具有广泛的经营境外货币业务的银行网络，它的业务一般都是通过电话、电报、电传等工具在银行间、银行与客户之间进行；离岸金融市场是以批发交易为主的市场，该市场的资金来自世界各地，数额极其庞大，各种主要可兑换货币应有尽有，充分满足了各国不同类型的银行和企业对不同期限和不同用途的资金的需求。

6. 具有信贷创造机制

离岸金融市场不仅是信贷中介机制，而且是信贷创造机制。进入该市场的存款，经过银行之间的辗转贷放使信用得到扩大，这些贷款如果存回离岸金融市场，便构成了货币市场派生的资金来源，把其再贷放出去则形成了离岸金融市场派生的信用创造。

四、离岸金融市场的主要业务

离岸金融市场主要由离岸信贷市场和离岸债券市场构成，其主要业务有离岸信贷业务和离岸债券业务。

（一）离岸信贷业务

1. 离岸短期信贷业务

离岸短期信贷业务是指进行 1 年以内的短期资金拆放。短期贷款天数为 1~7 天或 1~3 个月，最短的为日拆。但随着国际金融业务的不断拓展，有的期限也延至 1~5 年。在短期信贷市场上，借贷业务主要靠信用，无须担保，一般通过电话或电传即可成交。这个市场的资金来源，主要是欧洲银行同业间存款，跨国公司、非银行金融机构、各国中央银行和国际清算银行的存款；这些资金又通过离岸银行提供给另一些国家的借款人，包括离岸银行、跨国公司和其他工商企业，以及官方政府机构作短期周转。如英国政府多年来就是从离岸金融市场借入离岸货币，换成英镑，用于正常开支。

离岸短期信贷业务有五个特点：

（1）期限短。如离岸美元短期存款的通知存款期限为 1 天和 7 天，放款期限通常是 3 个月和 9 个月。

（2）批发性质。一般借贷额都比较大，有的年份有 1 亿美元甚至更大的交易。由于交易额大，很少有个人参加，所以离岸短期信贷市场基本上是一个银行间的批发市场。

（3）灵活方便。即在借款期限、借款货币种类和借款地点等方面都有较大的选择余地，这也是离岸金融市场对借款人的最大吸引力之一。

（4）利率由双方具体商定。一般来说，离岸金融市场对公司借款者的利率取决于借款者的资信等级，一般低于各国专业银行对国内大客户的优惠放款利率，但比伦敦银行同业拆放利率高，由经营离岸货币业务的大银行于每个营业日按伦敦银行同业拆放利率商定公布。

（5）不需要签订协议。

2. 离岸中长期信贷业务

离岸中长期信贷市场信贷期限都在 1 年以上。这个市场的筹资者主要是世界各地的私营或国营企业、社会团体、政府以及国际性机构。资金绝大部分来自短期存款，少部分来自长期存款。该市场贷款额多在 1 亿美元以上，期限较长，往往不是一家银行单独承担，而是通过一家或几家信誉卓著的大银行牵头，由几家或十几家不同国家的银行组成银团，共同向某客户或某工程项目进行贷款，这就是银团贷款，也称辛迪加贷款。目前，伦敦和香港等都是国际辛迪加贷款的主要市场。

辛迪加贷款期限较长，多为 1～15 年，其中以 3～8 年最为常见。每笔贷款的金额从 1 000 万美元到 10 亿美元不等，有时金额会更大。由于贷款人与借款人都不愿承担利率变动的风险，因此，该种贷款利率多为浮动利率，并根据市场利率变化每 3 个月或半年调整一次。利率一般以伦敦银行同业拆放利率为基础，再根据贷款金额大小、时间长短以及借款人的资信，加上不同幅度的附加利息（一般为 0.25‰～0.5‰）。由于中长期信贷金额大、期限长，因此借贷双方都需签订合同，有的合同还需经借款方的官方机构或政府方面担保。

离岸中长期信贷业务有四个特点：

（1）期限长，数额大。期限一般为 1～3 年，有的是 5 年或更长，最长的可达 10 年以上；金额少则数千万美元，多则数亿美元。

（2）风险分散。以辛迪加贷款为主，分散了提供中长期贷款的风险。

（3）吸引力强。由于其流动性水平高，它对贷款人和借款人都非常方便，从而极具吸引力。

（4）须签协定。辛迪加贷款必须签订贷款协定，有的还需政府担保。协定主要包括币种、期限、数量、利率、货币选择权条款、违约和保证条款等；特殊条款包括先决条件、市场中断、法律变更、税收及折扣、贷款人之间债权的转让及豁免等条款。

（二）离岸债券业务

1. 离岸债券市场的概念

离岸债券市场是指发行离岸债券进行筹资而形成的一种长期资金市场。它是国际中长期资金市场的重要组成部分，也是离岸金融市场的重要组成部分。

它产生于 20 世纪 60 年代初，1961 年 2 月 1 日在卢森堡发行了第一笔离岸债券，1963

年正式形成市场。70 年代后，各国对中长期资金的需求日益增加，以债券形式出现的借贷活动迅速发展。在离岸债券结构中，主要有离岸美元债券、离岸瑞士法郎债券、离岸荷兰盾债券等，离岸日元债券在 1980 年对非政府机构开放。

目前，离岸债券市场上的债券种类主要有五种：

（1）普通债券，又称固定利率债券，是一种传统债券。此债券在发行时，利率和到期日已作明确规定，通常是 1 年支付固定票面利息。

（2）浮动利率债券。浮动利率债券的利率是在参考利率之上加一个差价，利息支付频繁，一般是 6 个月付息（调整）一次。参考利率是以 6 个月期的伦敦银行同业拆放利率或美国商业银行优惠放款利率为准。利率变化越快，债券利息越能反映最新货币市场利率。

（3）可转换债券，是指债券在付息基础上还可转换为其他资产。较普通的转换是允许把该债券转化为其债券公司所发行的普通股股票。有些债券还可以转换为黄金、石油等其他资产。

（4）授权证债券，是指在债券发行时给予投资者（购买者）一种认购权利（而非责任），持这种认购权证可以在一定时期内按照一定比例认购发行公司一定数量的证券。这种权利是在到期前执行的。认购权证分为股票认购权证（认股权证）和债券认购权证（认债权证）。

（5）零息票债券，是指不附加任何利息的纯贴现债券。它可以是折价发行，以面值归还；也可以是以面值发行，加适当升水归还。购买价和归还价（偿付价）之间的差额即为回报。

📖 知识拓展

点心债券

点心债券（Dim Sum Bonds），也叫离岸人民币债券，是指在中国大陆以外发行的以人民币计价的债券，最初是在香港发行的。由于人民币债券在港发行量很小，就像点心一样味美但又吃不饱，因此被称为"点心债券"，Dim Sum 是粤语"点心"的音译。

从 2007 年 7 月起，中国政府批准内地金融机构到香港发行人民币债券。此后发债主体逐渐扩展至港澳公司、红筹股、内地非金融类公司、跨国公司（麦当劳与卡特彼勒）、外国银行与国际金融机构。根据英国《金融时报》的统计，截至 2010 年年底，在香港发行的人民币债券为 43 只，规模达到 590 亿元人民币。据香港金管局资料，2018 年点心债券的新发行量在连续三年减少后出现反弹，发行总额按年增长 11.5%，至 2 000 亿元人民币。

另外，2012 年汇丰银行在伦敦发行了第一只人民币债券，其中欧洲投资者占认购额的比例达一半以上，这使得伦敦点心债券不同于此前同类债券，因为此前大部分点心债券仍是以香港及新加坡的投资者为主。

除继续推进离岸人民币债券市场建设，把点心债券做成国际大餐外，为进一步促进人民币国际化，中国政府还有必要继续扩大熊猫债券（外国机构与企业在中国大陆发行的人民币债券）的发行规模。即让点心债券"走出去"，把熊猫债券"引进来"。可以说，点心债券与熊猫债券将会在未来相当长的时间里，成为推动人民币国际化的双引擎。

2. 离岸债券的特点

离岸债券是一种新型的国际债券，它是一种境外债券，像离岸货币不在该种货币发行国国内交易一样，也不在面值货币国家债券市场上发行。离岸债券有以下几个特点：

（1）安全性高、流动性强。债券发行方式以辛迪加为主。债券主要发行人（借款人）是跨国公司、各国政府和国际金融组织，其信用较高，对投资者来说比较安全。同时离岸债券市场是一个有效的和流动性极强的二级市场，债券持有人可以方便地转让债券取得现金。

（2）是持票人债券。离岸债券以无记名方式发行，是一种无国籍债券，只要你拥有债券，就能证明你对债券的所有权。

（3）高度自由，发行手续简便。离岸债券发行一般不需经过有关国家官方政府的批准，不受任何国家有关法律的管制和法规的约束，所以比较自由灵活。

（4）不影响发行地国家的货币流通。发行债券所筹措的是离岸货币资金，而非发行地国家的货币资金，故这个债券的发行，对债券发行地国家的货币资金流动的影响不太大。

（5）货币选择性强。发行离岸债券，既可在世界范围内筹资，同时也可安排在许多国家出售，而且还可任意选择发行市场和债券面值货币，筹资潜力很大。如借款人可以根据各种货币的汇率、利率和其他需要，选择发行离岸美元、英镑、日元等任何一种或几种货币的债券，投资者也可选择购买任何一种债券。

（6）债券的发行条件比较优惠。其利息通常免除所得税或者不预先扣除借款国家的税款，发行费用和利息成本都比较低。此外，它的不记名的发行方式还可使投资者逃避国内所得税。因此，离岸债券对投资者极具吸引力，也使筹资者能以较低的利息成本筹到资金。

（7）市场反应灵敏，交易成本低。离岸债券市场拥有离岸清算银行有限公司和中央证券交收系统两大清算系统，从而使该市场能够准确、迅速、及时地提供国际资本市场现时的资金供求和利率变动的动向，缩小债券交割时间，减少交割手续。世界各地的交易者可据此快速进行交易，极大地降低了交易成本。

（8）金融创新持续不断。离岸债券市场是最具有活力的市场之一，它可以根据供求情况，不断推出新的或组合产品，并以此把国际股票市场、票据市场、外汇市场和黄金市场紧密地联系在一起，有力地推动了国际金融一体化与世界经济一体化。

五、离岸金融市场的作用与影响

离岸金融市场的产生和迅速发展，对世界经济和国际金融产生了广泛而深刻的影响。

（一）离岸金融市场的积极作用

1. 为各国经济发展提供资金便利

离岸金融市场是国际资金再分配的重要渠道。在这个市场上，金融机构发达，资金规模大，借款成本低，融资效率高，因而成了各国获取资金推动经济发展的重要场所。离岸金融市场为第二次世界大战后国际经济的恢复和增长提供了大量的建设资金，促进了西欧经济、日本经济以及许多发展中国家经济和贸易的发展。

2. 有利于平衡国际收支

由于离岸金融市场的短期资金流动非常便利敏捷，极大便利了短期资金的国际流动，从而为国际收支顺差国提供了一个投放外汇储备的场所，也为国际收支逆差国提供了一个借入资金的场所。各国可以通过这个市场的资金融通，使各自的国际收支得到弥补，缓和了国际收支不平衡问题，有助于实现宏观经济均衡。

3. 加速世界经济一体化进程

离岸金融市场的形成和发展，很大程度上改变了原有（传统）的国际金融市场因国界限制而形成的相互隔绝的状态，将全球的金融市场联系在一起，推动了国际贸易的快速发展；离岸金融市场不受各国法律制度的约束，既可以为跨国公司的国际投资提供大量的资金来源，又可以为这些资金在国家间进行转移提供便利，从而推动跨国公司的国际经营和业务的国际化，加快了世界经济一体化的进程。

（二）离岸金融市场的消极影响

1. 便利了投机，加剧了国际金融市场的动荡

离岸金融市场的利率结构和资金流动不受市场所在地政府法令的管制，具有极强的流动性，有可能使上万亿美元的资金很容易地在国际上流窜，为套利、套汇等投机活动提供了方便。离岸金融市场上大量的短期资金不停地在等待和寻找着各国可能出现的套利、套汇机会；巨额资金在不同的金融中心、不同的储备货币之间频繁进行套利、套汇或进行黄金投机，不利于各国货币汇率的稳定，加剧了国际金融市场的动荡。并且巨额资金通过银行的多次转存，形成锁链式的借贷关系，一旦客户纷纷提取存款，许多银行资金周转出现困难，就有可能出现因流动性不足导致的国际性金融危机。

2. 削弱各国金融政策实施的效果

当一些国家为了遏制通货膨胀实施紧缩政策时，国内商业银行和工商企业仍可以从离岸金融市场上借入大批资金，使得紧缩政策不能达到预期效果。反之，当一些国家为了刺激经济改为实施宽松政策时，各国银行也可能为追求高利率把资金调往国外，这样各国当局又不得不提高国内的利率来防止资金外流。因此，由于离岸金融市场的存在，使得政府的宏观经济政策效果被削弱，预期的目的也难以实现。

3. 增加了国际信贷的风险

离岸金融市场经常是国际信贷领域"超级风险"的根源。首先，在离岸金融市场上，存款绝大多数都是1年以下的短期资本，而其贷款多半属于中长期性质，一旦各地信贷市场和外汇市场的利率和汇率稍有变化，这种短存长贷的期限错配将使得离岸金融市场上银行信用出现问题，而引起客户大量挤提，银行就会陷于困境。其次，离岸金融市场上的贷款，是由多家银行组成银团联合贷出，贷款对象又难以集中在一个国家或政府机构，万一贷款对象到期无力偿还，这些银行就会遭受损失。再次，离岸金融市场没有一个中央机构，使其缺乏最后融资的支持者，并且该市场也没有存款保险制度。可见，在离岸金融市场上操作，也是具有很大风险的。

第四节　金融衍生工具市场

一、金融衍生工具市场概述

20世纪70年代以后，世界各国纷纷实行了浮动汇率制度，金融管制逐步放松，致使国际金融市场上的汇率、利率波动随之加剧。频繁而大幅度的汇率波动带来了多方面的风险，为了防范汇率波动带来的风险，金融衍生工具（产品）应运而生。金融衍生工具是在金融原生工具的基础上衍生出来的，人们称之为金融创新；金融衍生工具市场，亦可谓国际金融市场的创新。

1. 金融衍生工具市场概念

（1）金融衍生工具。金融衍生工具（产品）是指在基础金融工具（产品）或原生金融工具（产品）（如股票、债券、存单和货币等）的基础上，派生出来的一类金融工具（产品或资产）（如金融远期合约、金融期货、金融期权和金融互换等）。金融衍生工具的价值取决于其赖以存在的基础——金融工具的价格及其变化。

（2）金融衍生工具市场。金融衍生工具市场是指以金融衍生工具作为交易对象的金融市场。其主要参与者包括商业银行、证券公司、投资银行、基金经理人、工商企业和个人等。主要交易方式有交易所内交易、场外交易和电子自动配对系统交易三种。

2. 金融衍生工具市场的特点

金融衍生工具市场与其他金融市场相比较，具有以下特点：

（1）交易对象的虚拟性。金融衍生工具市场的交易对象是合约，而非合约所载明的标的物。它独立于现实资本的运动之外，却能给交易者带来一定的收入。

（2）具有高财务杠杆性。交易者只须交付一定比率的保证金，就可以将手中的资金放大数十倍以上进行投资。

（3）定价的复杂性。由于金融衍生工具是由基础金融工具的未来价值衍生而来，而未来价值是难以预测的，因此，需要基于对历史数据的分析，运用复杂的数学模型对未来的价格进行预测。此外，出于未来提高交易的灵活性和规避风险的需要，交易者往往将一般的金融衍生工具进行改造或组合而形成新的衍生产品，这也增加了定价的难度。

（4）交易风险大。金融衍生工具产生的初衷是转移风险，然而由于其具有高财务杠杆特性，所以它不但没有消除风险，反而在一定程度上放大了风险。在金融衍生工具交易中，交易者不仅要面临较大的市场（价格）风险，而且还要面临着信用风险、流动性风险、操作风险、结算风险和法律风险等。因此，金融衍生工具市场是一个风险市场。

（5）交易成本低。金融衍生工具市场的交易效率高、费用低，交易者可以用较少的资金来达到保值或投机的目的，因此交易成本较低。

（6）全球化程度高。金融衍生工具市场的开放性较强，特别是随着电子化交易的兴起，交易者可以迅速地、低成本地进入任何一个市场进行交易，因此它已经形成了一个世界范围内的市场。

从合约类型来看，金融衍生工具主要有远期合约交易、期货交易、期权交易和互换交易等类型，其他金融衍生工具都是以此为基础演化而来。

二、远期交易

金融远期交易，是指交易双方按约定的价格在将来某一日期买卖某项约定数量资产的协议。它是最简单的一种金融衍生产品和工具。远期交易的实物交割虽然在未来某个约定的期限进行，但是交割价格和数量在合约签订时就已经确定。在远期合约到期时，交易双方必须进行实物交割。一般情况下，卖方并不一定拥有某项约定的资产，他可以在合约到期时通过从现货市场上购入来履行合约。因此，一个有效率的远期交易市场，必须有一个流动性很强的现货市场作为基础。

远期交易是为了适应规避现货交易风险的需要而产生的，它是一种非标准化的合约，交易不在规范的交易所内进行，一般不可以转让。远期交易的最大优点是交易的灵活性大，交易合约可以通过交易双方协商达成。远期交易市场也存在一些缺点：

（1）由于远期合约的非标准化和交易场所的不固定，使得远期交易市场难以形成统一的市场价格，市场效率低。

（2）由于每份合约千差万别，导致远期合约的流通转让不方便，流动性较差。

（3）远期合约的履行没有保证，违约风险较高。

金融远期交易主要有远期利率交易和远期外汇交易两种类型。

三、期货交易

金融期货交易是指交易双方在期货交易所以公开竞价的方式达成某项金融资产的交易，并按约定的交易价格在将来某一日期进行交割的标准化协议。因此，金融期货交易的实质是一种标准化了的远期交易。

金融期货交易是在金融远期交易的基础上发展起来的，两者均采用先成交、后交割的方式进行交易。但是，两者也有较大的区别：

（1）合约内容不同。金融期货合约是标准化的，对交易额、货币种类和交割日期等内容都有固定的格式和标准；而金融远期合约是由交易双方自行商定达成的，没有固定的格式和标准。

（2）交易方式不同。金融期货合约的交易必须在有组织的交易所内，通过公开竞价的方式进行；而金融远期交易则是场外交易，可以通过电话、电传等方式进行，因而不受时间和空间的限制。

（3）现金流动的时间模式不同。金融远期交易通常不需要缴纳保证金，合约到期后一次性结算；而金融期货交易必须在交易前，按照合约金额的一定比例缴纳保证金，并由清算公司逐日进行结算，如有损失且账面保证金低于规定的数额时，必须及时补足。因此，金融期货交易的违约风险远低于金融远期交易。

金融期货主要有利率期货、外汇期货和股票（价格）指数期货等。

四、期权交易

金融期权交易是赋予其期权持有者在约定的期限内，按照约定的价格买进或卖出一定数量的相关金融资产，或者放弃买卖相关金融资产的一种权利。为了取得这一权利，期权的买方需向卖方支付一定的费用，这一费用被称为保险费、期权费或称期权价格。期权合约中约定的买入或卖出相关金融资产的价格，称为约定价格、交割价格或执行价格。

在期权交易中，买卖双方在权利和义务上有着明显的不对称性。对期权的买方来说，金融期权是一种权利而不是义务，即买方不负有买进或卖出的义务，在合约有效期内，他可以行使或放弃权利的执行。而对于期权的卖方来说，由于收取了一定的费用，他承担了在合约有效期内根据买方要求履行合约的义务和责任。

根据买方的权利，金融期权可分为看涨期权和看跌期权两种类型。看涨期权又称买进期权或多头期权，是指买方预期某种金融产品将来会涨价，而向卖方支付一定的期权费，在合约有效期内买方有权在某一确定的时间按事先约定的价格购买相关金融资产。看跌期权又称为卖出期权或空头期权，是指买方预期某种金融产品将会跌价，而向卖方支付一定的费用，在合约有效期内，买方有权在某一确定的时间按事先约定的价格出售相关金融资产。

根据履约时间的不同，金融期权可分为美式期权和欧式期权两种类型。美式期权的执行较为灵活，它可以在合约到期前的任何时间向对方宣布决定执行或不执行期权合约。欧式期权只能在合约到期日向对方宣布决定执行或不执行期权合约。

金融期权交易主要有外汇期权、利率期权、股票期权和股票（价格）指数期权等几种形式。金融期权交易是在金融期货交易基础上发展起来的，两者交易对象都是标准化合约。但是，两者也存在一定的差别：

（1）买卖双方的权利和义务不同。在期货交易中，买卖双方都被赋予了同样的权利和义务；而在期权交易中，买方拥有执行或不执行的选择权，但卖方却只能满足买方履约的义务。

（2）履约保证金的规定不同。在期货交易中，买卖双方都要缴纳一定数量的保证金；而在期权交易中，买方只需缴纳期权费，仅有卖方尤其是无担保期权的出售者才需缴纳保证金。

（3）价格风险不同。在期货交易中，市场风险取决于价格变动幅度，买卖双方的风险都是无限的；而在期权交易中，买方的风险是有限的，最大限度为期权费，但期权卖方的风险却是无限的。

五、互换交易

金融互换交易是指交易双方在约定的期限内，以实现商定的条件，交换不同的金融资产或负债的交易。实质上是，金融互换交易可以分解为一系列远期交易的组合，其收益曲线与远期交易大致相同。

金融互换交易的类型主要有利率互换交易、货币互换交易、股权互换交易等，其中最重要的是利率互换和货币互换两种形式。

1. 利率互换交易

利率互换又称"利率掉期"，是指两笔货币相同、债务额相同（本金相同）、期限相同的资金，作固定利率与浮动利率的调换。这个调换是双方的，如 A 以固定利率换取 B 的浮动利率，B 则以浮动利率换取 A 的固定利率，故称互换。利率互换的目的在于降低资金成本和利率风险。

利率互换主要有三种形式：

（1）同种货币的固定利率与浮动利率的互换。

（2）以某种利率为参考的浮动利率与以另一种利率为参考的浮动利率的互换。

（3）某种货币固定利率与另一种货币浮动利率的互换。

2. 货币互换交易

货币互换又称"货币掉期"，是指两笔金额相同、期限相同、计算利率方法相同，但货币不同的债务资金之间的调换，同时也进行不同利息额的货币调换。

实际上，货币互换可以看成是一种特殊的利率互换，而与利率互换不同之处有以下几点：

（1）货币互换的利息以不同货币进行计算，而利率互换的利息是使用同一种货币计算。

（2）货币互换通常在合同开始和期满时都有本金的交换，而利率互换没有本金交换。

（3）货币互换的双方利息支付可以均为固定利率、均为浮动利率或一方为固定利率而另一方为浮动利率，而利率互换多为一方为固定利率而另一方为浮动利率。

货币互换交易一般有三个基本步骤：

（1）确定和交换本金。这是在互换交易期初进行的，双方按协定的汇率交换两种不同货币的本金，以便按不同的货币金额定期支付利息。

（2）利息的互换。交易双方按协定的利率按未偿还本金为基础支付利息。

（3）本金的再次互换。在到期日，互换双方换回期初交换的本金。

最初的互换交易是由银行以经纪人的身份安排的，这时银行在交易双方之间只起牵线搭桥的作用。由于一笔互换交易需要有对应需要的两家客户，如果暂时无法找到对应的交易方，就无法达成互换交易。随着互换技术的发展，银行开始直接在互换交易双方之间进行中介，如果暂时无法找到对应的交易方，银行自身会参与互换并扮演其中一方的角色。此外，银行还可以利用自己的中介优势，对不能轧平的部分进行套期保值。由于银行的中介作用，自从 20 世纪 80 年代开始，全球互换市场进入迅猛增长时期。当今，互换交易已经成为国际金融市场上重要的场外交易工具。

本章内容提要

1. 国际金融市场是从事各种国际金融业务活动的场所，既包括国际资金市场，也包括外汇市场、黄金市场以及其他各种衍生金融市场，同时还包括在金融市场从事交易的各类参与者、中间人和交易机构。

2. 根据交易对象所在区域划分，国际金融市场可分为在岸金融市场和离岸金融市场。

3. 国际货币市场是指资金期限在 1 年以内（含 1 年）的短期金融工具进行交易的场所。根据其业务不同，货币市场可分为银行短期信贷市场、短期证券市场和贴现市场。

4. 国际资本市场是指期限在 1 年以上的金融资产交易的场所，也称中长期资金市场。国际资本市场最基本和最重要的任务就是使资本迅速有效地从资本剩余者手中转移到资金短缺者手中，并为已发行的证券提供充分流动的二级市场。

5. 外汇市场是进行货币兑换或买卖的场所。外汇市场在实现购买力的国际转移、规避和防范外汇风险、提供国际性的资金融通和国际清算等方面发挥着重要作用。

6. 离岸金融市场是指主要为非居民提供境外货币借贷或投资、贸易结算、外汇和黄金买卖、保险服务及证券交易等金融业务和服务的一种国际金融市场，也称境外金融市场，其特点可简单概括为：市场交易以非居民为主，基本不受任何国家国内法规的制约和管制。

7. 离岸金融市场的主要业务有离岸信贷业务和离岸债券业务。

8. 金融衍生工具是在金融原生工具的基础上衍生出来的，人们称之为金融创新；金融衍生工具市场，亦可谓国际金融市场的创新。

课后练习

一、重要概念

国际金融市场　　在岸金融市场　　国际货币市场　　国际资本市场　　国际黄金市场
国际外汇市场　　离岸金融市场　　离岸货币　　　　欧洲货币市场　　离岸银行
离岸信贷市场　　离岸债券市场　　金融衍生工具

二、思考题

1. 广义金融市场的概念是什么？
2. 简述形成国际金融市场必须具备的一些基本条件。
3. 在岸金融市场主要由几大市场组成？
4. 简述国际货币市场的基本特点。
5. 简述国际外汇市场的功能。
6. 何为离岸货币？
7. 何为离岸银行？
8. 离岸金融市场有哪几种类型？
9. 何为金融衍生工具？金融衍生工具主要有哪几种形式？

实训模块

一、实训内容

市场分析、交易模拟。

二、实训目标

熟悉国际金融市场的运作机制和规则，掌握实际操作金融工具和交易的技能，培养风险意识和风险管理能力，提高对市场动态的分析和判断能力。

三、实训组织

以学习小组为单位，各组收集所选国家的相关资料，对所选国家在各阶段市场进行分析；分组讨论，加深对市场动态的分析。

四、实训成果

考核和评价采用报告资料展示和学生讨论相结合的方式，评分采用学生和教师共同评分的方式。

第八章　外汇风险管理

学习目标

1. 掌握外汇风险的概念、种类。
2. 理解外汇风险对经济的影响。
3. 掌握外汇风险管理的概念与原则。
4. 掌握外汇管理的方法。

能力目标

1. 能够综合利用金融工具来规避交易风险。
2. 能够深入体会衍生金融工具在汇率风险中的应用。

第一节　外汇风险的内涵及类型

一、外汇风险的概念和构成

（一）外汇风险的概念

外汇风险（Foreign Exchange Risk），有广义和狭义之分。广义的外汇风险是指在国际经济、贸易、金融活动中，在一定时期内由于未预料到的汇率变动或其他原因，而使以外币计价的资产或负债获得收益或遭受损失的风险。广义的外汇风险包括汇率风险、国家风险、制度风险和信用风险等。狭义的外汇风险是指在一定时期的经济交往中，经济实体或个人以外币计价的资产或负债由于汇率变动而引起价值变动的风险。狭义的外汇风险仅指汇率风险。本章讨论的外汇风险主要是指狭义的外汇风险。

（二）外汇风险的构成

1. 外汇风险的对象

需要特别指出的是，不是所有的个人或经济实体所持有的外币资产和负债都要承担外汇风险。从国际外汇市场的业务来看，只有买卖盈亏未能抵消的那部分资产或负债，才会面临汇率波动的风险。人们将这部分承受外汇风险的外币金额称为外汇敞口或受险部分（Foreign Exchange Exposure）。具体来说，风险头寸就是外汇持有头寸中的"超卖"或"超买"的部分，在企业经营中表现为外币资产不相符的部分。例如，外币资产不等于外币负债，或者虽然外币的资产和外币负债相等，但是期限的长短却不同。

2. 外汇风险的构成因素

外汇风险有三个构成因素：本币、外币和时间。一个经济实体在开展国际业务中所发生的业务包括外币应收和应付账款、外币资本的借出和借入等，完成都需要使用本币进行结算，以便考核其经营成果。通常情况下，上述业务的最后偿付都有一个期限。例如，某涉外企业6月1日收到30天后到期的一笔美元的应收账款，同时还有一笔60天之后到期的欧元应付账款，这些期限就是时间因素。一般来说，外币账款的时间因素与外汇风险之间存在正相关关系，即时间越长，汇率在此期间波动的可能性越大，外汇风险就相对越大；时间越短，汇率在此期间波动的可能性越小，外汇风险就越小。缩短一笔外汇业务的收付时间可以降低外汇风险，但不能消除外汇风险，因为本币和外币之间兑换的汇率波动的风险（价值风险）还存在。要消除外汇风险，就意味着既要消除价值风险又要消除时间风险。

二、外汇风险的类型

涉及国际化经营的企业与单纯经营国内市场的企业相比，要面临很多不确定的因素，其中汇率变动的风险就是国际企业经常面临的金融风险之一。汇率风险可以分为交易风险、折算风险和经济风险三种类型。

（一）交易风险

交易风险是指在以外币计价的交易中，由于外币和本币之间汇率的波动使交易者蒙受损失的可能性，也就是应收账款与应付账款价值变化的风险。交易风险又可分为外汇买卖风险和交易结算风险。

1. 外汇买卖风险

外汇买卖风险又称金融性风险，产生于本币和外币之间的反复兑换。这种风险产生的前提条件是交易者一度买进或卖出外汇，后来又反过来卖出或买进外汇。银行的外汇风险主要是外汇买卖风险，因为外汇银行的交易几乎全部是外汇买卖，即外币现金债权的买卖。银行以外的企业有时也面临外汇买卖风险，它主要存在于以外币进行借贷款或伴随外币借贷而进行外币交易的情况之中。

例如，中国银行在某一时间买进了10万港元，同时又卖出了8万港元，出现了2万港元的多头。当中国银行日后卖出这2万港元时，如果港元贬值，就会出现亏损，这种亏损的可能性就是外汇买卖风险。同理，当中国银行在外汇交易中出现卖出的港元多，买进的港元少，而在日后补进港元时，如果港元升值，中国银行同样也会面临由于外汇买卖风险而造成的损失。

再如，美国某公司在国际金融市场上以5%的年利率借入1亿日元，期限1年。借到款项后，该公司立即按当时的汇率"USD1＝JPY100"将1亿日元兑换成100万美元。1年后，该公司为归还贷款的本息，必须在外汇市场买入1.05亿日元，而此时如果美元兑日元的汇率发生变动，即日元升值，该公司将面临外汇买卖风险。假设此时的汇率已变为USD1＝JPY80，则该公司购买1.05亿日元需支131.25万美元，虽然该公司以日元借款的名义利率为5%，但实际利率却高达（131.25－100）÷100×100%＝31.25%。但是，如果日元出现贬值的情况，该公司不但不会遭受损失，反而会获得额外收益。

由此可见，交易风险的结果是不确定的，它既有可能造成亏损，也有可能增加收益。当然从交易的某一方来说，风险是可以避免的，其实质就是将风险从一方转移到了另一方。上述案例中，如果美国公司能够准确预测日元将会升值，而以美元计价收款，可以避免交易风险。但是，如果对方不愿意以美元成交，则可能无法达成交易。

2. 交易结算风险

交易结算风险又称商业性风险，是指以商业信用的方式购买或销售以外币计价的商品或劳务时，在货物装运或劳务提供之后，而货款或劳务费用尚未收支期间，外汇汇率变化所发生的风险。

在国际经济贸易中，贸易商无论是以即期支付还是延期支付都要经历一段时间（从签订进出口合同到债权债务的最终清偿），而这段时间内汇率可能会发生变化，于是，以外币表示的未结算的金额就成为承担风险的受险部分。因此，交易结算风险是由进出口商承担的，需要基于进出口合同而在未来通过外汇交易将本币与外币或外币与本币进行兑换，承担未来进行外汇交易时由于汇率的不确定性所带来的风险。

例如，中国某公司签订了价值200万美元的出口合同，3个月后交货、收汇。假设该公司的出口成本、费用为1 230万元人民币，目标利润为90万元人民币，则3个月后当该公司收到200万美元的货款时，由于美元兑人民币的汇率不确定，该公司将面临交易结算风险。3个月后若美元与人民币的汇率高于6.6，则该公司不仅可收回成本，获得90万元人民币的利润，还可获得超额利润；若汇率等于6.6，则该公司收回成本后，刚好获得90万元人民币的利润；若汇率高于6.15，低于6.6，则该公司收回成本后所得的利润少于90万元人民币；若汇率等于6.15，则该公司刚好只能收回成本，没有任何利润；若汇率低于6.15，则该公司不仅没有获得利润，而且还会亏本。

同样，进口商从签订合同到结清货款之间也有一段时间，也要承担交易结算风险，原理与出口商相同，只是汇率变动的方向与出口商刚好相反。

影响交易风险的因素有三个：一是企业拥有的远期外汇的头寸，显然企业拥有的头寸越多，所承担的交易风险就越大；二是外汇汇率的波动幅度，显然汇率波动的幅度越大，本币蒙受损失的可能性就越大；三是在公司拥有多种外币业务的情况下，几种外币相对本币汇率变化的综合变动趋势，也就是几种货币汇率变化之间的相关程度，显然，如果几种外币汇率变化的相关程度较大，则这些外币形成的交易风险或者形成叠加关系，或者形成相互抵消关系。

（二）折算风险

折算风险，又称会计风险或转换风险，是指企业在进行会计处理和外币债权、债务结算时，将必须转换成本币的各种外币计价项目加以折算时所产生的风险。企业会计通常是以本国货币表示一定时期的营业状况和财务内容的，这样，企业的外币资产、负债、收益和支出，都需要按一定的会计准则换算成本国货币来表示。将外币债权、债务折算成本币时，由于使用的汇率与当初入账时的汇率不同会产生账面上损益方面的差异。虽然折算风险所产生的损益并不是实际损益，但它会影响到企业向股东和社会所公布的营业报告书的结果。

例如，中国某公司持有银行往来账户余额 100 万美元，汇率为 USDI＝CNY6.8，折成人民币为 680 万元。以后美元贬值，人民币升值，汇率变为 USDI＝CNY6.5，该公司 100 万美元的银行往来账户余额折成人民币后就只有 650 万元了。在两个折算日期之间，该公司这 100 万美元的价值，按人民币折算减少了 30 万元。

同一般的企业相比，跨国公司的海外分公司或子公司所面临的折算风险更为复杂。一方面，当这些海外分支机构以东道国的货币入账和编制会计报表时，需要将所使用的外币转换成东道国的货币，这当然面临折算风险；另一方面，当它们向总公司或母公司上报会计报表时，又要将东道国的货币折算成总公司或母公司所在国的货币，这同样也面临折算风险。

例如，上海某公司在某国有一分公司，该公司 2022 年 12 月 31 日的资产负债表如表 8-1 所示。

表 8-1　2022 年 12 月 31 日某国分公司的资产负债表　单位：某国货币千元

资产	金额	负债和所有者权益	金额
现金	40 000	负债	100 000
应收账款	60 000	权益	160 000
厂房及设备	120 000		
存货	40 000		
合计	260 000	合计	260 000

上海公司在准备编制合并财务报表时，先要按某个特定的汇率将该资产负债表折算成以人民币计价的资产负债表。假定 2023 年 1 月 1 日人民币兑某国货币的当天汇率是 1∶1.5，那么折算后的资产负债表如表 8-2 所示。

表 8-2　2023 年 1 月 1 日某国分公司的资产负债表（1）　单位：人民币千元

资产	金额	负债和所有者权益	金额
现金	26 666	负债	66 666
应收账款	40 000	权益	106 666
厂房及设备	80 000		
存货	26 666		
合计	173 332	合计	173 332

假如 2023 年 1 月 1 日，人民币兑某国货币变为 1∶1.25，那么折算后的资产负债表如表 8-3 所示。

表8-3　2023年1月1日某国分公司的资产负债表（2）　　单位：人民币千元

资产	金额	负债和所有者权益	金额
现金	32 000	负债	80 000
应收账款	48 000	权益	128 000
厂房及设备	96 000		
存货	32 000		
合计	208 000	合计	208 000

由此可见，由于汇率的变动，资产由人民币173 332元增加到208 000元。

（三）经济风险

经济风险又称经营风险，是指由于意料之外的汇率变动，使企业在将来特定时期的收益发生变化的一种潜在的可能性。经济风险是由于汇率的变动产生的，这种潜在的风险会直接关系到企业在海外的经营成果。公司的价值主要取决于它能带来的现金流量，而汇率的变动又通过影响企业的生产成本、销售价格，进而引起产销数量的变化，并由此最终带来获利状况的变化。例如，当本币贬值时，某企业一方面由于出口货物的外币价格下降，有可能刺激出口使其出口额增加；另一方面因该企业在生产中所使用的主要是进口原材料，本币贬值后又会提高以本币所表示的进口原材料的价格，出口货物的生产成本因而增加，结果该企业将来的纯收入可能增加也可能减少，这就是经济风险。

汇率的波动不但会影响外币现金流兑换为本币之后的价值幅度，还会影响外币现金流本身的价值幅度，这一点可以通过表8-4反映。

表8-4　汇率波动的经济表现

项目	交易情况	本币升值对未来交易的影响	本币贬值对未来交易的影响
影响本币流出量的交易	外债的利息	减少	增加
	以本币标价进口的原料	无	无
	以外币标价进口的原料	增加	减少
影响本币流入量的交易	以本币标价的出口量	无	无
	以外币标价的出口量	增加	减少
	本国销售	减少	增加
	对外投资的利息收入	减少	增加

值得注意的是，经济风险中所说的汇率变动，仅指意料之外的汇率变动，不包括意料之中的汇率变动。因为企业在预测未来的获利状况而进行经营决策时，已经将意料到的汇率变动对未来产品成本和获利状况的影响考虑进去了，因而排除在风险之外。对于企业来说，经济风险的影响比交易风险和折算风险更大，因为经济风险不能被准确地识别和测量，经济风险在很大程度上取决于销售数量、销售成本的变动对汇率变动的反应程度；交易和折算风险的影响是一次性的、相对短期的，而经济风险的影响则是在长期、中期和短期都存在；经济风险通过间接渠道产生，即汇率变化—经济环境变化—企业收益变化。

三、外汇风险的经济影响

（一）对国际货物贸易的影响

一国的货币汇率下浮（本币贬值），有利于出口，不利于进口，这是因为其他条件不变时，等值本币的出口商品在国际市场上会折合比贬值前更少的外币，使国外销售价格下降，竞争力增强。若出口商品在国际市场上的外币价格保持不变，则本币贬值会使等值的外币兑换成比贬值前更多的本币，国内出口商品的出口利润增加，从而促使国内出口商积极性提高，出口数量增加。而以外币计价的进口商品在国内销售时折合的本币价格比贬值前提高，进口商成本增加，利润减少，进口数量相应减少。如果维持原有的国内销售价格，则需要压低进口商品的外币价格，这又会招致外国商人的反对，因此，本币贬值会自动地抑制外国商品的进口。与上述情况相反，一国的货币汇率上浮（本币升值），不利于出口，但可以增加进口。

（二）对国际服务贸易的影响

一般来讲，一国货币汇率下浮，会增加该国的服务贸易收入；汇率上浮，会减少服务贸易收入。在其他条件不变的情况下，一国货币汇率下浮，以本币所表现的外币价格上涨，而国内物价水平不变，外国货币购买力相对增强，贬值国的商品、劳务、交通、导游和住宿等费用就变得相对便宜，这对外国游客便增加了吸引力，促进了本国旅游和其他服务贸易收入的增加。相反，本币贬值后，国外的旅游和其他劳务开支对本国居民来说相对提高，进而抑制了本国的对外劳务支出。当一国货币汇率上浮，以本币表现的外币价格下降，而国内物价水平不变，外国货币购买力减弱，从而减少本国旅游等其他服务贸易项目的收入。相反，本币升值后，国外的旅游和其他劳务开支对本国居民来说相对减少，从而促进了本国的对外劳务支出。

（三）对国际资本流动的影响

外汇市场汇率变动对国际资本游动特别是短期资本流动有很大影响。当本国货币汇率下降时，国内资金持有者为了规避因汇率变动而蒙受的损失，就要把本国货币在外汇市场上兑换成汇率较高的货币进行资本逃避，导致资本外流；同时，将使外国在本国的投资者调走在该国的资金，这不仅使该国国内投资规模缩减，影响其国民经济的发展，而且由于对外支出增加，将恶化本国的国际收支。反之，若本国货币汇率上升，则对资本流动的影响与上述情况相反。

（四）对国内物价的影响

汇率变动对国内经济的直接影响，集中表现在对物价的影响上。如果一国货币汇率下跌，一方面引起进口商品以本币表示的价格上涨，其中进口消费品的价格上升会直接引起国内消费品价格某种程度的上升，进口原材料、中间品和机器设备等的价格上升还会造成国内生产使用这些进口投入品的非贸易品生产成本上升，也推动了非贸易品的价格上升；另一方面汇率下跌将引起出口扩大，进口缩减，加剧国内供需矛盾，使国内整个物价水平提高，加剧通货膨胀，导致经济恶化。相反，如果一国货币汇率上升，则会降低国内物价水平，减缓本国的通货膨胀。

（五）对涉外企业的影响

涉外经济部门及涉外企业由于在日常经营活动中涉及两种或两种以上的货币，因此不可避免地处于各种外汇风险之中。这里仅讨论外汇风险对涉外企业经济活动的影响。

1. 对涉外企业经营效益的影响

在汇率波动频繁的今天，企业预期的本币现金流量和以外币计价的各种资产、负债的价值常因汇率变动而发生变化，可能使企业遭受损失，也可能给企业带来收益。事实上，收益与损失是并存的一对互为消长的矛盾体，避免了损失便意味着收益；放弃或丧失了可能获取的收益，便是一种损失。涉外企业只有了解和预测外汇风险，提高对外汇风险的管理水平，才有可能避免巨大的外汇风险所带来的收益损失。

2. 对涉外企业长远经营战略的影响

企业经营战略是指企业人力、物力和财力的合理配置及产供销活动的总体安排。如果汇率变动有利于涉外企业的资金营运，企业就会采取大胆的、开拓性的、冒险的经营战略，如扩张海外投资、扩大生产规模，开辟新产品、新市场。相反，如果汇率变动不利于涉外企业的资金营运，企业就会采取保守的、稳妥的、谨慎的经营策略，尽量避免使用多种外汇，把海外市场、海外融资缩小到一定范围。因此，这一影响在某种程度上关系到企业的兴衰成败。

3. 对涉外企业税收的影响

一般来说，对涉外企业已经实现的外汇损失可享受所得税减免，已经实现的外汇盈利才能构成应纳税收入。因交易风险造成的外汇亏损，往往会降低当年的应纳税收入；因经济风险造成的外汇亏损，往往会降低将来几年的应纳税收入；会计风险由于不是现实的亏损，因此是不能减免税收的。税收政策是由企业所在国决定的，所以，作为一个跨国经营企业，应从全局着眼制定其外汇风险管理战略。

第二节 外汇风险管理

管理外汇风险的方法很多，特别是近十几年来，由于汇率波动频繁，又出现许多新的方法，但所有这些方法又大致可以分为两大类：事前和事后。事前称为外汇风险的防范，主要通过改善企业内部经营来实现；事后称为外汇风险的转嫁，主要利用外汇市场金融资产的交易来实现。

一、外汇风险管理概述

（一）外汇风险管理的概念

外汇风险管理就是对外汇风险的特征以及影响因素进行识别与测定，并设计和选择防止损失发生的处理方案，以最小成本达到风险管理的最佳效果。

外汇风险是涉外经济中不可避免的一种风险，对一国政府、企业乃至个人都会产生很大影响。

因此，对待外汇风险应积极主动地进行风险管理，而不是简单规避、被动接受和无所作为。事实上，在日趋波动的经济和金融环境下，外汇风险管理能力已经成为涉外企业生存和发展的核心能力。

（二）外汇风险管理的原则

外汇风险管理的目标是充分利用有效信息，力争减少汇率波动带来的现金流量的不稳定性，控制或消除业务活动中可能面临的不利影响。为了达到上述目标，外汇风险管理中应该遵循一些共同的指导思想。

1. 稳妥防范原则

所谓稳妥防范，就是使风险消失或转嫁的同时还尽可能地从风险防范中获利。

2. 全面重视原则

外汇风险有不同种类，有的企业经营活动中可能只会面临一种风险，而有的企业可能面临多种风险。所以，跨国经营的企业需要对国际结算、国际筹资成本、跨国投资收益以及外汇买卖等项目下的外汇风险保持清醒的头脑，避免造成重大损失。

3. 风险最小化原则

风险最小化是把外汇风险损失减小到最低限度，但并不意味着风险为零，应尽可能缩短外汇敞口的期限、减小外汇敞口的额度。

二、外汇风险管理方法

（一）交易风险的管理

管理交易风险的方法有很多种，这些方法大致可以分为两大类：一类是利用贸易谈判、合同的商洽和经营决策来规避交易风险；另一类是利用金融工具来规避交易风险。

1. 利用贸易谈判、合同的商洽和经营决策来规避交易风险

成功地利用贸易谈判策略也能够起到很好地规避交易风险的作用，具体包括以下几个方面。

（1）提早收付。提早收付包括提前收汇和提前付汇两种。所谓提前付汇是指在企业的应付外汇账款中的计价货币可能出现升值时使用的方法，而提前收汇是指在企业的应收外汇账款中的计价货币可能出现贬值时使用的方法。这种方法的原理主要是通过缩短外汇敞口的时间期限来规避交易风险。

例如：中国的出口商与美国的进口商签订了以欧元为计价货币、30天之后付款的进出口合同，如果订立合同之后欧元出现了大幅度升值，而且这种情况短时间内不会改变，这时美国的进口商可以通过提前付汇的方法使损失降到最低。

（2）延迟收付。这种方法与提早收付相反。当企业的应收外汇账款中的计价货币出现升值或者企业的应付外汇账款中的计价货币出现贬值时均可以延迟收付。一般企业提前、延迟结汇方法如表8-5所示。

表8-5　一般企业提前、延迟结汇方法

企业类型	本币升值	本币贬值
出口企业	提前收汇	推迟收汇
进口企业	推迟付汇	提前付汇

实际交易中，如果一方申请提前收付或者延迟收付，一般会给对方一定的折扣来弥补对方的损失，折扣的多少由双方协商而定。

（3）选择货币法。

①本币计价法。外汇交易中双方有两种计价货币的选择方法：一种是以第三国货币计价；另一种是以任意交易方的本国货币计价。一般而言，外汇交易中应尽量选择以本国货币计价。

②出口以硬货币计价，进口以软货币计价。对于债权人来说，应该尽量争取让债务人用硬货币支付，这对于债权人来说没有风险。对于债务人来说，应该尽量争取用软货币向债权人支付。

例如：中国某公司借入 100 万加拿大元，折合人民币 523.13 万元，期限 6 个月。若到期时加拿大元的汇率升高变为 5.347 3，此时购买 100 万加拿大元需要人民币 534.73 万元，该企业需要多支付 11.6 万元。

但在实际业务中货币的选择不是一厢情愿的，按上述所说很难达成交易。

③软硬货币搭配法。货币的软和硬是有时间性的。在实际交易中，由交易的承担一方独自承担风险，一般是难以接受的；折中的做法是一半用硬货币，一半用软货币，使买卖双方均不吃亏。

④多种货币组合法。当前，有些交易金额比较大的企业采用多种货币组合的方法，例如采用四种货币，两软两硬，使汇率大幅度波动的影响大大降低。

⑤平衡结汇法。平衡结汇法是指创造一个与存在风险相同币种、相同金额、相同期限的资金反方向流动，以抵补外汇敞口。

例如：某公司在 3 个月之后有一笔 1 万英镑的应收外汇账款，该公司应该设法进口 3 个月之后支付的 1 万英镑的货物，借以抵消应收账款，从而消除外汇风险。

一般情况下，一个公司所有交易的收支完全平衡是难以做到的。企业采用平衡结汇法，还有赖于各个部门的密切合作。在金额较大，存在着一次性外汇风险的贸易中尚可采用平衡结汇法。

（4）加列保值条款。

①黄金保值条款。该条款适用于固定汇率时期，是指根据签订合同时计价货币的金平价对原货币进行支付。

【例 8-1】A、B 两国签订借贷合同，金额为 1 000 万美元，借贷期限为两年，并在合同中加列黄金保值条款。（此处，不考虑利息，只算本金）

借款时：1 美元 = 0.8 克黄金，1 000 万美元 = 800 万克黄金；

还款时若美元贬值：1 美元 = 0.7 克黄金；

还款人应偿还的本金为 800 万克黄金 ÷ 0.7 克黄金 = 1 142.86 万美元。

该例中，借贷交易无论成交时还是偿还时，本金始终是与 800 万克黄金等值的美元，避免了合同货币美元价值变化给借贷双方带来的不合理的利益重新分配。不过，黄金保值条款因为只适用于固定汇率时期，所以现在基本不用。

②外汇保值条款。外汇保值条款就是用硬货币保值，用软货币支付。常见的做法是：在贸易合同中，规定某种软币为结算货币，某种硬币为保值货币，签订合同时，按当时软币与硬币的汇率，将货款折算成一定数量的硬币，到货款结算时，再按此时的汇率，将硬币折回成软币来结算。

例如：一笔进出口贸易合同，其支付货币是美元，合同金额 10 万美元，双方约定以日元为保值货币。在签约时，美元与日元的汇率是 1：100，合同金额折算为 1 000 万日元，到了支付日时，美元兑日元的汇率变为 1：80，则应付合同金额为 12.5 万美元（1 000 万日元÷80）。这样一来，美元贬值给收汇方带来的损失将得以弥补。

③用一篮子货币保值。一篮子货币指的是多种货币的组合。在浮动汇率制度下，各种货币的汇率时时刻刻在变动之中，而且变化的方向和幅度并不一致，由于是多种货币的组合，各种货币的汇率有升有降，汇率的风险得以分散。在使用一篮子货币保值时，首先要确定一篮子货币由哪几种货币构成；其次在签订合同时，确定支付货币与一篮子保值货币之间的汇率，并规定各种保值货币与支付货币之间的汇率变化的调整幅度。到期支付时，汇率的变动超过了规定的幅度，则按合同规定的汇率进行支付，从而达到保值的目的。

【例 8-2】 一份贸易合同，金额为 500 万美元，并约定以美元、日元、英镑作为保值货币，其中美元、日元各占 30%，英镑占 40%。

已知签约时汇率为 USD1 = JPY120，GBP1 = USD1.5，
则 500 万美元折算成保值货币为：

500×30%×1 = 150（万美元）；

500×30%×120 = 18 000（万日元）；

500×40%÷1.5 = 133.34（万英镑）。

由此可知：签约时，合同货币与一篮子货币的关系为：

500 万美元 = 150 万美元 + 18 000 万日元 + 133.34 万英镑。

若支付时，市场汇率变动为 USD1 = JPY130，GBP1 = USD1.43，
则将各保值货币再折算为合同货币：

150÷1 = 150（万美元）；

18 000÷130 = 138.46（万美元）；

133.34×1.43 = 190.68（万美元）；

150 + 138.46 + 190.68 = 479.14（万美元）。

货款支付日，由于美元升值，进口商只需向出口商支付 479.14 万美元即可。

（5）价格调整法。在国际贸易中，一般是坚持出口收硬货币，进口付软货币的原则，但是在实际交易中，常常出现出口商不得不收软货币，进口商不得不付硬货币的情况，这时往往可以通过调整进出口商品的价格的方法，将外汇风险分摊到价格中去，这就是价格调整法。价格调整法包括加价保值法和压价保值法。

加价保值的计算公式为：

出口商品的新价 = 出口商品的原价×1/（1-计价货币预期贬值率）

压价保值的计算公式为：

进口商品的新价 = 进口商品的原价×1/（1+计价货币预期升值率）

2. 利用金融工具规避交易风险

（1）即期合同法。即期合同法是指具有应收或者应付外汇账款的企业通过与外汇银行签订出卖或者购买外汇的即期合同来消除外汇风险的方法。

（2）远期合同法。远期合同法是指具有应收或应付外汇账款的企业通过与外汇银行签订出卖或者购买外汇的远期合同来消除外汇风险的方法。外汇风险由本币、外币和时间三

个因素构成，远期合同法的基本原理是利用远期合同，可以把时间结构由将来转移到现在从而剔除时间因素，并在规定的时间内实现本币与外币的冲销，剔除另外两个因素，从而消除外汇风险。

（3）期货合同法。期货合同法是指具有应收或应付外汇账款的企业，在外汇期货市场，根据标准化原则与清算公司或经纪人签订货币期货合同，以消除或减少外汇风险的方法。期货合同法的原理就是利用现货和期货两个市场，一方面将时间的结构提前，消除时间因素的影响，另一方面利用两个市场的对冲来减少风险。具体方法就是多头套期保值和空头套期保值。

（4）外汇期权合同法。外汇期权合同法就是具有应收或应付外汇账款的企业，通过外汇期权市场进行外汇期权交易，以降低外汇风险的方法。外汇期权合同法的原理是利用期权交易合约的买方具有选择权的特点，通过选择是否执行期权合约规避汇率波动对企业的影响。具体做法是出口商买进看跌期权和进口商买进看涨期权。

（5）掉期合同法。在买进或卖出一种期限的某种货币的同时，卖出或买进另一种期限的同种货币的外汇交易就是掉期交易。掉期交易因为实现了资金的反向流动所以可以减少外汇风险。

（6）借款法和投资法。借款法就是拥有应收外汇账款的企业通过向银行借入一笔与远期收入金额相同、期限相同、币种相同的贷款，并通过融资来降低外汇风险的一种方法。借款法的原理就是通过改变外汇风险中的时间结构来降低外汇风险。但是因为要从银行借款，所以借款法防范外汇风险是有成本的，即借款利息。但如果利息的支出小于汇率波动带来的损失，仍可以起到规避风险的作用。借款法只适用于有应收外汇账款的企业。

例如，我国某公司向美国出口价值500万美元的货物，半年后收回货款。该公司即可在签订贸易合同后首先从外汇银行借入500万美元贷款，然后将500万美元在现汇市场出售，收回本币资金，半年后收回500万美元货款，以此偿还外汇银行借款（不考虑利息）。

对该公司来讲，借助这一操作，将本来应该在未来进行的本、外币之间的兑换提前到现在进行，从而消除了未来汇率变化的影响。

投资法就是有应付外汇账款的企业通过将一笔资金（一般为闲置资金）投放于某金融市场，一定时间之后连同利息收回，从而使该笔资金增值，并降低外汇风险。投资法的原理也是通过改变时间结构来降低风险，但是与借款法不同的是，借款法是将未来的收入转移到现在，投资法是将未来的支付转移到现在。投资法只适用于有应付外汇账款的企业。

例如，某公司从国外进口价值100万英镑的货物，半年后货到付款。该公司即可在签订贸易合同后先在现汇市场购进100万英镑，然后在国际货币市场将100万英镑做半年期投资。半年后收回英镑投资本息，约为100万英镑（不考虑利息），然后以收回的投资支付货款。

（7）BSI法和LSI法。在即期合同法、借款法和投资法等方法的基础上，将其综合利用，以达到消除全部风险效果的方法，就是BSI法和LSI法。

①BSI法即借款—即期合同—投资法（Borrow-Spot-Invest，BSI）。可以从企业的应收外汇账款和应付外汇账款两个方面阐述BSI法的应用。

BSI法在应收外汇账款中的应用：企业首先应从银行中借入与应收外汇账款相同数额、相同币种、相同期限的外币，将借入的外币通过即期交易兑换成本国货币，再将换得的本币进行投资，投资的期限与应收账款的期限一致，到期后将本金和利息全部收回，应收外汇账款用于偿还银行借款，投资的利息所得用于弥补银行借款的利息。

例如，德国某公司90天之后有一笔50万美元的应收外汇账款，为防止美元对欧元的汇率出现波动，德国公司可以先向银行借入50万美元（不考虑利息因素），时间是90天，在借得这笔款项后按即期汇率 USDI = EUR0.835 7 兑换成41.785万欧元，随之将41.785万欧元投资于金融市场，期限是90天。90天后，德国公司的应付美元账款到期，恰好其欧元的投资期满，以收回的美元账款偿付美元债务，最终消除了美元债务。

BSI法在应付外汇账款中的应用：企业从银行借入与应付账款相同期限的本币，将借入的本币通过即期交易兑换成与应付账款币种相同、金额相等的外币，再将换得的外币进行投资，投资的期限与应付账款的期限一致，到期后将本金和利息全部收回，本金用于应付账款的支付，投资的利息所得用于弥补银行借款的利息。

②LSI法即提早收付—即期合同—投资法（Lead-Spot-Invest，LSI）。可以从企业的应收外汇账款和应付外汇账款两个方面阐述LSI法的应用。

LSI法在应收外汇账款中的应用：有应收账款的企业在征得债务方的同意后，请其提前支付货款，并给予对方一定的折扣，然后通过即期合同兑换成本币，与此同时，将换回的本币用于短期投资，其收益弥补折扣的损失。

LSI法在应付账款中的应用：有应付账款的企业先借入一笔与外币金额等同的本币贷款，然后通过即期合同兑换成外币，以外币提前支付并获得对方的折扣。整个过程虽然是借款—即期合同—提前支付，但是国际传统习惯不把它称为BSL，而称为LSI。

（8）贸易融资法。

①出口押汇。出口押汇是指在出口商发出货物并交来信用证或合同要求的单据后，银行应出口商要求向其提供的以出口单据为抵押的在途资金融通。出口押汇的范围包括：信用证下出口押汇和跟单托收下出口押汇；外币出口押汇和人民币出口押汇。出口押汇的原理就是出口商将单据押给银行后，将时间结构改变，因此也将外汇风险转嫁给外汇银行。

②打包放款。打包放款指出口地银行为支持出口商按期履行合同、出运交货，向收到合格信用证的出口商提供的用于采购、生产和装运信用证项下货物的专项贷款。打包贷款的期限一般很短，出口商借入打包贷款后，很快将货物装船运出，在取得各种单据并向进口商开出汇票后，出口商通常前往贷款银行，请其提供出口抵押贷款，该银行收下汇票和单据后，将以前的打包放款改为出口押汇，这时的打包放款即告结束。打包放款对于出口商来说相当于把货款提前取出，所以收汇的风险也就变小了。

③出口信贷。出口信贷是一种国际信贷方式，是一国为了支持和鼓励该国大型机械设备、工程项目的出口，增强国际竞争力，以向该国出口商或国外进口商提供利息补贴、出口信用保险和信贷担保的优惠贷款方式，鼓励该国的银行对该国出口商或国外的进口商提供利率较低的贷款，以解决该国出口商资金周转的困难，或满足国外进口商对该国出口商支付货款需要的一种融资方式。出口信贷名称的由来就是因为这种贷款由出口方提供，并且以推动出口为目的。出口信贷包括买方信贷和卖方信贷。

买方信贷是出口国政府支持出口方银行直接向进口商或进口商银行提供信贷支持，以供进口商购买技术和设备等，并支付有关费用。

卖方信贷是出口方银行向该国出口商提供的商业贷款。出口商（卖方）以此贷款为垫付资金，允许进口商（买方）赊购自己的产品和设备等。出口商（卖方）一般将利息等资金成本费用计入出口货价中，将贷款成本转移给进口商（买方）。

④福费廷。福费廷又称包买票据或买单信贷，是指出口商将经过进口商承兑的，并由进口商的往来银行担保的，期限在1年以上的远期票据，无追索权地向进口商所在地的包买商（通常为银行或银行的附属机构）进行贴现，提前取得现款的融资方式。由于福费廷对出票人无追索权，出口商在办理此业务后，就把外汇风险和进口商拒付的风险转嫁给了银行或贴现公司。福费廷业务必须事先由进出口双方协商才可以使用。

⑤保付代理。保付代理简称保理，是指出口商以延期付款的形式出售商品，在货物装运后立即将发票、汇票、提单等有关单据，买断给保理机构，收进全部或一部分货款，从而取得资金融通。保理业务一般期限在1年以内，出口商无须与进口商事先协商。

福费廷和保理都是通过提前收回货款，改变时间结构来规避风险。

（二）折算风险的管理

1. 折算风险管理

涉外经济主体对折算风险的管理，通常是实行资产负债表保值。这种方法要求在资产负债表上以各种功能货币表示的受险资产与受险负债的数额相等，以使其折算风险头寸（受险资产与受险负债之间的差额）为零。只有这样，汇率变动才不致带来任何折算上的损失。

实行资产负债表保值，一般要做到以下几点：

（1）弄清资产负债表中各账户、各科目上各种外币的规模，并明确综合折算风险头寸的大小。

（2）根据风险头寸的性质确定受险资产或受险负债的调整方向。如果以某种外币表示的受险资产大于受险负债，就需要减少受险资产或增加受险负债，或者同时并举。反之，如果以某种外币表示的受险资产小于受险负债，则需要增加受险资产或减少受险负债。

（3）实行科目调整。在明确调整方向和规模后，要进一步确定对哪些账户、哪些科目进行调整。当然，实现这一点的难度很大，因为有些账户或科目的调整可能会带来相对于其他账户科目调整更大的收益性、流动性损失，或造成新的其他性质的风险。因此，一般来说，通过资产负债表保值获得折算风险的消除或减轻，是以经营效益的牺牲为代价的，应慎重对待，权衡利弊。

2. 折算风险管理的局限性

首先是收益的预测不准确。公司对年末收益的预测值并没有保障，如果实际收益比预计收益高得多，那么折算损失可能会超过远期合约策略产生的收益。其次是某些货币没有远期合约。再是会计信息扭曲。最后是增加了交易风险。

（三）经济风险的管理

首先要充分提高风险管理意识和风险管理能力。其次要建立企业内部外汇风险管理的程序，具体过程包括：预测外汇的变化趋势，计算外汇风险的受损额，选择风险管理的最佳实施方案，加快外汇市场建设。

案例展示

中国能建集团应对外汇风险

中国能源建设集团有限公司（以下简称"中国能建"）作为一家全球能源电力、基础设施、绿色低碳发展等整体智慧解决方案提供商，全产业链服务的世界500强跨国集团公司，在海外设有256个分支机构，业务覆盖147个国家和地区。

2020年以来，受新冠疫情、俄乌冲突、中美博弈、能源短缺、美联储持续加息等因素影响，全球经济增速放缓，国际金融市场波动加剧，国别市场分化日趋严重，部分新兴市场国家因其经济结构的脆弱性、产业结构的单一性等问题面临货币危机，甚至诱发债务违约风险和金融危机，增加了国际工程项目外汇风险管理的压力。

中国能建充分发挥国际业务引领统筹和"大保障"职能，遵照"统筹规划、科学决策、全员参与、全生命周期管理"的汇率风险管理理念，将外汇风险管理嵌入业务全流程和项目全生命周期，为此采取了以下措施：

一、统筹搭建集团境外沟通平台，加强"走出去"央企和集团下属境外企业间关于项目所在国的财税、金融监管和资金回流渠道的沟通，整合集团内外部资源，在集团内部企业调剂外汇资金的盈余或缺口，使资金管理达到均衡和高效，实现企业间的风险对冲和集团整体效益最大化。

二、密切关注项目所在国汇率波动趋势和外汇管制政策，积极寻求新的市场机会。公司积极利用投资运营的巴西项目分红资金，直接在项目所在国开展新项目投资并购，实现国别投资滚动开发，盘活沉淀资金，降低当地币贬值风险。

三、优先内部货币资金调剂。项目投资端、在建端和运营端根据各项目的资金收支计划妥善安排币种的汇兑。对于美元、欧元等硬货币，有结售汇需求时，优先通过内部资金调剂方式解决资金缺口，降低货币转换风险。对于软货币，优先通过相同上下游币种自然对冲、"货币互换"等措施来降低当地币在账户中的沉积，减少汇率波动对公司整体效益的影响。

中国能建怎样在经营过程中管理外汇风险呢？对这个问题的回答要以对企业非常具体的分析为基础。希望我们这一章有关外汇风险及管理的学习能够帮助你面对和处理这样的实际问题。

课后练习

一、重要概念

外汇风险　　外汇风险构成因素　　交易风险　　外汇买卖风险　　交易结算风险
折算风险　　经济风险

二、思考题

1. 简述外汇风险的概念。

2. 外汇风险由哪些因素构成？

3. 外汇风险有哪些类型？

4. 外汇风险对一国经济有哪些影响？

5. 外汇风险管理的原则有哪些？

6. 避免外汇交易风险的方法有哪些？

7. 如何利用贸易谈判、合同的商洽和经营决策来规避交易风险？

实训模块

一、实训内容

外汇风险管理。

二、实训目标

理解外汇风险管理原则，结合外汇风险管理具体方法，掌握管理外汇交易风险、折算风险、经济风险的管理方式。

三、实训组织

结合国内外企业面对不同外汇风险的真实案例，以小组为单位，分析、讨论应采取何种手段应对外汇风险，加深对外汇风险管理的认识。

四、实训成果

考核和评价采用报告资料展示和学生讨论相结合的方式，评分采用学生和教师共同评分的方式。

第九章　国际资本流动与国际金融危机

学习目标

1. 了解国际资本流动的定义及分类。
2. 掌握国际资本流动的原因及影响。
3. 理解国际资本流动与金融危机的关系。
4. 掌握国际债务的衡量指标。

能力目标

1. 了解发展中国家债务危机爆发的原因、解决措施及其启示。
2. 分析中国利用外资的方式和现状，跟进中国今后利用外资的政策措施。

情景导读

电影《大而不倒》

影片讲述了于2008年爆发的全球金融危机，以美国财政部长汉克·保尔森为主要线索，记录了在几周之内决定全球最大经济体命运的权力人物的决策与行动。为拯救全球经济，摆脱金融困境，不仅保尔森倾尽全力，美联储主席本·伯南克、纽约联邦储备银行行长蒂姆·盖特纳等人也动用了自己的私人关系和渠道。除此之外，沃伦·巴菲特、投资银行家、英国监管机构以及几乎所有的国会议员都参与到了这场没有硝烟的金融大战中。

影片根据《纽约时报》首席记者及专栏作家安德鲁·罗斯·索尔金的畅销书《大而不倒》改编而成，荣获2012年第69届金球奖电视类最佳迷你剧提名、最佳男主角提名及最佳男配角提名等多项荣誉。

思考与讨论：金融危机影响国际资本流动的路径是什么？

第一节　国际资本流动的概念与类型

一、国际资本流动的含义

国际资本流动也称为国际资本移动，是指资本从一个国家或地区转移到另一个国家或地区。它是资本在不同国家或地区之间做单向、双向或多向流动；或者说，国际资本流动是指一国政府、企业或个人与另一国家政府、企业或个人之间，以及国际金融组织之间资本的流入和流出。值得注意的是，国际资本流动与商品贸易或劳动力输出入所引起的货币流通有着本质的区别。后者在商品或劳动力的交换中发生货币所有权的转移，而国际资本在其流动中不产生所有权的转移，发生转移的仅仅是它的使用权。

国际资本流动是资本跨越国界的运动转移过程。受经济全球化的影响，国际资本流动对世界经济增长的贡献越来越大。长期来看，随着经济全球化的深入，国际资本流动对世界经济增长的贡献率将进一步提高。

二、国际资本流动的类型

国际资本流动的种类很多，根据不同的标准，可以作出不同的分类。按其流动方向可分为国际资本流入（表示资本从境外流入境内）和国际资本流出（表示资本从境内流往境外）；根据资本流动的期限可以分为短期资本流动和长期资本流动；根据资本属性可以分为官方资本流动和私人资本流动；根据资本流动的目的不同可以分为借贷资本流动和生产资本流动。这些分类又是相互交叉的，例如可以有官方长期资本流动，也可以有私人长期生产性流动，或私人短期信贷资本流动，等等。

（一）根据流动方向，分为国际资本流入和国际资本流出

1. 国际资本流出

国际资本流出是指本国资本流出到国外，也就是本国的资本输出。资本流出的表现为：

（1）本国在外国资产的增加，例如，本国在外国投资办企业。

（2）本国对外国负债的减少，例如，本国归还到期的贷款。

（3）外国在本国的资产减少，例如，外国从本国银行中提取存款转回国内。

（4）外国对本国负债的增加，例如，外国从本国获取贷款。

资本流出是付出本国货币或外汇，属于支付项目，应该记入本国国际收支平衡表的借方，或用"−"号表示。

2. 国际资本流入

国际资本流入是指外国资本流到本国，也就是本国输入资本，表现为：

（1）本国在外国资产的减少；

（2）本国对外国负债的增加；

（3）外国在本国资产的增加；

（4）外国对本国负债的减少。

资本流入是收入本国货币或外汇，属于收入项目，应记入本国国际收支平衡表的贷方，或用"+"号表示。

对于一个国家或地区来讲，总存在资本流出入，只不过是流出入的比例不同而已。一般来说，发达国家是主要资本流出国，发展中国家是主要资本流入国。在当今世界，国际资本又倾向于在发达国家之间对流。

国际资本的输出和输入，是国际资本流动的一个最主要的形式。因此，有时两者被看成是通用的，但严格来讲，它们仍然有所区别。

第一，国际资本流动与国际资本输出入的关系。国际资本输出入所涵盖的内容比国际资本流动的狭小，它仅是国际资本流动的一个重要组成部分，是一般只与投资和借贷等金融活动相关联并且以获取利润为目的的资本流动；而国际资本流动还包括诸如动用黄金、外汇等资产来弥补国际收支逆差等行为，这部分黄金或外汇外流不是为了获取高额利润，而只是作为国际支付的手段以平衡国际收支，所以不属于资本输出。

第二，国际资本流动与资金流动的关系。国际资本流动与国际资金流动也有所区别。一般来说，国际资金流动是一种不可逆转性的流动，即一次性的资金款项转移。其特点是资金流动呈单向性。国际资本流动则是一种可逆转性的流动，例如，投资或借贷资本的流出，伴随着的是利润或利息的回流以及投资资本或贷款本金的遣返。其特点是资本流动呈双向性。

第三，国际资本流动与国内资本流动的关系。二者的差异性体现在资本拥有者和使用者的居民属性上。

（二）根据资本使用期限，分为短期国际资本流动和长期国际资本流动

1. 短期国际资本流动

短期国际资本流动是指期限为 1 年或 1 年以内的国际资本流动。这种国际资本流动，一般都借助于有关信用工具，并通过电话、电报、传真等通信方式来进行。这些信用工具包括短期政府债券、商业票据、银行承兑汇票、银行活期存款凭单、大额可转让定期存单等。短期国际资本流动一般有四种形式。

（1）贸易性资本流动。贸易性资本流动是指由于国际贸易往来的资金融通与资金结算而引起的货币资本国际转移。这是最为传统的国际资本流动方式。世界各国在贸易往来中，必然会形成国际债权债务关系，而为结清这些关系，货币资本必然从一个国家或地区流往另一个国家或地区，这样就形成了贸易资本流动。各国出口贸易资金的结算，导致出口国的资本流入；各国进口贸易资金的结算，导致进口国的资本流出。

（2）金融性资本流动。金融性资本流动也称银行资本流动，是指各国经营外汇业务的银行金融机构，由于相互之间的资金往来而引起的资本国际转移。各国外汇专业银行在经营外汇业务过程中，由于外汇业务或获取利润的需要，经常不断地进行套汇、套利、掉期、外汇头寸的抛补和调拨、短期外汇资金的拆放、国际范围内银行同业往来的收付和结算等，都会产生频繁的国际短期资本流动。

（3）保值性资本流动。保值性资本流动又称"资本外逃"，是指短期资本持有者为了避免或防止所持资本的损失而将资本在国际上进行转移。这种资本流动是为了资本的安全性和盈利性。引起这种资本流动的原因是国内政局动荡、经济状况恶化、加强外汇管制和

颁布新的税法、国际收支失衡等，从而导致资本外逃到币值相对稳定的国家，以期保值，免遭损失。

（4）投机性资本流动。投机性资本流动是指投机者为了赚取利润，利用国际市场上汇率、利率及黄金、证券等价格波动，通过低进高出或买空卖空等方式而引起的资本国际转移。投机性资本流动主要有四种形式：对暂时性的汇率变动作出反应的投机性资本流动，预测汇率将有永久性变化的投机性资本流动，与贸易有关的投机性资本流动，对各国利率差别作出反应的投机性资本流动。

短期国际资本流动，是一种数量巨大、形式复杂的国际资本流动，它具有以下四个特点：

第一，复杂性。复杂性包括两个方面的内容：一是形式复杂多样，如上所述的贸易、银行、保值性、投机性等资本流动；二是资本流动借用的工具复杂多样，既包括货币现金和银行活期存款，也包括货币市场上的其他各种信用工具，如各种短期证券和票据等。

第二，政策性。政策性是指各国政府的系列经济政策（如利率、汇率政策）对短期国际资本流动的影响很大。某个国家利率相对提高，国际资本就会往该国流动；反之，国际资本会流出该国。此外，如果一个国家没有外汇管制或外汇管制较松，也容易发生短期国际资本流动。

第三，投机性。在浮动汇率制度下，短期国际资本流动具有很强的投机性，尤其是短期资本中的"热钱"，更具有投机色彩。投机性构成短期国际资本流动的一个显著特点。

第四，市场性。市场性是指游资真正遵循"市场原则"，哪里利润高就往哪里流动。就是没有行情，也会人为制造利多利空的消息，哄抬或打压某国或某区域的货币，造成区域或全球范围内汇率贬值的货币驱逐汇率升高或坚挺的货币的资本流动现象。

2. 长期国际资本流动

长期国际资本流动是指期限在 1 年以上的资本流入与流出。它是国际资本流动的重要方式。长期国际资本流动形成的基本条件是各国拥有的相对优势，如所有权优势、内部化优势和区位优势等，而长期国际资本流动的动机则是多样化的，包括利润驱动、生产要素驱动、市场驱动以及政治性投机等。长期国际资本流动主要有以下几种形式：

（1）对外直接投资。直接投资是指一个国家的投资者直接在另一个国家的工矿、商业和金融服务业等领域进行投资，并取得投资企业的部分或全部管理和控制权的一种活动。直接投资的形式多种多样，如果从投资资本的构成来看，有单一资本形式的直接投资和联合资本的直接投资。如果从直接投资的手段来看，则有以下四种直接投资形式：

第一，在国外创办新企业，是指投资者在另一个国家直接创办独资企业，设立跨国公司分支机构或创办合资企业。这类直接投资往往不限于货币资本的投资，特别是创办合资企业时，机器设备、存款、技术专利、商标权、特别经营权等无形资产都可以折价入股。

第二，直接收购外国企业。直接收购是指投资者在另一个国家直接购买现有出售的企业。这种直接投资方式相对于创办新企业来说，有以下优点：其一，可以节省创办新企业的时间和资本，简化不必要的环节和手续；其二，可以拥有原来企业的技术、管理经验和营销市场，把产品迅速打入国际市场；其三，可以降低经营成本，提高经济效益。

第三，购买外国企业股票，并达到一定比例以上的股权。如若干个一国居民合作拥有另一国企业 50% 以上的有投票权的股票，就算作直接投资。但这种比例因国而异。

第四，利润再投资，是指投资者把在另一国投资所获利润的一部分或全部留下，对原企业或其他企业进行再投资。这种投资实际上并不存在真正的国际资本流入或流出。

（2）对外间接投资。间接投资也称为证券投资，是指投资者以取得利息或股利等形式的资本增值为目标，在国际证券市场上购买外币有价证券而进行的一种投资方式。国际货币基金组织对于间接投资的定义是：间接投资是为了获取投资收入或资本收益的一种投资，而不是对企业的经营有兴趣。间接投资与直接投资的区别在于：间接投资者只能获取债券、股票回报的利息、股息和红利，对所投资企业没有实际控制和管理的权利；而直接投资者则持有足够的股权来承担被投资企业的盈亏，并享有部分或全部管理和控制权利。对于一个国家来说，在国际证券市场上买进有关证券，就称投资，它意味着国际资本流出；反之，在国际证券市场卖出有关证券，就称筹资，它意味着国际资本流入。证券投资是国际资本流动的重要方式，尤其是 20 世纪 80 年代以来，受各种因素的影响，国际投资证券化趋势有增无减，发挥了重要的作用。

证券投资的形式很多，主要包括股票投资和债券投资。债券投资者所投资的债券，按发行者不同可分为政府债券和公司债券，按发行市场地点和面值货币不同又可分为外国债券和欧洲债券。

（3）国际信贷。国际信贷是指各国政府、国际金融机构和国际银行等单方面或相互间提供的中长期贷款。国际信贷的主要特点是：它是单纯的借贷货币资本的国际转移，不像直接投资那样，涉及在他国设立企业实体或收购企业股权，也不像证券投资那样，涉及证券的发行与买卖。国际贷款的收益以利息及有关费用来体现，贷款风险主要由借款者承担。

国际信贷种类较多，主要包括政府贷款、国际金融机构贷款、国际银行贷款、出口信贷。

第一，政府贷款，是指各国政府或政府机构之间的贷款。这种贷款具有经济援助性质，从政府预算中支出，需经议会批准。政府贷款特点是：期限较长，偿还期平均为 30 年，最高可达 50 年；利率较低、附加费用少，利率一般为 2%～3%，甚至无息；贷款限定用途，附带一定的条件（包括政治条件）；贷款受两国政治关系因素影响较大。

第二，国际金融机构贷款，是指全球性和区域性的国际金融机构，对其成员国提供的各种贷款。全球性国际金融机构主要指国际货币基金组织和世界银行。

第三，国际银行贷款，是指国际上的商业银行所提供的中长期贷款。这种贷款的特点是：贷款用途自由，不受贷款银行的限制，不与项目联系；利率按金融市场利率计算。

第四，出口信贷，是指一国政府通过银行向本国出口商或外国进口商或外国银行提供的一种优惠性贷款，以解决买方支付货款的需要。出口信贷的目的是解决本国出口商的资金周转困难，或是满足外国进口商对本国出口商支付货款的需要。出口信贷的特点是：利率低，一般低于国际金融市场上的平均贷款利率；贷款期限长，一般为 1～5 年，也有的会长达 10 年（但通常都是每半年还本付息一次）；贷款金额起点高，我国规定的起点是 5 万美元，国外的贷款金额起点有的甚至高达数百万美元；一般都有政府背景和政府的贴息；贷款银行通常都是出口国的政策性银行或大型商业银行。

（三）根据资本性质，分为产业性资本流动和金融性资本流动

1. 产业性资本流动

产业性资本流动是指与实际生产、交换发生直接联系的国际资本流动，包括：发生在

国际范围内的兴办特定企业、控制或介入企业的实际经营管理的资本流动（即前述的国际直接投资）；作为商品在国际上流动的对应物，从而在国际贸易支付中发生的国际资本流动，等等。

2. 金融性资本流动

金融性资本流动是指与实际生产、交换没有直接关系的国际资本流动，包括：国际银行存贷市场上与国际贸易不发生直接联系的银行存贷活动；国际证券市场上不以获取企业控制权为目的的证券买卖；外汇市场上与商品进出口没有直接联系的外汇买卖；国际金融衍生工具市场上与商品贸易套期保值无关的交易等。

三、国际资本流动的特点

根据国际货币基金组织的统计，2023 年 5 月，全球国际资本流动总额达到了 1.2 万亿美元，比 2022 年同期增长了 8.7%。其中，直接投资占比 28.5%，证券投资占比 36.2%，银行贷款占比 18.7%，官方储备占比 16.6%。

从区域和国家的角度来看，国际资本流动呈现出以下几个特点：

（一）发达国家是国际资本流动的主要来源和目的地

根据联合国贸易和发展会议（UNCTAD）的数据，2023 年 5 月份，发达国家的对外直接投资（FDI）流入和流出分别为 3 200 亿美元和 3 400 亿美元，占全球 FDI 流入和流出的 67.9% 和 71.9%。发达国家的证券投资也占据了全球证券投资的大部分份额，其中美国、欧盟和日本是最大的证券投资者和发行者。

（二）发展中国家和新兴市场国家是国际资本流动的增长点和风险点

根据 UNCTAD 的数据，2023 年 5 月，发展中国家和新兴市场国家的 FDI 流入和流出分别为 1 500 亿美元和 1 300 亿美元，占全球 FDI 流入和流出的 31.9% 和 27.5%。这些国家吸引了大量的短期资本流入，如证券投资、银行贷款等，以寻求高收益和低成本。但是，这些资本流动也带来了巨大的波动性和逆向性，导致这些国家经常面临金融市场的冲击和压力。

（三）多边机构和区域组织在国际资本流动中发挥着重要作用

根据世界银行的数据，2023 年 5 月，多边机构和区域组织向全球提供了约 500 亿美元的官方发展援助，这些援助主要用于支持低收入国家和最不发达国家的经济发展、社会福利、环境保护等领域。此外，多边机构和区域组织还提供了约 400 亿美元的其他官方流动，如贸易融资、出口信贷、项目融资等，这些流动主要用于促进中等收入国家和新兴市场国家的贸易和投资活动。

综上所述，国际资本流动呈现出多样化、复杂化、高速化、不平衡化等特征，并且在全球经济和金融中扮演着越来越重要的角色。

四、国际资本流动的成因与影响

（一）国际资本流动的成因

1. 促成国际资本流动的根本原因

国际资本流动的形成，是一种供给与需求关系产生的结果。正因为存在这样一种供求关系，才从根本上导致了国际资本流动。大量过剩资本存在及寻求获取高利润本性的资本供给，是导致国际资本输出的主要原因；经济不发达及某些经济发达国家弥补国内建设资金不足和发展本国经济的资本需要，是导致国际资本输入的主要原因。换句话说，世界经济发展的不平衡是造成国际资本流动的重要根源。一方面，国际资本剩余过多，有大量的闲置资本或游资，需要寻找出路；另一方面，国际资本严重短缺，许多国家严重缺少建设资金，需要寻找资金来源与支持。国际资本过剩和国际资本短缺同时并存，国际社会资金争夺激烈，这是当今世界国际资本流动的特点之一。

2. 促成国际资本流动的具体因素

除上述根本原因之外，促成国际资本流动还有很多具体因素的影响，主要有以下几个因素：

（1）利率因素。利率水平的高低，不仅制约着资本的收益率，而且也直接影响资本流动的方向。当今世界各国经济发展程度和富裕程度不一，各国之间的利率水平不同，因而存在利差。资本在利润机制的驱动下，会从利率较低（或许资本比较充足）的国家或地区流向利率较高（或许资本比较短缺）的国家或地区，直到利差消失为止。投资的利润在这个过程中达到最大化。

（2）汇率因素。汇率的高低和稳定与否也决定着资本的流动，尤其是短期资本的流动。20世纪70年代以来，世界普遍实行浮动汇率制度，各国货币汇率经常波动，且波动幅度较大。如果一国汇率不稳定，本国资本持有者可能预期到所持资本价值将发生贬值，就会把手中的资本或货币资产转换成另一种货币资产存放于国外，从而使资本向汇率较为稳定的国家或地区流动。因此，为了避免贬值所造成的损失或为了获取升值所带来的收益，投资者会根据自己对汇率的预期，将资金在不同货币之间进行转换，从而使资本在国际发生流动。

（3）财政赤字与通货膨胀因素。财政赤字和通货膨胀在一定条件下是相通的，这两者都会引起国际资本流动。如果一国发生财政赤字，而这个赤字又以发行纸币来弥补，这必然对通货膨胀造成压力。一旦发生严重的通货膨胀，居民为避免持有资产的贬值，减少通货膨胀所带来的损失，就会把国内资产转化为外汇债券。如果财政赤字是以出售债券或向外国借款来弥补，也可能导致国际资本流动。因国内居民可能预期到在将来某个时期，政府又会靠发行纸币来抵偿债务或征收额外税赋来偿付债务，这样又会促使居民把手中的资产从国内转移到国外。

（4）政府的经济政策因素。一国的国际资本流动与该国的宏观经济政策有着很大关系。当一国采取金融自由化政策时，意味着对资本的流入流出不加过多干预，此时国际资本在该国的流出与流入往往比较频繁，规模也较大。目前，许多发展中国家为了弥补本国储备不足，制定了许多鼓励外资流入的政策，这对加快国际资本流动产生了极大的影响。在世界处于萧条或国际经济关系不稳定的时候，国家经济政策对国际资本流动的影响作用更加明显。

（5）政治、经济及战争风险因素。政治风险因素，是指由于一国的投资环境恶化而可能使投资者所持有的资本遭受损失。这里说的投资环境，是指被投资国的政局是否稳定，法律是否健全，政治态度是否友好等方面。投资环境好坏是判断政治风险程度的一个重要标准。经济风险因素，是指由于一国投资条件变化而可能给资本所有者招致的损失。这里的投资条件涉及被投资国的经济状况是否良好，经济前景是否广阔，基础设置是否完善，居民与非居民的资产是否安全等方面的内容。投资条件的好坏是判断投资经济风险程度大小的一个重要标准。战争风险因素，是指可能爆发或已经爆发的战争对资本造成的可能影响。例如，海湾战争就使国际资本流动发生了重大变化，在战争期间许多资金流往以美国为主的几个发达国家，战争结束后，又有大量资本涌入中东，尤其是科威特等国。

（二）国际资本流动的影响

国际资本自由流动是经济市场化、自由化、全球化的结果与选择。资本实现了在全球范围内的自由转移，会给不同国家乃至全球经济带来什么样的影响，需要人们在理论和实践上认真研究。凡事都有两面性，国际资本流动对一国和整个世界都是巨大的商机，对一国经济的发展将发挥巨大的推动作用，但同时又隐藏着巨大的风险。

1. 国际资本流动对资本输入国的影响

（1）对资本输入国的积极影响。

第一，可以提高本国吸引和利用全球资金的能力，弥补本国资本的不足。一个国家获得的间接投资，通过市场机制或其他手段会流向资金缺乏的部门和地区；一个国家获得的直接投资，则在一定程度上会弥补国内某些产业的空心化现象，既解决了资金不足问题，也促进了本国的经济发展。

第二，可以引进先进技术与设备，获得先进的管理经验。前面提到过，直接投资的特点就是能给输入国直接带来技术、设备乃至先进的管理模式。因此，通过开放市场，输入得当，政策科学，资本输入无疑会提高本国的劳动生产率，增加经济效益，加快经济发展。

第三，可以增加就业机会，增加国家财政收入。无论是发达国家还是发展中国家，资本输入的目的很大程度上是用来创建新企业或改造老企业。这样，就有利于增加就业机会，有利于增加国民生产总值，进而有利于增加国家财政收入，提高国民的生活水平。

第四，可以改善国际收支状况，弥补国际收支逆差，保证对外的支付能力。这种影响或作用可以体现在两方面：其一，在短期内，可以及时通过国际信贷等途径获取资金来源，以解决国际收支恶化问题；其二，在长期内，可以通过引进长期建设资金和相应的先进技术等，使逆差国的经济环境和产品质量得以改善，从而可以增强逆差国产品的出口竞争能力和增加外汇收入，使国际收支状况逐渐从根本上得到改善。

（2）对资本输入国的消极影响。

第一，可能引发债务危机。资本输入国若输入资本过多，超过了本国承受能力，则可能会出现无法偿还债务的情况，导致债务危机的爆发。

第二，可能使本国经济陷入被动境地。如果输入资本过多又管理不善，不能使本国经济获得长足发展，输入国就会对外资产生很强的依赖性。这样，一旦外国资本停止输出或抽走资本，本国经济发展就会陷入被动的境地，甚至使本国的政治主权受到侵犯。

第三，某些国内行业或市场容易被外国资本控制，会冲击民族工业。在某些情况下，容易遭受经济损失，使财富或利益流出本国。

第四，会引起汇率超调，从而容易导致国际收支失衡，引发货币危机。在短期内，实际汇率不能满足购买力平价的要求，会发生汇率过度调整的现象，即汇率超调。从大部分发展中国家的经验看，开放资本项目后，资本的大量流入，导致了不同程度的本币升值。

货币升值降低了本国商品的竞争力，出口减少，经常项目急剧恶化，货币汇率面临很大压力。这时，如果外国投资者大幅度地减少资本流入或开始撤资，本国货币汇率又会急剧下跌。同时，由于经常项目的恶化及外资流入的减少，有外债的国家到期还本付息就会出现困难，从而引发货币危机，造成一国通货膨胀压力。

2. 国际资本流动对资本输出国的影响

（1）对资本输出国的积极影响。

第一，会提高资本的边际效益。资本输出国一般是资本较为充裕或某些生产技术具有优势的国家。这些国家由于总投资额或在某项生产技术领域的投资额增多，其资本的边际效益就会递减，由此使新增加的投资预期利润率降低。如果将这些预期利润率较低的投资额，转投入资本较少或某项技术落后的国家，便可提高资本使用的边际效益，增加投资的总收益，进而为资本输出国带来可观的利润。

第二，有利于促进商品出口，开拓国外市场。资本输出会对输出国的商品出口起到推动作用，从而增加出口贸易的利润收入，刺激国内的经济增长。同时，资本输出还可以迅速地进入或扩大海外商品销售市场。

第三，可以为过剩资本寻求出路，生息获利。

第四，有利于提高国际地位。能够输出资本的国家，一般来说意味着该国的物质基础较为雄厚，意味着该国更有能力加强同其他国家的政治与经济联系，从而有利于提高自己的国际声誉或地位。

（2）对资本输出国的消极影响。

第一，必须承担资本输出的经济和政治风险。当今世界经济和世界市场错综复杂，资本输出一不小心，如投资方向错误，就会产生经济风险。此外还得承担投资的政治风险。如果资本输入国发生政变或政治变革，就可能会实施不利于外国资本输出的法令，如没收投资资本，甚至拒绝偿还外债等。在国际债务历史上，曾经发生过国家因陷入债务危机而停止还债的现象，这便是一个证明。

第二，会对资本输出国经济发展造成压力。在货币资本总额一定的条件下，资本输出会使本国的投资下降，从而国内就业机会相对减少；另外因为对外投资的一部分税收是由资本输入国征收，所以资本输出国的政府税收相对减少，降低国内的财政收入。资本输出会加剧国内市场竞争，进而影响国内的政治稳定与经济发展。

3. 国际资本流动对世界经济的影响

（1）对世界经济的积极影响。

第一，可以使经济资源在世界范围内得到合理有效配置。不同的生产要素通过资本流动在不同国家间转移，有利于世界经济资源的合理开发和有效再分配，有利于把生产要素从生产效率低的国家或地区转移到生产效率高的国家或地区，有利于促进世界经济效率的提高和世界经济总量的增加。

第二，可以使国际分工细化，各国的相互依存度增加。资本自由流动，使世界产品的生产和资金的调剂得以在同一个平台上进行，使国际分工的细化得以实现。这种水平化的国际分工，能够使许多国家同时参与同一件产品（如汽车、电视机等）的生产与国际竞争，从而增强了不同国家间的内在经济关系，有利于促使各国加强经济合作，有利于国际经济环境的改善。因此，国际资本流动可以促进国际贸易和技术转移，使各国获得比较利益。

第三，可以使国际货币余缺得到调节，可以使国际金融市场和国际金融工具得到长足发展，可以加速区域经济一体化和经济全球化的发展。

（2）对世界经济的消极影响。

第一，会导致有关国家、地区或世界金融市场的不稳定。资本自由流动和资本市场的开放，为国际游资和投机者提供了更多的更方便的投机机会与条件，也使整个国际金融领域始终潜伏着巨大的风险。国际投机者的出现可能会给资本市场定价的效率带来一些冲突。错误的标价可能导致资本错误地分配到生产效率相对较差的企业和行业，后续的外国投资者的决策继续受到扭曲，市场上的各种价格信号失真，特别是股票价格会因为外国投资者的到来而发生扭曲，进而波动。国际投机资本往往利用这些波动以投资基金为工具进攻一国的证券市场和外汇市场，从而造成一国金融市场的混乱，影响整个国际金融领域的稳定。

第二，会造成各国贫富差别日益严重。不同国家经济发展水平不一样，国际竞争力不同，资本和金融账户的开放将不可避免地导致那些竞争力差的国家国内储蓄外流，它们要想获得经济发展所需的资金，必然要比发达国家付出更大的代价。如果这种情况持续存在，最终的结果将是不同国家之间的经济发展出现两极分化，发达国家有可能控制不发达国家的经济命脉。

综上所述，国际资本流动对资本流入国和资本流出国的经济发展、对世界经济的发展都有着正面和负面两种不同的影响。国际资本流动对世界经济究竟是促进还是促退，经济学家们一直存有争议。显然，国际资本流动是一柄双刃剑。总体来看，国际资本流动对一国和世界经济的影响是积极大于消极。而且，资本在国际自由流动是市场经济和国际贸易发展的内在要求和必然结果，不以人们的认识和哪个国家的意志为转移。一国能否利用国际资本流动造福于本国经济和世界经济，关键要看能否驾驭住国际资本流动，趋利避害，有效防范国际资本流动带来的风险。

第二节　国际资本流动的管理

对国际资本流动所应采取的政策管理措施，取决于国际资本流动的构成（是长期资本还是短期资本）、各种政策工具的有效性与灵活性，以及本国国内金融市场的特点。对大多数国家来说，可供选择的政策措施主要有货币政策、汇率政策以及资本管制。

一、利用货币政策进行管理

通过上一节分析国际资本流动对资本流入国的消极影响可知，由于大量的国际资本流入容易导致货币危机、引发债务危机等一系列的经济问题，一国货币当局往往要采取中和操作来减轻这种影响。一般来说，中央银行进行中和操作的手段包括改变存款准备金率、公开市场操作、改变中央银行再贴现利率、提前收回对国内商业银行的贷款等。

（一）改变存款准备金率

提高存款准备金率，可以降低货币乘数，从而减轻国际资本流入对国内信贷扩张的压力。要提高存款准备金率，一种方法是简单地提高所有国内存款货币的准备金率；另一种方法是提高边际准备金率。有的国家对商业银行新接手的外币存款新提出或增加存款准备金要求。

在有些国家，面对巨额资本流入，货币当局不是提高准备金，相反却降低存款准备金，其意图是通过降低存款准备金，降低国内的市场利率，使流入国内的资本无利可图，从而减少资本流入。

采用存款准备金手段调节资本流入的措施也有不利的方面：其一，存款准备金实质上相当于对银行系统征收的一种税，银行很可能把它转嫁给顾客；其二，提高存款准备金往往导致国内市场利率上升，这将进一步刺激资本流入；其三，存款准备金措施对于控制由非银行金融机构和资本市场作为中介的资本流入是无效的，相反，存款准备金的提高使得银行系统相对于非银行金融系统处于不利的竞争地位，如果这种情况长期存在，会削弱银行的金融中介作用。

（二）公开市场操作

一国中央银行公开市场操作可分为两个层次：一是在外汇市场上的操作；二是在国内证券市场上的操作。前者主要是减轻外资流入对本币升值的压力，后者主要是通过影响国内市场利率，减少短期资本的流入。在外汇市场上的公开市场操作，主要是通过买入外汇、卖出本币来实现。国际资本流入本国，必然增加对本币的需求，从而导致本币升值的压力，为减轻这种压力，中央银行可以在外汇市场上卖出本币，平衡对本币的需求状况。在国内市场上的公开市场操作往往通过中央银行卖出政府债券来实现。由于国际资本流入的相当部分会形成中央银行的外汇储备，新增的外汇储备会形成中央银行新的流动性，只有消除这种多余的流动性，才不致让新增外汇储备成为国内信贷膨胀的压力，消除的有效方法就是在公开市场操作中卖出政府债券。

（三）其他中和政策措施

在国际资本大量流入时，一国政府可以要求将政府部门及国有企业等公共部门的存款存入中央银行，以此协助中和干预。从效果上看，这种存款从商业银行向中央银行的转移与公开市场操作类似，都减少了市场中的流动性。这种操作有以下优点：第一，这种操作的成本较低。对于公共部门的存款，中央银行可以不付息或者支付低于市场利率的利息。第二，这种操作不会提高短期利率。相应地这种操作也有缺点：第一，要求公共部门的存款存入中央银行，会导致银行体系大量的变动，这将使银行无法管理其现金头寸，其结果往往使银行丧失了流动性；第二，要求某些准公共存款存入中央银行，其中私人部分的投资者将承担一部分损失；第三，在发展中国家，公共存款的数量往往极其有限，这一操作的效果自然十分有限。

中央银行也可以通过提前收回对商业银行的贷款来进行货币中和。其政策效果也是减少市场中的流动性，从而防止国际资本流入造成国内信贷的扩张。这种方法的弊端也是明显的，它会打乱商业银行的原有部署，造成商业银行资金运用的混乱和紧张。

二、利用汇率政策进行管理

由于大量的资本流入往往造成货币的实际汇率升值，如果名义汇率维持不变，会给货币当局带来较大的市场压力。汇率政策的作用就是让名义汇率实现某种变动，减轻资本流入对货币当局的压力。

一般而言，允许名义汇率上升有三方面的好处：一是使货币供给、国内信贷以及国内银行体系免受资本流入的影响；二是通过汇率变动对国内价格产生影响，有助于降低国内通货膨胀率；三是允许汇率波动带来一定的不确定性，可以较好地阻止某些短期国际投机资本的流入。

汇率政策的实施可以采取实行浮动汇率制度、让货币法定升值、采取较灵活的汇率制度三种形式。

如果实行浮动汇率制度，让汇率适应资本流入而作出变化将由市场自动完成，不需要任何专门的政策措施。但是，纯粹的浮动汇率制度下，大量的资本流入可能带来国内名义的和实际的通货膨胀率急剧上升，这种上升会对一国的出口部门造成相当大的打击，最终有损于一国的经济发展战略。此外，纯粹的浮动汇率制度容易造成外汇市场的不稳定，从而加大外汇风险，给国民经济发展带来不利的影响。

对于实行固定汇率制度的国家，法定升值措施往往是在货币政策中和之后。如果货币中和政策能够起作用，一国货币当局往往不愿意采用货币法定升值的措施。作为一种不得已的政策措施，在大多数发展中国家，货币法定升值并不多见。

比较而言，采取相对灵活的汇率制度可能更有效，也更多见。在资本流入增加的阶段，一国货币当局可以放宽汇率变动的幅度，设定更宽的货币变动区间，在此区间内的汇率变动，货币当局不加干涉。设定一个货币浮动区间，也有利于市场形成有利于中央银行的预期，从而间接地调整国际资本的流向。由于在放宽汇率变动幅度的条件下，汇率的波动所受限制仍较大，因此，对于国际投机资本而言，这一政策措施的效果是有限的。

三、利用资本管制政策进行管理

除了汇率、利率政策，管理国际资本流动的政策选择还有资本管制。一个国家是允许资本自由流动，还是实行资本管制，取决于开放资本账户的成本收益比较。资本管制的目的有两个：一是调节流动，防范危机；二是保持货币政策的独立性。资本管制分为流入管制和流出管制两类。

（一）对资本流入的管制

对资本流入的管制包括禁止某些交易、规定资本停留的最低期限、无补偿的准备金要求、托宾税等。著名经济学家詹姆斯·托宾倡导的对外币兑换进行征税的建议受到了广泛的关注，因此，对外汇交易所征收的税被称为托宾税。对资本流入征税，将会有效抑制短期资本的流入，而对长期资本的流入所起的作用不大。因此，在确定是否征税之前，有必要对长期与短期资本做一定的区别。

目前，大多数发展中国家政府的政策都致力于促进长期资本流入，抑制短期资本流入。这样做的原因主要是长期资本将在国内停留相当长的一段时间，其突然逆转的可能性比较小，对一国金融市场的冲击相对较小。对于短期资本的流入，各国之所以采取抑制的措施有两方面的原因：一方面是因为短期资本流入具有潜在的逆转性，容易造成金融市场的动荡；另一方面是因为短期资本的流入往往直接增加银行的短期存款，对于这些短期资金来源，国内银行的运用往往使相当一部分资金流入证券市场和房地产市场进行炒作，容易刺激经济泡沫，造成经济繁荣的假象。

由于托宾税的征收涉及不同国家之间进行的外汇交易，所以，想要取得普遍较好的效果，需要在税收政策、税收征收以及税款分配方面进行国际协调。托宾税的设想是，对所有与货币兑换有关的国内证券和外汇市场交易征收一种税率统一的国际税。因此，想要有效地征税，必须达成国际协议，否则，金融交易的流动性会方便逃避托宾税。对托宾税的负面评价有两点：第一，托宾税会降低市场效率。由于托宾税会增加交易的成本，因此投资者会持有金融资产而不想进行交易，这样给市场带来效率上的成本。第二，如果托宾税只针对特定资产，则会使投资转向未征税的资产，从而使现有的税收体系发生扭曲。

对于开征托宾税引起的投资方向转移的问题，如果这种转移正是政府所希望看到的，也就达到了目的。事实上，很多国家的政府都是通过税收来调节资源的分配。

（二）对资本外流的管制

对资本外流的管制包括严格限制非居民持有本币、抑制离岸金融市场、限制居民的资本转移和非居民的短期资本汇出、对银行与非居民的某些交易实行无息存款政策，等等。美联储专家认为，资本管制的成效需要一定的条件，这些条件是：较低的人均收入，中央银行独立性较差，税收体系不太有效，实行固定汇率制度，经常账户有逆差，国际利率较低等。关于资本管制是否有效的问题，尚有争议。从个别国家的实践情况看，在短期上有一定效果，但长期效果尚不明朗。

上述三种国际资本流动管理的政策往往都是结合使用的。因为，不同的政策有不同的特点和作用，组合政策会比单一的政策措施效果更加明显。

第三节　国际资本流动下的国际金融危机

一、金融危机与国际资本流动

（一）金融危机的含义及特点

根据《新帕尔格雷夫经济学大辞典》中的定义，金融危机是指一个国家或几个国家与地区的全部或大部分金融指标，如短期利率、资产价格（包括证券、房地产、土地）、商业破产数和金融机构倒闭数，急剧、短暂和超周期的恶化。金融危机的特征是人们基于对经济发展的悲观预期，区域内出现整体性的货币大幅度贬值，经济总量与经济规模出现较大损失，经济增长受到打击，并且企业大量倒闭，失业率提高，社会出现普遍的经济萧条，有时甚至伴随着社会动荡或国家政治局面动荡。成思危（1999）认为，金融危机是指利率、汇率、股价等金融指标全部或大部突然而急剧地恶化的现象，这时人们纷纷抛售其实际资产并变现其虚拟资本，导致经济及社会的动荡。

一般地，金融危机分为货币危机、银行危机、系统性金融危机以及债务危机。在1998年的《世界经济展望》中，国际货币基金组织给出了四种类型危机的定义：

（1）货币危机是指当一国货币的交换价值受到攻击，该国货币出现大幅度贬值，迫使该国当局为捍卫本币动用大量国际储备或迅速提高利率从而引发的危机。

（2）银行危机是指真实的或潜在的银行挤兑或者破产引发银行纷纷中止国内债务的清偿，或迫使政府提供大规模援助与干预以阻止上述情况的发展。银行危机极易扩散到整个金融体系。

（3）系统性金融危机是通过削弱市场功能的有效性对金融市场造成潜在的严重破坏，对真实经济体产生严重的不良后果。系统性金融危机必然包含货币危机，但是货币危机不一定会发展成系统性金融危机。

（4）债务危机是指国家无力偿还国外债务（主权债务或私人债务）而导致的危机。近年来发生的金融危机越来越呈现出混合形式危机的特点。

知识拓展

债务危机是指债务国不再具备还本付息的能力。国际上对债务国偿债能力的衡量指标有很多，常用的有以下几种：

（1）债务率。债务率即一国当年外债余额占当年贸易和非贸易收入的比率。公式表示如下：

$$债务率=\frac{当年外债余额}{当年贸易和非贸易收入}\times100\%$$

国际上公认的债务率参考数值为100%，即如果债务率超过100%，说明债务负担过重。但这也不是绝对的，因为即使一国外债余额过大，如果长期债务和短期债务期限分布合理，当年的还本付息额也可保持在适当的水平。

（2）负债率。负债率即一国当年外债余额占当年国民生产总值的比率，这是衡量一国对外债的依赖程度，或一国总体的债务风险的参考指标，也是衡量一国负债能力和风险的主要参考指标。公式表示如下：

$$负债率=\frac{当年外债余额}{当年国民生产总值}\times100\%$$

负债率超过20%，就表示有可能对外资过分依赖，当金融市场或国内经济发生动荡时，容易出现偿债困难。

（3）偿债率。偿债率即一国当年还本付息额占当年贸易和非贸易外汇收入的比率。这是衡量一国还款能力的主要参考指标。公式表示如下：

$$偿债率=\frac{当年还本付息额}{当年贸易和非贸易外汇收入}\times100\%$$

偿债率超过20%就有发生偿债危机的可能性。当然这一限度只能作为参考，超过这一警戒线并不一定就会发生债务危机，因为一国的偿债能力还取决于所借外债的种类、期限和出口贸易增长速度等重要因素，尤其取决于一国的总体经济实力。

（4）短期债务比率。短期债务比率即当年外债余额中1年及1年以下期限短期债务所占比重。公式表示如下：

$$短期债务比率=\frac{1年及1年以下短期债务}{当期债务余额}\times100\%$$

这是衡量一国外债期限结构是否安全合理的指标。它对某一年债务还本付息额影响较大，国际上公认的参考安全线为25%以下。

（二）国际资本流动引发金融危机的过程

金融危机总是和国际资本流动紧密联系在一起。国际资本流动与金融危机的关系通常可以分为以下三个阶段：

1. 初始阶段

国际资本大规模流入。金融危机爆发前，许多国家都有巨额外资流入的过程。外资的短期内大量流入，打破了原来的资本平衡。在一些国家，由于外债管理不严，所以外债的总量和结构没有得到很好的控制，债务水平过高，短期资本比例过大，并且短期资本用于长期放款。一旦内部经济基本因素恶化，外来冲击加剧，来自国内部门短期债务的偿付需求就会打破外汇市场供求均衡局面。

2. 发展阶段

巨额资本流入导致内外经济失衡。巨额资本流入一国市场后，刺激了经济的增长，资本随之大幅增值，示范效应吸引更多的资本流入。而相对于资本流入的规模，一些国家市场容量显得狭小，巨额外资流入后，只能大量流向房地产等非生产和贸易部门，形成泡沫经济。

3. 爆发阶段

资本流动倒转导致货币危机爆发。历史证明，如果不能有效地使用大量流入的资本，就会导致整个借贷活动的崩溃。没有有效地利用外债，是 20 世纪 80 年代债务危机的重要原因，也是东南亚金融危机的导火线。另外，有时在借款人的投资回报无法支付债务利息的情况下，贷款人仍旧不断地予以贷款，这对危机的发生具有一定的促进作用。在市场恐慌情绪逐渐积累并达到危机爆发点以后，投机资本对该货币汇率发动攻击，投资者开始抛售本币，资本流动出现倒转，本币急剧贬值，货币危机爆发。

二、三次金融危机

(一) 亚洲金融危机

第二次世界大战后的布雷顿森林体系时期，国际私人资本日益强大，国际游资对货币的投机性冲击力度越来越强，并且屡屡得手，这一时期比较典型的是 1967 年年末的英镑危机、1969 年 8 月的法国法郎危机以及 1971—1973 年的美元危机。如果说布雷顿森林体系崩溃的根本原因是体系内在的缺陷，那么体系崩溃的直接诱因则是国际短期游资对基准货币美元的投机性冲击。

布雷顿森林体系崩溃后，在世界范围内掀起了放松管制、强化市场机制、推动经济自由化和金融深化的浪潮。相应地，国际金融市场日益自由化和全球化，加之现代化通信手段和计算机网络技术的应用，金融衍生工具和交易手段层出不穷，国际资本流动更得到了空前的发展。在投机性冲击频频发生的情况下，20 世纪 90 年代国际金融领域发生了影响范围广、程度深的金融危机，其中比较典型的就是亚洲金融危机。

1997 年东南亚"四小虎"（泰国、马来西亚、印度尼西亚、菲律宾）和东亚"四小龙"中的韩国都发生了较为严重的金融危机，新加坡、中国台湾和中国香港以及日本也受到金融危机不同程度的打击。在 20 世纪 80 年代和 90 年代初，东南亚各国加快金融自由化的步伐，形成快速的经济增长，被称为"东南亚奇迹"。但进入 90 年代中期以后，劳动力成本上升使产品的国际竞争力有所下降，一些国家出现经常账户逆差。由于不能及时地实现产业结构升级，提高产品竞争力，继续涌入的外部资金及国内投资普遍形成泡沫经济和房地产投资过热。

以泰国为例，1996 年年末，其外债余额已达 900 亿美元，其中短期外债高达 400 亿美元，超过当时的外汇储备水平。另外，由于投资过热，特别是房地产投资过度，1997年年初，泰国金融机构的坏账已超过300亿美元。于是公众及外国投资者对泰国的经济状况和金融秩序开始担忧，货币贬值的预期不断集聚。国际投机者也不断积蓄能量，准备大规模的投机性冲击。1997年2月，以索罗斯为首的国际对冲基金开始接连地对泰铢发动攻击；从4月下旬开始，对冲基金大量抛售泰铢，买入美元，并引起投资者的跟风。泰国中央银行不惜血本入市干预，经过反复较量，拥有200多亿美元外汇储备的泰国中央银行终感力不从心。7月2日，泰国宣布泰铢和美元脱钩，实行浮动汇率制度，放弃了自1984年以来实行了13年的固定汇率制度，泰铢即开始大幅度贬值，兑美元的汇率当即下跌了20%。国际炒家冲击泰铢的手法是"以本币打击本币"，先在资金市场上借钱，然后在现货市场大肆抛售，并引起其他投资者的跟风；中央银行进行干预，动用外汇储备，买入本币，同时提高本币利率，增加投机资金的成本。但提高利率会对该国股市产生较大的负面影响，一旦中央银行抵挡不住本币贬值的压力而宣布本币贬值，国际炒家在不影响本币贬值趋势的前提下伺机分阶段买入本币，就能从汇率差中赚取巨额投机利润。泰国的金融危机迅速波及周边的菲律宾、马来西亚、印度尼西亚，连曾被国际评级机构誉为最能防御外来冲击的新加坡货币也未能幸免，在3个月内贬值13%。10月以后，危机扩散到韩国，韩元对美元大幅度贬值，同时韩国经济也陷入深度经济危机。

（二）次贷危机

2007年，美国次级抵押贷款市场爆出空前的危机。随后，这股从美国刮起的"金融飓风"迅速袭遍全球，演变成为世界性的金融危机，在国际范围内引发了剧烈的动荡，给国际金融市场带来了巨大的冲击。随着房利美、房地美被美国政府接管及雷曼兄弟破产，国际金融市场再次迎来了惊心动魄的时刻。尽管各国政府采取了大规模的救市行动，但各国的金融体系仍然面临着巨大的威胁。

美国抵押贷款市场的"次级"及"优惠级"是以借款人的信用条件作为划分界限的。根据信用高低，放贷机构对借款人区别对待，从而形成了两个层次的市场。信用度低的人申请不到优惠级抵押贷款，只能在次级市场寻求贷款。两个层次的市场服务对象均为贷款购房者，但次级市场的贷款利率通常比优惠级抵押贷款高2~3个百分点。

次级抵押贷款是指一些贷款机构向信用程度较差和收入不高的借款人提供的贷款。次级抵押贷款具有良好的市场前景。由于它给那些受到歧视或者不符合抵押贷款市场标准的借款者提供按揭服务，所以在少数族裔高度集中和经济不发达的地区很受欢迎。

对放贷机构来说，次级抵押贷款是一项高回报业务，但由于次级抵押贷款对借款人的信用要求较优惠级抵押贷款低，借款人信用记录较差，因此次级房贷机构面临的风险也更大。对借款人个人而言，违约会使其再融资难度加大，丧失抵押品的赎回权，以及无法享有房价上涨的收益。而且，任何一个借款人的违约对借款人所居住地区也有不良影响。据芝加哥的一项调研，一个街区如果出现一起违约止赎，则该街区独立式单一家庭住房平均价值将下跌10%，而一个地区如出现较为集中的违约现象，将会严重降低该地区的信用度。

美国次级抵押贷款客户的偿付保障不是建立在客户本身的还款能力基础上，而是建立在房价不断上涨的假设之上。在房市火爆的时候，银行可以借此获得高额利息收入而不必担心风险；如果房市低迷，利率上升，客户的负担将逐步加重，当这种负担到了极限时，大量违约客户出现，不再偿还贷款，造成坏账，此时次级债危机就产生了。自2005年四季度至 2007 年二季度，美国的住房市场出现低迷，新建房和存量房的销售量开始下降，房价也开始走低，次级抵押贷款危机成为影响美国及全球金融市场的导火索。次级抵押贷款的基本特征可归纳为：

（1）次级抵押贷款的借款人信用记录比较差，信用评级得分比较低。美国的信用评级公司（FICO）将个人信用评级分为五等：优（750～850 分）、良（660～749 分）、一般（620～659 分）、差（350～619 分）、不确定（350 分以下）。次级抵押贷款的借款人信用评分多在 620 分以下，除非个人可支付高比例的首付款，否则根本不符合常规抵押贷款的借贷条件。

（2）贷款房产价值比和月供收入比较高。美国的常规抵押贷款与房产价值比（LTV）多为 80%，借款人月还贷额与收入之比在 30% 左右。而次级抵押贷款的 LTV 平均在 84%，有的超过 90%，甚至高达 100%，这意味着借款人的首付款不足 20%，甚至是零首付，那么，在没有任何个人自有资金投入的情况下，银行就失去了借款人与银行共担风险的基本保障，其潜在的道德风险是显而易见的。借款人还贷额与收入比过高，意味着借款人收入微薄，还贷后可支付收入有限，其抗风险的能力也比较弱。

（3）少数族裔占比高，贷款多为可调利率，无收入证明文件或只支付利息。美国抵押贷款银行协会的调查表明：37.8% 次级抵押贷款借款人是拉丁美洲移民，53% 是非裔美国人。这些少数族裔居民基本没有信用史料，也无收入证明文件。次级抵押贷款 90% 左右是可调整利率抵押贷款；30% 左右是每月只付利息，最后一次性支付的大额抵押贷款或重新融资。这类抵押贷款开始还贷款负担较轻、很诱人，但积累债务负担较重，特别是当利率走高、房价下跌时，重新融资只能加剧还贷负担。

（4）拖欠率和取消抵押赎回权比率较高。由于次级抵押贷款的信用风险比较大，违约风险是优惠级住房抵押贷款的 7 倍，因此，次级抵押贷款的利率比优惠级住房抵押贷款高 350 个基点。由于次级抵押贷款多为可调整利率，当贷款利率不断下调时，可以减轻借款人的还贷负担。但是当贷款利率不断向上调时，借款人债务负担随着利率上调而加重，导致拖欠和取得抵押赎回权的风险加剧。2007 年，次级抵押贷款的拖欠率（拖欠 30 天）和取消抵押赎回权比率分别高达 13.33% 和 4%，远远高于优惠级住房抵押贷款 2.57% 的拖欠率和 0.5% 的取消抵押赎回权比率。

次贷危机之所以产生，其原因在于：

首先，次贷危机始于美国房地产市场。"9·11"事件后，在宽松货币政策、积极减税政策的刺激下，美国的住房消费需求迅速增长，而全球流动性过剩亦使得房贷市场供大于求，消费者和金融机构的风险偏好普遍增强，房屋抵押贷款快速增长，并推动了房价迅猛上涨。但随着美联储货币政策紧缩和油价不断上涨，美国经济复苏放缓和居民收入增速下降，消费者还贷压力不断加大，违约风险开始集中暴露，房价也开始下跌。

具体来看，在美国已实施证券化的次级抵押贷款中，大部分属于可调整利率抵押贷款，而从 2004 年 6 月到 2006 年 6 月，美联储连续 17 次上调联邦基金利率，基准利率从 1% 上调至 5.25%。因此，基准利率上调导致次级抵押贷款借款人的还款压力不断上升。在房地产价格不断上升的背景下，如果次级抵押贷款借款人不能还款，那么他们可以申请房屋重新贷款，用新申请贷款来偿还旧债。如果房地产价格上涨显著，则借款人在利用新债偿还旧债之后还可以获得部分现金以作他用。然而，如果房地产价格持续下降，即使借款人申请房屋重新贷款，也不能完全避免旧债的违约。如果房地产价值下跌到低于未偿还抵押贷款合同金额的水平，很多借款人就干脆直接违约，让贷款机构收回抵押房产。而一旦次级抵押贷款的整体违约率上升，就会导致次级抵押贷款支持证券的违约风险相应上升，这些证券的信用评级将被独立评级机构显著调低，市场价格大幅缩水。在总额约 1.4 万亿美元的次级抵押贷款支持证券中，投资银行、商业银行和对冲基金大约持有其中的56%，价值约 7 830 亿美元。次级抵押贷款的违约率上升将导致上述机构持有的次级抵押贷款支持证券的市场价值大幅缩水。

其次，美国的商业银行投资了大量的次级抵押贷款支持证券。次贷危机的爆发造成次级抵押贷款支持证券的市场价值下跌，给实施以市定价会计记账方法的商业银行造成了巨额的资产减记与账面亏损。截至 2008 年 4 月，在跨国金融机构的资产减记规模前 10 位中，有 9 位均为商业银行和投资银行。其中资产减记规模最大的前 3 位分别为花旗集团、瑞银和美林，资产减记规模分别为 391 亿美元、377 亿美元和 291 亿美元。由于次贷危机造成商业银行的资本金发生亏损，在不引入新增股权投资的前提下，为满足自有资本充足率规定，商业银行不得不降低风险资产在资产组合中的比重，这也会导致商业银行的借贷行为。换句话说，资产价格下跌导致信贷市场出现持续紧缩，这表明危机从资本市场再度传导至信贷市场。

最后，在经济全球化与金融自由化日益加深的背景下，次贷危机也迅速从美国金融市场传导至全球金融市场，从美国实体经济传导至全球实体经济。主要渠道包括：第一，美国经济减速将导致美国进口需求下降，美联储降息导致美元相对于主要货币大幅贬值，从而将对贸易伙伴国的出口行业构成冲击。美国经济下滑一方面将直接减少美国本国的进口，另一方面将通过影响全球其他国家的宏观经济增长而影响到其他国家的进口。对中国等出口导向的新兴市场经济体而言，其宏观经济增长也将受到显著拖累。第二，次贷危机造成全球短期资本流动的波动性加剧。2008 年上半年，新兴市场国家股市与美国股市同步下跌，很大程度上是由跨国金融机构在全球范围内降低风险资产比重的调整行为所致。美国政府应对危机的宽松货币政策加剧了全球流动性过剩的格局，从而导致流入新兴市场国家的热钱从 2008 年下半年起急剧增长，从而吹大这些国家的资产价格泡沫。而最终热钱的突然撤出则可能刺破资产价格泡沫，导致下一轮金融危机的爆发。第三，美联储持续降息造成美元大幅贬值，推动了全球能源和初级产品价格大幅上涨，为其他国家注入了通货膨胀压力。在经济增速放缓的前提下，导致全球经济陷入滞胀困局的可能性增加。第四，美元大幅贬值造成其他国家持有的外汇储备资产的国际购买力显著缩水，这减轻了美国的对外债务负担，但造成了其他国家的国民财富损失。

（三）欧洲债务危机

2009 年 10 月 20 日，希腊政府宣布当年财政赤字占国内生产总值的比例将超过 12%，远高于欧盟设定的 3% 上限。惠誉、标准普尔和穆迪等信用评级机构随之下调了希腊政府的主权信用评级。2010 年 4 月，标准普尔将希腊主权信用评级进一步下调至无法融资的垃圾级别，欧洲主权债务危机率先在希腊爆发。此后，葡萄牙、西班牙、爱尔兰、意大利等国接连曝出财政问题，德国与法国等欧元区主要国家也受拖累。

1. 欧洲债务危机爆发的内因

（1）经济增长低迷导致财政收入增长有限。欧盟 2008—2013 年经济增长一直不尽如人意。危机爆发前的 2008 年和 2009 年，希腊、意大利、葡萄牙、爱尔兰和卢森堡欧洲五国的经济增长大都是负值。从经济学的角度来说，当一国经济出现衰退时，需要政府实行扩张性财政政策使经济走出衰退。而政府持续增加财政支出必然会加重政府负债，进而引发人们对债务国偿债能力的质疑。当巨额的政府预算赤字不能用新发债务的方式弥补时，债务危机就会不可避免地爆发。

（2）欧盟统一的货币制度设计存在缺陷。欧洲中央银行体系的建立及欧元的诞生，使得欧元区的货币政策统一由欧洲中央银行制定，欧元区各国央行丧失了独立制定货币政策的权力，而财政政策的决策权仍掌握在各国手中。这种财政、货币政策的二元结构安排，一方面容易导致各成员国财政、货币政策的冲突和错配，另一方面导致各国在遭受外来冲击时，由于无法调整货币政策，只能更加倚重财政政策，从而造成巨额赤字和债务负担。

（3）产业结构不合理。为了保护本国环境和提高本国竞争力，欧洲国家纷纷把产业外移，导致本国产业空心化。像这次危机严重的五国，它们的发展主要依靠劳动密集型制造业出口和旅游业。以旅游业和航运业为支柱产业的希腊经济难以抵御危机的冲击。以出口加工制造业和房地产业拉动经济的意大利在危机面前显得力不从心。意大利经济结构的最大特点是以出口加工为主的中小企业创造国内生产总值的 70%。依靠房地产和建筑业投资拉动的西班牙和爱尔兰经济本身就存在致命缺陷。工业基础薄弱，而主要依靠服务业推动经济发展的葡萄牙经济基础比较脆弱。

（4）各成员国之间的经济竞争力差异拉大。经过多年的扩张，当时欧盟共有成员国27 个，但各成员国都有自己的政治经济利益，且经济结构、发展程度存在很大差异。在欧盟内部，德国拥有近 2 000 亿美元的贸易盈余，而欧盟其他国家合计负担了约 2 000 亿美元的贸易赤字，德国的生产率增长远快于意大利、西班牙和法国，并且对工资增长设置了限制。在这两个因素作用下，自欧元启动以来，德国贸易部门劳动力成本增速一直低于其他国家。贸易逆差国的一些经济学家和官员认为，德国应当采取扩张政策，扩大对它们产品的需求，同时允许工资加快增长以削弱其贸易优势。而德国官员和欧洲央行则认为，贸易逆差国需要实行"内部贬值"，即削减工资、降低物价，以提高本国产品的竞争力。这种利益博弈使危机发生国得不到及时、有效的援助，导致危机扩散。

2. 欧洲债务危机爆发的外部原因

（1）金融危机中政府加杠杆化使债务负担加重。受金融危机的冲击，各国政府为了维持经济增长，纷纷推出刺激经济增长的宽松政策，但这也加大了各国政府的财政压力。例如，高福利、低盈余的希腊就无法通过公共财政盈余来支撑过度的举债消费。而全球金融危机推动私人企业去杠杆化、政府增加杠杆。希腊政府的财政原本处于一种弱平衡的境地，由于国际宏观经济的冲击，恶化了其国家集群产业的盈利能力，公共财政现金流呈现出趋于枯竭的恶性循环，债务负担成为不能承受之重。

（2）高福利国家的福利陷阱以及欧洲地区的老龄化促使了危机的发生。欧元区国家属于福利资本主义国家，在面对国家经济不景气、社会压力大的情况下，欧洲公众却不愿改变高消费、高福利的格局。个别成员国不顾本国财政情况，一味寻求与发达国家同样的高福利。2010 年，希腊社会福利支出占 GDP 的比重为 20.6%，在政府总支出中的占比更是高达 41.6%。同时从 20 世纪末开始，欧洲大多数国家人口结构步入快速老龄化，这也使得欧洲的社会负担越来越重。经济差异化、福利趋同化、整体社会负担趋重化等矛盾愈发突出，各类危机也持续出现。

（3）评级机构不再受西方国家约束，评级机构根据各国实际情况正确调整国家主权评级。全球三大评级机构不断下调债务危机国家的主权评级。2012年年初，标准普尔已经将希腊主权评级从2009年年底的A–下调到了"选择性违约"级，惠誉与穆迪也均将其评级调至评价系统的最低级。标准普尔同时下调了欧洲9国的主权信用评级，其中西班牙、意大利和葡萄牙直降两级，法国也从AAA级被降至AA+级。主权评级被下调使危机国家借入资金的利率变得相当高，也可成为危机向深度发展的直接原因。

3. 欧洲债务危机的解决方案

欧债危机如何解决是学界热议的话题，很多学者对此提出了自己的看法。

（1）德国、欧洲央行和国际货币基金组织三方共同出资解决。为了真正平稳地度过此次危机，欧洲各国尤其是危机国，必须达到一定程度的经济增长。这涉及三方面的努力：首先，危机国必须进行有力改革，尤其要改善国内劳动力成本过高的情况；其次，德国等北欧国家需要采取新的经济扩张方式，例如它们应该增加进口意大利和希腊的商品和劳务，减少购买危机国家的债券。此外，欧洲央行需要再次降低再融资利率，并增加购买危机国的国债，使它们的债券收益率下降到可接受水平。

（2）债务重组。欧盟应大规模减记较小外围国家的债务，同时德国应对其他国家中央政府的债务予以担保，确保在西班牙、意大利等中央政府债务周围建立起一道坚实可信的防火墙。作为回报，德国应在欧盟内得到更大份额的财政权力。欧洲央行应推行扩张性货币政策，在保持汇率稳定的前提下推行适度通胀（比如4%~6%），并辅以配套结构性改革，包括对养老金和医疗保障基金等进行改革。

（3）实施积极的财政政策。政府的支出，特别是在教育、科技和基础设施上的投资能降低长期赤字。为了避免经济大萧条出现，加大政府开支确有必要。寄望于货币政策能够可靠抵消任何不利后果而出台紧缩措施，只能使当前经济形势更加恶化。原因在于：企业有可能并不会因低利率而增加投资，资金的可获得性和借款条款对大多数企业的投资决策产生更关键的影响，而这些变量并不由央行决定。

4. 欧债危机最新发展

对于欧债危机的未来走向一直是近年来学者们讨论的焦点，众多观点中不乏提供救助以延缓危机爆发、以希腊为主的危机国家退出欧元区，以及欧元区会着手建立有共同货币、统一财政机制的联邦制等的猜测。作为欧债危机主战场的希腊，其始于2010年的债务危机让欧洲不堪其扰，救助希腊的问题在欧盟内部已争论5年之久。其间，欧盟对希腊实行了两轮共计2 000多亿欧元的援助，但这非但没能带来希腊经济的复苏，相反其经济又萎缩了25%，债务也增长了50%。

2015年，希腊从年初的来自激进左翼联盟的齐普拉斯上台，到新政府与国际债权方展开的马拉松式谈判，再到7月5日擅自宣布公投，希腊事态的演进悬念迭起、一波三折。此次希腊债务危机的演变将欧盟深层次的问题暴露无遗：欧盟统一货币和独立财政之间的矛盾导致了经济失衡，尤其是在国际金融危机后，欧洲国家经济发展状况呈分化趋势，造成了集体决策的难度。解决希腊危机的根本出路是使其经济重新回归到增长轨道。

三、对我国的启示

在经济全球化、国际金融市场一体化的背景下，中国进行对外开放，必然也会受到世界经济贸易波动的影响，甚至有可能被卷入国际金融危机之中。我国应从过去典型的金融危机中汲取符合我国国情的有效经验教训，强化国家的风险抵御能力，实现我国经济稳定增长。其具体启示如下：

（一）建立完善的国家金融体系，实现经济的可持续发展

在亚洲金融危机中，遭受危机国家的金融体系都十分脆弱，企业部门的负债高昂，杠杆率极高，其中金融机构还存在着大量的不良资产。这些因素一方面会导致金融机构破产，另一方面会使投资者丧失信心。在资本自由流动机制下，国内将出现大量的资本外逃，并构成本币贬值压力。与此同时，当时东盟国家大多实行固定汇率制度，存在道德风险问题，造成了过度资本流入和泡沫经济滋生，加快了亚洲金融危机爆发。因此，我国要进一步完善国家金融体系，推进金融深化进程，解决金融体系发展过程中存在的结构性问题，一方面要逐步降低金融体系内的不良资产，防止银行危机和资本外逃；另一方面要制定合理的利率政策约束，提高金融体系抗风险能力，保证金融发展助力实体经济发展。

（二）金融发展要更好地服务于实体经济

一系列的金融危机都显示，国家发展过程中要处理好虚拟经济和实体经济的关系，只有实体经济才是国民经济持续增长和金融稳定的基础，金融业的过度扩张会危害国家安全，造成本末倒置。金融发展只是促进实体经济发展的一种手段，当金融经济和实体经济匹配良好时，金融经济将为实体经济发展提供更为广泛的融资管道，优化资源配置，转移市场运作风险，从而有效保障实体经济的发展。相反，如果没有强劲的实体经济发展作为支撑，金融经济只不过是虚拟的泡沫经济，最终必将破灭。

（三）金融监管与金融创新要协调发展

强化金融监管是保证金融市场稳定发展的重要前提，金融监管体制必须与经济金融的发展相适应。金融业始终处于金融风暴中心，在危机中受到最大冲击，加强金融监管也成为国际社会近年来各项改革的重中之重。虽然我国近年来未曾发生金融危机，但这也意味着我国应对危机的经验不足。而金融危机的爆发往往难以预料，因此，我国在加强金融监管的同时，还应重视对金融危机预警机制和危机应对机制的研究。

（四）扩大出口贸易对象，稳步调整其贸易结构，保持竞争力

各国经验均显示，出口导向型经济的国家易遭受金融危机冲击。我国也属于出口导向型经济体，面对竞争加剧的国际市场，我国需要根据收入水平变动导致的比较优势变动，稳步调整贸易结构。其中，欧洲债务危机使我国出口迅速下滑，暴露出我国对外贸易结构不合理。为了解决该问题，我国应积极寻求新的贸易对象，扩大贸易产品范围。

第四节　中国的国际资本流动管理

改革开放以来，中国在国际资本流动中扮演着重要的角色，中国国际资本流动格局呈现出若干鲜明的特点。这既反映了中国金融对外开放的进程和次序的安排，也反映了中国金融体系在全球体系中的地位变化过程。了解我国国际资本流动的特点及存在的问题，加强我国国际资本流动管理，将有利于我国经济的快速发展和进一步提高我国的国际金融地位。

一、中国国际资本流动状况

2022 年，我国经常账户顺差 4 175 亿美元，其中，货物贸易顺差 6 856 亿美元，服务贸易逆差 943 亿美元，初次收入逆差 1 942 亿美元，二次收入顺差 205 亿美元。资本和金融账户中，直接投资顺差 323 亿美元，储备资产增加 1 000 亿美元。国际收支平衡表初步数据显示，2022 年我国国际收支基本平衡。其中，经常账户顺差 4 175 亿美元，仅次于 2008 年的历史最高值，较 2021 年增长 32%，顺差规模与同期国内生产总值之比为 2.3%，继续处于合理均衡区间；直接投资延续净流入，跨境资本流动总体理性有序。

具体来看，货物贸易方面，数据显示，2022 年，我国货物贸易保持增长，国际收支口径的货物贸易顺差 6 856 亿美元，较 2021 年增长 22%，顺差规模创历史新高。其中，货物贸易出口 3.4 万亿美元，增长 5%；进口 2.7 万亿美元，增长 1%，进出口规模亦创历史新高。主要原因是我国具有完整的产业链供应链，在全球范围内具有良好的竞争力和优势，也说明了我国货物出口具有很强的韧性。

服务贸易方面，数据显示，2022 年，我国服务贸易逆差 943 亿美元，逆差规模较 2021 年下降 6%。其中，知识产权使用费逆差收窄 11%，电信计算机信息服务、其他商业服务呈现顺差且分别增长 66% 和 23%。这主要反映了我国货物和服务贸易深度融合及数字贸易加快发展，带动高技术服务贸易提档升级。此外，旅行逆差 1 076 亿美元，增长 14%，主要是赴境外留学等支出缓慢回升。

直接投资方面，2022 年，直接投资净流入 323 亿美元。其中，我国对外直接投资净流出 1 580 亿美元，企业"走出去"总体平稳有序；来华直接投资净流入 1 903 亿美元，继续保持高位，表明我国对于外商投资仍然具有良好的吸引力，这得益于我国在产业链供应链、全国统一大市场等方面的优势，同时我国经济前景长期向好，国内高水平开放、营商环境优化的效果持续显现。

2022 年，我国经常项目与直接投资顺差合计 4 498 亿美元，大于同期短期资本净流出规模，展现我国对外经济的韧性，促进了国际收支自主平衡。同时，我国外汇储备规模稳定在 3 万亿美元以上，继续发挥着国家经济金融安全的"稳定器"和"压舱石"作用。

二、中国国际资本流动的阶段性

受全球金融周期影响，以中国为代表的新兴经济体的资本流动受到严重冲击，表现为大进大出和"一波三折"的格局。尤其是 2008 年金融危机后，全球性因素对跨境资本流动的主导作用尤为明显。中国资本净流入与 VIX（波动率）指数的反向关系明显，如 2011 年一个低水平的 VIX 指数对应着一个高水平中国资本净流入。2016 年当 VIX 达到近 3 年的波峰时，中国资本净流入又处于区间的波谷。而 VIX 指数又与全球金融周期负相关，因而可以初步看出，中国资本流动与全球金融周期存在正向的关联性。尤其是次贷危机以来，中国资本流动波动性明显增强，与全球金融周期的正向关系也更加明晰。中国国际资本流动可以大致分为以下六个阶段：

（一）第一阶段：2003 年以前

2003 年以前全球金融周期处在收缩期，其间中国的跨境资本净流入受到冲击，降速明显。2000—2003 年受全球金融周期下行影响，中国资本与金融账户在 4 年间持续下降。非储备金融账户增量总体呈下降趋势，至 2003 年已连续 3 季度实现–21 亿美元、–51 亿美元与–215 亿美元的负增长。

（二）第二阶段：2003—2007 年

2003—2007 年全球金融周期大体呈现扩张趋势，中国跨境资本流入显著增加。中国非储备性质金融资产账户中资本流入持续增加，至 2007 年已达到近 5 年的巅峰，累计超过 2 024 亿美元。大幅度的资本涌入中国，与全球金融周期扩张、市场流动性充足、全球金融市场一片繁荣密切相关。

（三）第三阶段：2007—2011 年

受全球金融危机影响，该期间全球金融周期迅速转为收缩期，中国资本净流入增速明显放缓。中国资本净流入 2008 年相较 2007 年降幅高达 60%。虽然在中国积极的财政政策和适度宽松的货币政策下，中国的经济增长率远高于世界其他各国，但是受到全球金融周期的影响，高增长率依然无法吸引资本持续流入，2008—2011 年资本净流入增速连续 3 年断崖式下跌，跌幅高达 82%。2008 年第三季度达到了区间内最大降幅，与年初相比，降幅高达 93.7%，甚至第四季度发生资本流动方向逆转。

（四）第四阶段：2011—2016 年

随着核心国非常规货币政策的出台，国际金融市场逐渐复苏，全球金融周期呈现扩张趋势，带动资本流入中国。该时期内全球流动性增加，主要以直接投资与证券投资的形式涌入中国境内。其中 2011—2014 年尤为明显，连续 4 年累计共实现了直接投资渠道的 7 710 亿美元净流入与证券投资渠道的 2 027 亿美元净流入。2015 年后，受到美联储加息的影响，全球金融周期即将到达拐点，而在此阶段，中国实行"8·11"汇改导致人民币存在贬值趋势，资本存在外流压力，中国的资本与金融账户顺差时代也就此结束。

（五）第五阶段：2016—2020 年

该阶段为全球金融周期的收缩期，中国资本流入的高峰期也逐渐告一段落。该阶段中国的跨境资本净流入实现了由增到减的转变，2018 年以来尤为明显，2019 年中国全年跨境资本净流入骤降为 73 亿美元，仅仅为 2018 年 1 727 亿美元净流入的 4%。此外，2016—2020 年误差与遗漏项连续 5 年出现逆差，累计高达 8 998 亿美元，即年均近 1 800 亿美元的高额逆差。

虽然其间央行显著收紧跨境资本管制以应对人民币 2015 年"8·11"汇改后的资本外流情况，收获了 2017 年下半年非储备金融账户由逆转顺的局势，但是随后受到全球金融周期下行叠加中美贸易摩擦，情况很快再次逆转，而资本外流也导致了人民币贬值。2018 年全年人民币汇率快速下跌，跌幅超过了 5%，并于 2019 年 8 月首次跌破"7"的关口，汇率弹性的增加促进了利率市场化的进程，中国跨境资本流动也逐渐趋稳。

（六）第六阶段：2020 年至今

受到新冠疫情冲击，中国出现资本大规模外流的局面。然而随着核心国非常规货币政策的进入与全球金融周期的扩张，全球市场流动性增加，中国的资本外流局面得到极大程度的缓解。

伴随着全球金融周期扩张与流动性增加，2020 年第二、三季度，仅证券投资项就实现净资本流入共计 863 亿美元，这是 10 年内空前的高峰。从 2020 年第三季度起，资本外流连续 2 季度逐季递减 77 亿美元与 90 亿美元，这种态势持续保持，至 2021 年第三季度已扭转了资本外流局面，实现 418 亿美元的净流入，资本流动状况得到改善。

三、中国国际资本流动的特点

（一）资本流动规模不断扩大

2023 年上半年我国国际收支保持基本平衡。其中，经常账户顺差 1 468 亿美元，与同期国内生产总值之比为 1.7%，继续处于合理均衡区间，资本项下跨境资金流动总体趋稳。

（二）资本流动的形式多样化

开放初期资本流入的形式主要是对外借款，随着我国对外开放的不断深化，资本流入的形式已由过去的对外借款为主转变为外商直接投资为主。目前，资本流动的形式多样化，对外借款、直接投资、跨国并购、发行国际债券、我国企业在境外证券市场发行股票、境外投资等多种形式共同发展。

（三）基于实体经济的资本流入要远远高于金融资本流入

我国的国际资本流动既受国内外宏观经济环境的影响，也受我国资本项目开放进程及其安排的影响。改革开放后，我国资本项目开放遵循着先实体后金融、先流入后流出的顺序，所以，在较长的一段时期里，面临着资本和技术的双重短缺，我国寄希望于以市场换技术，国际资本流动主要以引进外国直接投为主，严格限制资本的流出。另外，由于我国金融市场不发达，证券市场深度非常不够、流动性较差，可投资的证券品种单一，国外金融资本并无投资于我国的需求。这决定了，在资本流入方面，我国在改革开放后的一段时间里，主要是直接投资的资本流入，基本上没有证券资本的流入。

（四）资本流入以私人资本为主，而资本输出以官方资本输出为主

在过去 40 多年里，大量发达经济体的私人资本涌向发展中国家追逐较高的收益率，而新兴及发展中国家的官方资本却大量地流向发达国家，减缓了货币中心国家国内经济失衡的不利后果，但得到的收益率极低。我国是国际资本逆向流动的典型代表，我国也同样有大规模国外私人资本流入，而我国对外资本输出中，证券投资、其他投资规模也尚小，这就使得我国长期保持资本与金融账户顺差的格局。

（五）国际资本流入来源多元化

改革开放后一定时期内我国资本来源的市场主要是亚洲，其中日元、港币等资金占有相当的比重，而来自西方国家的投资较少。20 世纪 80 年代后期以来，来自西方国家的投资越来越多，其中美元、欧元、英镑、加元、澳元等资金占的比重越来越大。2000 年以来，第三世界有不少国家开始对我国投资，规模不断扩大，项目不断增多。从总的情况看，来自亚洲的资本流入仍处于主导地位，但资本流入来源多元化的趋势日益明显。

（六）资本输出发展转快

我国境外投资从无到有，逐渐发展。党的十六大报告明确提出实施"走出去"战略，充分利用国外的资金、技术、资源、市场，实现与国内经济互补。2022 年，我国对外直接投资流量 1 631.2 亿美元，为全球第二位，连续 11 年位列全球前三，连续 7 年占全球份额

超过一成。2022 年年末，我国对外直接投资存量达 2.75 万亿美元，连续 6 年排名全球前三。

四、中国国际资本流动管理存在的问题

改革开放以来，我国实行积极的利用外资政策，主动促进国际资本流动，对国民经济发展起到了积极作用。然而，受发展水平和政策制约，我国资本流动的形式存在较大差异，直接投资结构发展不均衡，违规资本流动，特别是资本外逃现象层出不穷，国际资本流动的有效性低。面对新的国内外环境，我国在国际资本流动管理过程中也存在一些不容忽视的问题。

(一) 以市场换技术没有完全达到目的

引进先进技术和管理经验是我国吸收外商直接投资的主要目的之一，借以提高本国企业的技术水平和自主创新能力。但是，我国有相当一部分外资是劳动密集型的小型加工组装企业，技术含量较低。这限制了我国企业提高出口产品的附加值，不利于改善出口结构、提高产品在国际市场上的竞争力，从而制约了我国外贸出口发展的后劲；而且，不利于我国企业向跨国公司方向发展、积极参与国际分工、发展境外直接投资。

(二) 外商直接投资的产业结构不合理和地区结构不平衡问题

改革开放后，国家多次调整政策，引导鼓励外资投向国家急需的产业项目上，取得了很大成效，但是以目前的情况来看，外商直接投资的产业结构和地区结构仍不尽合理。

从产业结构看，外商直接投资偏重于第二产业，占 70% 以上，第一产业仅仅占 2% 左右，第三产业占 20% 左右。在第二产业中，劳动密集型和小型加工项目以及资金密集型和小型加工项目居多，资金密集性和技术密集性比重偏低。在第三产业中，房地产和保险业的外商投资发展较快，而运输、文教卫生等发展较慢。从地域结构看，外商直接投资主要分布于东部沿海经济发达地区，中西部地区起步较迟，利用外资增长缓慢。同时，投资于房地产的外资企业普遍存在外汇收支不平衡状况，这不利于我国保持国际收支经常项目的平衡。

(三) 吸引资本流入、利用外资的质量和效益不高

近年来一些地方、部门和企业一味追求利用外资的规模，而忽视质量和效益，甚至不计成本、不顾后果，造成国内资产流失现象严重。一是在合资合作企业中，中方资产流失，存在各种形式的资产被低估或无偿提供给合资企业的现象；外商投资进口高估，通过"高进低出"方式转移利润；采用虚亏实赢的手法，逃避税收。二是外资企业向境内合资企业私借外汇作为外方资本，骗取验资后，在设备作为投资品进口时，以贸易进口付汇为名抽逃资本。三是外资企业以外方利润汇出为名重复付汇，以转移投机获利资金或抽逃资本金。四是外资企业虚置资本金现象仍然存在。

(四) 资本流动结构不尽合理

在我国的国际资本流动中，证券融资比例低、规模小，不利于利用国际资本流动结构的改善。国际融资证券化趋势是当前国际资本流动的主流，从全球筹资结构来看，证券化比例很高。相反，在我国利用外资中，证券筹资比例很低且规模小，利用外资结构不平衡，这种状况与当今世界资本证券化、国际融资证券化趋势是极不相称的。

五、中国国际资本流动的新趋势

中国仍保持资本净输出国地位，但外商直接投资流入相对下降，金融资本流入相对上升。外商直接投资的流入将落后于中国对外直接投资的资本流出，中国对外直接投资与对外金融投资则将齐头并进，形成中国国际私人资本的净流出。

国外官方资本流入占比将逐渐升高，中国官方资本输出占比逐渐下降，私人资本输出相对上升；中国官方资本输出的形式、目标和目的正在发生重大变化。主动型资本流动将更加活跃、宽泛，被动型资本流动相当一部分将逐渐转化为主动型资本流动。中国国际资本流动格局的变化，表明中国金融体系正日益成为全球资本配置的场所，中国金融市场的全球影响力将逐渐上升，有利于进一步推进人民币国际化，从而改善国际货币体系的治理。

（一）国际资本净流动方向发生变化

中国已从资本净输入国转变成了资本净输出国，而且中国资本净输出国的地位仍将持续。

1. 人口结构变化将导致国际资本输出趋势

根据生命周期理论，人口结构的变化会对一国储蓄率产生重大影响，也会影响储蓄与实际利率，从而对国际资本流动产生影响。一个年轻人比重较大的国家，储蓄较低，而由于劳动人口增长趋势会有较大的投资需求，便会导致储蓄缺口。随着工作人口比重的上升，一国将享受"人口红利"，会拥有较高的储蓄而投资将变得平缓，这将导致经常账户顺差与资本账户逆差。人口老龄化初期，储蓄率仍然会相对较高，而投资下降得远比储蓄快，使得国内储蓄与资本过剩，并导致资本输出。但随着老年人口生产力的下降、消费率的上升，储蓄的下降最终会超过投资的下降，并导致国际资本流动趋势的逆转。中国经济享受的人口红利之一，就表现为国内储蓄率在不断攀升，不仅为投资驱动型的增长模式提供了充足的资本供给，而且还为中国对外输出资本创造了条件。中国人口老龄化正在来临，人们作出了储蓄率的长期趋势将下降的判断，但在人口老龄化的初期，储蓄率仍将维持高位。随着中国工业化进入中后期阶段，经济增长方式从投资驱动型向创新驱动型的转变，会使投资率将有所下降。这就决定了中国在未来较长时期内储蓄仍将大于投资，从而继续维持国际资本净输出国地位。

2. 人民币国际化需要资本输出

人民币国际化正从计价结算货币向储备货币过渡，人民币国际化要取得成功，就需要建立人民币的输出—回流的通道和机制。从理论上，输出储备货币可以通过贸易逆差或资本输出来实现。研究表明，货币国际化与资本国际化是相辅相成的，后者为前者提供内部支撑，前者则为后者提供外部便利，通过资本输出形成的国际分工地位，在很大程度上决定了本币的国际地位。因此，尽管中国国际资本流动新格局的净资本输出与过去的结果相同，但其与国际经济金融的影响是完全不同的。过去中国资本净输出是在以美元主导的国际货币体系中，中国资本向储备货币发行国的回流，处于"不成熟债权人"的地位，它维护了现时的国际货币金融秩序和治理机制。新格局下的中国资本净输出，则是为了更好地改革和完善国际货币金融的治理机制，是国际金融治理新机制中国方案的实践。

（二）国际资本流动结构及其流入和流出发生变化

直接投资的流入将落后于中国对外直接投资的资本流出，中国对外直接投资与对外金融投资则将齐头并进，形成中国国际私人资本的净流出。私人资本流动方向上的逆转，将首先表现在直接投资方面。根据投资发展周期论，一国对外净直接投资将经历五个阶段：第一阶段，外商直接投资与对外直接投资均很少；第二阶段，外商直接投资增加，但对外直接投资仍很少，对外净直接投资缺口增大；第三阶段，对外直接投资增速快于外商直接投资，但净投资仍为负；第四阶段，对外直接投资超过外商直接投资，这时经济发展达到较高水平；第五阶段，净对外直接投资虽仍为正，但绝对值开始下降。

总体来看，随着中国资本账户的开放，人民币在资本项目与金融项目下的可兑换性加强，中国内地资本市场日益成为全球资本配置的重要场所，境外对中国内地证券投资仍将保持较快地增长。但随着中国金融体系更深地融入全球体系，境内居民无论是基于汇率还是基于其他资产收益风险之间权衡，而进行的人民币与外币资产之间的"大类资产配置"需求都将不断增长。因此，未来基于金融投资的资本流入可能超过外商直接投资导致的资本流入，而中国对外直接投资与对外金融投资将呈齐头并进的局面。

（三）国际金融资本流动情况发生变化

外商直接投资流入相对下降，金融资本流入相对上升，中国金融市场日渐成为全球资本配置的重要场所。随着中国内地证券市场的发展，金融市场的深度不断强化，金融工具品种日渐丰富，境外对中国内地证券投资的需求不断增加。为了顺应国际资本、中国资本账户开放和市场化的要求，中国也开始逐渐放松对境外资本流入的证券投资。例如，2014年推出的沪港通和2016年推出的深港通等，都便利了境外资本对中国内地证券市场的投资。值得注意的是，虽然QFII规模相对于中国内地证券市场的市值仍然很少，但境外机构投资者对中国内地的证券投资需求在大幅上升。2015年以来，境外对中国内地证券投资也出现了大幅增加，证券投资在中国国际投资头寸表中负债方的占比也大幅提升。

（四）国际资本流动投资主体发生变化

国外官方资本流入占比大幅度升高，中国官方资本输出占比逐渐下降，私人资本输出的重要性上升；中国官方资本输出的形式、目标和目的正在发生重大变化。过去，中国的资本流入基本上是私人资本，除了政府援助类的官方资本，几乎没有国外官方的其他资本流入；与此相反，中国资本的输出则以官方资本为主，私人资本输出的占比则较少。这反映在国际投资头寸表中的官方投资，仅有中国持有的国外储备资产，而无国外对中国的储备资产。以储备形式存在的官方资本流出，是中国资本流出及由此形成的中国对外资产的主体。

过去在国外资本的流入中，官方资本占比很少，绝大部分是私人资本流入，但这一格局也发生明显的变化，现在官方资本流入占比大幅上升，私人资本流入占比下降。导致这一变化的基本因素，从中国的角度来看，主要源于人民币从计价货币向储备货币的提升，从国外角度来看，则是其他国家官方储备资产配置多样化的需求。2015年7月份，央行放开了境外央行、主权财富基金和国际金融组织在银行间市场投资于人民币债券的额度限制，这为国外官方资本配置人民币债券资产提供了极大的便利；同时，数年前，以挪威政府养老金为代表的主权财富基金就修改了其投资指南，提高了其资产组合中新兴经济体所占的比重。因此，随着中国资本账户开放的加深，国内债券市场的深度和广度不断扩展，国外官方资本占比进一步大幅提高。

（五）从被动型资本流动向主动型资本流动转化

中国的主动型资本流动将更加活跃、宽泛，被动型资本流动相当一部分将逐渐转化为主动型资本流动。在同一时期，资本流出和流入是相互交织在一起并且相互影响的。资本流动有的是在政府制度许可和监管框架之下进行的，有的则是绕过了政府监管而在国家间流动。据此，我们可将国际资本流动区分为主动型资本流动与被动型资本流动，又可进一步区分为主动型资本流出和被动型资本流出、主动型资本流入和被动型资本流入。

主动型资本流出是中国经济发展到特定阶段后，为了更好地促进中国与全球或其他地区间的融合要求而导致的资本流出。近年来，为了提高中国经济和金融市场的对外开放程度，中国主动地实施了"走出去"的战略和加快资本账户开放，都将导致主动型资本流出。被动型资本流出则是资本持有者因对中国经济金融风险或产权保护等方面的担忧而撤离中国的资本流出。资本外逃就属典型的被动型资本流出。被动型资本流出对境内金融市场、人民币汇率可能造成较大的冲击。例如，基于汇率贬值预期的被动型资本流出，就可能导致汇率贬值的自我实现，加大汇率风险。

资本流入也有主动型和被动型之分。像政府为了加快技术引进和增加资本供给而吸收的外商直接投资、资本账户开放中的过渡性安排（QFII 制度）等，都属于主动型资本流入。主动型资本流入相对比较稳定、可控，一般不会对境内金融市场和流动性产生特别明显的、政府所不期望看到的影响。被动型资本流入则是基于套汇、套利动机，绕过政府既有的资本账户开放规则而流入境内的国际资本，它具有相对不稳定的特点。通常所说的"热钱"、携带交易、通过假出口而混入经常账户下的资本流入等，都属于被动型资本流入。

与被动型资本流出可能会导致本币汇率贬值的自我实现相反，被动型资本流入则可能加大本币升值的压力，或造成境内金融市场的流动性扩张。在 2003 年之后的 20 年时间里，由于人民币承受着升值的国际政治与经济压力，大量境外资本为套汇套利而流入我国，这种被动型资本流入不仅助推了人民币的升值，而且造成了央行资产负债表中国外资产的急剧扩张，随之而来的是所谓国内"流动性过剩"和资产价格的大幅攀升，央行不得不通过提高法定存款准备金比率等方式被动地加以应对。

随着我国资本账户开放和金融市场化改革，主动型国际资本流动的绝对规模和相对规模均会上升。主动型资本流动上升，被动型资本流动占比相对下降，反映了中国金融市场更加市场化、更加开放，中国金融市场与其他国家金融市场之间更加一体化。

课后练习

一、重要概念

国际资本流动	短期国际资本流动	长期国际资本流动	产业性资本流动
金融性资本流动	国际资本流动管理		

二、思考题

1. 简述国际资本流动的含义。

2. 国际资本流动有哪些类型？

3. 简述形成国际资本流动的根本原因。

4. 国际资本流动管理的政策措施有哪些？

5. 如何利用货币政策进行国际资本流动管理？

6. 简述我国国际资本流动的特点。

7. 简述我国国际资本流动管理存在的问题。

实训模块

一、实训内容

如何避免国际金融危机。

二、实训目标

结合三次金融危机，了解发展中国家债务危机爆发的原因、解决措施及其启示，对中国利用外资的方式和现状，以及中国利用外资的政策措施进行评价。

三、实训组织

以学习小组为单位，收集发展中国家债务问题的资料，结合我国的国际资本流动管理情况进行分析；分组汇报，加深对国际资本流动管理的认识。

四、实训成果

考核和评价采用报告资料展示和学生讨论相结合的方式，评分采用学生和教师共同评分的方式。

第三篇　国际金融理论

关于国际金融活动的一些零星记录由来已久，在13、14世纪的古希腊、古罗马等地就开始出现。之后，随着西欧封建社会解体和资本主义兴起，国际经济往来不断发展，早期的国际金融理论也开始逐渐形成。现在，我们已经进入21世纪，随着全球化的不断深化，各国的经济结构和决策都受到日益深刻的影响，国际金融理论也在不断发展和创新。不论是古典的，还是近代的、现代的国际金融理论，都对各国的国际金融管理与实务产生着重大的指导作用。本篇主要介绍国际收支理论、汇率决定理论、国际资本流动理论以及开放经济条件下内外均衡理论。

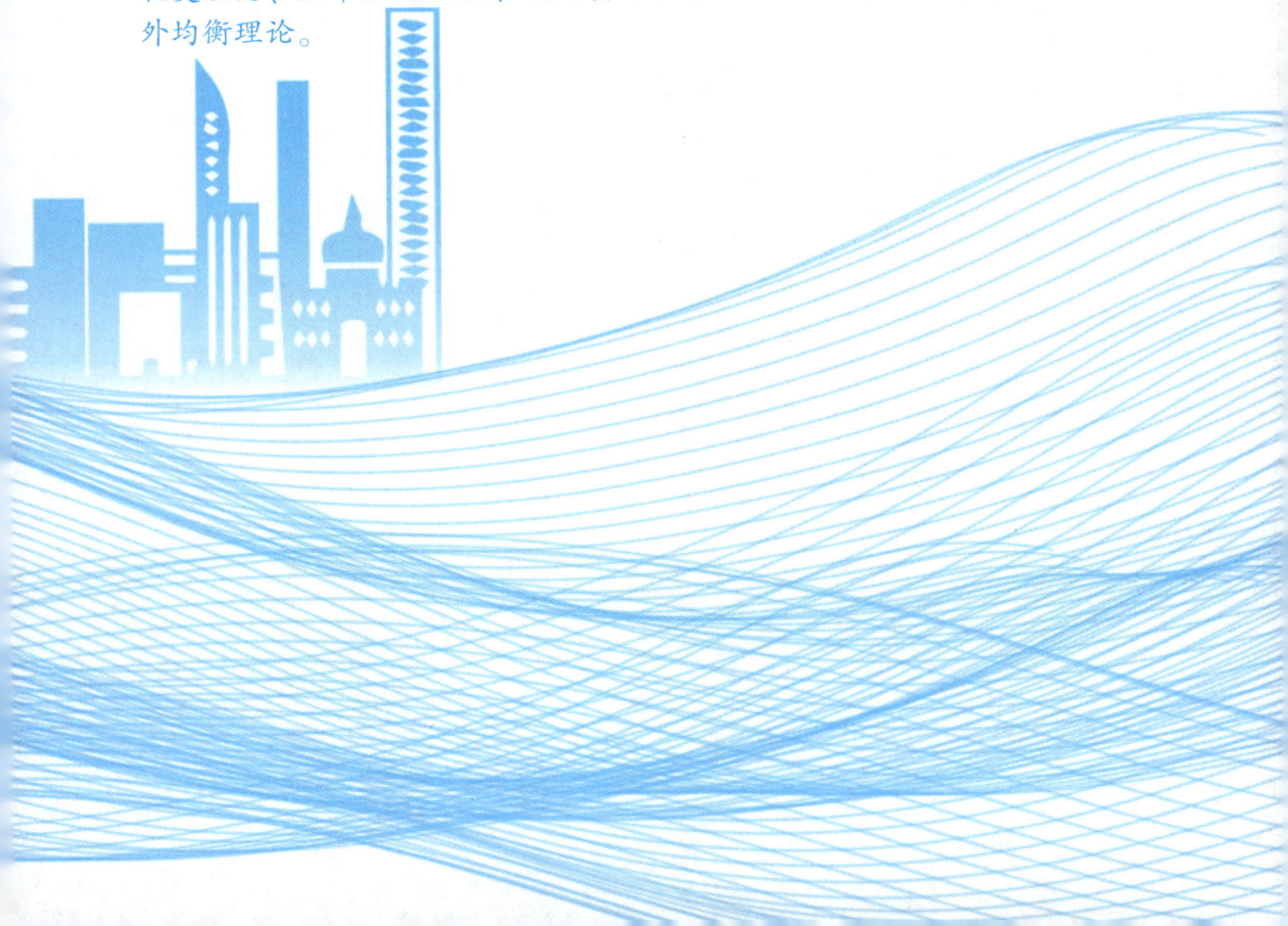

第十章 国际收支理论

学习目标

1. 理解国际收支的基本概念和构成，包括经常项目、资本项目等。
2. 掌握弹性分析法。
3. 学习乘数论、吸收论、货币论。
4. 了解国际理论新发展。

能力目标

1. 能够运用相关理论对国际收支数据进行分析，解读其含义和影响。
2. 通过对各种因素的研究，预测国际收支的变化趋势。
3. 根据分析和预测结果，提出合理的政策建议以调节国际收支。

情景导读

日本在 20 世纪后期经历了经济高速发展，成为全球重要的出口大国。然而，随着全球经济形势的变化，日本的国际收支状况也发生了转变。

在某一时期，日本的出口增长放缓，同时国内对能源和原材料的进口需求增加，导致贸易顺差减少。此外，日本国内资本市场的开放吸引了大量外国资本流入，资本项目出现较大波动。

这使得日本面临一系列挑战，如货币汇率波动、经济增长乏力等。日本政府采取了一系列措施，包括调整产业结构、推动贸易自由化等，以应对国际收支变化带来的影响。

思考与讨论：进出口额变动对国际收支的影响？

从本书第一章国际收支可知：由于国际收支失衡对国内宏观经济运行乃至整个开放经济均衡目标的实现至关重要，所以任何国家出现国际收支失衡时，通常都要采取政策措施进行调整。国际收支理论就是研究国际收支的决定因素和国际收支的调节政策。国际收支理论源远流长，从 15、16 世纪重商主义到 20 世纪 30 年代，它始终被作为国际金融的基本问题而加以研究；尤其自 20 世纪 30 年代后，随着国际经济交易的广泛发展，国际收支理论更是不断创新与发展。按照历史顺序，国际收支理论可以分为弹性分析理论、收入分析理论、吸收分析理论和货币分析理论。

第一节 弹性分析理论（弹性论）

弹性分析理论产生于20世纪30年代，是一种适用于纸币流通制度的国际收支理论。它是由英国经济学家马歇尔（A. Marshall）最早提出，后经英国经济学家琼·罗宾逊（J. Robinson）和美国经济学家勒纳（A. P. Lerner）等人的补充和发展而形成的。弹性论者把调整汇率作为调节国际收支的手段，主要分析的是汇率变动对国际收支的影响。由于该理论对汇率的分析是围绕进出口商品的供求弹性展开的，因而得名为弹性分析理论。

一、弹性分析理论的前提条件

国际收支弹性分析法研究的是在浮动汇率制度下，货币对外贬值对进出口商品影响的程度，是否能改善国际收支逆差，是否会使贸易条件恶化等问题。这种弹性分析法有四个前提条件：

（1）其他条件不变，只考虑汇率变化对进出口商品的影响；

（2）贸易商品的供给完全有弹性；

（3）充分就业与收入不变，从而进出口商品的需求就是这些商品及其替代品的价格水平的函数；

（4）没有资本流动，没有劳务的进出口，国际收支等于贸易收支。

国际收支弹性分析理论就是在上述四个假设条件下，讨论汇率变动对国际收支的调节作用的。

二、弹性分析法的原理

1. 商品进出口的供求弹性

在上述前提下，贬值能否改善贸易收支，取决于商品需求和供给的弹性。价格的变动会影响需求和供给数量的变动。需求量变动的百分比与价格变动的百分比之比，称为需求对价格的弹性，简称需求弹性。供给量变动的百分比与价格变动的百分比之比，称为供给对价格的弹性，简称供给弹性。在进出口方面，就有四个弹性要考虑，它们分别是：

（1）出口需求弹性：D_x=出口商品需求量的变动率/出口商品价格的变动率；

（2）进口需求弹性：D_m=进口商品需求量的变动率/进口商品价格的变动率；

（3）出口供给弹性：S_x=出口商品供应量的变动率/出口商品价格的变动率；

（4）进口供给弹性：S_m=进口商品供应量的变动率/进口商品价格的变动率。

弹性实质上就是反映数量的变动率与其价格的变动率之间的比例关系，比值越大，弹性越高，说明进出口商品价格在较大程度上影响进出口商品的供求数量；反之弹性小，说明进出口商品价格对进出口商品供求数量的影响较小。

2. 马歇尔-勒纳条件

一国货币贬值，会使出口商品价格下跌而促进出口，使进口商品价格提高而抑制进口。但这并不意味着贸易收支逆差会减少，贸易收支状况最终取决于两个因素：一是由贬值引起的进出口商品的单位价格的变化；二是由进出口商品的单位价格引起的进出口商品数量的变化。然而，出口值增大只发生在出口商品数量的增长率大于其出口价格下跌的比率时，亦即国外需求弹性大于1时；进口值减少只发生在进口需求有弹性而且大于零时。这样，出口值大于进口值，贸易收支便得到改善。进出口的需求弹性的绝对值之和有三种可能性，它们对贬值的调节效果的影响各不相同：

（1）$|D_x+D_m|>1$，货币贬值将会改善贸易收支；

（2）$|D_x+D_m|=1$，货币贬值不发生作用；

（3）$|D_x+D_m|<1$，货币贬值将会恶化贸易收支。

其中改善贸易收支的必要条件是$|D_x+D_m|>1$，即进口需求弹性与出口需求弹性的总和大于1，是贬值可以影响贸易差额的充分必要条件，这就是马歇尔-勒纳条件。

3. 罗宾逊-梅茨勒条件

由于马歇尔-勒纳条件的假定是其他条件不变（收入、其他商品价格、偏好等不变），进出口商品的供给弹性无穷大。这仅仅符合未充分就业的情况，而不适用于其他情况。因此，梅茨勒放弃了供给弹性无穷大的假定，认为汇率变动对贸易收支的影响与进出口的需求弹性和供给弹性有密切关系，也就是所谓的罗宾逊-梅茨勒条件，即：

$$[D_xD_m(S_x+S_m+1)-S_xS_m(D_x+D_m-1)]/[(S_x-D_x)(S_m-D_m)]>0$$

由上式可见，马歇尔-勒纳条件是罗宾逊-梅茨勒条件中S_x、S_m趋于无穷大时的一个特例。

4. 货币贬值对贸易条件的影响

弹性分析理论研究的另一个主题是货币贬值对贸易条件的影响。贸易条件就是商品交换比价，是指一国出口商品价格水平与进口商品价格水平的比值，即P_x/P_m。该值下降说明贸易条件恶化，表明同样数量的出口商品所能买到的进口商品减少。贬值对贸易条件的影响同样与供求弹性有密切的关系。

（1）当进出口商品供给弹性无穷大，即S_x与S_m为无穷大时，本币贬值如果使进口价格上涨，出口价格不变，则贸易条件恶化；当进出口商品供给弹性无穷小，即$S_x=S_m=0$时，本币贬值如果使进口价格不变，出口价格上涨，则贸易条件改善。

（2）当进出口商品需求弹性无穷大，即D_x和D_m为无穷大时，本币贬值如果使进口价格不变，出口价格上涨，则贸易条件改善；当进出口商品需求弹性无穷小，即$D_x=D_m=0$时，本币贬值如果使进口价格上涨，出口价格不变，则贸易条件恶化。

（3）除上述两种极端情况外，贬值对贸易条件的影响取决于供给弹性和需求弹性的乘积状况：

当$S_xS_m<D_xD_m$时，贬值可以改善贸易条件；

当$S_xS_m>D_xD_m$时，贬值会使贸易条件恶化；

当$S_xS_m=D_xD_m$时，贬值不会使贸易条件发生变化。

可以说，货币贬值对贸易条件的影响是不确定的，对不同的国家影响不同。

5. 贬值的时滞问题——J曲线效应

贬值是否能立即引起进出口数量的变化，从而改善国际收支状况呢？通常认为在短期内，贬值并不能立即引起贸易数量的变化，从进出口商品相对价格的变动到贸易数量的增减需要一段时间，即存在时滞。在此期间内，贬值不仅不能改善国际收支，反而会使其状况恶化。货币贬值对贸易收支的调节是一个动态过程，即恶化—恢复—改善的过程，这一过程被称为J曲线效应，它描述了本币贬值后国际收支差额变化的时间轨迹，由于轨迹酷似字母J而得名。如图10-1所示，贸易差额起初为负数（赤字），为此货币当局在t_1点实施本币贬值的汇率政策，此后贸易赤字仍继续恶化一段时间（图中看到贸易差额负数逐渐减小，为恢复阶段），到t_2点开始改善，贸易差额开始为正数。但是，贸易收支的顺差并不会一直持续下去，因为贸易收支顺差会引发通货膨胀，价格的持续上升会抵消贬值的作用，这样，贬值调节贸易收支的作用又开始减弱。

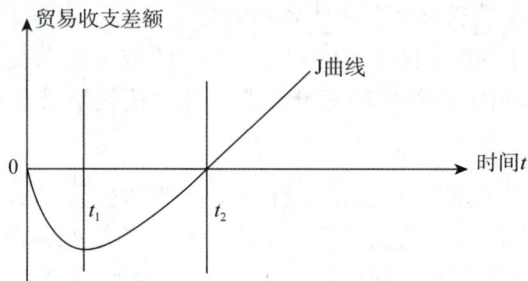

图 10-1　本币贬值与 J 曲线效应

三、对弹性分析理论的评价

弹性分析理论的重要贡献在于，它的分析纠正了货币贬值一定有改善贸易收支的作用与效果的片面看法，而正确地指出了只有在一定的进出口供求弹性条件下，货币贬值才有改善贸易收支的作用与效果。将弹性理论运用于国际贸易，揭示了汇率与商品相对价格和国际收支的关系，说明了通过货币贬值来改善国际收支是有条件的。特别是这种理论揭示了工业发达国家的进出口多是高弹性的工业制成品，所以在一般情况下，货币贬值的作用较大；相反，发展中国家的进出口多是低弹性的商品，货币贬值的作用则不大。因此对发展中国家有警示意义，发展中国家只有改变进出口商品的结构，由出口低弹性的初级产品转为出口高弹性的制成品，才能改善国际收支状况。

但是应该看到，弹性分析理论仍然有很大的局限性，主要表现在：

（1）弹性分析法是局部均衡分析。弹性分析理论只考虑汇率变动对进出口贸易的影响，忽视了其他重要的经济变量对国际收支的影响以及其他一些相互关系。比如该理论没有考虑汇率变动对国际资本流动的影响，在国际资本流动规模巨大的今天，其局限性表现特别突出。实际上本币贬值还会影响到资本和金融账户收支。

（2）弹性分析法是一种静态分析，忽视了汇率变动效应的"时滞"问题。本币贬值对国际收支的调节作用多为"J形曲线"，即货币贬值对贸易收支的调节是一个动态过程。在短期内，由于时滞效应本币贬值不会立即引起贸易量的变化，贸易收支反而会恶化。如果引入时间因素考虑本币贬值的中长期效应，则本币贬值不仅会通过相对价格变动影响贸易收支，还会通过国民收入、货币供应量和绝对价格水平等诸多经济变量的变动对贸易收支产生巨大影响。

（3）弹性分析法是一种微观分析。弹性分析理论假定国民收入不变，从而忽略了宏观经济分析的关于收入—支出—收入循环理论的基本观点，看不到贬值与对外贸易引起的国民收入变化影响国际收支均衡的机制，因此也无法提出正确的收入政策。

（4）供给具有完全弹性这一假设不符合实际。本币贬值在一定条件下，可在一定程度上改善贸易收支状况，但不能从根本上解决国际收支问题。它适用于生产周期的危机与萧条阶段，而不适用于周期的复苏与高涨阶段。从生产初级产品的各国出口来看，其供给弹性确实是有限的。

📖 知识拓展

对于弹性分析法的批评，主要集中在以下几个方面：①弹性分析法假定"其他经济条件"与汇率无关，国际收支初始处于均衡状态，但没有考虑资本流动，与现实存在距离。②弹性分析法采用局部均衡分析方法，将汇率视为调节国际收支的唯一手段，用短期微观分析研究宏观问题，有很大的局限性。③在实际运用中，进出口各类商品的需求弹性、商品的结构在计量时存在技术上的困难。④弹性分析法只是一种比较静态分析，而忽视了"时滞"因素。

第二节　收入分析理论

收入分析理论又称收入理论或乘数理论，以凯恩斯的宏观经济分析方法和乘数原理为基础，主要分析在汇率和价格不变的条件下，贸易收支与国民收入之间的相互关系。该理论由马克卢普和梅茨勒提出。

收入理论的基本假设是：经济处于非充分就业状态，即价格固定不变而收入可变；不考虑国际资本流动，国际收支等同于贸易收支。收入理论的基本内容是：自主性支出的变动通过乘数效应引起国民收入的成倍变动，进而影响进口支出的变动，影响程度取决于一国边际进口倾向和进口需求收入弹性的大小以及一国开放程度的高低。

一、外贸乘数与理论分析

外贸乘数也称开放经济乘数，是指在开放经济条件下，有效需求变动使国民收入成倍变动的倍数。

根据凯恩斯模型，在开放经济条件下国民收入的均衡条件如式（10-1）所示：

$$Y = C + I + G + X - M \tag{10-1}$$

式中：Y 为国民收入；$C = C_0 + cY$ 为消费，C_0 为自主性消费；I 为投资；G 为政府支出；X 为出口；$M = M_0 + mY$ 为进口，M_0 为自主性进口；c 为边际消费倾向，m 为边际进口倾向，且有 $0 < c < 1$，$0 < m < 1$。

考虑自主性消费和自主性进口，由式（10-1）可求得开放经济条件下的均衡国民收入，如式（10-2）所示：

$$Y = (C_0 + I + G + X - M_0)/(1 - c + m) \tag{10-2}$$

又由于边际储蓄倾向为 $s = 1 - c$，则式（10-2）又可表示为：

$$Y = (C_0 + I + G + X - M_0)/(s + m) \tag{10-3}$$

将式（10-3）中的国民收入水平对构成有效需求的各个自主性支出进行求导数，

可得：

$$dY/dC_0 = dY/dI = dY/dG = dY/dX = -dY/dM_0 = 1/(s+m) \qquad (10-4)$$

这一结果中的 $1/(s+m)$ 即被称为外贸乘数或开放经济乘数。从式（10-4）中显见有：

$$dY/dX = 1/(s+m) \qquad (10-5)$$

式（10-5）表明：出口的增加能够引起国民收入的倍数增加，因为 $s+m<1$。同样，从式（10-4）也可看出：构成有效需求中的所有变量所形成的自主性支出的变动都会影响国民收入的变动；并且，边际储蓄倾向 s 和边际进口倾向 m 越小，则外贸乘数越大，国民收入的倍增幅度也就越大。同时还看出：收入的增加又会引起进口的增加，从而使乘数效应减弱。

二、收入理论的政策主张

根据上述理论分析可以看出，一国可以通过需求管理政策来调节国际收支。

（1）当一国国际收支出现逆差时，当局可以实施紧缩性的财政和货币政策，降低国民收入，以减少进口支出，改善国际收支；当一国国际收支出现顺差时，当局则可以实施扩张性财政和货币政策，提高国民收入，以增加进口支出，减少国际收支的顺差。

（2）通过收入变动来调节国际收支的效果，取决于一国经济开放的程度，以及进口需求的收入弹性。开放程度越高，进口收入需求弹性越大，需求管理政策的调节作用就越显著。

三、对收入分析理论的评价

收入分析理论从国民收入恒等式出发，着重从收入角度研究贸易收支问题，揭示了国际收支的收入调节机制，是国际收支理论的重大进展。然而，该理论也具有一定的局限性，主要表现如下：

（1）该理论假定一国存在闲置资源，没有达到充分就业，因而出口的增加会引起国民收入的增加，这与现实有时是不吻合的。如果国内已处于充分就业，出口增加就意味着过度需求，将会造成需求拉起的通货膨胀。

（2）该理论没有考虑国际资本流动，因而它关于国民收入对国际收支影响的分析不够全面。事实上，国民收入的增加虽然会刺激进口增加，使一国贸易收支状况恶化，但国民收入上升往往又意味着经济繁荣，会吸引大量外国资本净流入，改善一国资本和金融账户收支，从而抵消对经常账户收支的不利影响。

（3）该理论的基本政策含义是主张实行奖励出口限制进口的政策，这种政策会激化国际经济领域中的矛盾，从长期来看不利于世界经济的发展。

第三节 吸收分析理论（吸收论）

吸收分析理论又称支出分析理论，是由西德尼·亚历山大（S. S. Alexander）于1952年在《贬值对贸易差额的影响》一文中首先提出的。该理论针对弹性分析法的缺陷，主张采用收入水平和支出行为来分析贬值对贸易收支的影响。

一、吸收分析理论的基本内容

吸收分析理论也是建立在凯恩斯主义的宏观经济分析方法的基础上的。该理论的重点在于把经济活动视为一个互相联系的整体，在这个整体中最重要的分析指标是总供给、总需求、国民收入和就业总量。

吸收分析理论是以凯恩斯的国民收入方程式为基础，基于国民收入方程式，考察总收入和总支出对国际收支的影响。根据式（10-1）有：

$$Y = C + I + G + (X - M) \tag{10-6}$$

令：$A = C + I + G$ 定义为总吸收，代表国内总支出；$B = X - M$ 为贸易收支差额，则由式（10-6）可得：

$$B = Y - A \tag{10-7}$$

即贸易差额 B 由国民收入 Y 和国内总吸收 A 的状况确定。式（10-7）为吸收分析理论的基本公式，这个公式表明：

（1）国际收支差额等于总收入与总吸收之差。

（2）总吸收如果与总收入相等，则国际收支平衡；如果总收入大于总吸收，则国际收支顺差；如果总收入小于总吸收，则国际收支逆差。

（3）公式的左端为果，右端 $Y - A$ 为因，在亚历山大看来，国际收支盈余是总吸收相对于总收入不足的表现，而国际收支赤字则是总吸收相对过大的反映。因此，一国国际收支状况最终都是要通过改变收入或吸收来进行调节。由式（10-7）可知，消除国际收支赤字的方法是：增加总收入，或减少总吸收，或两者兼用。

吸收分析理论具有强烈的政策含义。该理论认为国际收支调节属于政策调节，主张运用宏观需求管理政策和汇率调整政策来增加收入或者减少支出，或者二者兼顾，以改善国际收支状况。

二、货币贬值效应分析

对货币贬值效应的分析是吸收分析理论的核心内容之一。

（一）吸收分析理论的基本方程

吸收分析理论认为总吸收由两部分组成，一部分为自主性吸收，即独立于收入之外的吸收，记为 A_d；另一部分为引致性吸收，即由收入的变化引起的吸收，记为 αY。则有：

$$A = \alpha Y + A_d \tag{10-8}$$

式中：α 称为边际吸收倾向，为边际国内消费倾向、边际投资倾向和边际进口倾向之和。

将式（10-8）代入式（10-7）得：

$$B = Y - \alpha Y - A_d \tag{10-9}$$

对式（10-9）取增量形式可得：

$$\Delta B = \Delta Y - \alpha \Delta Y - \Delta A_d = (1 - \alpha) \Delta Y - \Delta A_d \tag{10-10}$$

式（10-10）就是吸收分析理论的基本方程。由此方程可知，货币贬值对改善国际收支状况（贸易差额增量 ΔB）的效果取决于三个因素：第一个因素，ΔY 的变动，贬值引起收入的变化，即贬值对实际收入所产生的直接效应；第二个因素，ΔA_d 的变动，贬值对吸收的直接效应；第三个因素，α 的变动，即边际吸收倾向的大小的影响。

（二）货币贬值的效应分析

1. 贬值对收入的直接效应

贬值对收入的直接效应表现在闲置资源效应、贸易条件效应和资源配置效应三个方面。

（1）闲置资源效应，是指贬值通过增加出口和减少进口，使本国的闲置资源得到充分利用，并通过乘数效应带动收入增长。只要边际吸收倾向 $\alpha<1$，贬值就能够通过收入增长改善贸易收支。

（2）贸易条件效应，是指贬值通过改变进出口商品的相对价格，可能使该贬值国的贸易条件恶化，从而使该国的收入下降，并恶化贸易收支。

（3）资源配置效应，是指贬值通过纠正失真的价格信号，优化该国的资源配置，从而促进收入增长，并改善贸易收支。

2. 贬值对吸收的直接效应

货币贬值会导致价格水平的上升，对吸收的直接影响表现在实际余额效应、收入再分配效应、货币幻觉效应及其他不同的效应。

（1）实际余额效应，是指价格水平上升导致人们所持有的货币及其他以货币衡量的具有固定价值的资产的实际价值降低，从而使人们变得相对贫穷，进而导致消费水平相应减少的现象。这种现象反映了价格变动对个人财务状况和消费行为的影响。

（2）收入再分配效应，是指贬值通过改变收入分配状况而影响吸收的作用。如果贬值导致物价水平上升，会出现收入由固定货币集团向其他收入集团、由工资收入集团向利润收入集团、由纳税人集团向政府部门三个层面的转移，只要收入由较高边际吸收倾向集团向较低边际吸收倾向集团转移，它就会使吸收减少。

（3）货币幻觉效应。货币幻觉是指人们只注意名义价值而忽视实际价值的现象。货币幻觉效应指人们忽视价格变动对实际价值的影响而减少实际支出的作用。

（4）利率效应，是指贬值带动利率上升，从而抑制消费和投资，直接减少吸收的作用。

（5）通货膨胀预期效应，是指贬值会使人们产生价格进一步上升的预期，从而提前购买商品和劳务，导致吸收增长的作用。

（6）贸易条件恶化的吸收效应。货币贬值后，贸易条件恶化对吸收产生两种作用：一方面，贸易条件恶化降低了收入，从而减少了与收入相关的吸收，也使国内产品比国外产品相对便宜，产生一种替代效应；另一方面，由于国内产品相对便宜，自主性吸收会有所增加。如果正替代效应超过负收入效应，那么贸易条件恶化会导致吸收的增加。

上述分析表明，货币贬值对吸收的直接效应表现在诸多方面，其综合效果是不确定的。有些效应使吸收增加，有些效应使吸收减少，所以对贸易收支的影响要根据具体效应进行分析。

3. 贬值对吸收的间接效应

贬值对吸收的间接效应是指贬值通过收入变动对吸收产生的影响。由式（10-10）可以看出，收入增加对吸收的影响，取决于边际吸收倾向 α 的大小，如果 $\alpha<1$，则贬值对贸易差额的影响要取决于 $(1-\alpha)\Delta Y$ 与 ΔA_d 的比较；如果 $\alpha>1$，则贬值必然会使贸易差额恶化。

三、吸收分析理论的政策含义

吸收分析理论具有较强的政策含义，对于政府制定既能保持经济快速增长又能改善国际收支状况的政策，具有重要的实际意义。

（1）贸易收支逆差是由国内吸收超过国内收入所致，调节逆差应依据经济运行状况而定。如果国内存在闲置资源，就应该实行扩张性财政和货币政策来提高社会收入水平，通过收入水平的提高，实现贸易收支的顺差。若国内已达到充分就业，则应该实行紧缩的财政和货币政策，降低社会总吸收水平。吸收的减少，一方面使进口商品的国内需求下降，从而减少进口；另一方面使出口商品的国内需求下降，从而增加出口，改善贸易收支。

（2）货币贬值改善贸易收支应从增加收入和减少开支两方面着手。在有闲置资源的条件下，通过货币贬值扩大出口，增加国民收入，只要吸收的增加小于收入的增加，就可以达到改善国际收支的目的。在充分就业的情况下，由于没有闲置资源来扩大生产，国民收入不能增加，因此贬值只能通过压缩吸收或减少支出来改善贸易收支。

四、对吸收分析理论的评价

吸收分析理论是以凯恩斯宏观经济理论为基础，采用一般均衡分析的方法，将国际收支与整个国民经济的诸多变量联系起来进行分析，从而克服了弹性分析理论局部均衡分析的局限性，较之弹性理论前进了一大步。同时，吸收分析理论还具有强烈的政策配合含义。因此，吸收分析理论具有较强的应用性。

但吸收分析理论也有其局限性，主要表现在于：

（1）吸收论主要以贸易收支作为国际收支，忽视了资本流动对国际收支平衡所起的作用。

（2）该理论是建立在国民收入会计核算恒等式基础上的，并没有对收入、吸收与贸易收支之间的因果关系提供令人信服的逻辑分析。实际上，收入与吸收固然会影响贸易收支，但反过来贸易收支也会影响收入和吸收。

（3）该理论对本币贬值效应的分析有两个重要的假定，即贬值是出口增加的唯一原因和生产要素的转移机制运行顺畅，这与现实存在较大的差距。

第四节　货币分析理论（货币论）

20世纪70年代以前的主流国际收支理论几乎没有考虑资本流动的影响，或者只将资本流动放在一个非常次要的位置。随着国际资本流动的迅速发展，许多国家的资本收支规模大于贸易收支，货币与实体经济之间的背离趋势日益明显。在考虑资本收支因素后，造成国际收支失衡的原因有怎样的变化？国际收支调节的措施将有哪些？国际收支货币分析理论为我们展示了一个全新的视角。

作为一种较新的国际收支调节理论，货币分析理论是由美国经济学家蒙代尔（A. Mundell）和约翰逊（H. G. Johansen）于20世纪60年代末70年代初提出来的。由于这个方法是随着货币主义的兴起而出现的，是从货币理论引导而来，所以称之为货币分析理论（货币分析法）。该理论认为货币供求决定一国的国际收支状况，强调国际收支本质上是一种货币现象，决定国际收支的关键是货币需求和供给之间的关系。

一、货币分析理论的基本原理

1. 货币分析理论的基本假定

该理论建立在货币学说的基础上，从货币的角度来考察国际收支不平衡的原因。货币分析理论的假定有：

（1）在充分就业的均衡状态下，一国的实际货币需求是收入和利率的稳定函数。

（2）从长期看，货币需求是稳定的，货币供给变动不影响实物产量。

（3）贸易商品的价格是由世界市场决定的。在长期内，一国的价格水平和利率水平接近世界市场水平。

这些假设的目的在于排除其他因素的影响，而更能直接地从国内货币供求变化的高度来分析国际收支差额这一"纯货币现象"。

2. 货币分析中的基本方程

货币主义的基本理论认为，实际货币需求是实际收入和利率的函数，即：

$$M_d/P = L(Y, i) \tag{10-11}$$

式中：M_d 表示货币需求；P 表示国内价格水平；L 表示函数关系；i 表示利率；Y 表示国民收入。

假定货币流通速度不随收入变化而变化，而且货币流通速度对利率不敏感，则实际货币需求余额是实际收入的稳定函数，式（10-11）可表示为式（10-12）：

$$M_d/P = KY \tag{10-12}$$

式中：K 为实际货币流通速度的倒数。

货币主义的基本理论还认为，货币供给 M_s 由货币乘数 h 和货币基数构成，货币基数包括国内信贷 D（通过国内银行体系扩张信用创造的货币供给）和外汇储备资产 R（国际收支获得的盈余），则货币供给函数关系为：

$$M_s = h(D + R) \tag{10-13}$$

货币供给可通过货币基数（国内信贷或外汇储备）得到满足，货币基数又称强力货币，又假定货币乘数是稳定的，将式（10-13）中的 h 忽略得式（10-14）：

$$M_s = (D + R) \tag{10-14}$$

根据货币论的基本假定，从长期来看，货币供求处于均衡状况，即 $M_d = M_s$，由此可得：

$$R = M_d - D \tag{10-15}$$

式（10-15）即为货币论最基本的方程式。该式表明，代表国际收支差额变动的外汇储备资产 R 的增减，是由货币需求和国内货币供给关系决定的。国际收支的不平衡反映了货币供求关系的变动。这个方程式包含的基本原理是：

（1）国际收支是一种货币现象，即国际收支出现顺差或逆差是由国内货币需求与货币供给之间的均衡状况决定的。

（2）如果国内货币供给 D 大于货币需求 M_d，R 为负值，国内收支（盈余为负）出现逆差。由于货币供应不影响实物产量，在价格不变的情况下，多余的货币就要寻找出路。对个人和企业来说，就会增加货币支出，以重新调整他们的实际货币余额；对整个国家来讲，实际货币余额的调整便表现为货币外流，即国际收支逆差。反之，当一国国内货币需求大于货币供给时（R 为正值），在价格不变的情况下，货币供应的缺口就要寻找来源。对个人和企业来讲，就要减少货币支出，以使实际货币余额维持在他们所希望的水平；对政府国家来讲，减少支出维持实际货币余额的过程，便表现为货币内流，国内收支（盈余为正）出现顺差。

（3）国际收支问题，实际上反映的是实际货币余额（货币存量）对名义货币供应量的调整过程。当国内名义货币供应量与实际经济变量（国民收入、产量等）所决定的实际货币余额相一致时，国际收支处于平衡状态。

二、货币分析理论对国际收支的调节效应分析

货币分析理论认为，国际收支不平衡反映了货币市场的存量不均衡，作为一种货币供给的自动调节机制，国际收支逆差或顺差实际上就是这种货币市场存量短期调整的一部分。在调整过程中会相应产生以下效应：

1. 国内信贷扩张的效应

国内信贷扩张会被国际收支逆差所引起的 R 的下降抵消，当外汇储备耗尽，该国就不能继续推进扩张国内信贷的货币政策。所以从长期来看，扩张性货币政策并没有增加货币供给，只是改变了货币供给的构成，即国内信贷增加，而外汇储备减少。

2. 实际收入增加的效应

在固定汇率制度下，实际收入增加会导致暂时性国际收支盈余和 R 的增加。因为实际收入提高会引起货币需求 M_d 的上升，这与凯恩斯主义关于收入增加会引起国际收支逆差的结论正好相反。从长期来看，收入增加通过外汇储备增加引起国内货币供给增加，这会引起本国价格水平上升，国际收支随后会自动恢复均衡状态。

3. 国外价格上升的效应

在固定汇率制度下，其他国家价格水平上升会引起本国出现暂时性国际收支顺差和 R 的增加。从长期来看，这会引起本国价格水平上升，它又会使国际收支恢复平衡。

4. 本币贬值的效应

在固定汇率制度下，本币贬值对国际收支只有暂时性影响，从长期来看它是无效的。从短期来看，若不考虑J曲线效应，贬值带来了国际收支顺差。从长期来看，国际收支会通过本国价格水平上升而自动恢复平衡。

三、货币分析理论的政策主张

（1）可以通过货币政策来解决国际收支不平衡问题。即国内货币政策是调节国际收支的直接有效手段。一国只要将货币供给的增加率稳定在国民收入平均增长率的同一水平上，使货币供求关系保持平衡，就能保持国际收支的稳定。

（2）国际收支不平衡只是暂时的现象，市场调节机制能够自发地使国际收支恢复平衡。该理论认为，国际收支失衡是由货币供求失衡引发的，这种失衡如果不能在国内得以调整，势必产生资本的内流或外流。这种资本流动既不是由经常项目的差额所引发，也不是由资本项目的差额所引发，而是自动引发的。因此，政府纵然不进行干预，国际收支的失衡也会在较短的时间内消失，最后使国际收支趋于平衡。

（3）为平衡国际收支而采取的贬值、进口限制、关税等贸易和金融政策，只有当它们能提高货币需求尤其是国内价格水平时，才能改善国际收支。但若伴随国内通货膨胀，则国际收支不一定能得到改善。

（4）在固定汇率制度下，一国无力推行独立的货币政策，无力控制输入型通货膨胀。一国抵御外部冲击影响的能力受制于外汇储备的多少，因而是有限的。

四、对货币分析理论的评价

从货币分析理论的上述主要论点可以看出：它实际上是休谟的"物价与现金流动机制"理论在现代条件下的进一步改进与发展，是新的国际收支自动平衡理论。货币分析理论强调了国际收支不平衡会引起货币存量的变化，从而影响一国的经济活动；强调国际收支分析中的货币因素，研究货币供求关系对国际收支的决定作用，从而丰富和发展了国际收支理论。但就货币分析理论本身而言，也存在着一些不足：

（1）把货币因素看成是决定性的、第一性的因素。该理论把货币因素看成是决定性的，而把收入水平、支出政策、贸易条件和其他实物因素看成是次要的，这就颠倒了国际经济的因果关系。

（2）着重于长期分析，忽视了短期效应。在相当长的时期内，货币需求函数是相当稳定的，这从历史资料来看是正确的，但在短期内货币需求并不是很稳定的。该理论坚持利率等其他因素对货币需求变动的影响有限，但由此就彻底忽略货币需求变动的做法，显然会影响结论的可靠性。如果利率随货币供给的改变而发生大幅度变动，短期内必然影响投资、消费和产出，从而引起货币需求变动。所以，不能过分强调长期静态均衡而忽视对短期和中期国际收支调节方式的研究。

（3）很大程度上依赖一价定律或购买力平价假设。货币分析理论强调一价定律的作用，但从长期来看，由于垄断因素和商品供求弹性的存在，现实生活中无法认定一价定律的绝对成立。这种价格偏差传递到国际货币供给的分配，就会对各国际货币市场均衡产生影响。所以，按照货币分析理论的建议从事国际收支调节，政策的实施效果与预期效果之间难免会出现偏差。

（4）忽略了国际收支结构问题。货币分析理论只注重官方储备账户变动，而忽略了国际收支结构——经常项目与资本和金融项目的自身平衡与相互影响。如果经常项目逆差在数量上恰好等于资本和金融项目顺差，那么以货币分析理论来看，官方储备不变说明国际收支平衡，无须采取调节措施。但是，如果依靠借债来平衡贸易收支逆差，将增加未来还本付息负担，一旦资本流入中断，贸易账户差额无法弥补，国际收支失衡问题就会马上显现出来。

📖 案例分析

20世纪80年代以来，美国经常账户持续出现赤字，这主要是由于美国国内消费需求旺盛，进口大量增加，而出口相对不足。

这一情况对美元汇率产生了以下影响：

（1）贬值压力：市场对美国经济的担忧增加，导致美元面临贬值压力。

（2）资本外流：投资者可能将资金转移至其他国家，寻求更高回报。

（3）利率上升：为吸引资本流入，美国利率可能上升。

美国政府采取了一系列措施来应对：

（1）财政政策调整：试图减少赤字，提高经济竞争力。

（2）贸易谈判：与其他国家协商贸易政策，改善贸易失衡。

这一案例说明：

（1）国际收支状况对一国货币汇率有重要影响。

（2）政府需要采取措施来应对国际收支失衡，以维护经济稳定。

（3）全球经济相互关联，一国的经济问题可能影响其他国家。

它也提醒我们：

（1）关注各国国际收支状况，对投资决策有重要意义。

（2）理解国际金融市场的复杂性和波动性。

（3）政府和国际组织在维护全球经济稳定中发挥重要作用。

本章内容提要

1. 国际收支理论是研究国际收支的决定因素和国际收支的调节政策。按照历史顺序，国际收支理论可以分为弹性分析理论、收入分析理论、吸收分析理论和货币分析理论。

2. 弹性分析理论把调整汇率作为调节国际收支的手段，主要分析的是汇率变动对国际收支的影响，研究的是在浮动汇率制度下，货币贬值对进出口商品影响的程度，是否能改善国际收支逆差，是否会使贸易条件恶化等问题。

3. 收入分析理论又称收入理论或乘数理论，以凯恩斯的宏观经济分析方法和乘数原理为基础，主要分析在汇率和价格不变的条件下，贸易收支与国民收入之间的相互关系。

4. 吸收分析理论也是建立在凯恩斯主义的宏观经济分析方法的基础上的，该理论的重点在于把经济活动视为一个互相联系的整体，在这个整体中最重要的分析指标是总供给、总需求、国民收入和就业总量。

5. 货币理论认为，货币供求决定一国的国际收支状况，强调国际收支本质上是一种货币现象，决定国际收支的关键是货币需求和供给之间的关系。

课后练习

一、重点概念

马歇尔-勒纳条件　　　J曲线效应　　　外贸乘数　　　自主性吸收　　　引致性吸收

货币幻觉效应　　　货币乘数　　　货币基数

二、思考题

1. 简述弹性分析理论的假设前提。

2. 马歇尔-勒纳条件说明了什么？

3. 简述货币贬值对贸易的影响。

4. J曲线效应说明了什么？有什么现实意义？

5. 何为外贸乘数？

6. 什么是收入分析理论中的需求管理政策？它们如何影响本国的国民收入和国际收支？

7. 从吸收分析理论的角度来看，要改善本国的贸易收支可采取哪些办法？

8. 货币分析理论的主要观点是什么？

第十一章　汇率决定理论

学习目标

1. 深入理解各种汇率决定理论的基本原理和主要观点。
2. 掌握不同理论对汇率形成和变动的解释方法。
3. 能够运用相关理论分析实际汇率走势，并预测未来汇率变动趋势。

能力目标

1. 运用相关理论分析实际汇率走势，解释汇率波动的原因。
2. 基于理论知识，对未来汇率的变动趋势进行预测和判断。

汇率决定理论研究的是什么因素决定汇率的大小，又有哪些因素影响汇率的上下波动。汇率理论与国际收支理论一样，是国际金融理论的基础与核心。同时，它们也是随着经济学理论的发展而发展，是一国货币当局制定宏观经济政策的理论依据。汇率决定理论的产生和发展，是与现实经济的发展变化密切相关的，是商品经济发展到一定程度的结果，也是现实社会商品经济的发展变化在理论上的一种反映。

第一节　汇率决定理论的演变发展

汇率决定理论在不同的经济时期，经历了不同的发展阶段，其中著名的汇率理论有国际借贷理论、购买力平价理论、汇兑心理理论、资产市场理论等。

一、汇率决定理论的早期阶段

在资本主义生产方式产生之初，就有一些学者在著作中提到了汇率的决定问题。15世纪初，意大利佛罗伦萨的经院学者罗道尔·渡利斯提出了"公共平价理论"来解释汇率的变动，他是第一个研究汇率决定理论的学者。该理论认为，汇率取决于两国货币供求的变动，而货币供求的变动取决于人们对两国货币的公共平价，人们对货币的公共平价又取决于两国货币所含的贵金属成分的纯度、重量和市场价值。

随着资本主义商品经济的进一步发展，人们对经济理论的研究也开始逐渐活跃起来，更多的学者开始关注汇率问题。16 世纪的西班牙萨拉蒙卡学派认为决定汇率的基础是货币的价值或购买力，而货币的价值或购买力的高低受物价变动的影响，并且物价的变动是由货币丰裕或稀缺来决定的。例如，学者贝纳兹认为，货币稀缺的地方，物价相对便宜，因而用此地较少的货币兑换物价较贵的另一个地方较多的货币是理所当然的。另一位学者卢果则认为，汇率取决于货币的"对内价值"，汇率变动则取决于货币的"对外价值"。

17 世纪，英国经济学家洛克认为，两国之间货币的汇率是由两个因素决定的：一是两国各自拥有的贵金属（白银）的多少；二是贸易差额。一般来说，拥有白银量少的国家商品价格低，因而该国的白银价值高，故该国货币能兑换更多的白银价值低的国家的货币。

进入 18 世纪之后，汇率理论有了较大的发展，尤其是在 19 世纪达到了高潮。18 世纪中晚期的英国经济学家休谟和康替龙等对国际收支对汇率的影响进行了讨论，形成了铸币点机制理论。该理论认为汇率取决于国际收支，国际收支逆差会使一国货币汇率下跌，超过铸币点时就会引起黄金输出，从而诱发国际收支调节的价格—现金流动机制，使物价降低，刺激出口，反之亦然。

1797 年 2 月，英格兰银行停止银行券兑换黄金，紧接着，在英国围绕着通货、汇率和物价展开了一场范围很广、时间持续几十年的论战，这就是经济学说史上有名的"金块论战"，这次论战极大地促进了汇率理论的发展。争论的一方是以李嘉图为代表的金块主义者，他们认为汇率是由通货的含金量决定的，英国的货币供应量急剧增加，特别是英格兰银行过度地发行了不可兑换的银行券，才导致了英镑的贬值及汇率的下跌。另一方是以博赞克为代表的反金块主义，认为汇率取决于一国国际收支的状况，英国的国际收支逆差导致了金价的上涨和英镑汇率的下跌。

1861 年，英国学者戈森（G. L. Goschen）出版了《外汇理论》一书，提出了比较系统的"国际借贷说"，在第一次世界大战前颇为流行。当时处于金本位盛行时期，因此该理论实际是解释汇率波动原因的学说。戈森认为，汇率变动是由外汇的供给与需求引起的，而外汇的供求又是由国际借贷引起的。货物的进出口、资本的国际转移、利润的汇出入、捐赠的收付，以及旅游和公务等收支都会引起国际借贷关系。在国际借贷关系中，只有已进入支付阶段的借贷，即流动借贷才会影响外汇的供求关系。当一国外汇收入多于支出时，汇率下降；反之，汇率上升。借贷平衡，汇率便不发生波动。

此外，瑞典的克里斯蒂宁、法国的莫斯纳农，也为汇率决定理论的发展作出了较大贡献。但是，由于当时的汇率相对稳定，学者们没有必要将更多的精力放在研究汇率的决定和变化上，因而早期的汇率决定理论与各种货币学说融合在一起，成为研究货币银行学的一个副产品。

二、汇率决定理论的发展阶段

第一次世界大战的爆发，使金本位制度遭受了致命的打击，战后实行的残缺不全的金本位制度——金块本位制和金汇兑本位制，使各国货币汇率频频波动，给国际贸易带来了严重困难。于是，人们将更多的目光投向了汇率问题。在这种形势下，汇率决定理论的研究取得了重大突破。瑞典经济学家古斯塔夫·卡塞尔（G. Cassel）于 1922 年出版了

《1914 年后的货币和外汇理论》一书，对包括李嘉图在内的前人的有关汇率思想进行了系统总结，指出一国汇率水平和变化是由本国货币与外国货币的购买力对比决定的，并将这一思想命名为"购买力平价说"。购买力平价说在很长一段时间内支配着人们对汇率行为，特别是对长期的汇率变动的理解和分析。

1927 年，法国学者阿夫塔里昂（A. Aftalion）引用法国和欧洲其他国家的统计材料说明了货币、物价和汇率变动之间的不一致，并运用英国学派的边际效用理论提出了"汇兑心理说"。汇兑心理说认为，人们之所以需要外国货币，是因为外汇除了能让人们购买外国货物，还能满足人们的其他欲望，如满足购买、对外支付、国际投资、外汇投机和资本逃避等需要。这种欲望是使外国货币具有价值的基础。因此，外国货币的价值不依从任何规则，两国货币的汇率也就取决于人们对这两种货币价值的主观评价，而外币价值的高低又是以人们主观评价中的边际效用的大小为转移的。外汇供给增加，其边际效用递减，汇率下浮；反之，边际效用递增，汇率上浮。汇兑心理说因阐述了主观心理因素对汇率的影响而被视作独树一帜的汇率理论。

随着外汇市场的发展和汇率的剧烈波动，远期外汇市场也得以兴起和发展起来。凯恩斯于 1923 年在《货币改革论》一书中首次系统提出了远期汇率决定的利率平价理论，指出套利性的短期资本流动会驱使高利率货币在远期外汇市场上贴水，而低利率货币在远期外汇市场上升水，并且升、贴水率等于利率差异。后来，英国学者艾因齐格（P. Einzig）在其 1931 年出版的《远期外汇理论》和 1937 年出版的《外汇史》中，从动态角度分析了汇率和利率的关系，进一步完善了利率平价说，认为套利性资本流动不仅仅影响远期汇率，而且也会影响即期汇率和各国利率水平。高利率货币在即期外汇市场上的汇率会上浮，低利率货币的汇率会下浮；同时，资本流动还会缩小各国利率差异，拉平各国利率。由此，在套利性资本流动中，不是远期汇率发生单向调整来使远期差价保持在利率平价的水平上，而是即期汇率、各国利率、远期汇率共同因套利行为发生调整，直至远期升、贴水率等于利率平价。利率平价理论与 20 世纪远期交易的发展以及国际资本流动的加剧是密不可分的。

三、汇率决定理论的深化阶段

第二次世界大战后建立的布雷顿森林体系是一种以美元为中心的固定汇率制度，在这一体系下，汇率被人为地确定，其变动也被人为地加以操纵，因而导致了汇率决定理论研究的停滞。这一时期所出现和流行的汇率决定理论，侧重于将汇率作为一个外生变量和政策变量，研究汇率的变动如何影响国际收支、国内产出和物价等变量，而对汇率本身的决定则不予说明。

1973 年布雷顿森林体系崩溃后，各国普遍实行浮动汇率制度，由于汇率波动异常剧烈并且反复无常，严重影响了国际贸易和投资的发展及各国的经济，西方学者对汇率决定的研究才重新兴起，并将战后发展起来的许多经济学理论成果应用于汇率分析。这时的汇率决定理论的研究充分反映了战后获得长足发展的国际资本流动的影响。作为分析国际资本流动动因的基本理论的利率平价说，在 20 世纪 70 年代由许多学者做了精巧的修正，使其能更好地应用于即期汇率决定的分析：一是相对于抛补利率平价说，人们更强调非抛补利率平价说，以反映资本的投机性交易而非保值性交易在即期汇率决定中日显重要的事实；二是在非抛补利率平价说中引入关于预期形成机制的各种假说；三是抛补利率平价与非抛补利率平价的相互关系。

在进一步完善原有理论的同时，学者们也提出了一些新的理论。有学者在国际借贷说的基础上，将凯恩斯主义的国际收支均衡分析直接推衍到汇率决定的分析上，提出了国际收支说。国际收支说又称为供求流量说，是在国际借贷说的分析框架的基础上，第二次世界大战后国际收支分析在汇率取决上的延伸。该理论认为汇率取决于外汇的供给和需求，外汇的供给和需求取决于国际收支，而国际收支又取决于国际贸易和国际资本流动。均衡汇率是使国际收支保持均衡的汇率水平。在这一分析框架下，各种影响国际收支的因素都会导致汇率的调整变化。

一些学者将固定汇率下的国际收支货币论推衍为一种汇率决定理论，即"汇率货币论"。由于资本流动在国际收支中的比重逐渐增加，西方学者也越来越重视资本流动在汇率分析中的地位。20 世纪 70 年代初期，美国经济学家约翰逊等人创立了弹性价格货币模型。1976 年，美国学者多恩布什在接受"汇率货币论"作为一种长期均衡分析工具的前提下，结合利率平价原理对短期汇率决定和变动进行了分析，提出了"汇率超调模型"。还有一些学者，如布朗逊等将托宾的"资产组合选择理论"运用到汇率分析，提出了"资产组合平衡模型"。以上三种模型统称"资产市场说"。资产市场说认为，在外汇交易主要源于国际资本流动而非国际贸易的情况下，应强调外汇为一种资产，汇率是这一资产的价格，主张在分析汇率决定时采用分析一般资产价格决定的方法。

几百年来，人们在汇率理论方面的研究不断取得突破和进展，形成了许多富于特色的学说和流派。限于篇幅，下面主要介绍一些影响较大的汇率决定理论和汇率研究中的新成果。

第二节　国际借贷理论

国际借贷理论是由英国经济学家戈森于 1861 年提出来的，在 20 世纪 60 年代，一些凯恩斯主义者又对该理论进行了研究和发展，如美国经济学家罗伯特·蒙代尔开始结合国际收支的均衡来分析汇率的决定因素，提出了以凯恩斯的收入—支出理论为基础的汇率决定的国际收支说。凯恩斯学派汇率理论的主要特点之一，就是肯定了国际收支状况对汇率变动的影响，这与戈森的国际借贷理论是有共同之处的，或者说，国际借贷理论为凯恩斯学派汇率理论的形成奠定了基础。

一、国际借贷理论的基本内容

国际借贷理论的主要论点如下：

（1）汇率是由外汇供求决定的，而外汇的供求又是由国际借贷引起的。因此，国际借贷关系是决定汇率变动的主要原因。

（2）国家间商品的进出口、劳务的输出入、股票和公债的买卖、利润和利息股息的支付、旅游收支、单方面转移、资本交易等都会引起国际借贷关系。

（3）在国际借贷关系中，只有已进入支付阶段的借贷即流动借贷，才会对外汇的供求产生影响。而已经形成借贷关系，但尚未进入实际支付阶段的固定借贷则不会影响外汇的供求。

（4）当一国的流动债权（外汇收入）大于流动债务（外汇支出）时，就会出现外汇的供给大于需求，因而外汇汇率下跌、本币升值；反之，当一国的流动债务大于流动债权时，就会出现外汇的需求大于供给，因而外汇汇率上升、本币贬值；当一国的流动借贷平衡时外汇收支相等，汇率处于均衡状态，不会发生变动。

正因为戈森所指的流动借贷内容实际上是狭义国际收支的内容，所以这一国际借贷学说又被称为国际收支论。可以看出，戈森主要从外汇供给和需求方面来解释汇率变动，而外汇供求又由国际收支决定。对外汇的需求产生于本国对外国商品、劳务和外币资产的需求，即进口支出和资金外流构成了外汇需求；对外汇的供给产生于外国对本国商品、劳务和本币资产的需求，本国的出口收入和资金内流形成了外汇供给。因此，汇率与国际收支状况之间存在密切的联系，凡是影响国际收支均衡的因素都会影响均衡汇率的变动。

二、对国际借贷理论的评价

国际借贷理论阐述了影响汇率的众多因素，包括前面多数汇率理论所涉及的因素，因而分析较为全面。该理论以一国国际借贷差额作为决定汇率变动的基础，正确地将国际借贷划分为固定借贷和流动借贷两种类型，并指出了只有需要立即清偿的各种到期的国际支付差额才会引起汇率变动，这是比较符合现实的。而且该理论从动态的角度分析了汇率变动的原因及其调节机制，这些都是国际借贷理论对汇率理论作出的重要贡献。国际借贷理论运用古典理论的价格理论和供求法则解释汇率变动，因此，该理论在现实生活中很容易被人们所了解和接受。此外，该理论是汇率理论发展中的一个重要转折点，因为它反映了西方汇率理论在 19 世纪已发展到了比较系统、比较成熟的阶段。现代汇率理论的一些主要方面都在其中有基本反映，因而该理论的提出不仅为 20 世纪的汇率理论进一步发展铺平了道路，而且在第二次世界大战后的西方汇率理论中占有一席之地。

但受制于当时的经济条件，该理论不可避免地也存在一些缺陷：

（1）国际借贷理论运用局部均衡分析方法（即假设其他条件不变），得出影响国际借贷的各因素与国际借贷和汇率的关系。实际上，这些因素是同时发生作用的，而且影响国际借贷的各因素之间、各因素与汇率之间的关系都是错综复杂的，因而它们对汇率的影响是不确定的，有的影响结果甚至与该理论得出的结论相反。例如，本国国民收入的增加还有可能导致对未来汇率预期的改变，这样，在其他条件可变的情况下，国民收入对汇率的影响就难以确定。该理论没有对之进行深入分析，因而是不完整的。

（2）国际借贷理论主要进行的是短期汇率变动的分析，故其结论可能与现实汇率的长期走势相矛盾。该理论指出了在金本位制度下，国际借贷差额不平衡时，一国对外债权与债务的变化会影响汇率的变动，但它未能说明国际借贷总额平衡时，汇率决定于什么，汇率会不会变动。因此，在国际货币制度发生变化，纸币流通制度代替金本位制度后，各国货币的对外汇率常常因通货膨胀、物价上涨而下跌，对于这种复杂现象，国际借贷理论就无能为力了，这也是该理论的最大缺陷。

（3）该理论仅注意到实际经济与汇率间的因果关系，对汇率与外汇供求和国际资本流动之间相互作用的关系未作深入探讨。

（4）该理论只适用于外汇市场比较自由、发达的国家，对于外汇市场不发达的发展中国家和外汇市场受到政府较多干预的国家，由于外汇供求的真实情况被掩盖而使其难以适用。

第三节　购买力平价理论

　　购买力平价说是一种比较古老的学说，早在 16 世纪就出现了该思想的萌芽。16 世纪中叶，西班牙的萨拉蒙卡学派研究了货币供给与价格的关系，并指出国内价格上涨是由一国货币供给量增加引起的，货币贬值则是由国内物价上涨所导致的。这是早期关于货币购买力的论述。1802 年，英国经济学家桑顿（H. Thornton）最早提出了购买力平价思想，该思想成为英国古典经济学家李嘉图经济学理论的组成部分。然而，最早清晰而强有力地对购买力平价理论进行系统阐述的则是瑞典经济学家古斯塔夫·卡塞尔（G. Cassel）。

　　1914 年第一次世界大战爆发后，金币本位制度崩溃，各国货币发行摆脱了黄金储备的限制，使物价飞涨，汇率也出现了剧烈波动。原先建立在外汇供求基础上的国际借贷说已经不能解释汇率剧烈波动的原因。瑞典经济学家卡塞尔在总结前人学术理论的基础上，连续发表了《外汇之现状》（1916 年）、《论黄金的贬值》（1917 年）、《世界货币问题的观察》（1920 年）等论文，并出版了《世界货币问题》（1921 年）、《1914 年以后的货币和外汇》（1922 年）等著作。在《1914 年以后的货币和外汇》一书中，他对购买力平价理论做了详细论述，从而系统地提出：两国货币的汇率主要是由两国货币的购买力决定的。即货币的价值同货币的购买力成正向关系，同物价水平则成反向关系。这一理论被称为购买力平价理论。

一、购买力平价理论的主要内容

　　购买力平价理论是采用一国货币的国内购买力来确定各种货币之间比价问题的汇率决定理论。它的主要观点是：人们之所以需要某种货币，是因为它具有购买力。本国人之所以需要外国货币是因为用它可以购买国外的商品、劳务和技术等；而外国人之所以需要本国货币是因为外国人可以用它购买本国的商品、劳务和技术等。因此，两国货币的交换实质上是两国货币所代表的购买力的交换，两国货币购买力水平的对比决定了汇率的高低和变动。换句话说，两国货币的汇率是由两种货币在本国国内所能购买的商品与劳务的数量决定的，货币的对外价值取决于其对内价值。

📖　知识拓展

人民币汇率波动及其决定

　　当地时间 2020 年 1 月 13 日，美国财政部发表声明，将中国移出汇率操纵国（汇率操纵国是指一个国家人为地操控汇率，使它显得相对低，令其出口价看似便宜。人们喜欢它的产品并减少购买本土产品。操纵国则牺牲别国利益而为本国创造更多就业机会及享受较高的国内生产总值）名单。美国财长表示，中国非常克制，并没有参与竞争性汇率贬值，并且行为很负责，透明度很高。对此，海关总署署长 14 日在国新办举行的新闻发布会上，用简单的一句话予以回应：正确的选择、积极的意义。而在同一天举行的例行记者会上，中国外交部发言人耿爽表示，事实上中国本来就不是汇率操纵国，美方的最新结论，应该说符合事实，也符合国际社会的共识。此前，国际货币基金组织报告认为，人民币汇率的表现与中国的政策目标和基本面是一致的。2018年，人民币虽然对美元贬值，但相对于货币篮子大体稳定，结果显示，中国人民银行几乎没有进行外汇干预。

（一）一价定律

购买力平价理论假定的首要也是最重要的前提条件是：在国际范围内一价定律能够成立。

一价定律：用同一货币衡量的不同国家的同质可贸易品价格相同。

假定两国均实行自由贸易，只考虑可贸易商品，不考虑贸易成本和贸易壁垒，则两国可贸易商品在世界各地以同一货币表示，其价格相同。这就是一价定律。或者说，在自由贸易市场的条件下，在同一市场范围内，不论是国内市场还是国外市场，同一件商品无论在什么地方出售，扣除运输费用外，价格都相同。同一种商品在世界各地的价格是等值的。由于各国所采用的货币单位不同，同一种商品以不同货币表示的价格经过均衡汇率的折算，最终是相等的。如式（11-1）所示：

$$P_a = EP_b \tag{11-1}$$

式中：E 表示直接标价法下的汇率；P_a 表示可贸易商品在国内的价格；P_b 表示可贸易商品在国外的价格。贸易品是指地区间价格差异可以通过套购活动消除的商品；非贸易品是不可移动或套购成本无限高的商品，如不动产和个人劳动。如果一价定律成立，则商品市场在不同国家没有差异，国际贸易或国际套购活动就会停止。在现实中，就某一种商品而言，一价定律很难成立，因此国际套购活动一直存在。

一价定律通常假定，存在着完全竞争的市场及国内商品和国外商品直接的完全可替代性。这就意味着国际贸易是完全自由的，厂商是价格的接受者，国内外商品是完全相同质量的。

（二）购买力平价理论的两种形式

购买力平价理论就是建立在一价定律的基础上，分析两个国家间货币汇率与商品价格关系的汇率理论。该理论假设：国家间的贸易必须完全自由；所有的商品价格均呈同幅度的变动；物价为影响汇率的唯一因素；影响购买力的因素只有货币数量。

购买力平价理论分为绝对购买力平价和相对购买力平价两种形式。绝对购买力平价解释了汇率的决定基础，相对购买力平价解释了汇率的变动规律，两者是购买力平价理论不可分割的组成部分。

1. 绝对购买力平价

绝对购买力平价的基本观点是：在某一时点上，两国的一般物价水平之比决定两国货币间的均衡汇率。或者说，一个国家的货币与另外一个国家的货币之间的比价，是由两种货币在各自国内的购买力之比决定的。因此绝对购买力平价理论可用式（11-2）表示：

$$E = P_a/P_b \tag{11-2}$$

式中：E 代表某一时刻直接标价法下的汇率；P_a 代表某一时刻本币表示的本国一般价格水平；P_b 代表某一时刻外币表示的外国一般价格水平。此式说明，汇率取决于以不同货币衡量的两国一般物价水平之比。由于货币购买力与物价水平互为倒数，所以物价之比又可以看作购买力之比。即用两国的物价指数（价格水平）直接相除计算汇率的方法，称为

"绝对购买力平价"。

绝对购买力平价是购买力平价理论最典型的形式，该学说解释了某一时刻上的汇率决定方法，是对汇率决定的静态分析。

2. 相对购买力平价

在绝对购买力平价的计算过程中，需要获得反映两国真实物价水平的准确数据，这在实际操作过程中是比较困难的，而两国物价水平的变动率（即通货膨胀率）是相对容易获得的。此外，对于汇率决定问题，除了要有静态分析，还需要对某一时段汇率的变化原因有所分析，这一点绝对购买力平价是无法解决的。为此，卡塞尔又提出了相对购买力平价理论。

相对购买力平价是指在一定时期内，汇率的变化要与该时期两国物价水平的相对变化成比例。相对购买力平价理论将汇率在一段时间内的变化归因于两个国家在此段时间中的物价水平或货币购买力的变化。相对购买力平价理论用式（11-3）表示为：

$$E_1 = E_o(P_{a1}/P_{a0})/(P_{b1}/P_{b0}) \tag{11-3}$$

式中：E_1 和 E_o 为计算期（报告期）汇率和基期汇率；P_{a1} 和 P_{a0} 为本国计算期和基期的物价水平；P_{b1} 和 P_{b0} 为外国计算期和基期的物价水平。式（11-3）说明了在任何一段时间内，两国汇率变化与同一时期内两国国内物价水平的相对变化成正比。

相对购买力平价的含义是：尽管汇率水平不一定能反映两国物价绝对水平的对比，但可以反映两国物价的相对变动。物价上升较快的国家，其货币就会贬值。

从上面介绍可见，购买力平价理论的绝对形式和相对形式有其内在的联系，但也存在着区别：

（1）绝对购买力平价反映的是某一点的汇率，相对购买力平价反映的是某一时段内的汇率；

（2）绝对购买力平价反映的是汇率的绝对水平，相对购买力平价反映的是汇率的变化率；

（3）绝对购买力平价说明汇率决定的基础，相对购买力平价说明的是汇率之所以变动的原因。

一般而言，绝对购买力平价是相对购买力平价的基础。如果绝对购买力平价是正确的，那么相对购买力平价也是正确的；但是，如果相对购买力平价是正确的，绝对购买力平价却不一定正确。因为在经济活动中存在着其他因素，如资本流动、政府干预等，都会对汇率产生影响，即使汇率的变化率与两国通货膨胀之差相等，但汇率的水平也不一定等于两国价格之比。

二、对购买力平价理论的评价

购买力平价理论提出后，一直受到国际金融学术界的高度重视。人们围绕它的争论旷日持久，褒贬不一，这说明该理论既有合理的一面，也有不足的一面。

1. 购买力平价理论的合理性

（1）购买力平价理论的基础是货币数量说。购买力平价理论通过影响汇率的种种因素，触及了汇率决定的基础这一本质问题。就购买力平价的绝对形式而言，在给定商品价值的情况下，纸币购买力的国际差异，实际上就是纸币所代表的价值量的差异，所以在这种情况下，通过比较纸币的购买力，可以得出两国货币的交换比例。购买力平价将两国货币各自对一般商品和劳务的购买力比率作为决定汇率的基础，抓住了事物之间的真实联系，因此具有一定的合理性。

（2）购买力平价理论揭示了通货膨胀与汇率间的关系。购买力平价理论对中长期汇率变动的主要原因的解释，在一定程度上是符合客观实际的，并且具有实用价值和可操作性。该理论揭示了中长期汇率变动的主要原因在于各国存在的持续通货膨胀。如果一国物价上涨高于别国，纸币对内贬值，短期内不一定会引起纸币对外贬值，但在相当一个时期后就必然会引起该国纸币的对外贬值。这个事实确实在国际上并不鲜见。第二次世界大战后的较长时间内，许多国家的通货膨胀率与货币汇率之间有着密切的相关性。购买力平价理论中的相对购买力平价，作为决定汇率水平的最重要的基本因素和长期因素，为考察通货膨胀时期的汇率和预测长期汇率的走势，提供了一个较好的计算方法和判断基准。

（3）购买力平价理论为各国汇率政策的制定提供了重要依据。在当今不兑现纸币流通的条件下，黄金已不再是汇率决定的基础。在缺乏更好的计算方法的情况下，物价水平在某种程度上较为可靠地反映了一国货币所实际代表的价值量。因此，根据物价水平对比计算得出的购买力平价就成为制定汇率政策的重要参考依据。购买力平价理论特别指出了通货膨胀的严重性及其对本国货币汇率的不利影响以及一国货币汇率下跌的根源——该国货币购买力低于别国货币的购买力，这对于制定国家宏观经济政策具有非常重要的意义。

（4）购买力平价理论用一种简明的方程式来说明汇率与物价之间的关系，开辟了从货币数量角度对汇率进行分析的先河，在论证上具有较严密的逻辑性，所采用的分析方法至今仍具有某些借鉴意义。

2. 购买力平价理论的缺陷

（1）购买力平价理论忽视了影响汇率变动的其他因素。物价水平虽然是影响汇率变动的重要因素，却非唯一因素，其他如国民收入、资本流动、生产成本、贸易条件、国际需求甚至世界政治经济形势的变动等，都能影响到外汇供求的变动，进而影响到汇率的变动。

（2）购买力平价理论在实际计算具体汇率时，存在许多技术上的困难。第一，在物价指数的选择上，到底选哪种是一个难题，物价指数的选择不同，可以导致不同的购买力平价；第二，运用购买力平价计算汇率，要求不同国家在商品的分类上具有一致性和可操作性，而现实中商品分类上的主观性可能扭曲购买力平价；第三，在计算相对购买力平价时，基期年份的正确选择非常困难。要进行物价指数的对比，就要选择一个两国经济比较均衡稳定的年度作为基期，如果基期内经济不均衡稳定，则无法准确计算两国货币的购买力平价。

（3）购买力平价理论忽略了汇率变动对物价变动的影响作用。在购买力平价理论中，物价水平和汇率之间的作用是单向的，即物价水平决定了汇率水平；而实际上，它们之间是相互作用、相互影响的，即不仅物价水平的变动可以引起汇率变动，而且汇率的变动也可引起物价水平的变动。

（4）在购买力平价理论中，以物价水平来计算汇率水平时，仅考虑到可贸易商品，而没有考虑许多未进入国际贸易领域的商品和劳务的价格指数，但实际上，这些商品和劳务的价格也能间接地影响物价水平。一国生产的商品是否进入国际贸易领域，一方面取决于运输费用的大小和贸易壁垒的高低（如某些低价值的矿产资源之所以不进入国际贸易领域，其原因是运输费用和贸易关税过高，贸易变得无利可图）；另一方面取决于商品本身的性质和特征（如公务人员、教师、汽车修理工以及住宅建筑工人等所从事的劳务活动一般也不进入国际贸易，这是由这些劳务本身所具有的非流动性质所决定的）。套购活动会使国际贸易商品的价格趋于相等，但对非贸易商品则不行。因此，只用国际贸易商品的价格指数来决定汇率，不能完全代表一国的物价水平。

（5）购买力平价理论以一价定律的成立作为前提条件，但现实状况与一价定律并不相符。因为在国际商品交换中存在运输费用和关税，还有其他引起商品国内价格发生变化的因素。当出现商品不完全流动、产业结构变动和技术进步时，这些因素都会使同等质量的商品在世界市场上不一定具有相同价格，即一价定律无法实现。

第四节　利率平价理论

20 世纪 20 年代之前的各种汇率学说包括购买力平价理论，均是关于即期汇率的决定和变动问题的研究。随着生产与资本国际化的不断发展，国际资本移动的规模日益扩大，并成为影响货币汇率（尤其是短期汇率）的一个重要因素。这些传统的汇率理论都不能解释这一现象，如国际借贷说认为汇率取决于外汇供求关系，购买力平价理论认为汇率取决于两国货币购买力水平的对比。利率平价理论正是适应这一需要孕育而生的。利率平价理论又称远期汇率理论。

1923 年，英国经济学家凯恩斯在《货币改革论》一书中系统地总结了远期汇率与利率的关系，较为系统地阐述了利率平价理论，明确提出了远期汇率决定于利差的观点。在凯恩斯之后，1931 年英国的经济学家艾因齐格在其著作《远期外汇理论》中，进一步从动态角度阐述了远期汇率和利率差之间的关系。20 世纪 50 年代至 70 年代，欧洲货币市场的出现改变了传统的国与国之间的金融投资和借贷关系的格局，使国际金融的性质和规模都发生了变化，理论界又出现了现代利率平价说，将利率平价理论进一步加以补充、完善和发展，使之更符合现实情况。

一、利率平价理论的基本内容

1. 利率平价理论的假设前提

利率平价理论是建立在诸多假设的基础上的，其前提条件有：

（1）国际金融市场比较发达和完善，国际资本流动不存在任何障碍，国际套利活动可以自由地进行；

（2）套利活动没有交易成本，即不考虑信息费、手续费和经纪人佣金等费用；

（3）国际金融资产具有充分的可替代性，即不考虑各种金融资产在收益率、期限和流动性等方面的差异；

（4）假定套利资金的供给弹性无穷大，即不考虑逃离成本、信用风险、流动性偏好、货币政策等因素对套利资金供给的影响。

2. 利率平价理论的基本观点

利率平价理论认为，在开放经济条件下，两国汇率由金融资产市场上两国货币资产的收益来决定。当一国利率低于另一国时，交易者为获得较高收益，会将其资本从利率低的国家转移到利率高的国家，以进行套利活动，获取利息差额。在国际金融市场上，在资本自由流动下，拥有一国货币的机会成本除利率外，还包括预期或远期汇率水平。两国投资比较的结果，便是国际资本流动方向的依据，直到通过利率的调整，两国的投资收益相等时，国际资本流动才会终止。因此，同即期汇率相比，利率较低国家的货币远期汇率会上升，而利率较高国家的货币远期汇率会下跌；远期汇率同即期汇率的差价，约等于两国间的利率差。套利是利率平价理论运用的基础，根据套利原理，在完全流动的市场中，同一单位货币无论投资于何种资产，若不考虑风险和成本的影响，套利收益应该相等。也就是说，在一个有效的市场中（理性预期和风险中性），当价格完全反映市场信息时，交易者是不可能获得超额收益的。由于利率平价理论同时考虑了两国的利率和汇率，所以它也是汇率决定理论。

二、利率平价理论的形式

利率平价理论从金融市场角度分析汇率与利率所存在的关系，分析了投资者的套利活动。在汇率稳定的时候套利者（投资者）可以获得稳定的套利收益。如何在汇率发生波动的时候保证稳定的套利收益？这就要利用远期交易市场。在一般情况下，很少有投资者作单纯的套利活动，而是将套利与远期交易结合起来，进行所谓"抛补套利活动"。由此，利率平价理论有抛补利率平价与非抛补利率平价两种理论形式。

1. 抛补利率平价理论

（1）抛补利率平价理论的基本观点。抛补利率平价理论通过探讨即期汇率、远期汇率和利率间的关系来说明远期汇率的决定。抛补利率平价说的基本观点是：远期差价是由各国利率差异决定的，并且高利率货币在外汇市场上表现为贴水，低利率货币在外汇市场上表现为升水。也就是说，汇率的变动会抵消两国的利率差异，从而使金融市场处于平衡状态。

对于投资者而言，在国际资本自由流动的条件下，手中资金究竟以何种货币持有，主要取决于何种货币能够提供较高的预期收益率。如果本币的预期收益率高于外币，投资者就会将资金从外币转换为本币来持有；反之亦然。

（2）抛补利率平价理论的基本方程。假定本国货币1年期利率水平为i_a，外国货币1年期利率水平为i_b，E为直接标价法的即期汇率，F为远期汇率，S为未来的即期汇率预期值。

如果在国内金融市场投资1单位本国货币，在投资期满时（1年期）将收回本币数额，如式（11-4）所示：

$$1 + (1 \times i_a) = 1 + i_a \tag{11-4}$$

同样的1单位本国货币如果用在外国投资，首先得在即期外汇市场上将本币兑换成外币，其数额为$1/E$，到期时收回外币数额，如式（11-5）所示：

$$1/E + 1/E \times i_b = 1/E \times (1 + i_b) \tag{11-5}$$

1年期满时，假定此时的即期汇率为S，则这笔外币可兑换成的本币数额，如式（11-6）所示：

$$1/E \times (1 + i_b) \times S = S/E(1 + i_b) \tag{11-6}$$

注意：由于 1 年后的即期汇率 S 是不确定的，因此这种投资方式的最终收益也是不确定的，或者说这笔投资的收益具有汇率风险。为了消除汇率风险，可以购买 1 年后交割的远期合约，交割的远期汇率为 F。将式（11-6）中的 S 用 F 替换，这样这笔投资就不存在汇率风险了，届时在外国金融市场上投资的 1 单位本币可以换回的本币数额，如式（11-7）所示：

$$F/E(1 + i_b) \tag{11-7}$$

在消除了汇率风险情况下，选择在国内投资还是在国外投资，就取决于这两种投资收益率的高低。比较式（11-4）和（11-7），如果 $1+i_a>F/E(1+i_b)$，表明国内收益高于国外收益，将投资本国金融市场；如果 $1+i_a<F/E(1+i_b)$，表明国外收益高于国内收益，则将投资国外金融市场；如果 $1+i_a=F/E(1+i_b)$，此时投资国内和国外金融市场收益都一样。

在市场上的投资者都会面临同样的选择。如果 $1+i_a<F/E(1+i_b)$，则众多的投资者都会将资金投入外国金融市场，表现为在外汇市场上即期购买外币，远期卖出外币，从而使本币在即期贬值（E 增大），在远期升值（F 减小），投资于外国金融市场的收益率 $F/E(1+i_b)$ 逐步下降，直到 $1+i_a=F/E(1+i_b)$ 时，外汇市场上对本币和外币的供求才处于平衡状态，即期和远期的汇率都达到稳定。反之皆然。所以当投资者采取持有远期合约的抛补方式交易时，市场最终会使利率与汇率间形成下列关系，如式（11-8）所示：

$$1 + i_a = F/E(1 + i_b) \tag{11-8}$$

整理得：

$$F/E = (1 + i_a)/(1 + i_b) \tag{11-9}$$

将式（11-9）两端同时减 1 可得：

$$(F - E)/E = (i_a - i_b)/(1 + i_b) \tag{11-10}$$

$(F - E)/E$ 称为远期汇率与即期汇率之间的升(贴)水率，用 P 表示为：

$$P = (F - E)/E \tag{11-11}$$

将式（11-11）代入式（11-10）整理得：

$$P + Pi_b = i_a - i_b \tag{11-12}$$

式（11-12）中，Pi_b 是两个很小数值的乘积，其值可以忽略（略去无穷小量），这样式（11-12）可以改写为：

$$P = i_a - i_b \tag{11-13}$$

式（11-10）和式（11-13）就是抛补利率平价理论的一般表达式，即基本方程。含义是：远期外汇升（贴）水率等于两国利率差。如果本国利率高于外国利率，则远期外汇升水，这意味着本币在远期将贬值；如果本国利率低于外国利率，则远期外汇贴水，本币在远期将升值。即远期汇率的变化率会抵消两国间的利率差，使金融市场处于平衡状态。

2. 非抛补利率平价理论

随着外汇投机活动的日趋兴盛，尤其是布雷顿森林体系崩溃后，带有外汇投机性质的非抛补套利活动越来越普遍，人们越来越将关注的焦点从抛补利率平价说转向非抛补利率平价说。

非抛补的套利行为与抛补的套利行为的差别在于：前者在将资金由低利率货币调往高利率货币时并不做反方向的操作，也就是说，套利者对其未来的投资收益并不保值。在这种情况下，将未来国外的投资收益折算成本币所采用的汇率就不是远期汇率，而是未来的即期汇率。

假定投资者对一年后的即期汇率预期值为 S，则投资者对投资国外所收回本币资金的预期数额就是式（11-6），即 $S/E(1+i_b)$。与抛补利率平价理论的分析一样，最终在市场处于平衡状态时，得到式（11-14）[与式（11-8）相似]：

$$1 + i_a = S/E(1 + i_b) \tag{11-14}$$

将上述公式进行类似的整理可得到式（11-5）[与式（11-13）相似]：

$$P_s = i_a - i_b \tag{11-15}$$

式中：$P_s = (S - E)/E$ 表示预期的未来即期汇率与现在的即期汇率的变化率，即预期汇率变化率。式（11-15）为非抛补利率平价理论的一般形式，它表明：预期汇率变化率等于两国利率之差。由于投资者根据自己对汇率未来变动的预测进行投资，在初期和期末均作即期外汇交易而不进行相应的远期交易，汇率风险也需自己承担，因此称为非抛补利率平价。

由于预期的汇率变动率是一个心理变量，难以得到可信的数据进行分析，而且实际意义也不大，同时人们往往关注的是即期汇率和远期汇率，因此对非抛补利率平价的实证研究一般与对远期外汇市场的分析和外汇市场效率的检验相联系。

三、对利率平价理论的评价

1. 利率平价理论的积极作用

利率平价理论是汇率决定理论的重要组成部分，该理论对于我们理解即期汇率的决定以及远期汇率与即期汇率之间的关系都很有意义，该理论的产生是汇率理论上的大发展和大创新。它的主要贡献可以概括为以下几个方面：

（1）利率平价理论在理论上纠正了以往汇率决定理论的某些偏差和不足。以往的汇率决定理论主要是研究即期汇率的决定问题，而利率平价说的重点则放在了远期汇率水平是如何决定的，研究了远期汇率波动的一般规律，使得远期汇率问题和以后的远期外汇交易与预测日益受到重视并快速发展。

（2）利率平价理论在总结外汇市场实践经验的基础上，很好地解释了外汇市场上汇率和利率的相互作用机制。它强调了汇率和利率之间的必然联系，将汇率的决定同利率的变化有机地联系起来，合理地解释了利率变动和资本流动对即期汇率和远期汇率变动的影响，发展了有关远期汇率决定的理论。将金融资产的两种价格放在一起研究，填补了以往汇率理论的一个空白，是一种重大的理论创新。

（3）利率平价理论具有较大的应用价值。一方面，利率平价理论为各国对汇率的调节和干预提供了重要依据。由于利率可作为货币政策工具灵活使用，中央银行便可根据利率和汇率的关系，对外汇市场进行调节，即可以在货币市场上利用利率尤其是短期利率的变动，对汇率进行调节。另一方面，在外汇市场上利率平价公式被作为指导公式广泛运用于交易中。一些大银行也基本上是根据各国间的利率差异来确定远期汇率的升（贴）水额。

2. 利率平价理论的缺陷

（1）利率平价理论没有考虑交易成本。该理论认为套利活动的交易成本为零，不考虑信息费、手续费和经纪人佣金等费用。而实际在外汇交易中，成本是一个非常重要的因素，它不仅直接影响到利率与汇率的关系，而且还能影响到各种市场参与者的行为动机，从而影响市场参与者作出的交易决策，使理论预测与实际情况出现偏差。当各种交易成本过高时，套利收益就会受到影响，从而使汇率和利率的关系也受到影响。如果考虑交易成本，国际抛补套利活动在达到利率平价之前就会停止。

（2）利率平价理论假定资本流动不存在障碍，资金能顺利、不受限制地进行国际流动，国际套利活动可以自由地进行。但事实上，资金在国家间的流动会受到外汇管制和外汇市场不发达等因素的阻碍。即使在现今，在少数几个最主要国家的金融中心，各国当局对于资金的转移及其他的交易条件，也不是完全无限制的。因此这一假定与现实不符。

（3）利率平价理论假定套利资金的供给弹性无限大，故套利者能不断地进行套利活动，直到利率平价成立。可实际上，从事套利的资金并不能保证无限量的供应。因为一方面，与持有国内资产相比较，持有国外资产具有额外的风险，随着套利资金的递增，其风险也是递增的；另一方面，套利还存在机会成本，即用于套利的资金金额越大，为预防和安全所需的资金就越少，流动性就越低。这一机会成本也是随着套利资金的增加而递增的。因此，为了资金的安全，也为了保证手头的资金具有一定流动性，人们会自动约束自己的动机，不会把全部资金用于套利活动。

（4）与抛补利率平价相比，非抛补利率平价还存在一个严格的假设：非抛补套利者为风险中立者。与抛补套利赚取的无风险收益不同，投资者在进行非抛补套利时承担着汇率风险。如果未来即期汇率与原先的预测发生差异，则投资者将承受额外的汇兑损益。如果投资者为风险中立者，对此额外的风险持无谓态度，则非抛补利率平价自然容易成立。但如果投资者为风险厌恶者的话，那么对于所承受的这一额外风险，往往要求在持有外币资产时有一个额外的收益补偿，即所谓"风险补贴"。这一风险补贴的存在，显然就会导致非抛补利率平价不成立。

此外，诸如差别税、政治风险、时滞等因素也会影响到利率平价理论的有效性。以上种种因素，使得在理论上无懈可击的利率平价理论在现实世界中往往难以成立。但是，我们不能因为以上缺陷而低估利率平价理论的作用。在金融国际化和国际资本流动规模远远超过国际贸易规模的条件下，市场汇率日益偏离购买力平价，并越来越多地受到利率的联动影响。

第五节　资产市场理论

资产市场理论也称为货币主义汇率理论。资产市场理论是 20 世纪 70 年代中期以后发展起来的一种重要的汇率决定理论。布雷顿森林体系解体后，汇率失去了保持稳定的客观物质基础，波动频繁而且剧烈；与此同时，各国政府纷纷实行金融自由化政策，逐步取消了短期资本流动的限制，大量的短期资本在国际市场上进行套利活动，国际游资频繁移动与汇率的波动交互影响，纯粹的跨国金融交易在数量上已经大大超过国际贸易而占据主要地位。由于国际经济背景发生了巨大变化，传统的汇率理论已无法对现实经济作出解释，经济学家转而从新的角度对汇率理论进行研究。1975 年，在瑞典的斯德哥尔摩附近召开了一次关于浮动汇率与稳定政策的国际研讨会，这次研讨会的（有关资产市场理论）论文发表在 1976 年的《斯堪的纳维亚经济学》（*The Scandinavian Journal of Economics*）杂志上，这标志着资产市场理论的诞生。资产市场理论一问世，便迅速得到了西方学术界的普遍关注，也获得了一些实际部门的青睐，成为国际货币基金组织、美国联邦储备银行和一些有条件的跨国公司和跨国银行制定汇率政策或分析和预测汇率变化的主要根据之一。

资产市场理论是在国际资本流动获得高度发展的背景下产生的，因此它特别重视金融资产市场均衡对汇率变动的影响。一国金融市场供求存量失衡后，市场均衡的恢复不仅可以通过国内商品市场的调整来完成，在各国资产具有完全流动性的条件下，还能通过国外资产市场的调整来完成。汇率作为两国资产的相对价格，其变动就有助于资产市场均衡的恢复，以消除资产市场的超额供给或超额需求。均衡汇率就是指两国资产市场供求存量保持均衡时两国货币之间的相对价格。这是资产市场理论的基本思想。

资产市场理论的一个重要分析方法是一般均衡分析。它较之传统理论的最大突破在于它将商品市场、货币市场和证券市场结合起来进行汇率决定分析。基于国际商品和资本流动的高度发展，国内外这些市场的相互作用和联系大大加强。在这些市场中，国内外商品之间和资产之间有一个替代程度的问题。在一个国家的三种市场之间，有一个在受到冲击后进行均衡调整的速度快慢对比问题。对替代程度和调整速度的不同假设，就产生了各种资产市场说的模型。

资产市场理论的假定前提：

（1）完全的资本流动性，不存在任何资本跨国流动的限制，即抛补利率平价理论始终成立；

（2）投资者具有理性预期，即对某一变量未来值的预期，等于以当前所有信息为条件的数学期望值；

（3）高度发达的资产市场。

依据本币资产与外币资产可替代性的不同假定，资产市场理论可分为货币分析法与资产组合分析法。货币分析法假定本币资产和外币资产可以完全替代，即非抛补的利率平价成立，两个市场的供求平衡可以同时达到。资产组合分析法则认为本币资产和外币资产不可完全替代，即非抛补的利率平价不成立，两个市场的供求平衡需要分别予以考察。

一、货币分析法

货币分析法强调了货币市场对汇率变动的影响。当一国货币市场失衡后，国内商品市场和证券市场会受到冲击，在国内外市场紧密联系的情况下，国际商品套购机制和套利机制就会发生作用，从而汇率就会发生变化。货币分析法又有两种主要模型：弹性价格货币模型、粘性价格货币模型。

（一）弹性价格货币模型

弹性价格货币分析法可简称为汇率的货币模型，创立于 20 世纪 70 年代初期，其代表人物主要是弗兰克尔、穆沙、葛顿、比尔森等。在这一模型中，由于本币和外币资产是完全可替代的，因此这两种资产市场是统一的市场。根据一般均衡的原理，只要本国货币市场达到平衡，外币市场就必然平衡。因此，货币模型把重点放在分析货币市场上货币供求的变动对汇率的影响上。

1. 弹性价格货币模型的主要内容

弹性价格货币模型的基本前提条件（基本假设）：第一，垂直的总供给曲线；第二，货币需求是国民收入和利率的稳定函数；第三，购买力平价成立。该理论的核心思想是汇率可以自由调整以反映各种因素对汇率水平决定的影响。特别需要指出的是，此处的货币供给是政府可以控制的外生变量，利率与实际国民收入都与货币供给无关，货币供给变动带来的货币市场不均衡，完全由价格的弹性变动来调整，不会影响利率和产出。

在上述假定的前提条件下，将购买力平价方程式与货币数量论方程式相结合，可以得到基于货币供应量与国民生产总值对比的弹性价格货币模型，其推导过程如下：

弹性价格货币分析理论是从货币供给等于需求的均衡条件开始的。根据货币数量论方程式，货币需求是一国利率、收入和价格的函数。以卡甘（Cagan）的货币需求函数表示本国货币需求，如式（11-16）所示：

$$M_a = KP_a i_a^{\beta} Y_a^{\alpha} \tag{11-16}$$

同理有外国货币需求函数，如式（11-17）所示：

$$M_b = KP_b i_b^{\beta} Y_b^{\alpha} \tag{11-17}$$

式中：Y 为实际收入；P 为价格水平；i 为利率；M 为货币数量；α 表示货币需求的收入弹性；β 表示货币需求的利率弹性；下标 a 和 b 分别表示本国和外国参数；K 为常数项。由于购买力平价持续有效，即式（11-2）$E = P_a/P_b$ 成立，由式（11-16）除以式（11-17）可得式（11-18）：

$$E = P_a/P_b = (Y_b/Y_a)^{\alpha}(i_b/i_a)^{\beta}(M_b/M_a)^{-1} \tag{11-18}$$

对上式两边取对数得式（11-19）：

$$\ln E = \alpha(\ln Y_b - \ln Y_a) + \beta(\ln i_b - \ln i_a) + (\ln M_a - \ln M_b) \tag{11-19}$$

令 $e = \ln E$，$m_a = \ln M_a$，$m_b = \ln M_b$，$y_a = \ln Y_a$，$y_b = \ln Y_b$，$i_a = \ln i_a$，$i_b = \ln i_b$，则有：

$$e = (m_a - m_b) + \alpha(y_b - y_a) + \beta(i_b - i_a) \tag{11-20}$$

式（11-20）是弹性价格货币模型中最核心的基本方程。汇率水平 e 可以由等式右侧的变量进行解释。公式中第一项表示本国和外国货币供给变动的差额；第二项表示本国和外国实际国民收入变动的差额；第三项表示本国和外国利率变动的差额。从中可以看出，本国和外国之间的实际国民收入水平、利率水平以及货币供给水平通过影响各自的物价水平，最终决定了汇率水平。这样，弹性货币分析法就将货币市场上的一系列因素引进了汇率水平的决定中。

具体分析一下这些因素变动对汇率的影响：

（1）两国相对货币供给变化。汇率变动与本国货币供给成正比，与外国货币供给成反比。其他因素不变时，当一国货币供给相对他国增加时，外汇汇率就会上升，从而引起本币贬值。反之，外国货币供给相对本国增加，则本国货币同比例升值。

（2）国民收入的相对变化。外汇汇率与本国相对于他国的收入成反比。当其他因素不变，本国国民收入相对增加时，外汇汇率就会下降，本币升值。

（3）利率水平的相对变化。外汇汇率与本国的利率成正比。其他因素不变，当本国利率相对上升时，外汇汇率就会上升，本币贬值。

2. 对弹性价格货币模型的评价

弹性价格货币模型是在购买力平价理论和国际收支货币分析理论的基础上建立起来的，但它并不是购买力平价的简单翻版，而是具有诸多新的内容，其对汇率理论发展的主要贡献在于：

第一，它突出了货币因素在汇率决定和变动中的作用，强调了货币供给、国民收入、国民生产总值、利率和通货膨胀预期等因素对汇率的影响，在一定程度上克服了传统的汇率理论的局限性。货币模型将购买力平价理论引入资产市场，将汇率视为一种资产价格，从而抓住了汇率这一变量中的特殊性质，在一定程度上符合资金在本币存款、债券、外币和外币债券之间可以频繁转换的客观事实，为现实生活中汇率的频繁变动提供了一种解释。

第二，它正确地指出了货币供给状况及货币政策与汇率变动的直接联系，从而为在浮动汇率制度下如何更好地运用和协调货币政策与汇率政策，来加强宏观经济调控和国际收支调节奠定了理论基础。在现实分析中具有特定的实用性。

第三，它使汇率理论研究从传统的国际收支分析和中长期分析逐步转向了资产市场分析、短期分析和动态分析。货币模型是一般均衡分析。

第四，由于理论假定的不同，货币模型是资产市场说中最为简单的一种形式，但它却反映出这一分析方法的基本特点。

但是，货币模型仍然存在着一定的缺陷，主要表现在：

第一，该理论片面地强调了货币因素的作用，忽视了经济结构等实际因素的影响。它只注意了货币市场总的均衡，而忽视了对各个部分结构的分析，并颠倒了实际因素与货币因素之间的因果关系。

第二，该理论侧重于汇率的长期分析，一定程度上考虑了短期因素对汇率的影响，但其赖以成立的一些基本假定，如两国之间始终保持购买力平价，国内价格对货币供应量有充分弹性等，在短期内难以成立，这使其在解释汇率的短期波动时出现了一些矛盾。

第三，该理论假定浮动汇率制度能够保证国际收支平衡，而在现实中国际收支不平衡是经常性的长期存在的现象。

第四，该理论的某些假设条件过于严格。如货币中立、资产完全替代等在现实生活中并不成立，从而削弱了该理论的说服力。

（二）粘性价格货币模型

汇率的粘性价格货币模型又称为"汇率超调模型（简称超调模型）"，是由美国麻省理工学院教授鲁迪格·多恩布什于1976年提出的，它同样强调货币市场均衡对汇率变动的作用。多恩布什认为，货币市场失衡后，商品市场价格具有粘性，不会因货币市场的失衡而发生调整，而证券市场反应极其灵敏，利息率将立即发生调整，使货币市场恢复均衡。

与货币模型相比，超调模型的最大特点在于：它认为商品市场价格与资产市场价格的调整速度是不同的，商品市场上的价格水平具有粘性的特点，而资产市场上的价格则没有粘性，这就使得购买力平价在短期内不能成立，经济存在着由短期不平衡向长期平衡的过渡过程。这里所说的短期不平衡，是价格还来不及发生变动时的情况。由于一段时期后价格开始调整，所以长期平衡就是价格充分调整后的经济平衡。

1. 粘性价格货币模型的基本思想

弹性货币价格模型和粘性货币价格模型都强调货币市场均衡在汇率决定中的作用，同属汇率货币论。在超调模型中，其货币需求和货币供给的基本公式与货币模型中的公式相同，但前者假定价格是完全灵活可变的，而后者修正了其价格完全灵活可变的看法。多恩布什认为，在短时期内价格水平具有粘性，不会立即因货币市场失衡而发生调整。只有从长期来看，价格才会完成因货币市场失衡所引起的均衡调整。这样，弹性货币价格模型可视为一种说明汇率长期变动的模式。货币市场失衡后，证券市场的利息率会立即变动，使其恢复均衡。汇率水平正是在证券市场的调整过程中被决定的。但变动后的汇率水平只是短期均衡水平，当商品市场价格开始调整，逐渐向长期均衡水平过渡时，汇率水平就由商品市场和资产市场的相互作用所决定。当调整过程完成，商品市场也达到长期均衡时，汇率水平也就达到了弹性货币价格模型中所说的长期均衡水平。因此，汇率超调模型说明汇率如何由于货币市场失衡而发生超调，又如何从短期均衡水平达到长期均衡水平。

由于汇率和价格的调整速度不一致，造成汇率的超调。随着时间的推移，汇率的超调（超额贬值）会使净出口增加和产出增加，由此造成汇率和利率上升，经济在新的基础上动态地重新达到平衡。这样，货币供给的一次性增加，最终表现在：第一，产出增加；第二，价格上升；第三，本币汇率先降后升；第四，利率先降后升。

一次性的货币供给增加带来的冲击，不但在长期内会带来本币同比例的贬值，还会在短期使本币贬值的幅度超过在长期贬值的幅度，这就是汇率的超调。

2. 对超调模型的评价

（1）超调模型在货币模型的框架内展开分析，但它采用了商品价格粘性这一被认为更切合实际生活的分析方法，因而实用意义更大。

（2）超调模型首次涉及了汇率的动态调整问题，从而创立了汇率理论的一个重要分支——汇率动态学。继超调模型之后，研究者从各个角度将汇率动态调整的研究推向深入。

（3）超调模型的意义不仅在于汇率决定，还在于对内部均衡和外部均衡分析方法的扩展。

（4）超调模型具有鲜明的政策含义。既然汇率可能发生超调，那么政府对资金流动和汇率进行监管，降低汇率剧烈波动带来的冲击，就有了充分的理论基础。

但汇率超调模型也存在不足之处，主要是：它将汇率波动完全归因于货币市场的失衡，而否认商品市场上的实际冲击对汇率的影响，未免有失偏颇；它假定国内外资产具有完全的替代性，事实上，由于交易成本、赋税待遇和各种风险的不同，投资者一般也并非风险中立者，故国内外资产间还不能完全替代。

二、资产组合分析法

资产组合分析法又称资产组合平衡理论（平衡模型），来源于宏观经济学中托宾的"资产组合选择理论"。汇率货币论仅仅强调货币市场均衡在汇率决定中的作用，未免过于片面。更重要的是，汇率货币论关于各国资产具有完全替代性的假设过于严格。基于这一认识，以布朗森（W. Branson）、库礼（P. J. Kouri）为代表的经济学家们，在接受了多恩布什关于短期内商品价格粘性的看法的基础上，运用托宾的"收益—风险"分析法，提出了汇率决定的资产组合平衡模型。其主要思想是：在国内外非货币资产之间不完全可替代的情况下，投资者根据其对收益率和风险性的考察，将财富分配于各种可供选择的资产，从而确定自己的资产组合。当资产组合达到稳定状态，均衡汇率也就产生了。

资产组合分析法的特点：

（1）假定本币资产与外币资产是不完全的替代物，风险等因素使非套补的利率平价不成立，从而需要对本币资产与外币资产的供求平衡在两个独立的市场上进行考察；

（2）将本国资产总量引入了分析模型，本国资产总量直接制约着对各种资产的持有量，而经常账户的变动会对这一资产总量造成影响，从而将流量因素与存量因素结合了起来。

（一）资产组合分析法的基本思想

1. 资产组合分析法的基本方程

两个前提：第一，外国利率 i_b 是给定的；第二，本国居民按总财富的一定比例持有三种资产，即居民对本国货币的需求（本国货币存量）M、对国内债券的需求（本币债券）B 和对国外债券的需求（外币资产）F。其中，B 和 F 是可由本国政府控制的外生变量。外币资产的供给仅在短期内被看作是固定的，它的本币值等于 EF（E 为直接标价法的汇率）。

在上述前提下，以本币计算的一国私人部门（包括个人和企业）持有的财富（资产总量、总财富记为 W）由式（11-21）构成：

$$W = M + B + EF \tag{11-21}$$

各种资产之间存在收益率和风险的差别，因而不可完全替代。这一点是资产组合平衡模型与货币分析模型的主要区别。正是由于资产的不可完全替代性，每个投资者就有必要将自己的资本均衡地分配在不同种类的资产上，以实现最佳的收益与风险对比关系。这样，私人部门会将净财富在本国资产和外国资产之间进行分配，分配的比例取决于各类资产的预期收益率高低。本国货币的预期收益率为零，本国证券的预期收益率就是国内利息率（i_a），而国外资产的预期收益率是国外利息率（i_b）加预期货币贬值率（C）。

相应形成的货币市场、国内外证券市场的供给量均由政府控制，因此，M、B 和 F 与国内利率水平（i_a）、国外利率水平（i_b）、和居民财富（W）直接相关。M、B 和 F 的需求函数可表示为：

$$M = m(i_a, \ i_b + C)W \tag{11-22}$$

$$B = b(i_a, \ i_b + C)W \tag{11-23}$$

$$EF = f(i_a, \ i_b + C)W \tag{11-24}$$

式（11-21）为财富的定义式，式（11-22）~式（11-24）分别代表三个资产市场的均衡条件。

从货币市场来看，货币供给是由政府控制的，货币需求则是本国利率、外国利率和资产总量的函数。当本国利率和外国利率上升时，投资者都倾向于减少货币的持有，造成货币需求的降低；而资产总量增加时，对货币的需求也会增加。所以，货币需求是本国利率和外国利率的减函数，是资产总量的增函数。

从本国债券市场看，本国债券供给同样是由政府控制的。本国利率水平提高时，投资者会更倾向于持有本国债券，外国利率水平提高时则相反。因此，对本国债券的需求是本国利率的增函数、外国利率的减函数、资产总量的增函数。

从外币资产市场看，外币资产的供给是通过经常账户的盈余获得的，在短期内，假定经常账户状况不发生变动，因此外币资产的供给是外币的固定值。同理，对外币资产的需求是本国利率的减函数、外国利率的增函数，也是资产总量的增函数。

在以上三个市场上，不同资产供求的不平衡都会带来相应变量，主要是本国利率与汇率的调整。

式（11-22）~式（11-24）中的小写字母 m、b、f 代表私人部门（本国居民）持有本国货币、本国证券和外币证券（国外资产形式）的需求占全部财富的比例。由于 $m+b+f=1$，因此，当其中两个市场达到均衡时，第三个市场必定也处于均衡。当三个市场同时均衡时，可得到式（11-25）：

$$EF = W - M - B = W - m(i_a, i_b + C)W - b(i_a, i_b + C)W = W(1 - m - b)$$

$$(11-25)$$

则有式（11-26）：

$$E = (W/F)(1 - m - b) \tag{11-26}$$

运用总量分析方法，将这些因变量归纳在一个函数关系式中，便得到汇率的一般函数关系方程式，如式（11-27）所示：

$$E = e(i_a, i_b, M, B, F, C) \tag{11-27}$$

2. 资产组合分析法的基本观点

式（11-27）表明了资产组合平衡模型的基本观点，具体如下：

（1）汇率表面上是两国货币的兑换比率，实际上是以两国货币计值的金融资产的相对价格。因此，汇率决定的原理与金融市场上其他金融资产价格决定的原理一样，是由在两国资本相对流动过程中以两国货币计值的金融资产的供需状况决定的。一切影响资产收益的因素都会通过资产市场上资产的重新组合而决定和影响汇率的水平及其变动。

（2）影响资产收益率的主要因素是利率。当本国利率上升时，对本币债券的需求就会增加，人们会减少对外币债券的持有而购买本币债券，引起对外币需求的减少和本币需求的增加，从而使本币汇率上升，外币汇率下跌。反之，就会出现相反的结果。

（3）资产供给的变化对汇率产生的影响分为两种效应：一是资产存量结构变化带来的替代效应；二是资产供给总量变化带来的财富效应。具体看一下这两种效应的发生过程，即它们对汇率产生影响的过程。

资产存量结构变化，一般是由中央银行的公开市场操作引起的，具体又分为两种情况：第一种情况是本币债券与本国货币的互换。这是中央银行在国内货币市场上的公开业务。如果中央银行抛售本币，购买本币债券，将会直接导致利率下降，而利率下降会使外币债券的需求上升，从而通过替代效应使外币汇率上升。第二种情况是外币债券与本国货币的互换，这是中央银行在外汇市场上的公开市场业务。如果中央银行抛售本币，购买外币债券，将会使国内利率下降和外币债券的需求增加，这两者同时推动外币汇率上升。

资产供给总量变化又分为三种情况：第一种情况是本币供应量增加。这由央行增发货币引起，它将导致投资者持有的本币存量上升，为使资产组合重新平衡，投资者会增加对本币债券和外币债券的购买，则本币债券价格上升，外币资产需求增加，其结果是国内利率下降，外币汇率上升。第二种情况，是本币债券供应增加，这由政府增发债券弥补财政赤字引起。它对汇率会同时产生两种不同的影响：一方面，由于财富总量扩大，投资者增加外币债券的需求，其结果是外汇汇率上升；另一方面，本币债券供应增加使本币债券价格下跌，国内利率上升会相对削弱对外币债券的需求，最后导致外汇汇率下跌。结果到底如何，要取决于两种变化的力量对比。第三种情况是外币债券供应增加。这源于国际收支中的经常项目盈余。它将使外币债券市场上出现超额供应，从而导致外汇汇率下跌。

（二）资产组合分析法和货币分析法的关系

资产组合分析法与货币分析法的共同点是都将汇率决定引入资产市场。根据前述理论和相关模型的推导，可以看到二者又有以下区别：

1. 在国内外资产替代方面

货币分析法假定它们是完全可以替代的；而资产组合分析法则认为不同资产之间虽然存在高度替代性，但由于收益和风险不同，它们不能完全替代，只能进行相应的资产组合。

2. 非抛补利率平价条件是否成立

货币分析法认为成立；而在资产组合分析法中，则需要加入风险溢价因素才成立，原因在于外汇市场的风险使得投资者在资产组合投资时，必须考虑规避风险。

3. 在汇率决定方面

货币分析法认为，汇率是由两国相对货币供求所决定的；而资产组合分析法认为，汇率是由所有的金融资产存量结构平衡决定的，原因在于有价债券与货币之间有较好的替代性，使得有价证券影响了货币的供求存量。

4. 国际收支的影响

货币分析法没有考虑国际收支对汇率决定的影响；而资产组合分析法则认为，国际收支中经常项目是影响汇率变动的重要因素。

三、对资产市场理论的评价

1. 资产市场理论的理论价值

（1）在理论上是一次重大革新和突破。资产市场理论与传统的汇率决定理论不同，它将汇率看成资产价格，强调了金融资产市场在汇率决定中的重要作用，这对理解现实汇率有一定意义，同时也使得理论研究更加贴近经济实际。

（2）第一次正式地将存量分析引入汇率决定理论中，同时结合流量分析方法，这对传统的、单纯的流量分析也是一个重大突破。从理论上说，资产市场的均衡状态为资产供给与需求的存量相等，而资产的流动反映了资产市场供求的暂时不平衡。在一国外汇市场或金融市场失衡时，在各国资产具有完全流动性条件下，资产存量的变化可以有效地调节外汇市场或金融市场，只有各国资产市场处于均衡状态时的汇率才是均衡汇率。

存量方法的应用使得该理论比较好地解释了汇率易变性或波动的原因，并逐渐成为占据主导地位的汇率理论，直接为政府的宏观经济政策提供理论依据。

（3）资产市场理论体现的是一般均衡分析方法，以资产市场为重点，结合商品市场进行汇率决定的分析，在一定程度上避免了传统理论的片面性和局部性，因而能对现实汇率作出一定的解释，是汇率决定理论的飞跃。

2. 资产市场理论的主要缺陷

（1）该理论抽象了真实收入和真实财富及其相互作用，片面强调了资本流动的作用。尽管该理论也将经常项目以间接的方式纳入分析中，但实际上却忽视了实物交易和贸易差额对汇率变动所起的重要作用。

（2）该理论仅适用于金融市场高度发达、资本管制和外汇管制十分宽松、资本可以自由流动的国家，并且要求短期资本对利率差异的变动非常敏感，本国资产与外国资产之间具有高度的替换性，否则资产选择对汇率的影响就要大打折扣。

（3）该理论必须以实行自由浮动汇率制度、外汇汇率在外汇市场上由供求双方自由决定为前提条件，如果实行固定汇率制度或其他限制汇率的制度，该理论也将失去实际意义。

（4）该理论复杂的模型在实际运用中存在一定的局限性。这种模型不仅要考虑金融资产的实际收益率，还要考虑预期的价格、利率和汇率的变动对实际收益的影响，因此，该模型比其他汇率理论要复杂得多。复杂的价格因素不仅使分析变得十分困难，而且由于引入了一些几乎不可能测量和难以捉摸的变量（例如财富的存量和人们的预期），故其运用受到限制。

第六节　汇率决定理论的新发展

20世纪70至80年代初，是汇率决定的资产市场分析法盛行的时期。在这一阶段，经济学家们除了致力于建立和扩展各种汇率决定的资产市场模型，也在致力于模型的经验验证。然而，结果却不尽如人意，大量经验验证的结果表明，模型对浮动汇率条件下的汇率解释能力非常弱。因此，新一轮汇率决定理论的研究得以开始。"市场效率"作为汇率决定理论突破和发展的分析起点首先被提了出来。

一、市场效率理论

有效市场的最初概念是由尤金·法玛（E. F. Fama）于1965年提出的，并于1970年在总结相应的理论和实证基础上，借助萨缪尔森（Samuelson）的分析方法和罗伯特（Roberts，1967）的三种有效形式，提出了有效市场假说，即市场效率理论。该理论是预期说在金融学或证券定价中的应用，也是西方主流金融市场理论。

市场效率理论的主要观点：在一个有效的外汇市场上，汇率（即期汇率和远期汇率）必定充分反映所有相关和可能得到的信息，这样投资者就不可能赚得超额利润，均衡汇率就是在完全信息条件下形成的，市场是所有信息的敏感器，调节着价格的变动。

有效市场最初被用于商品市场和资本市场的研究，后来又被引入外汇市场。但是，经验检验的结果拒绝了有效市场的假说，如坎比和奥伯斯菲尔德（Cumby & Obstfeld）、杜利和谢夫特（Dooley & Shalfter）、利维奇和托马斯（Levich & Thomas）对于即期外汇市场的检验，以及汉森和赫德里克（Hansen & Hodrick）、法玛（Fama）等对远期外汇市场有效性的检验等。由此引发了对于市场效率对汇率影响的进一步研究。

1. 新闻模型

新闻模型是穆莎（Mussa）提出的，该模型是在资产市场模型的基础上结合理性预期假说建立起来的。穆莎认为，所谓"新闻"就是修正汇率预期的所有事件和信息，所有基本经济变量的"新闻"都会引起未预见即期汇率的变化，这也是经验检验失败的原因。由于即期汇率和远期汇率之间的时间内会有"新闻"因素的出现，从而可能导致远期汇率是将来即期汇率的有偏估计，而"新闻"的不可测性也决定了汇率是一个随机游走过程。"新闻"因素不断进入外汇市场可以在一定程度上揭示汇率的频繁波动，但是却不能解释外汇市场暴涨暴跌的原因，因此产生了理性投机泡沫模型。

布兰查德（Blanchard）、多恩布什（Dornbush）作出了贡献性的研究，他们认为期初由于交易者对经济变量认识不一致造成的汇率偏离，在理性预期的条件下，将进一步偏离均衡水平。随着泡沫膨胀，交易者会在期末判断泡沫破灭概率，汇率越高泡沫破灭概率就越大，因此汇率须以更大幅度的上升来补偿泡沫破灭风险，从而进一步加速泡沫膨胀。这在一定程度上，解释了浮动汇率制度下汇率波动大幅度偏离宏观基本因素的原因。

2. 比索问题

比索问题这一名称来自 1976 年的墨西哥比索贬值时间。若戈夫（Rogoff）和克拉斯科（Krasker）最先对比索问题进行了理论研究。他们认为，小概率重大事件的潜在发生会对市场参与者的行为和预期产生重大影响，使得预期的汇率变动和实际的汇率变动方向会出现刚好相反的现象，同时也使得远期外汇市场有效性的检验变得无效。

3. 风险溢价

法玛（Fama）、泰勒（Taylor）等证明了风险溢价的存在。风险溢价是对外汇市场有效性假设前提之一，即风险中性的否定。理性预期下，如果放松风险中性的条件，则在远期汇率和将来即期汇率预期之间就有一个风险溢价，远期汇率不再是预期即期汇率的无偏估计。风险溢价可以在一定程度上解释外汇市场有效性检验的失败和汇率对基本因素的偏离。同时对汇率偏离利率平价提供了一种解释，但是这方面的实证检验并没有完全一致的结论。

二、基于微观行为的汇率决定理论

20 世纪 90 年代以来，一些研究者认为，传统汇率决定理论是在宏观经济关系的框架之下分析汇率决定问题，忽略了微观经济的作用。他们认为，汇率在很大程度上可以看作是人们根据自己的消费方式选择资产的结果，经济主体的行为及其影响因素是微观基础，在宏观经济变量发生变化过程中起着重要的作用。因此提出基于微观行为的汇率决定理论，如奥伯斯菲尔德和若戈夫（Obstfelb & Rogoff）等的研究。

微观行为使得汇率决定理论出现了新的研究方向，基本观点是：汇率是由市场决定的，而市场上的汇率又是在交易者的交易中决定的。所以，研究一定基本面条件和制度下各种交易者的行为，尤其是在外汇市场中处于核心的做市商的行为，就有可能揭示汇率决定的原因和路径。经验研究结果不理想，不是宏观经济变量选择错误，而是原有模型仅考虑宏观层面；还应进一步考虑从投资者偏好、风险承受能力等微观因素，从而分析现有汇率理论的宏观经济指标如何改变市场参与者的各项决策，进而研究汇率决定与变化的规律。

基于微观行为的汇率决定理论更加贴近实际，目前这种方法仍在发展之中，并成为汇率决定理论非常重要的一个发展方向，但至今令人满意的经验研究还很少。

三、基于信息经济学的汇率决定理论

莱昂斯（Lyons）提出，在特定交易体系下，掌握不同信息或是对信息理解不一致的外汇交易者的相互博弈是汇率波动的直接原因。学者们以此为基础，分别从信息、市场参与者的异质性和交易机制等方面来研究汇率形成的规律。

从信息角度来看，微观金融指标、外汇市场订单流和买卖价差传递都反映了私有信息，并对汇率变动产生重要影响。莱昂斯、埃文斯（Evans）等人的研究表明，汇集了各个交易者私有信息的订单流能够很好地说明国际金融市场上主要外汇的走势，埃文斯甚至证明了即使外汇交易中较小部分的订单流数据，也可以解释40%~70%的汇率波动的原因。

从市场参与者角度看，弗兰克尔和弗劳特（Frankel & Froot）、维雷特（Vilate）提出信息不对称导致了外汇市场参与者的异质性；伊藤（Ito）则证明了预期异质性的存在，从而拒绝了理性预期假说。因此持有这一观点的人认为，市场参与者的异质性使得有效市场假说不能成立，也是原有汇率理论无法很好地解释现实汇率波动的一个重要原因。

从交易机制角度看，莱昂斯提出，外汇市场有效性检验的失败在于外汇市场交易的批发交易和零售交易有密切关系，做市商机制的存在必然产生信息不对称对汇率影响的问题。

近些年来，从信息经济学的角度解释汇率决定的研究，对现实的汇率和很多宏观结构汇率理论无法解释的汇率现象都能够提供较好的解释，并且在经验检验上也取得了令人满意的结果。但是，汇率决定的微观结构分析也存在着很多局限性有待克服，其理论的完整性还需要不断发展。

四、汇率决定的混沌分析法

自然科学中的混沌理论认为，运动确定性并不等价于可预测，确定性运动能够产生不可预测的行为。比利时经济学家德·格拉乌（D. Grauwe）和德瓦特（Dewachter）开创性地提出了一个汇率决定的混沌货币模型。随着数学工具完善，一些学者放弃了汇率理论理性预期的假设，试图通过混沌理论来模拟汇率的运动，从而开辟了汇率决定的混沌分析法。

现实中，汇率具有非线性高频变动的特征，混沌模型通过非线性方程组描述了汇率运动，也解释了很多原有汇率理论难以说明的问题，如混沌系统对初始条件的敏感性可说明现实中预测汇率的困难。但是，汇率的混沌模型没有考虑中央银行的干预，尽管可以证明汇率变动有混沌迹象，但总体上来说，它只是一种方法创新，目前对汇率变动混沌现象的判断还有待进一步的研究。

五、现代汇率理论发展的特点

（1）新的汇率理论突破了传统的分析框架，引进新的变量。这种研究分成两个方向。第一种方向是继续从传统的基本经济因素出发，找寻新的基本因素对传统模型进行扩充，或是对其假定前提质疑和修正。第二种方向则突破了传统基本因素分析的框架，引进了预期、信息等全新的非基本因素的概念，甚至引进了外汇市场上用于实际操作的基本分析和技术分析等手段，并试图将其进行量化。

（2）为汇率的决定建立微观基础成了汇率研究的重点之一，由于汇率波动幅度和频率日益增长，所以尽管汇率均衡点的确定仍然是汇率理论的重要研究对象，但是已有越来越多的学者将精力放在对汇率波动的微观解释上，并提出了许多政策建议。

（3）新的汇率理论大量使用计量经济学和统计学工具。

现实经济是复杂的，从20世纪80年代开始，汇率决定理论进入新的发展阶段，理论与现实的差距不断调整着研究的视角，推动着汇率决定理论不断地向前发展。

案例分析

在某个时期，美国经济增长强劲，通货膨胀率较低，利率相对较高。与此同时，欧洲的经济增长相对缓慢，通货膨胀率较高。根据购买力平价理论，这可能导致美元相对欧元升值。因为美国的经济表现较好，可能吸引更多的国际资本流入美国，进一步推动美元升值。

此外，根据利率平价理论，由于美国利率较高，投资者可能会将资金从欧洲转移到美国，以获取更高的回报，这也会对美元汇率产生影响。

汇率的变动是由多种因素共同作用的结果。通过对这些理论的应用，可以更好地理解和解释汇率的波动。

这个案例说明了汇率决定理论在实际情况中的应用，帮助我们分析和预测汇率的走势。

本章内容提要

1. 购买力平价理论是所有汇率理论中最为简单的，但它的影响也是最为深远的，至今它还是考察汇率决定的重要依据之一。

2. 购买力平价理论的缺陷在于：忽视了非贸易品和贸易品的区分，从而对其一价定律的假设前提构成了挑战；此外，购买力平价理论仅考虑了货物流动，没有考虑资本流动和利率对汇率的影响。

3. 利率平价理论的推导过程与抛补套利过程相联系。

4. 利率平价理论在某种程度上弥补了购买力平价理论中忽视资本流动的缺陷，但利率平价理论忽视了商品市场的存在。

5. 资产市场理论可分为货币分析法与资产组合分析法。货币分析法假定本币资产和外币资产可以完全替代，即非抛补的利率平价成立，两个市场的供求平衡可以同时达到。资产组合分析法则认为本币资产和外币资产不可完全替代，即非抛补的利率平价不成立，两个市场的供求平衡需要分别予以考察。

6. 资产市场理论的一个重要分析方法是一般均衡分析。它较之传统理论的最大突破在于它将商品市场、货币市场和证券市场结合起来进行汇率决定分析。

7. 资产组合分析法与货币分析法的共同点是都将汇率决定引入资产市场。

8. 资产市场理论抽象了真实收入和真实财富及其相互作用，片面强调了资本流动的作用。

9. 资产市场理论必须以实行自由浮动汇率制度、外汇汇率在外汇市场上由供求双方自由决定为前提条件，如果实行固定汇率制度或其他限制汇率的制度，该理论也将失去实际意义。

课后练习

一、重要概念

一价定律　　　　　购买力平价　　　　　绝对购买力平价　　相对购买力平价

利率平价理论　　　抛补套利　　　　　　非抛补套利　　　　弹性价格货币模型

粘性价格货币模型　资产组合平衡模型

二、思考题

1. 简述一价定律和货物套购的过程与结果。

2. 简述绝对购买力平价和相对购买力平价的含义以及计算方法。

3. 简述抛补套利和非抛补套利的含义。

4. 简述利率平价公式推导过程和含义。

5. 比较汇率的弹性价格货币模型和粘性价格货币模型的异同。

6. 用弹性价格货币模型提供的汇率公式分析货币、收入、利率和通货膨胀等变量对汇率的影响。

7. 简述资产组合分析法和货币分析法的关系。

8. 阐述资产市场理论的优缺点。

第十二章　国际资本流动理论

学习目标

1. 深入理解资本流动的动因和影响因素，包括利率、汇率、风险等因素对资本流动的作用。

2. 掌握国际资本流动的规律和趋势，能够预测资本流动的方向和规模。

3. 学会运用相关理论分析国际资本流动对各国经济的影响，包括对汇率、利率、金融市场和经济增长的影响。

能力目标

1. 深入理解各种国际资本流动理论的内涵、假设和适用条件。

2. 运用相关数据和指标，对国际资本流动现象进行分析和解释。

3. 能够评估不同政策对国际资本流动的影响，为政策制定提供参考。

国际资本流动理论是国际金融理论的一个重要组成部分，是用以解释国际资本流动的原因、动机、方式、变动因素及影响的重要国际金融学说。长期以来，西方经济学者采用宏观结构分析和微观行为分析的方法，从不同角度对国际资本流动现象进行了深入研究，已经提出许多不同的理论观点。随着国际经济交往的不断扩大，国际资本流动理论也在不断地发展与深化。

第一节　国际资本流动的一般模型

国际资本流动的一般模型也称为麦克杜格尔（G. D. A. Macdougall）模型。麦克杜格尔较早地从经济学角度对国际资本流动的原因及其影响做了出色的分析，后来肯普（M. C. Kemp）又对麦克杜格尔的分析做了进一步完善，从而形成了国际资本流动的一般模型，如图 12-1 所示。这个模型的内涵和分析方法都属于古典的经济学派，并且从经济理论上为后来的研究奠定了重要基础。

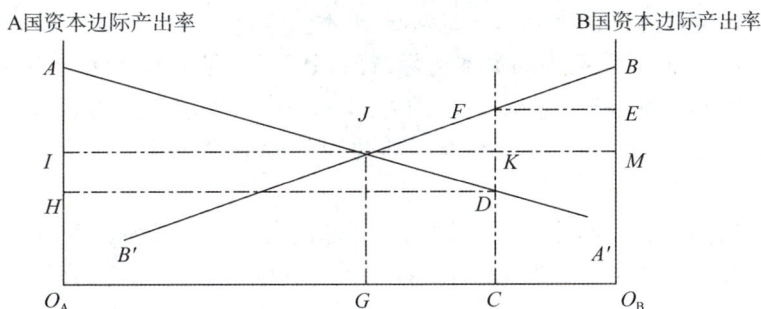

图 12-1　资本流动的一般模型

麦克杜格尔和肯普认为：国际资本流动的原因是各国利率和预期利润之间存在着差异。在各国市场处于完全竞争的条件下，资本可以自由地从资本充裕国流向资本短缺国。国家间的资本流动将使各国的资本边际产出率趋于一致，从而可以提高世界的总产量和各国的福利。

一、国际资本流动一般模型的假设条件

（1）假定整个世界由两个国家组成，一个国家为投资国（A 国），一个国家为接受投资国（B 国）。在资本流动之前，投资国资本充裕，接受投资国资本短缺，投资国资本的边际产出率低于接受国。

（2）假定资本是受边际产出率递减法则支配的，两国国内实行完全竞争，资本的价格等于资本的边际产出率。

（3）规定图 12-1 中：O_A 为 A 国的原点，O_B 为 B 国的原点。横轴为资本量，A 国资本量为 $O_A C$，B 国资本量为 $O_B C$，两者之和 $O_A O_B$ 为世界资本总量。纵轴为资本边际产出率，AA' 线为 A 国递减的资本边际产出率曲线，也是 A 国的资本需求曲线；BB' 线为 B 国递减的资本边际产出率曲线，或 B 国的资本需求曲线。

二、国际资本流动一般模型分析

1. 对于封闭经济系统的分析

在资本流动之前，相当于封闭经济体系，即资本没有互为流动的经济体系。这时无论是资本充裕国还是资本短缺国，资本只能在本国内使用。

如果资本充裕国（A 国）把其全部资本 $O_A C$ 投入国内生产，则资本的边际收益率为 $O_A H = CD$，总产出（生产出的产品量）为曲边梯形面积 $O_A ADC$。其中资本使用者的收益是曲边三角形面积 HAD，资本所有者的收益是矩形面积 $O_A HDC$。

如果资本短缺国（B 国）也将全部资本 $O_B C$ 投入国内生产，则资本的边际收益率为 $O_B E = CF$，总产出为曲边梯形 $O_B BFC$ 的面积。其中，资本使用者的收益是曲边三角形面积 EBF，资本所有者的收益是矩形面积 $O_B EFC$。

这时，世界总产出（总产量）为 $O_A ADC + O_B BFC$。

2. 对于开放经济系统的分析

开放经济系统是指资本互为流动的经济系统。由图 12-1 看出，在资本流动之前 A 国的资本边际产出率 CD 低于 B 国的资本边际产出率 CF，由此将引起 A 国的资本向 B 国流

动，直至两国资本的边际产出率相等，这种流动才会停止。也就是说，将有 CG 量的资本从 A 国流到 B 国，进而导致两国的资本边际产出率相等，即为 $GJ=O_AI=O_BM$。

这时，如果资本充足国把总资本量中的 O_AG 部分投入本国，而将剩余部分 GC 投入资本短缺国，并假定后者接受这部分投资，则两国的效益会增大，并且达到资本的最优配置。

在资本流动后，对于资本输出国 A 国而言，输出资本后的国内资本边际收益率由 O_AH 升高至 O_AI，国内总产出变为梯形 O_AAJG 的面积，其中资本使用者的国内收益为三角形 IAJ 的面积，资本所有者的国内收益是矩形 O_AIJG 的面积。对于资本输入国 B 国而言，输入资本后的国内资本总额增为 O_BG，总产出为梯形 O_BBJG 的面积，其中总产出增加量为梯形 $CFJG$ 的面积。这部分增加量又被分为两部分，矩形 $CKJG$ 面积是资本输出国所有的收益，三角形 JFK 面积则是资本输入国的所得。

这样，由于资本的输出与输入，就使资本输出国增加了三角形 JKD 面积的收益，而资本输入国也增加了三角形 JKF 面积的收益，两国共增加了三角形 JDF 面积的收益（产量）。这表明，国际资本的自由流动能够提高世界总产量。

3. 一般模型的结论

根据上述分析，可以将国际资本流动的一般模型归纳下面三点结论：

（1）在各国资本的边际生产率相同的条件下，开放经济系统里的资本利用效率远比封闭经济系统里的高，并且总资本能得到最佳的利用。

（2）在开放经济系统里，资本流动可为资本充裕国带来最高收益；同时资本短缺国也因资本输入使总产出增加而获得新增收益。

（3）出于上述两个原因，最后也因为资本可自由流动，结果在世界范围内可重新进行资本资源配置，使世界总产量增加并达到最大化，促进了全球经济的发展。

麦克杜格尔和肯普提出的国际资本流动一般模型，在一定程度上揭示了国际资本流动的一般规律，他们对国际资本流动的影响所作的分析有合理之处。但是，这一模型对国际资本流动只是一个笼统的分析，并且该模型假定各国市场处于完全竞争状态，资本在国际可以自由流动，这与现实生活有较大的差距。因而，经济学家们结合国际经济实践继续研究，相继提出新的理论，现有的国际资本流动理论可以分为国际间接投资理论和国际直接投资理论。

第二节　国际间接投资理论

国际间接投资理论又称国际证券投资理论，该理论主要有两种，一是古典国际证券投资理论，二是资产组合理论。前者着重说明国际证券投资的原因和流动规律，后者着重说明国际证券的选择和优化组合。

一、古典国际证券投资理论

古典国际证券投资理论产生于国际直接投资和跨国公司迅猛发展之前。该理论认为：国际证券投资的起因是各国之间存在的利率差异；如果一国的利率低于另一国的利率，那么金融资本就会从利率低的国家流向利率高的国家，直到两国的利率相等为止。进一步说，在国际资本能够自由流动的条件下，如果两国的利率存在差别，两国能够带来同等收益的有价证券的价格也会产生差别，即高利率国家有价证券的价格低，低利率国家有价证券的价格高，这样低利率国家就会向高利率国家投资购买有价证券，这种投资直到两国的利率相等时为止。也就是说，各国间存在的利率差别是国际证券投资即金融资本国际流动的原因。

国际证券投资理论以"收入资本化公式"表示，如式（12-1）所示：

$$P = I/r \tag{12-1}$$

式中：P 为有价证券的价格；I 为有价证券的常年收入（收益）；r 为资本的市场利率。

假如，在 A、B 两国市场上发行债券，A 国的利率为 10%，B 国的利率为 5%；如果两国要获得 10 万美元的同样有价证券收入，则在 B 国需要 200 万美元的投资才能实现，而 A 国则只需要 100 万美元就可以实现。由于 B 国的市场利率比 A 国市场利率低，同一张债券的售价在 B 国比在 A 国要高，这样，B 国的资金就会流向 A 国购买有价证券，以获得较多的收益，直到两国的市场利率相等为止。

这种以证券投资为对象的资本流动理论在解释现代国际短期资本流动和国际证券投资方面有一定的说服力，但不能据此来解释国际直接投资现象。例如，它只说明资本从低利率国家向高利率国家的流动，而没有说明国家间大量存在的双向资本流动；它是以国际资本自由流动为前提的，而现实中各国却对国际资本流动进行各种限制；另外，该理论没有考虑国际投资的风险因素。正是上述缺陷的存在，即使国家间存在利率差别，也不一定就会导致国际证券投资。

二、资产组合理论

资产组合理论是美国投资学家哈利·M. 马科维茨（Harry M. Markowity）在 20 世纪 50 年代末提出来的，旨在说明投资者如何在各种投资之间进行选择，形成最佳组合，使投资收益一定时风险最小，或投资风险一定时收益最大。

1. 假设

资产组合理论有三个假设条件：

（1）假定证券市场是有效的，即投资者知道证券市场上每种金融工具的风险和收益的变动及其产生的原因。

（2）假定投资者都是风险厌恶者，也即投资者尽可能地规避风险，如果他们承受较大风险，则须得到较高的预期收益。

（3）投资者在期望收益率和风险基础上选择投资组合。风险水平相同时，期望收益率高的投资组合为有效；收益率水平相同时，风险水平低的投资组合为有效。

2. 预期收益与风险

投资收益是难以在事先准确把握的，在不同的经济状态下，产业特定收益的概率也有所不同。把每一种可能出现的资产收益率按照其发生的概率进行加权平均，便可以得到投资某资产的期望收益率，计算公式如式（12-2）所示：

$$R(r) = r_1 p_1 + r_2 p_2 + \cdots, \quad + r_i p_i + \cdots, \quad + r_n p_n \tag{12-2}$$

式中：$R(r)$ 为该种资产的预期收益率；r_i 为第 i 种收益预期；p_i 为 r_i 可能发生的概率。表

12-1 是在某资产的投资收益率、概率既定情况下的预期收益和预期收益率。

表 12-1　某资产投资的预期收益率

客观经济状态	预期收益 r_i/%	概率 p_i	r_ip_i/%
1	10	0.25	2.5
2	11	0.30	3.3
3	12	0.25	3.0
4	13	0.20	2.6
合计	预期收益率		11.4

风险指的是收益的不确定性。由于不确定性的存在，将来出现的实际结果可能与我们期望的结果不一致，这种实际结果与期望结果的偏离程度往往被用来衡量风险。因此，我们可以用方差或标准差作为衡量风险的标准。

3. 资产组合理论观点

资产组合理论认为，投资者可凭借所拥有的证券（资产）获得投资收益；但因证券发行者不能保证投资收益的稳定性，投资者又必须同时承担投资风险，所以，投资者不能把预期收益最大化作为投资证券的唯一决定准则，还应该重视证券投资收入的稳定性，需要把资本的预期收益和风险结合起来考虑。由多种证券混合的证券组合（资产组合）可以提高投资收益的稳定性，降低投资风险。因为组合中的不同证券的收益与损失可以互相抵补，起到分散风险的作用。出于这种考虑，投资者可能选择不同国家的证券作为投资对象，从而引起资本在各国之间的双向流动。

通过多种证券混合的证券组合降低证券投资风险，可以用统计分析的方法来证明。假设投资者面临两种选择：证券 A 和证券 B。投资者将持有以 A 和 B 构成的证券组合，其中 A 的份额用 a 表示，B 的份额用 b 表示，且 $a+b=1$。如果投资者只持有 A，那么 $a=1$，$b=0$；如果只持有 B，则 $a=0$，$b=1$。大多数情况下，投资者将按不同份额同时持有 A 和 B。

以 A 和 B 构成的证券组合的收益可以表示为各种证券收益的加权平均数，如式（12-3）所示：

$$R_p = aR_A + bR_B \tag{12-3}$$

这一证券组合预期的未来收益，将由 A 和 B 各自预期的未来收益决定，如式（12-4）所示：

$$R_p(r) = aR_A(r) + bR_B(r) \tag{12-4}$$

式中：$R_p(r)$ 为证券组合的预期收益；$R_A(r)$ 为证券 A 的预期收益；$R_B(r)$ 为证券 B 的预期收益。如前所述，证券组合的风险与这一组合的收益的不稳定性相关联。某一变量围绕其平均值发生变动的程度，称为方差。证券组合的方差，取决于每种证券在证券组合中的份额、各种证券的方差和它们的协方差，如式（12-5）所示：

$$\sum R_p(r) = a^2 \sum R_A(r) + b^2 \sum R_B(r) + 2ab\beta\left[R_A(r) + R_B(r)\right] \tag{12-5}$$

式中：$\sum$ 代表方差；β 代表协方差。协方差表示 A 和 B 证券的收益共同变化的程度。如果某一种证券的收益比平均收益高，而另一种证券的收益低于平均收益，则协方差为负数。

由式（12-5）可知：协方差为负，有助于减少证券组合的整体方差 $\sum R_p(r)$ 值，从而减低其风险。

资产组合理论指出：任何资产都具有收益和风险的两重性，并且提出以资产组合方法降低风险的思路，这是对古典国际证券投资理论的突破，具有重要的理论和实践意义。同时，该理论还能说明国际资本双向流动的原因，这是古典国际证券投资理论所不能说明的。但是，该理论也有自身的不足，比如它是建立在资本自由流动和金融市场高度发达的基础上，这与现实情况并不完全一致。

第三节　国际直接投资理论

20世纪60年代后国际直接投资的规模明显扩大，特别是跨国公司的迅猛发展，更使得国际直接投资受到国际社会的重视。半个多世纪以来，关于国际直接投资的研究取得长足进展，专家学者从不同的角度提出了许多不同的论点，逐步形成了理论体系。这里仅对具有代表性的，尤其是常用来解释企业投资行为的理论进行论述。

一、垄断优势理论

垄断优势理论是最早研究国际直接投资的独立理论。它由美国经济学家海默（S. H. Hymer）在1960年首先提出，后来约翰逊（H. G. Johnson）、凯夫斯（R. E. Caues）和金德尔伯格（C. D. Kindleberger）等人又做了进一步补充，其目的是解释企业的国际直接投资行为。

海默认为，一个企业之所以能向国外投资，是因为它有比东道国同类企业有利的"垄断优势"。这种垄断优势可分为两类：一是包括生产技术、管理与组织技能，以及销售技巧等一切无形资产在内的知识资产优势；二是由于企业规模大而产生的规模经济优势。因为东道国同类企业不具备这些优势，或要取得这些优势必须付出很大的代价，所以投资者可以凭借自己的垄断优势在东道国投资办厂，降低生产成本，参与当地市场竞争，赚取更多的利润。这两种垄断优势决定了对外直接投资的方向，即企业应到不具备垄断优势的国家和地区投资建厂、组织生产经营。

约翰逊认为，企业对外直接投资的垄断优势，主要来自对知识资产的占有和使用。这是因为，知识资产的生产成本很高，而通过直接投资来使用知识资本的成本却很低，东道国企业要取得同样的知识资产需付出很大代价，因此它难以和投资国企业相竞争。

凯夫斯认为，企业的垄断优势主要体现在它能使产品异质化的能力方面。也就是说，企业之所以能走向海外，是因为它能根据不同地区、不同层次消费者的偏好，设计和生产出适合不同消费者的产品，并且能够运用高超的消费技巧迎合消费者的心理需要。

金德尔伯格认为，投资国企业所处的政治、经济、文化和法律等环境与东道国企业相比，有很大差距，因此，它必须拥有超过东道国企业的垄断优势进行投资，才能获得成功，而成功的关键在于它能提供东道国企业没有优势或根本没有的创新产品。

垄断优势理论可以较好地解释知识密集型产业对外直接投资的行为，也可以解释技术先进国家之间的"相互投资"现象，在理论和实践上都具有一定的价值。问题在于垄断优势是对外直接投资的必要条件，而不是充分条件。拥有垄断优势，特别是技术优势的企业为什么不通过产品出口或技术转让方式，而是以对外直接投资方式去获取最大利润呢？对此，该理论没能做出进一步的回答。

二、产品生命周期理论

产品生命周期理论是由美国哈佛大学教授弗农（R. Vernon）于1966年提出的，它从时间顺序的角度，说明产品技术垄断优势变化对国际直接投资所起的作用。

产品生命周期理论认为：每一项产品在其生命周期的不同阶段上有着不同的特点，而对外直接投资是与这些特点相联系的。该理论将产品的生命周期分为三个不同的阶段：

第一，新产品阶段。生产出新产品并垄断了生产技术。由于国内市场上需求价格弹性小，尚未出现竞争对手，企业可以利用其产品的技术垄断优势在本国组织生产，占领国内市场；因国外消费者受认识时滞影响，需求较少，所以适当组织出口，以获取高额利润。

第二，产品成熟阶段。产品的生产工艺和技术趋于标准化，产品性能稳定，市场需求进一步扩大，伴随着产品出口产生技术外泄。在这一阶段，由于产品需求增大，生产厂家增多，国内竞争日益激烈。同时，国外也出现类似产品和生产厂家，威胁到企业原有的出口市场。为此，企业在扩大出口的同时，开始在进口国投资建厂，就近向国外市场提供产品，以降低生产和销售成本，扩大当地市场份额。

第三，产品标准化阶段。产品与技术达到完全标准化。产品标准化使得国内外企业都能加入同类产品的生产与销售，价格竞争成为市场竞争的主要方式。为取得竞争优势，企业加快对外直接投资步伐，到生产成本低的国家和地区建立子公司或其他分支机构，在当地生产廉价物美的产品，一方面有效地占领国外市场，另一方面也把一部分产品返销到本国市场。

产品生命周期理论产生之后，许多经济学家经过进一步的研究，认为该理论具有较高的理论意义和实际意义，它不仅可以清楚地解释对外直接投资主要集中于少数几个国家的跨国公司手中，特别是美国的大公司手中的现象，而且还能解释发展中国家的对外直接投资行为。对于少数发达国家而言，由于拥有技术垄断优势，因此掌握技术垄断优势的企业的对外投资行为是易于理解的；对于发展中国家的企业而言，由于首先为其国内市场进行创新活动，其技术优势是小规模的劳动密集型技术，积累了以低成本生产中低档产品的经验，这种特有的生产技术和产品同样适合于其他发展中国家的现有市场和需求条件。

产品生命周期理论也存在一定的不足：

第一，该理论不能解释跨国公司的投资。对于全球性跨国公司来说，企业已经形成了国际生产与销售体系，它可以直接在国外开发新产品，从而省去产品出口过程，这种对外直接投资行为难以用产品生命周期理论作出解释。

第二，国际投资不但从发达国家向发展中国家，而且发达国家之间也大量进行产业内同向投资。如西欧、日本和韩国等国家和地区企业在美国的直接投资行为，因为这些企业不一定拥有技术垄断优势，而且美国的生产成本也不低廉，这种对外直接投资行为也是产品生命周期理论所无法解释的。

第三，该理论不能解释跨国公司的国际化生产策略。许多跨国公司产品并不是在本国发展成熟后才移到国外去生产，而是一开始就有可能先在国外进行生产，而后在国内进行生产，关键是根据各种资源最有效配置的要求。

可见，产品生命周期理论在新技术革命的当代经济中有着明显的缺陷。

三、市场内部化理论

市场内部化理论（又称交易成本理论）最早由科斯（R. H. Coase）在1937年提出，主要是指把市场建立在公司内部，以公司内部市场取代公司外部市场的过程。20世纪70年代中期，英国经济学家巴克利（P. J. Buckley）和卡森（M. C. Casson）等人在对科斯的观点进行补充和发展的基础上，系统地提出了市场内部化理论，并且引起广泛的注意。

市场内部化理论认为：由于外部市场的不完全性，若将企业拥有的半成品、工艺技术、管理经验和人员培训等"中间产品"通过外部市场进行交易，就不能保证实现利润的最大化。因此，企业对外直接投资，在较大的范围内建立生产经营实体，形成自己的一体化空间和内部交换体系，就能够把公开的外部市场交易转变为不公开的内部市场交易，以实现利润的最大化。该理论的主要论点有：

（1）企业外部市场对某些类型交易的代价太高。如某些含有专有技术的中间产品（有形产品），以及信息、销售技巧、管理技术、工艺流程、商业信用等知识产品的交易就属于这种类型的交易。因为双方很难就这些通过长期研究与开发所取得的知识的价值取得完全一致的看法。准备购买这种知识的企业往往缺乏对这种知识的了解，因而不愿意出合理的价格；而准备销售这种知识的企业尽管比购买者对这种知识有更好的了解，却不易使购买者相信其所报价格的合理性，因为若使购买有较为详细的了解，则必然使这种知识失去保密性，从而使拥有者在竞争中丧失有利地位。

（2）即使这种类型交易成交了，若成交的是中间产品，则容易导致销售者在生产经营上对购买者的依赖，而且销售者还要承担有关风险；若成交的是知识产品，则这种知识通过市场转让也极易扩散，若要减小扩散程度，则通过合约确定双方责任的成本就会上升。

（3）正是基于上述情况，当企业把利润最大化作为目标时，它必然将这种类型的交易改在公司内部企业之间进行，从而形成一个内部市场，在这个市场中销售者自己去从事购买者的经营活动，结果交易成本大大降低。当这个"内部化过程"仅在某一国或地区内进行时，其所带来的效益往往受限。为了突破这种限制，使"内部化过程"在世界范围内进行，从而在世界范围内获得内部交易所带来的效益时，跨国公司便开始实施国际投资。

市场内部化理论是一种应用性极强的国际直接投资理论。它可用来解决外部市场不完全性造成的种种问题，也可用来解释许多企业对外直接投资的动机或原因。其不足之处在于，它没有从全球经济一体化的宏观角度分析国际生产与分工对企业直接投资行为的影响，并且还忽视了工业组织和投资环境在国际直接投资中的重要性。

四、国际生产综合理论

国际生产综合理论又称国际生产折中论，是由英国经济学家邓宁（J. H. Dunning）于1977年提出来的，旨在解释跨国公司的对外直接投资行为。邓宁指出：海默的垄断优势论、巴克利和卡森的市场内部化理论、韦伯的工业区位论等都只是对国际直接投资现象做了片面的解释，缺乏说服力。他主张把对外直接投资的目的、条件和能力综合起来加以分析，并由此形成了国际生产综合理论。

邓宁认为，对外直接投资是由三种特殊优势组合决定的。这三种优势是：

（1）所有权优势，即企业所享有的利益，如技术、管理和推销技巧、发明创造的能力、产品多样化的程度、企业生产和市场的多极化规模等。

（2）内在化优势，主要包括多国体系、组织结构和市场机制几方面，这使跨国公司能够利用所有权优势直接去国外投资生产，使之内在化。这种内在化优势决定着跨国公司进行海外投资的目的与对外投资的形式，从而实现企业全球化经营的经济效益。

（3）区位优势，是指地区的特殊禀赋，包括资源、政策和工艺性质、产品和竞争情形。

这三种优势影响跨国公司的投资决策。国际生产综合理论的核心是：跨国公司之所以愿意并能够进行对外直接投资，是因为它拥有东道国企业所没有的所有权优势、内部化优势和区位优势。前两个优势是对外直接投资的必要条件，后一个优势是充分条件。当公司拥有所有权优势时，它可选择技术转让方式从事国际经济活动；当公司拥有所有权优势和内部化优势时，它可选择产品出口方式；当公司拥有所有权优势、内部化优势和区位优势时，它便可以选择对外直接投资方式。

国际生产综合理论克服了过去国际投资理论只重视资本流动方面研究的局限性，把直接投资、产品出口和技术转让等方式综合起来考虑，并且从所有权优势、内部化优势和区位优势三个方面对企业国际经济活动方式的选择做了深入的分析，这在理论和实践上都具有重要意义。用该理论来解释企业，特别是跨国公司的对外直接投资行为，更加接近客观实际，具有较大的说服力。但是，如何解释中小企业的对外直接投资行为，并把国际投资理论与跨国公司理论有机地结合起来，该理论在这两个方面还存在着明显的不足。

五、比较优势理论

比较优势理论是日本一桥大学教授小岛清（K. Kojima）在 20 世纪 70 年代中期提出来的。小岛清在研究中发现：美国和日本的对外直接投资行为及其影响有明显的差别，用来解释美国企业对外直接投资行为的理论，不能解释日本企业对外直接投资的行为。其主要原因是，那些理论忽略了对宏观经济因素的分析，特别忽略了国际分工原则的作用。

1. 比较优势理论的基本论点

小岛清认为，美国对外直接投资主要分布于拥有比较优势的制造业，这不符合国际分工原则，而且会引起国际收支不平衡和贸易条件恶化。这是因为，拥有比较优势的产业部门应该把生产基地设在国内，通过产品出口进入国际市场。如果它通过对外直接投资把生产制造活动转移到国外，就会减少本国同类产品的出口量，使本国可以通过出口而保持的巨额贸易顺差丧失殆尽。这种贸易替代型的投资不利于促使国际收支平衡和改善贸易条件。与美国不同，日本的对外直接投资是偏重于贸易创造型的，即对外直接投资不仅没有替代同类产品的出口，而且带动了本国产品的出口。这主要是因为日本企业能够遵循国际分工原则，充分发挥自己的比较优势。日本到海外投资建厂的企业，一般都是国内已失去比较优势的产业部门。为维持或扩大原有的生产规模，它们就向具有比较劣势的国家和地区投资，在那里建立新的生产和出口（向第三国出口）基地。而在本国组织生产的企业，则是在国内拥有比较优势的产业部门，它们可以利用自己的优势扩大产品的出口。这种贸易创造型投资使日本在扩大对外直接投资的同时，保持了巨额国际贸易收支顺差。

小岛清根据比较优势论，概括出"日本对外直接投资"理论的核心是："对外直接投资应该从本国（投资国）已经处于或即将陷入比较劣势的产业（这也是对方国家具有明显或潜在比较优势的产业）依次进行。"

如果投资国是以自己的比较优势产业对外投资，可以降低接受投资国这些商品的商品成本。但是，与投资国的商品成本相比，接受投资国在这些商品的生产上仍旧处于比较劣势。这种投资不但没有节约成本，反而造成资本的浪费。投资的结果只不过是以外国的生产替代了投资国的出口贸易。

2. 比较优势理论的特点

小岛清从国际分工论角度研究国际直接投资，这对过去从企业发展论和产业组织论角度研究国际直接投资的主流无疑是一个重大冲击。与其他国际直接投资理论相比，比较优势理论具有以下几个特点：

（1）该理论主张对外投资企业与东道国企业的技术差别越小越好，因为这更容易使本国企业在海外"创造出新的比较成本优势"，从而有利于扩大国际贸易。

（2）该理论认为对外直接投资要适应东道国，特别是发展中国家的需要，有助于增加就业，提高劳动生产率，普及生产技术和经营技能，推动当地的经济发展，起到"教师的作用"。而在这方面，中小企业在制造业投资比大企业更具有优势。

（3）该理论强调在国际直接投资中起决定作用的是企业的比较优势，而不是企业的垄断优势。

由于比较优势论即"小岛主张"的独到之处，许多专家学者对"小岛主张"进行了认真讨论研究。支持和赞同"小岛主张"的人为数不少，但也有许多人用"感到不协调""感到性质不同"来抨击"小岛主张"。这可能是因为比较优势理论没有把国际直接投资理论和跨国公司理论有机地结合起来，并且不能对欧美跨国公司的对外直接投资行为作出令人信服的解释。

六、产业内双向投资理论

产业内双向投资理论是针对 20 世纪 60 年代以后的 20 多年里，国际资本流向发生重大变化，大量资本在发达国家之间流动，并集中投在相同产业内部的现象提出来的。一些专家学者对产业内双向投资现象进行了广泛的研究，试图从不同的方面对此作出正确的解释。

格雷姆（E. M. Gram）1975 年对 187 家美国跨国公司及其在欧洲子公司和 88 家欧洲跨国公司及其在美国子公司的产业分布进行了研究，其结论是：之所以出现产业内部双向投资，是因为跨国公司产业分布的相似性，相似的东西更容易接近。

海默认为，仅从资本优势、企业优势、技术优势和国外利润高等方面解释技术密集型产业内的双向资本流动是不够的，还必须利用"寡占反应行为"来加以解释。寡占反应行为是指各国垄断组织通过挤占竞争对手的地盘来加强自己在国际竞争中的地位。产业内交叉直接投资正是寡占反应行为的主要方式。

金德尔伯格指出，在寡头控制的工业中，对外直接投资往往是交叉进行的，其目的主要是防止少数竞争对手占领潜在市场而削弱自己的竞争地位。

邓宁认为，双向投资发生在发达国家的同一产业内部，主要有这样几个原因：

（1）发达国家之间科学技术水平接近，在产业内没有一个企业拥有独占的"所有权特定优势"，而是几个企业拥有几乎相近或相同的所有权优势。

（2）从事多阶段生产活动的企业为获得垂直联合的优势，以扩大经济规模、降低生产成本，有必要进行产业内双向投资。

（3）发达国家之间的国民收入水平相近，需求结构也基本相似，这样就会扩大对异质产品的需求，从而引起发达国家之间的产业内国际贸易倾向。一旦产业内国际贸易受阻，产业内的双向投资就会替代产业内的国际贸易。

还有人用"安全港"理论解释产业内的双向投资行为，认为在发展中国家投资的收益虽然比在发达国家的要高，但在发展中国家投资的安全性小，面临的政治经济风险大。因此，企业情愿把资本投向发达国家，特别是投向发达国家的相同产业内，以获得稳定而不低的投资收益。

产业内双向投资理论是新近产生的国际直接投资理论，用它来解释产业内双向资本流动的现象有合理之处。但该理论还需进一步充实和系统化，使之趋于成熟。

案例分析

20世纪90年代，亚洲金融危机期间，大量国际资本从亚洲国家流出，导致这些国家的货币大幅贬值，金融市场动荡。例如，泰国、印度尼西亚等国家面临巨大的资本外流压力，经济受到严重冲击。

同期，一些欧美发达国家成为国际资本的主要流入地。这些资本的流动主要受到利率差异、市场预期和投资机会等因素的影响。

此外，近年来，中国吸引了大量国际资本流入。这些资本在推动中国经济发展的同时，也对全球经济格局产生了重要影响。

在上述案例中，国际资本流动对不同国家和地区产生了不同的影响：

（1）亚洲金融危机期间资本外流，导致货币贬值、金融市场动荡，经济遭受重创。原因可能包括宏观经济不稳定、资产泡沫、外债高企等。

（2）欧美发达国家成为资本流入地，可能是由于其经济相对稳定，投资机会多，市场成熟。

（3）中国吸引大量国际资本，反映了中国经济的增长潜力和市场吸引力。

总之，国际资本流动是全球经济的重要组成部分，各国应加强合作，共同应对其带来的挑战。

本章内容提要

1. 国际资本流动的一般模型也称为麦克杜格尔模型。该模型认为：国际资本流动的原因是各国利率和预期利润之间存在着差异。在各国市场处于完全竞争的条件下，资本可以自由地从资本充裕国流向资本短缺国。国家间的资本流动将使各国的资本边际产出率趋于一致，从而可以提高世界的总产量和各国的福利。

2. 国际间接投资理论又称国际证券投资理论，该理论主要有两种，一是古典国际证券投资理论，二是资产组合理论。前者着重说明国际证券投资的原因和流动规律，后者着重说明国际证券的选择和优化组合。

3. 古典国际证券投资理论认为：国际证券投资的起因是各国之间存在的利率差异；如果一国的利率低于另一国的利率，那么金融资本就会从利率低的国家流向利率高的国家，直到两国的利率相等为止。

4. 资产组合理论认为，投资者可凭借所拥有的证券（资产）获得投资收益，但因证券发行者不能保证投资收益的稳定性，投资者又必须同时承担投资风险。

5. 产品生命周期理论认为：每一项产品在其生命周期的不同阶段上有着不同的特点，而对外直接投资是与这些特点相联系。

6. 市场内部化理论认为：由于外部市场的不完全性，若将企业拥有的半成品、工艺技术、管理经验和人员培训等"中间产品"通过外部市场进行交易，就不能保证实现利润的最大化。

7. 国际生产综合理论的核心是：跨国公司之所以愿意并能够进行对外直接投资，是因为它拥有东道国企业所没有的所有权优势、内部化优势和区位优势。

课后练习

一、重点概念

麦克杜格尔模型	古典国际证券投资理论	资产组合理论	资产收益率
预期收益率	垄断优势理论	产品生命周期理论	市场内部化理论
所有权有势	内在化优势	区位优势	比较优势理论
产业内双向投资理论			

二、思考题

1. 国际资本流动的一般模型的含义是什么？
2. 古典国际证券投资理论的主要观点是什么？
3. 简述资产组合理论的假设条件。
4. 简述垄断优势理论的价值和不足。
5. 产品生命周期理论的主要观点是什么？
6. 市场内部化理论的主要论点是什么？
7. 比较优势理论的基本论点是什么？

第十三章 开放经济条件下内外均衡理论

学习目标

1. 理解内外均衡的概念和内涵。
2. 掌握实现内外均衡的政策工具和调节机制。
3. 能够运用内外均衡理论分析现实经济问题。

能力目标

1. 根据理论知识，制定实现内外均衡的宏观经济政策。
2. 准确评估国内外经济形势变化对内外均衡的影响，识别潜在风险。

在开放经济条件下，一国经济面临着内部均衡和外部均衡同时实现的问题。当内部均衡与外部均衡目标出现不一致的时候，就需要采取适当的宏观经济政策来进行调节。从 20 世纪五六十年代起，国际上很多经济学家就致力于研究一国政府如何同时实现内部均衡和外部均衡的目标，提出了许多观点和理论模型，其中蒙代尔-弗莱明理论模型是近几十年来研究开放经济条件下宏观政策调节的最重要模型。该模型对国际经济学的最大贡献在于，它分析了两种汇率制度下国际资本流动对宏观经济政策有效性的决定性影响。本章侧重分析政策工具和经济目标之间的关系，并利用 IS-LM-BP 曲线分析不同汇率制度和不同资本流动性情况下财政政策、货币政策的相对有效性。

第一节　开放经济下的经济目标与政策工具

一、一国的宏观经济目标

1. 内部均衡

在封闭经济中，宏观政策调控的目标包括经济增长、物价稳定和充分就业，这三个目标涵盖了经济合理运行的主要条件。在内部均衡的三个目标中，经济增长属于长期目标，它与充分就业是一致的，而物价稳定则与前两者存在一定的矛盾。当经济增长加快时，总需求增加，势必导致物价水平上升；而物价稳定的经济政策必然以牺牲一定的总需求为代价，导致经济增长放缓。物价稳定与充分就业的矛盾体现在物价上涨率与失业率之间存在此消彼长的替换关系（菲利普斯曲线）。因此，封闭经济中政策调控的主要目标是协调这三者的关系，确定一个合适的均衡点。

2. 外部均衡

在开放经济中，一国经济与他国经济和世界经济密切相关，除了内部均衡的三个目标，还要保证国际收支平衡，即一国或地区与世界其他国家或地区之间在一定时期内全部经济活动往来的收支基本平衡，略有顺差或逆差。由于国际收支状况会对经济增长、物价稳定和充分就业产生影响，因此在开放经济中，宏观政策的调控变得更为复杂。

在开放经济下，一国的经济目标包括内部均衡和外部均衡两个方面。同时实现内外部均衡，从一般意义说，就是实现产品市场、货币市场（资本市场）、劳动力市场和外汇市场的一般均衡，以及在此基础上的整个社会的总供给和总需求的平衡，以实现物价稳定、充分就业、经济可持续增长、国际收支平衡等基本的宏观经济目标。然而，实现宏观经济一般均衡的条件非常严格，在实际经济运行过程中几乎无法达到。因此，内外部均衡是相对的，并非绝对。但是，作为一种政策调控目标和理论研究的内容，仍然具有重要的意义。

二、开放经济下的宏观政策工具

为了实现内部均衡和外部均衡这两个目标，政府可以实施支出变动政策、支出转换政策和直接管制等政策工具。

1. 支出变动政策

支出变动政策又称支出调整政策或支出变更政策，即通常的需求管理政策。该政策影响一国的国内生产及从国外进口的产品和劳务的总支出（总需求）水平，主要由财政政策和货币政策构成。财政政策主要是指改变政府支出和税收的政策。如政府开支增加或税收减少，则一国实施的是扩张性财政政策。这会通过乘数效应促使国内产出和收入增长，并导致进口增加。如果减少政府开支或者税收增加，则称为紧缩性财政政策，这会导致国内产出和收入水平下降，并导致进口下降。货币政策主要通过改变一国的货币供给并影响利率来发挥作用。如果货币供给增加，利率下降，则货币政策就是松的或者是扩张性的，这会导致投资水平和国民收入水平提高，并使进口增加。同时，利率降低会导致国际短期资本外流。同样，紧缩性货币政策是指一国货币供给减少及利率上升。这会导致投资下降、国民收入和进口水平下降，同时导致国际短期资本流入增加。

2. 支出转换政策

支出转换政策是调整需求结构和方向，使之在国内商品与国外商品之间进行转移，最常用的是汇率调节政策。通过改变汇率，使支出由国内商品转移到进口商品上，或者由进口商品转移到国内商品上，以维持或达到国际收支均衡。比如，提高汇率（本币贬值）会使国外商品的开支转移到国内商品上，这导致进口减少，因此会改善国际收支。但同时它也会导致国内产出增加，而产出增加会引起进口上升，从而抵消部分国际收支的改善。降低汇率（本币升值）会使对国内商品的开支转移到国外商品上，从而会减少一国国际收支盈余。但同时它也会减少国内产出，从而导致进口下降，这又会部分抵消汇率下降的结果。

3. 直接管制

直接管制包括关税、配额、补贴、许可证制度以及对国际贸易和资本流动的其他限制措施，本质上也属于支出转换政策，主要以控制国际收支平衡表中的某些项目为目标。直接管制又不同于支出转换的汇率政策，直接管制是针对特定的国际收支项目的，而汇率政策是一种同时作用于所有项目的普遍性控制。在国际贸易和国际资本流动日益自由化的今天，直接管制是不被提倡的一种政策工具，因而，支出变动和支出转换政策是实现内外部经济均衡的最常用的工具。

三、经济目标与政策工具的关系

1. 米德冲突

经济的开放是一把"双刃剑"，一方面，它为经济发展提供了许多封闭条件下不具备的有利条件；另一方面它也对经济的稳定与发展造成了很大的冲击。在开放经济条件下，一国经济政策的目标不再只是维持内部总需求和总供给的平衡，而且还要尽可能地维持国际收支的平衡。然而，内部均衡和外部均衡之间存在着冲突的可能。

英国经济学家詹姆斯·米德（J. Meade）于1951年在其名著《国际收支》中首次提出了固定汇率制度下宏观经济目标内外均衡的冲突问题。米德认为，在固定汇率制度下，政府无法运用汇率政策手段调控国内外需求，只能运用影响国内总需求的政策平衡内外收支，因此，宏观调控难以内外均衡兼顾，产生内部均衡和外部均衡的冲突。这一观点被称为"米德冲突"。在开放条件下，一国经济可能面临着如表13-1所示的内外经济状况的组合。

表13-1　固定汇率制度下内外均衡的一致与矛盾

组合	内部经济状况	外部经济状况	内外均衡关系
1	通货膨胀	国际收支逆差	一致
2	经济衰退/失业增加	国际收支顺差	一致
3	经济衰退/失业增加	国际收支逆差	冲突
4	通货膨胀	国际收支顺差	冲突

在第1种组合下，要实现经济的内部均衡，应采取减少总需求的政策，这会通过边际进口倾向的作用使进口减少，在出口不变的情况下使经常账户顺差增加，从而改变原有的国际收支逆差状况，使其趋于均衡。

在第2种组合下，要实现经济的内部均衡，应采取增加总需求的政策，这会通过边际进口倾向的作用使进口增加，在出口不变的情况下经常账户逆差增加，从而改变原有的国际收支顺差状况，使其趋于均衡。

第1种和第2种的两种组合，意味着内部均衡和外部均衡之间的一致，即政府追求内部（或外部）均衡时对总需求的调控措施同时对外部（或内部）均衡产生了积极的影响。

在第3种组合下，要实现经济的内部均衡，应采取增加总需求的政策，这会通过边际进口倾向的作用使进口增加，在出口不变的情况下经常账户逆差增加，从而使原有的国际收支逆差状况进一步恶化，使其距离均衡目标越来越远。

在第4种组合下，要实现经济的内部均衡，应采取减少总需求的政策，这会通过边际进口倾向的作用使进口减少，在出口不变的情况下使经常账户顺差增加，从而使原有的国际收支顺差状况进一步恶化，使其距离均衡目标越来越远。

第 3 种和第 4 种组合意味着内部均衡和外部均衡的不一致，两者之间存在冲突，即"米德冲突"。

内外部均衡冲突的根源在于经济的开放性。对于一个开放经济体而言，既要在经济运行中保持自身的相对稳定，避免通货膨胀、高失业率及经济衰退等现象，又要防范由于经济的开放性导致的资源在国家间的自由流动而产生的经济失衡问题。因此，内外均衡的目标实际上就是开放经济的内在稳定性和合理开放性之间的平衡。而一般情况下，内在稳定性和合理开放性所要求的政策工具的调整方向是相反的，实现某一均衡势必导致另一均衡的恶化，这就形成了内外均衡的冲突。将宏观经济政策具体化为货币政策和财政政策，能够更加清晰地看出内部均衡与外部均衡的冲突。例如，当国内需求不足时（第 1 种组合），政府会实施扩张性的货币政策和财政政策，通过降低利率促进投资和直接增加政府购买，以此来扩大需求。但在固定汇率制度下，国内需求的增加会导致进口的增加，利率的下降会导致资金流入的减少或流出的增加，这都会加剧国际收支逆差。这种冲突有时可以通过改变汇率水平来消除，有时则需要在内部均衡和外部均衡中做一个（痛苦的）权衡抉择。

米德分析基于固定汇率制度，20 世纪 70 年代以来，随着浮动汇率制度的出现，内外均衡的关系更为复杂。一方面，汇率的自由浮动以及资本的自由流动可以自发地调节国际收支；另一方面，国际收支的失衡也会引起汇率的频繁波动和资本的大规模流动，使得各国的经济政策受到更多制约，内外均衡之间的相互冲突更加严重。

2. 丁伯根法则

一般情况下，一国会面临多个经济目标，而这些经济目标之间可能并不存在内在的异质性。同时，一国也有多种经济政策工具可供选择，而各种政策工具实施的效果可能大相径庭。因此，一国在制定和运用经济政策时，必须选择和决定采用何种政策来实现预期目标。荷兰经济学家、诺贝尔经济学奖获得者简·丁伯根（J. Tinbergen）提出了将经济目标和政策工具联系在一起的主张，他认为：一国要实现若干个独立的经济目标，至少需要相同数量独立的有效经济政策工具。或者说，一国要实现一个经济目标，至少要使用一种有效的政策工具；要实现 N 个独立的经济目标，至少需要 N 种独立有效的政策工具。这一理论被称为丁伯根法则。这一法则描述了经济目标和经济政策工具之间的关系，通常地，一国需要实现的目标包括内部均衡和外部均衡两个目标，而拥有的政策工具有支出变动政策和支出转换政策。根据丁伯根法则，在浮动汇率制度下，一国可以通过调节汇率水平来实现支出转换政策，也可以通过财政和货币政策实现支出变动政策，所以同时实现内部均衡和外部均衡的目标是不成问题的。

丁伯根法则指出了应运用 N 种独立的工具进行配合来实现 N 个独立的经济政策目标，这一结论对于经济政策理论具有深远意义。但是，丁伯根法则也存在一定的缺陷：第一，假定各种政策工具可以由决策当局集中控制，从而通过各种工具的紧密配合实现政策目标；第二，没有明确指出哪种工具在调控中侧重于哪种目标的实现。这两点或不尽符合实际情况，或不能满足实际调节的需要。

3. 蒙代尔搭配法则

米德冲突是 20 世纪 50 年代被广为接受的理论，但是到了 60 年代，美国经济学家蒙代尔（R. Mundell）提出了"有效市场分类原则"，即"蒙代尔搭配法则"，打破了米德冲突的教条，同时弥补了丁伯根法则的缺陷。蒙代尔指出，很多时候，针对某个特定目标的某种政策可能会对实现另一个目标有帮助，而有时它也会阻碍另一个目标的实现，因而不同政策实施的效果往往有冲突。蒙代尔认为：各种政策工具在不同的作用对象上的政策效力往往是不一样的，因此必须将每一种政策工具分配在其最有影响力的目标上，以使其发挥最大的政策效力。这就是所谓的"蒙代尔搭配法则"，或称为"有效市场分类原则"。根据这一原理，如果每一种政策工具都能够被合理地指派给其最有政策效力的目标，并且在该目标偏离其最优水平时按规则进行调控，那么即使是在分散决策的情况下，仍有可能实现最佳的调控目标。

蒙代尔提出了特定的工具实现特定的目标这一指派问题，丰富了开放经济的政策调控理论，它与丁伯根原则一起确定了开放经济下政策调控的基本思想，即针对内外均衡目标，确定不同政策工具的指派对象，并且尽可能地进行协调以同时实现内外均衡。

当然，即使是按照上述理论来制定和实施政策，也有可能会遇到政策失灵的情形。原因有二：第一是因为经济目标和政策工具的区别不是表面上看起来的那样分明，在实现一个目标的过程中往往会出现其他额外的目标，或者有一些隐藏的政策工具在同时起作用，这就有可能导致目标和政策实际上的不匹配。第二是因为政策的制定和实施要服从制度的制约，要兼顾公平和公正原则。特别是在经济目标相互冲突的时候，某些利益集团对政策制定和实施的影响往往较大，从而采取折中的政策方案成为政府最有利的选择。

第二节　内外部均衡调节的经典理论

前面介绍了内部均衡和外部均衡之间为什么会发生冲突，以及调节内外部均衡的一些原则，本节主要介绍几种由西方经济学家发展起来的调节内外部均衡的经典理论。

一、斯旺模型

澳大利亚经济学家特雷弗·斯旺（T. Swan）提出用支出转换政策和支出变动政策搭配来解决内外均衡冲突的问题，其主张被称为斯旺模型。他的观点可以用斯旺图说明，如图 13-1 所示。

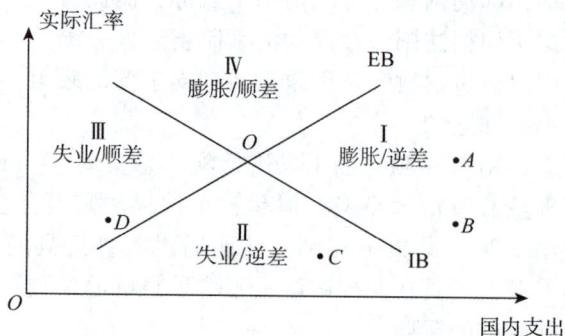

图 13-1　斯旺模型——支出转换与支出变动政策的搭配

在图 13-1 中，横轴表示国内支出（消费、投资、政府支出之和），政府的支出变动政策可以明显影响国内支出总水平。纵轴表示实际汇率，即以本国货币表示的一单位外国货币的价格。单位外币折合的本币数增加，表示本币实际贬值，本国商品的竞争力增加；单位外币折合的本币数减少，表示本币实际升值，本国商品的竞争力下降。在斯旺模型中，本国的总供给水平是一定的，总需求由国内支出和净出口两部分组成，内部均衡意味着本国的总需求等于总供给，外部均衡意味着本国的净出口为零，即国际收支平衡。

IB 曲线为内部均衡线，线上的任意一点都代表使内部均衡得以实现的实际汇率和国内支出的一定组合，即线上的点都能满足在稳定的价格水平下实现充分就业这一条件。IB 曲线向右下方倾斜，是因为本币实际升值（汇率下降）会造成出口的减少和进口的增加，带来净出口下降和总需求下降，要维持内部均衡、保持充分就业状态就必须增加国内支出。在 IB 曲线右边的点表示经济中存在通货膨胀压力，因为在汇率一定的情况下，右侧点代表的国内支出大于充分就业时的国内支出，故有通货膨胀压力。在 IB 曲线左侧的点代表国内支出比维持内部均衡所需要的国内支出要少，故有通货紧缩的压力。

EB 曲线为外部均衡（经常项目均衡）线，线上的任意一点都代表使外部均衡得以实现的实际汇率和国内支出的一定组合。EB 曲线向右上方倾斜，这是因为本币实际贬值（汇率上升）会导致出口的增加和进口的减少，为了防止经常项目出现顺差，保持国际收支平衡，必须增大国内支出，刺激对进口的需求。EB 曲线右侧的点代表国内支出大于使国际收支保持平衡所需要的国内支出，因此这些点表示经济中存在经常项目赤字（收支逆差）；而 EB 曲线左侧的点则表示经济中存在经常项目盈余（收支顺差）。

图 13-1 表示斯旺图形可以划分为四个区域，不同区域表示的经济状态有所不同：

Ⅰ区表示的经济状态为经常项目收支逆差和通货膨胀压力；

Ⅱ区表示的经济状态为经常项目收支逆差和通货紧缩压力；

Ⅲ区表示的经济状态为经常项目收支顺差和通货紧缩压力；

Ⅳ区表示的经济状态为经常项目收支顺差和通货膨胀压力。

只有在 IB 曲线和 EB 曲线的交点 O 处，经济才同时实现了内部均衡和外部均衡。在开放的宏观经济处于失衡时，比如，在Ⅰ区的 A 点（对称于 EB 曲线和 IB 曲线）时，消减国内支出，压缩总需求，点 A 向点 O 方向靠近，通货膨胀和国际收支逆差的压力同时下降。但若失衡不是对称地处于 EB 曲线和 IB 曲线之间，而是在Ⅰ区的 B 点上或Ⅱ区的 C 点上，这时政策搭配就显得十分必要。在 B 点上，为达到经常项目收支平衡，就必须大幅度削减支出，使 B 点向 D 点移动。这样，虽说外部失衡趋于减少，内部经济却进入衰退和失业。同理，在 C 点上，单单使用支出变动政策或支出转换政策，也无法使 C 点向 O 点方向切近，因此，应当搭配使用这两种政策。针对不同的内外失衡情况，所使用的政策搭配方法也应当有所不同。一般的思路是：首先利用支出变动政策谋求内部均衡，再利用支出转换政策谋求外部均衡，最终达到内外同时均衡。

二、蒙代尔模型

蒙代尔在论述政策搭配时，用预算作为财政政策的代表（用模型图的横轴表示），用利率作为货币政策的代表（用模型图的纵轴表示），来表述其最优指派的政策搭配思想，如图 13-2 所示。

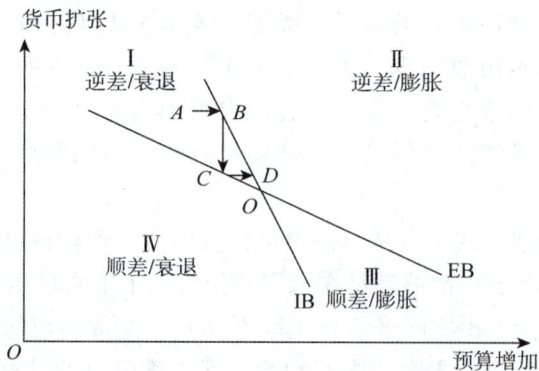

图 13-2　蒙代尔模型——财政政策与货币政策的搭配

在财政政策与货币政策搭配图中，IB 曲线表示内部均衡，在这条线上国内经济达到均衡。这条线的左侧，预算过小，国内经济处于衰退和失业；在这条线的右侧，预算过大，国内经济处于膨胀。EB 曲线表示外部均衡，在这条线上国际收支平衡。在这条线的上边，表示国际收支逆差；在这条线的下边，表示国际收支顺差。沿横轴方向（预算轴线）向右移动，表示财政政策的扩张、预算增加；向左移动，表示财政政策的紧缩、预算削减。沿纵轴（货币轴线）向上移动，表示政策的扩张、银根放松（利率下降）；向下移动，表示货币政策紧缩、银根收紧（利率上升）。IB 曲线和 EB 曲线的斜率都为负，表示当一种政策扩张时，为达到内部均衡或外部均衡，另一种政策必须紧缩；或一种政策紧缩时，另一种政策必须扩张。

蒙代尔假定，预算对国民收入、就业等国内经济变量影响较大，利率对国际收支影响较大。这样的关系在图 13-2 上表现为 IB 曲线比 EB 曲线更为陡峭。基于这样的假设，蒙代尔认为：当国内宏观经济和国际收支都处于失衡状态时（比如 I 区的点 A），就应采取财政政策来解决经济衰退问题，扩大预算，使点 A 向点 B 移动。同时，应采取紧缩性货币政策来解决国际收支问题，使点 B 向点 C 移动。对扩张性财政政策和紧缩性货币政策的如此反复搭配使用，最终会使点 A 切近点 O。点 O 表示国内经济达到均衡和国际收支达到平衡，即内外均衡同时实现。

需要指出的是，财政政策和货币政策的效果都不是单一的，并不是说财政政策只会影响内部均衡，而货币政策只影响外部均衡。比如，当政府扩大预算时，国民收入增加。一方面，收入增加会带来进口需求增加，形成经常账户的逆差；另一方面，在货币政策不变的情况下，利率会上升，进而形成资本账户的顺差，这都会给外部均衡带来影响。之所以用财政政策来调节内部均衡，用货币政策来调节外部均衡，完全是基于预算和利率对国内外经济变量影响各有强弱这一假设之上的。只有选择影响力较强的政策对相应变量进行调节，才可能以较小的代价使经济重回到内外均衡的位置上，这就是蒙代尔提出的最优指派原则在政策搭配中的运用。

上述政策搭配原理同样可推广到图 13-2 的 II、III、IV 区，由此我们可以得到表 13-2 所示的几种搭配。

表 13-2　财政政策与货币政策的搭配

区间	经济状况	财政政策	货币政策
I	失业、衰退/国际收支逆差	扩张	紧缩
II	通货膨胀/国际收支逆差	紧缩	紧缩
III	通货膨胀/国际收支顺差	紧缩	扩张
IV	失业、衰退/国际收支顺差	扩张	扩张

三、蒙代尔-弗莱明模型（IS-LM-BP 模型）

蒙代尔-弗莱明模型是由美国经济学家罗伯特·蒙代尔（R. Mundell）和德国经济学家詹姆斯·弗莱明（J. M. Fleming）创建的。他们的主要贡献是在凯恩斯的封闭条件下的 IS-LM 模型的基础上，加入了外部平衡的分析，将国际资本流动纳入宏观经济模型当中。他们分析了财政政策和货币政策在实现内部和外部均衡时的有效性。该模型是分析开放经济偏离均衡时政策搭配的工具，又是分析不同政策手段调节效果的工具。

（一）蒙代尔-弗莱明模型分析的基本前提

蒙代尔-弗莱明模型的分析是基于以下几个前提：

（1）开放的小国经济。"小国"的含义是说该国的经济状况和政策变动都不足以影响世界经济。另外，该国可以从世界金融市场借款而不会影响到国际利率水平，是国际利率水平的接受者。

（2）总供给曲线具有无限弹性，是水平的。这是指短期总供给可以随总需求的变化迅速调整，该国均衡的产出水平由总需求决定。

（3）资本充分自由流动。资本充分自由流动则各国之间不存在利差，任何的利率差异都会被资本自由流动所消除。然而，我们在后面的分析中也纳入了资本完全不流动和不完全流动两种情况。

（4）静态的汇率预期。静态的汇率预期即预期的汇率变化率为零，投资者风险中立。

（5）国内外价格水平不变。国内价格 P 和国外价格 P^* 均保持不变，这是凯恩斯粘性价格思想的继承。因此，名义汇率与实际汇率同比例变动。

（二）蒙代尔-弗莱明模型的基本内容

蒙代尔-弗莱明模型的基本分析由三条曲线组成，即 IS 曲线、LM 曲线和 BP 曲线，分别表示产品市场均衡、货币市场均衡和国际收支均衡。

1. 产品市场均衡——IS 曲线

产品市场均衡通常用 IS 曲线来表示。在开放经济中 IS 曲线是指使漏出额与注入额相等的所有产出（国民收入 Y）和利率（r）的组合。漏出是指收入中没有被用于国内商品和劳务支出的部分，包括国内储蓄（S）和进口支出（M）；而注入则是指收入中被用于国内商品和劳务支出的部分，包括国内投资（I）、政府支出（G）和出口收入（X）。

在开放经济中存在如式（13-1）所示的恒等式：

$$Y = C + I + G + X - M \tag{13-1}$$

式中：C 代表国内消费；其他符号含义如上面给出。将 $S = Y - C$ 代入式（13-1）得：

$$S + M = I + G + X \qquad (13-2)$$

此即为漏出与注入的关系式。由式（13-2）可导出产品市场均衡的 IS 曲线，如图 13-3 所示。IS 曲线向右下方倾斜，是因为较高的收入水平会导致较高的漏出水平，这就要求降低利率来刺激投资，以保证注入额和漏出额相等。在 IS 曲线上的任何一点上，投资都等于储蓄；在 IS 曲线的右上方，储蓄大于投资；在 IS 曲线的左下方，储蓄小于投资。在其他条件不变的情况下，总需求增加会导致 IS 曲线右移，总需求减少则会导致 IS 曲线左移。

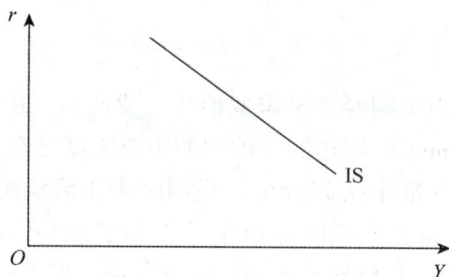

图 13-3　产品市场均衡——IS 曲线

2. 货币市场均衡——LM 曲线

货币市场均衡可以用 LM 曲线来表示，它是在货币需求等于货币供给时的国民收入和利率组合的点轨迹。货币市场均衡的条件是货币需求等于货币供给。根据凯恩斯理论，货币需求（L）是国民收入（Y）和利率（r）的函数，且与收入（Y）同方向变化，而与利率（r）成反方向变化；货币供给（M）由国内存量（D）和国际储备资产存量（R）两部分组成。可以得到式（13-3）和式（13-4）：

$$L = L(r, Y) \qquad (13-3)$$

$$M = D + R \qquad (13-4)$$

根据货币市场均衡条件，货币供给等于货币需求，则得到式（13-5）：

$$M = L(r, Y) \qquad (13-5)$$

由式（13-5）可导出 LM 曲线，如图 13-4 所示。在 LM 曲线上的任何一点，货币供给都等于货币需求；在 LM 曲线的左上方，货币供给大于货币需求；在 LM 曲线的右下方，货币供给小于货币需求。在其他条件不变的情况下，货币供给量增加会导致 LM 曲线右移，货币供给量减少会导致 LM 曲线左移。

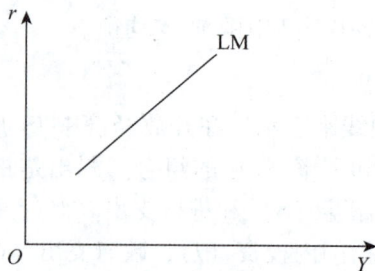

图 13-4　货币市场均衡——LM 曲线

3. 国际收支平衡——BP 曲线

国际收支平衡可以用 BP 曲线来表示，它是在国际收支平衡时的国民收入（Y）和利率（r）组合的点轨迹。国际收支账户包括经常账户和资本账户两部分。其中，经常账户收支由贸易决定，即净出口 NX，与国内利率（r）正相关，与国内产出（Y）负相关，与国外产出（Y^*）正相关。资本账户收支是由国内外利率差异决定，用 $CF(r, r^*)$ 表示。这里，CF 衡量的是国际资本流动，与国内利率（r）正相关，与国外利率（r^*）负相关。BP 表示国际收支。由此得到 BP 曲线的表达式为：

$$BP = NX(r, Y, Y^*) + CF(r, r^*) \tag{13-6}$$

当 BP 大于零时，意味着国际收支盈余或顺差；当 BP 小于零时，意味着国际收支赤字或逆差；当 BP 等于零时，国际收支平衡，即外部均衡。由式（13-6）可导出 BP 曲线图，如图 13-5 所示。

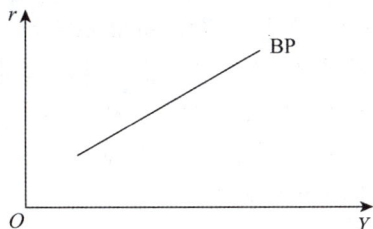

图 13-5　国际收支平衡——BP 曲线

BP 曲线上的任何一点，都表示国际收支平衡。在 BP 曲线的左上方表示国际收支顺差，右下方表示国际收支逆差。由于假设条件的不同，BP 曲线的形状和位置也不相同：

（1）BP 曲线的形状与资本流动状况密切相关。一般情况下，资本流动受到的限制越多，BP 曲线越陡峭。如果一国禁止资本流出入，那么国际收支均衡与贸易收支均衡是一致的，这时 BP 曲线为一条与利率轴平行的垂直线；如果一国的资本具有完全的流动性，那么 BP 曲线为一条与收入轴平行的水平线；在资本不完全流动的情况下，BP 曲线为一条向右上方倾斜的曲线。

（2）BP 曲线的位置与汇率状况有关。因为 BP 曲线是依据具体的汇率水平得出的，所以如果在固定汇率制度下汇率水平保持不变，BP 曲线的位置也不会变。而在浮动汇率制度下，BP 曲线将随汇率变化而发生移动。汇率上升（本币贬值）将使 BP 曲线向右下方移动，汇率下降（本币升值）将使 BP 曲线向左上方移动。

（3）其他因素也会导致 BP 曲线移动。例如，自发性出口增加或自发性进口减少会导致 BP 曲线向右下方移动（反之则向相反方向移动），外国利率水平下降会导致 BP 曲线向右下方移动（反之则向相反方向移动）。

4. IS-LM-BP 模型的均衡

宏观经济均衡一般要求产品市场、货币市场和国际收支都实现均衡。当 IS、LM 和 BP 三条曲线相交于一点时，此时所决定的利率和收入水平就实现了均衡。均衡模型如图 13-6 所示。图中点 A 是均衡点，对应的均衡利率为 r_0、均衡收入为 Y_A。

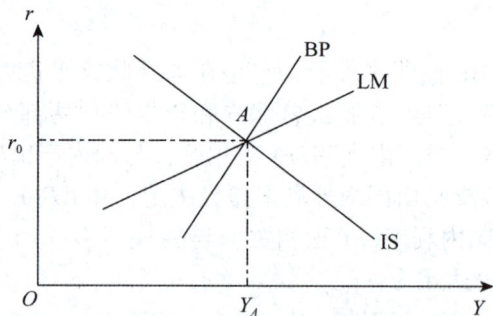

图 13-6　内外部同时均衡——IS-LM-BP 模型的均衡

📖 **知识拓展**

　　蒙代尔-弗莱明模型的缺陷：①模型是 IS-LM 在开放经济下的扩展。它假定价格水平是不变的，即它是一种非充分就业均衡，没有从长期角度来考虑价格的调整。②模型依然运用小国分析，没有考虑外国价格、利率水平、政策的可能变化对本国经济的影响。③模型假设静态预期，也没有考虑时滞效应，是一种短期均衡分析。④模型最大的缺陷在于其对资本流动的流量分析。

第三节　固定汇率制度下的内外均衡调节分析

　　从 20 世纪 70 年代开始，世界上主要工业化国家都已经实行浮动汇率制度。但尽管如此，当今世界上许多国家仍然实行的是钉住汇率制度，即使是实行浮动汇率制度的国家，也很少有放任汇率完全自由浮动的，大多数国家实行的是有管制的浮动汇率制度。因此，掌握固定汇率制度下的宏观经济政策的作用机理十分必要。由于资本流动状况对宏观经济政策的影响较大，所以需要将汇率制度与资本流动程度结合起来进行分析。

一、资本完全不流动时的宏观经济政策效应分析

　　资本完全不流动的情况下，国际收支的平衡等同于经常项目的平衡，此时国际收支线（BP 曲线）为一条与国民收入轴垂直的直线。同时，由于无资本流动，所以国内外利率、期汇汇率和预期的未来即期汇率等因素对一国的国际收支平衡将不产生影响。此外，也不存在资本的流动程度对 IS 曲线和 LM 曲线产生影响。

1. 财政政策效应分析

　　如图 13-7 所示，在固定汇率制度和资本完全不流动的情况下，扩张性的财政政策会导致 IS_0 曲线向右移至 IS_1 曲线位置，导致利率上升、国民收入增加。但增加的国民收入会通过边际进口倾向的作用引起经常账户赤字。而且，虽然国内利率上升，但由于资本完全不流动，所以国际收支逆差，本币面临贬值压力。货币当局为了维持固定汇率，在外汇市场上进行干预，这将导致货币供应量减少，LM_0 曲线向左移动至 LM_1 曲线位置，形成新的均衡点 A_2，利率进一步升高，国民收入恢复到初始均衡状态。

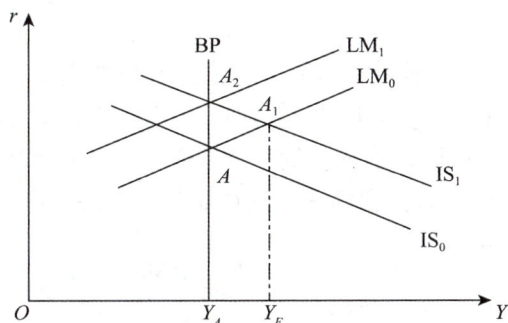

图13-7 固定汇率制度下资本完全不流动时财政政策效果分析

可见，在固定汇率制度和资本完全不流动的情况下，财政政策只能影响短期的产出水平，而在长期只会对利率水平产生影响。因此，财政政策在调节内部均衡方面是无效的，它实际上难以改变现实收入水平的状况。

2. 货币政策效应分析

如图13-8所示，在固定汇率制度和资本完全不流动的情况下，扩张性的货币政策会导致LM_0曲线向右移至LM_1曲线位置，导致利率下降、国民收入增加，但增加的国民收入会通过边际进口倾向的作用引起经常账户赤字。而且，虽然国内利率上升，但由于资本完全不流动，所以国际收支逆差，本币面临贬值压力。货币当局为了维持固定汇率，在外汇市场上进行干预，这将导致货币供应量减少，LM_1曲线向左移回至LM_0曲线位置，回到初始点A，利率和国民收入恢复到初始均衡状态。

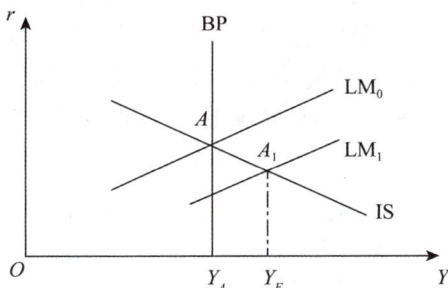

图13-8 固定汇率制度下资本完全不流动时货币政策效果分析

可见，在固定汇率制度和资本完全不流动的情况下，政府无法独立使用货币政策来实现其经济均衡的目标，即货币政策在内部均衡的调节是无效的。

二、资本完全流动时的宏观经济政策效应分析

所谓国际资本完全流动，是指只要国内外利率存在差异就会有资本流动，直到国内利率与国外利率相等为止，并且在这种利率水平下国际收支是平衡的。此时，国际收支平衡线（BP曲线）是一条与均衡利率相一致的平行于收入轴的水平线。在BP曲线的上方国际收支出现顺差，在BP曲线下方国际收支出现逆差。在资本完全流动的情况下，资本和金融项目在外汇市场上发挥着重要的作用。

1. 财政政策效应分析

如图 13-9 所示，在固定汇率制度和资本完全流动的情况下，扩张性的财政政策会导致 IS_0 曲线向右移至 IS_1 曲线位置，国民收入增加，引起经常账户赤字。同时，国内利率上升，引起资本流入，资本账户得以改善；货币供应量增加，使 LM_0 曲线向左移动至 LM_1 曲线位置，形成新的长期均衡点 A_2，利率恢复到初始均衡状态，国民收入由 Y_A 增加到 Y_F。

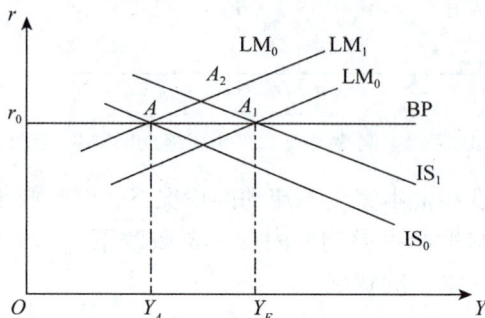

图 13-9　固定汇率制度下资本完全流动时财政政策效果分析

可见，在固定汇率制度和资本完全流动的情况下，财政政策在长期对利率水平没有影响，但会带来国民收入的大幅增加。因此，财政政策在调节内部均衡方面非常有效。

2. 货币政策效应分析

如图 13-10 所示，在固定汇率制度和资本完全流动的情况下，扩张性的货币政策会导致 LM_0 曲线向右移至 LM_1 曲线位置，利率下降。在资本完全流动的情况下，扩张性货币政策引起的利率下降会导致资本迅速外流，本币贬值。为了维持固定汇率，货币当局在外汇市场上进行干预，这将导致货币供应量减少，LM_1 曲线又向左移回至 LM_0 曲线位置，回到初始点 A，利率和国民收入均恢复到初始均衡状态，抵消了货币政策的扩张效果。

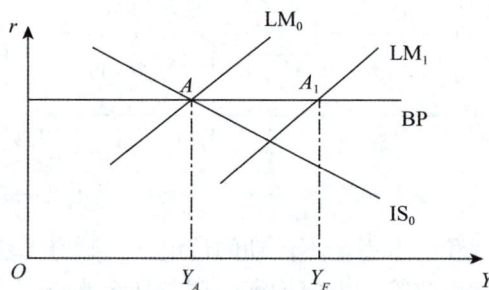

图 13-10　固定汇率制度下资本完全流动时货币政策效果分析

可见，在固定汇率制度和资本完全流动的情况下，货币政策即使在短期也不能对经济产生影响，即货币政策在内部均衡的调节是无效的。

三、资本不完全流动时的宏观经济政策效应分析

资本不完全流动是一种介于资本不流动和资本完全流动之间的情形。在这种情况下，投资者通过改变资产组合对利率变化有一定程度的反应，但不是完全的，政府也有可能在一定程度上限制资本流动。在固定汇率制度和资本不完全流动的情况下，财政政策在提高

收入方面是有效的，但是它同时会出现一定程度的挤出效应，货币政策仍然没有效果，汇率政策具有重要的作用。

1. 财政政策效应分析

如图 13–11 所示，在固定汇率制度和资本不完全流动的情况下，扩张性的财政政策会导致 IS_0 曲线向右移至 IS_1 曲线位置，国民收入增加，引起经常账户赤字。同时，国内利率上升，引起资本流入，资本账户得以改善。此时，IS_1 曲线与 LM_0 曲线相交于 A_2 的短期均衡点。由于 A_2 在 BP 曲线的上方，因此国际收支顺差，也就是利率上升引起的资本账户的改善大于国民收入增加引起的经常账户恶化。同时，国际收支顺差会增加外汇储备，引起货币供应量增加，从而使 LM_0 曲线向右移动至 LM_1 曲线位置，形成新的长期均衡点 A_1，国民收入进一步增加至 Y_F；利率回落，但仍高于初始状态。

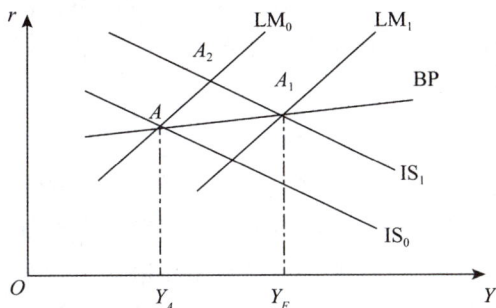

图 13–11　固定汇率制度下资本不完全流动时财政政策效果分析

可见，在固定汇率制度和资本不完全流动的情况下，财政政策在短期和长期都能对实际产出产生影响。因此，财政政策有效。

2. 货币政策效应分析

如图 13–12 所示，在固定汇率制度和资本不完全流动的情况下，扩张性的货币政策会导致 LM_0 曲线向右移至 LM_1 曲线位置，短期导致利率下降，产出增加。利率机制引起资本外流，资本账户恶化；收入机制引起进口增加，经常账户恶化。因此，共同导致国际收支逆差。同时，国际收支逆差会减少外汇储备，引起货币供应量下降，从而 LM_1 曲线又向左移回至 LM_0 曲线位置，回到初始点 A。

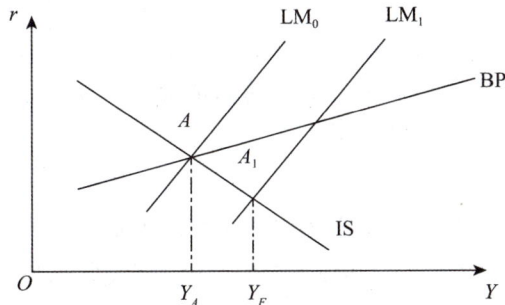

图 13–12　固定汇率制度下资本不完全流动时货币政策效果分析

可见，在固定汇率制度和资本不完全流动的情况下，货币政策只能在短期影响产出水平，而长期不能对实际产出有任何影响。因此，货币政策在长期是无效的。

第四节　浮动汇率制度下的内外均衡调节分析

在浮动汇率制度下，汇率由外汇市场的外汇供求状况所决定，中央银行不必刻意增加外汇储备并时刻准备干预外汇市场。浮动汇率不仅为政策制定者提供了汇率政策工具，也会在很大程度上改变财政政策和货币政策的效力。

一、资本完全不流动时的宏观经济政策效应分析

在资本完全不流动的情况下，国际收支等同于经常项目收支，此时国际收支线（BP曲线）为一条与国民收入轴垂直的直线。在浮动汇率制度下，由于外部均衡所对应的收入水平随着汇率的变化而变化，所以任何能够影响汇率的政策，都有可能通过改变外部均衡时的收入水平来实现内外部均衡。

1. 财政政策效应分析

如图 13-13 所示，在浮动汇率制度和资本完全不流动的情况下，扩张性的财政政策会使 IS_0 曲线向右移至 IS_1 曲线位置，导致利率上升、国民收入增加。在资本完全不流动的情况下，经常账户出现赤字，国际收支恶化，导致本币贬值，进而引起 BP_0 曲线向右移动至 BP_1 曲线位置。同时，货币贬值进一步扩大了财政政策的扩张性，IS_1 曲线向右移动至 IS_2 曲线位置，最终在点 A_1 达到长期均衡，利率和国民收入均高于点 A 的初始均衡。

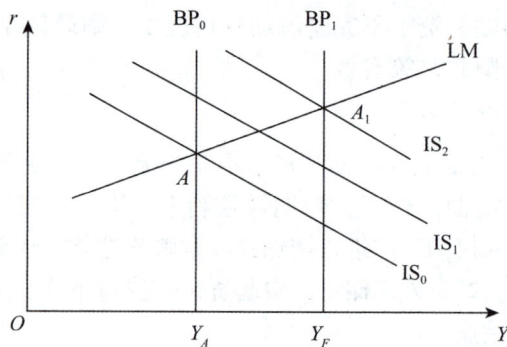

图 13-13　浮动汇率制度下资本完全不流动时财政政策效果分析

可见，在浮动汇率制度和资本完全不流动的情况下，财政政策扩张会导致本币贬值、利率上升和国民收入增加，财政政策非常有效。

2. 货币政策效应分析

如图 13-14 所示，在浮动汇率制度和资本完全不流动的情况下，扩张性的货币政策会使 LM_0 曲线向右移至 LM_1 曲线位置，引起利率下降、国民收入增加。在资本完全不流动的情况下，经常账户出现赤字，国际收支恶化，导致本币贬值，进而引起 BP_0 曲线向右移动至 BP_1 曲线位置。同时，货币贬值和国民收入增加导致 IS_0 曲线向右移至 IS_1 曲线位置，最终在点 A_1 达到长期均衡。此时，利率有所回升，但仍低于初始水平；国民收入进一步增加。

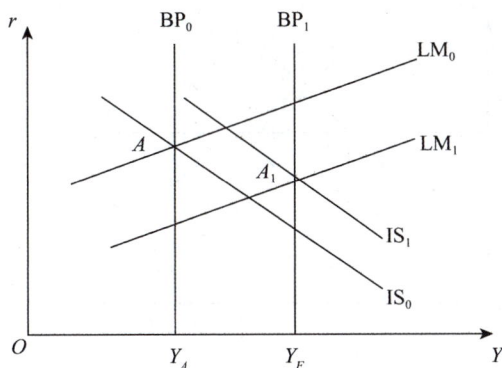

图 13-14　浮动汇率制度下资本完全不流动时货币政策效果分析

可见，在浮动汇率制度和资本完全不流动的情况下，货币政策扩张会导致本币贬值、利率下降和国民收入增加。因此，货币政策非常有效。

二、资本完全流动时的宏观经济政策效应分析

1. 财政政策效应分析

如图 13-15 所示，在浮动汇率制度和资本完全流动的情况下，扩张性的财政政策会使 IS_0 曲线向右移至 IS_1 曲线位置，引起利率上升，国民收入增加，短期均衡点 A_2 在 BP 曲线之上，说明利率上升引起的资本账户盈余大于收入增加导致的经常账户赤字，国际收支盈余，本币贬值。本币贬值将导致 IS_1 曲线回移至 IS_0 曲线位置，回到初始均衡，利率和国民收入均恢复到初始均衡（点 A）。

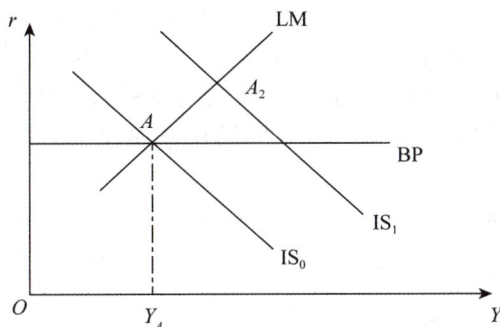

图 13-15　浮动汇率制度下资本完全流动时财政政策效果分析

可见，在浮动汇率制度和资本完全流动的情况下，财政政策扩张对利率和国民收入均无影响，仅能造成本币贬值。因此，财政政策完全无效。

2. 货币政策效应分析

如图 13-16 所示，在浮动汇率制度和资本完全流动的情况下，扩张性的货币政策会使 LM_0 曲线向右移至 LM_1 曲线位置，引起利率下降，国民收入增加，资本账户和金融账户双双恶化，国际收支赤字，导致本币贬值，引起 IS_0 曲线向右移至 IS_1 曲线位置，最终在点 A_1 达到长期均衡。此时，利率回到初始均衡水平，国民收入进一步增加。

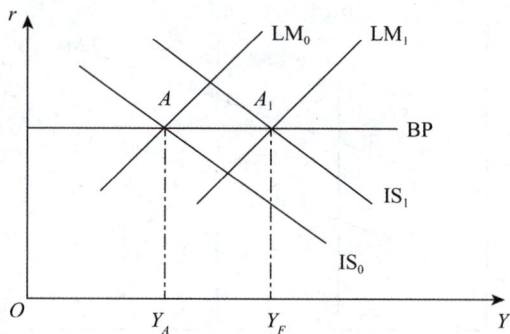

图 13-16　浮动汇率制度下资本完全流动时货币政策效果分析

可见，在浮动汇率制度和资本完全流动的情况下，货币政策扩张会导致本币贬值，利率不变，国民收入增加。因此，货币政策非常有效。

三、资本不完全流动时的宏观经济政策效应分析

1. 财政政策效应分析

在浮动汇率制度和资本不完全流动的情况下，资本流动程度越高，财政政策的作用越小；同时，财政政策被预期的时间越长，其作用越小。原因在于，财政政策在改变收入水平的同时，也会引起货币币值的变化，而货币币值变化所产生的效应会部分或全部抵消初始政策所带来的直接的收入变化效应，并且这种抵消效应随着资本流动性的增强而日益突出。

如图 13-17 所示，扩张性的财政政策使 IS_0 曲线向右移至 IS_1 曲线位置，引起利率上升，国民收入增加，短期均衡点 A_2 在 BP 曲线的上方，说明利率上升引起的资本账户盈余大于国民收入增加引起的经常账户赤字，国际收支盈余，本币贬值。本币贬值将导致 BP_0 曲线向左上方移动至 BP_1 曲线位置，同时 IS_1 曲线向左移动至 IS_2 曲线位置，形成新的长期均衡点 A_1。此时，利率和国民收入都比短期均衡的水平有所回落，但均高于初始均衡水平。

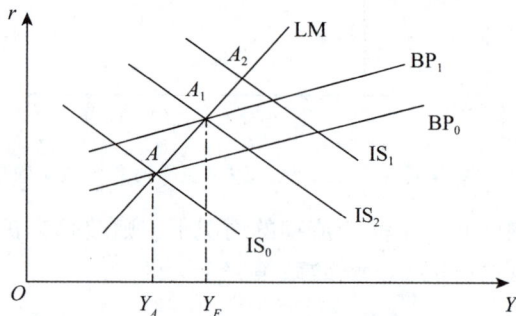

图 13-17　浮动汇率制度下资本不完全流动时财政政策效果分析

可见，在浮动汇率制度和资本不完全流动的情况下，扩张的财政政策能引起本币贬值，利率和国民收入均有所提高。因此，财政政策比较有效。

2. 货币政策效应分析

如图 13-18 所示，在浮动汇率制度和资本不完全流动的情况下，扩张性的货币政策会

使 LM_0 曲线向右移至 LM_1 曲线位置，引起利率下降，国民收入增加，资本账户和经常账户双恶化，国际收支出现赤字，导致本币贬值，BP_0 曲线向右下方移动至 BP_1 曲线位置，同时 IS_0 曲线向右移至 IS_1 曲线位置，最终在点 A_1 达到长期均衡。此时，利率水平比短期均有所回升，但仍低于初始均衡，国民收入进一步增加。

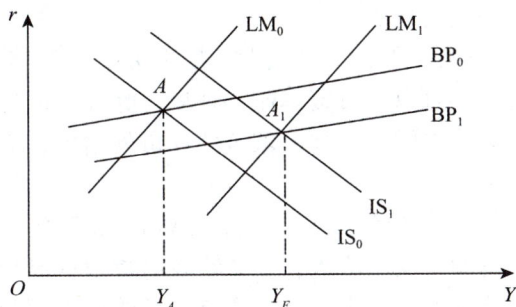

图 13-18　浮动汇率制度下资本不完全流动时货币政策效果分析

可见，在浮动汇率制度和资本不完全流动的情况下，扩张的货币政策能引起本币贬值、利率下降和国民收入增加。因此，货币政策非常有效。

上面对不同汇率制度下的财政政策和货币政策的有效性进行了分析，现将分析结果汇总于表 13-3，表明在不同情况下宏观经济的政策效果。

表 13-3　IS-LM-BP 模型中财政政策和货币政策效应的比较分析

汇率制度	资本流动状况	财政政策	货币政策
固定汇率制度	资本完全不流动	无效	无效
	资本完全流动	非常有效	无效
	资本不完全流动	比较有效	无效
浮动汇率制度	资本完全不流动	非常有效	非常有效
	资本完全流动	无效	非常有效
	资本不完全流动	比较有效	非常有效

第五节　蒙代尔-弗莱明理论模型的评价

我们从本章讨论中得出的一个重要结论是：要实现 N 个目标，就必须有 N 种独立的政策工具。此外，在制定政策时还应考虑将哪一种政策工具分配给哪一个经济目标。因为各种经济体的结构不同，所以这一方面没有统一的模式可循。但是，蒙代尔-弗莱明理论说明，不恰当的政策分配原则是造成经济不稳定的因素之一。同时，通过对这个模型的讨论，我们看到，财政政策和货币政策的相对有效性取决于汇率制度的选择。在资本完全流动的情况下，如果一国实行的是浮动汇率制度，那么货币政策就相对有效一些；而固定汇率制度下，国家的财政政策更为有效。在开放经济中，全球金融一体化的程度是决定财政政策和货币政策有效性的重要参数之一，而金融一体化的程度可以通过资本的跨国流动能力反映出来。

几十年来，IS-LM-BP 模型一直是开放经济宏观政策方面最重要的模型之一。该模型完整而深刻地分析了在开放经济条件下，财政政策和货币政策在不同的资本流动状况下的作用效果，开创性地把资本市场和资本流动引入宏观经济分析框架中，分析了宏观政策工具的比较静态效果。

但是这一模型也存在一定的局限性：

（1）忽略存量和流量的相互作用。蒙代尔-弗莱明模型忽略了存量和流量的相互作用。该理论认为经常项目赤字可以通过资本流入来进行弥补。但这一情形仅在短期内是可行的。长期的资本流入意味着本国对其他国家负债存量的增加，而利息的支付必然会导致将来经常项目的恶化。

（2）忽略长期预算约束。该模型没有考虑私人部门和政府部门的预算约束。在长期中，私人部门的支出等于它的可支配收入；在忽略政府货币创造功能的情况下，政府的支出等于它的税收收入。预算约束的意义在于：具有远见的私人部门在政府增加支出时，就意识到政府将增加税收以平衡预算。所以私人部门会相应地增加储蓄，这将损害政府财政政策的有效性。

（3）忽略了财富效应。财富效应有助于经济恢复长期均衡，蒙代尔-弗莱明模型忽略了这一点。经常项目赤字意味着本国持有的外国资产数量的减少，也就是说，本国的财富减少。这将减少本国的进口支出，从而减少经常项目赤字。尽管短期内财富效应对进口支出函数的影响不大，但该模型对此因素忽略正说明了模型的短期性质。

（4）忽略了供给因素。该模型只考虑了经济的需求方面，没有考虑供给方面。该模型的基本前提中，假定供给会根据需求的变化进行调整，而且在达到充分就业之前，总供给曲线是水平的。也就是说，总需求的增加仅会导致实际产出的变化，而不会引起价格水平的变化。

（5）马歇尔-勒纳条件。该模型假定马歇尔-勒纳条件成立，存在矛盾性。IS-LM-BP模型本身描述的是短期情况，而马歇尔-勒纳条件在短期内很难成立，J曲线效应明确说明从货币贬值到经常账户改善之间存在较长的时滞。

总之，尽管蒙代尔-弗莱明模型存在一定的局限性，但是它分析了开放经济中政策制定者所面临的两难处境，是开放经济下宏观经济分析的重要方法，具有重要的理论意义和实际意义。

📖 案例分析

在21世纪初，中国经济快速发展，对外贸易规模不断扩大。然而，贸易顺差持续增加，导致外汇储备大幅增长。

这一情况引发了内外均衡的问题。从内部均衡来看，经济增长带来了通货膨胀压力，需要进行宏观调控。从外部均衡来看，大量外汇储备使人民币面临升值压力。

为实现内外均衡，中国政府采取了一系列措施：

（1）调整汇率政策，增强人民币汇率弹性。

（2）加强宏观调控，抑制通货膨胀。

（3）推动经济结构调整，促进内需增长。

通过这些举措，中国在保持经济稳定增长的同时，逐步实现了内外均衡。

这个案例体现了开放经济条件下内外均衡理论的应用。政府需要在内外均衡之间寻找平衡，制定相应政策，以实现经济的可持续发展。

本章内容提要

1. 开放经济条件下，一国的经济目标包括内部均衡和外部均衡两个方面。内部均衡目标包含充分就业、无通货膨胀（价格稳定）和经济可持续增长三个方面；外部均衡目标是一国的国际收支平衡。

2. 为了实现内外部均衡的目标，政府可以运用支出变动政策、支出转换政策和直接管制等政策工具。

3. 在固定汇率制度下，由于汇率政策失去作用，政府只能运用支出变动政策来调节经济，这时便有可能出现内部均衡和外部均衡同时兼顾的情形，这种情况被称为"米德冲突"。

4. 内外均衡冲突的根源是经济的开放性。运用政策手段解决内外均衡冲突时，应考虑丁伯根的数量匹配法则和蒙代尔的合理搭配法则。

5. 斯旺提出，利用支出变动政策实现内部均衡，利用支出转换政策实现外部均衡。蒙代尔提出，用财政政策实现内部均衡，用货币政策实现外部均衡。蒙代尔-弗莱明在宏观经济学的IS-LM模型的基础上，提出了IS-LM-BP模型，是研究不同汇率制度和不同资本流动情况下内外部均衡调节的理论。

6. 宏观经济的一般均衡要求产品市场、货币市场和国际收支都实现均衡。当IS、LM和BP三条曲线相交于一点时，对应的利率水平和国民收入水平就实现了内外均衡。

7. 根据蒙代尔-弗莱明模型经济政策调节效应，在固定汇率制度下：资本不流动时，财政政策和货币政策都是无效的；资本完全流动时，财政政策非常有效，而货币政策是无效的；资本不完全流动时，财政政策比较有效，货币政策仍然无效。在浮动汇率制度下：资本不流动时，财政政策和货币政策都非常有效；资本完全流动时，财政政策无效，而货币政策非常有效；资本不完全流动时，财政政策比较有效，货币政策非常有效。

课后练习

一、重要概念
内部均衡　　外部均衡　　　　支出变动政策　　　　支出转换政策　　米德冲突
丁伯根法则　蒙代尔搭配法则　蒙代尔-弗莱明模型　　斯旺模型　　　　资本完全流动

二、思考题
1. 解释内部均衡与外部均衡的基本含义。
2. 简要说明支出变动政策和支出转换政策有什么不同。
3. 试以IS-LM-BP模型说明不同宏观经济政策对开放经济内外均衡的影响。
4. 在固定汇率制度下，为了改善内部均衡，应该采取货币政策还是财政政策？为什么？

5. 在浮动汇率制度下，为了改善内部均衡，应该采取货币政策还是财政政策？为什么？

6. 如果 IS 和 LM 曲线相交于 BP 曲线的右下方，国际收支状况如何？在固定汇率制度下经济会进行怎样的调整？为什么？

7. 在浮动汇率制度下，如果 IS 和 LM 曲线相交于 BP 曲线的右下方，结果会怎样？

8. 分析在固定汇率制度和资本完全不流动情况下货币政策和财政政策的政策效果。

9. 试论述内外均衡目标的关系。

10. 米德冲突的含义是什么？

参 考 文 献

[1] 吴志明，杨胜刚. 国际金融 [M]. 5 版. 北京：高等教育出版社，2021.

[2] 刘惠好. 国际金融 [M]. 2 版. 北京：中国金融出版社，2012.

[3] 陈雨露. 国际金融 [M]. 5 版. 北京：中国人民大学出版社，2015.

[4] 吕随启，王曙光，宋芳秀. 国际金融教程 [M]. 3 版. 北京：北京大学出版社，2015.

[5] 韩博印. 国际金融 [M]. 北京：机械工业出版社，2013.

[6] 孙刚，王月溪. 国际金融学 [M]. 大连：东北财经大学出版社，2014.

[7] 任康钰. 国际金融 [M]. 北京：高等教育出版社，2013.

[8] 姜波克. 国际金融新编 [M]. 5 版. 上海：复旦大学出版社，2013.

[9] 陈茜. 国际金融 [M]. 厦门：厦门大学出版社，2015.

[10] 刘立达. 中国国际资本流动的影响因素分析 [J]. 金融研究，2007（3）：62-68.

[11] THOMAS A P. International Economics [M]. 15th edition. The MeGraw-Hill Companies，Inc，2012.

[12] 罗伯特·H. 弗兰克. 微观经济学 [M]. 北京：中国财政经济出版社，2005.

[13] 张二震，马野青. 国际贸易学 [M]. 4 版. 南京：南京大学出版社，2012.

[14] 陈威光. 金融衍生工具 [M]. 武汉：武汉大学出版社，2013.

[15] 沈悦. 金融市场学 [M]. 2 版. 北京：科学出版社，2008.

[16] 窦祥盛. 国际金融 [M]. 北京：中国人民大学出版社，2016.

[17] 刘金波. 外汇交易原理与实务 [M]. 北京：人民邮电出版社，2014.

[18] 杨艳军. 期货与期权投资学 [M]. 北京：清华大学出版社，2015.

[19] 高鸿业. 宏观经济学 [M]. 7 版. 北京：中国人民大学出版社，2018.

[20] 赵明霄，等. 金融学 [M]. 北京：中国人民大学出版社，2016.

[21] 国际货币基金组织. 国际收支和国际投资头寸手册（第六版）. [EB/OL]. (2023-10-23) www.imf.org/external/chinese/pubs/ft/bop/2007/bopman6c.pdf.

[22] 孙睦优. 国际金融学 [M]. 武汉：武汉大学出版社，2011.

[23] 张立达. 中国国际资本流入的影响分析 [J]. 金融研究，2007（3）：62-70.

互联网络资源：

[1] 中国货币网（中国外汇交易中心主办）http://www.chinamoney.com.cn.

[2] 英国《金融时报》FT 中文网 http://www.ftchinese.com.